続　律令国家と古代の社会

続 律令国家と古代の社会

吉田 孝著

岩波書店

目次

Ⅲ　律令と格

初出一覧

Ⅰ　律令国家形成の時代

律令国家の形成と東アジア世界　坪井清足・平野邦雄編『新版 古代の日本』1, 古代史総論, 角川書店, 1993年

八世紀の日本——律令国家　朝尾直弘ほか編『岩波講座日本通史』4, 古代3, 岩波書店, 1994年

九世紀の日本——平安京の新しい世界　朝尾直弘ほか編『岩波講座日本通史』5, 古代4, 岩波書店, 1995年

Ⅱ　古代社会の成り立ち——ウヂ・イへ・タトコロ

古代社会における「ウヂ」　網野善彦ほか編『日本の社会史』6, 社会的諸集団, 岩波書店, 1988年

ウヂとイへ　佐々木潤之介・石井進編『新編 日本史研究入門』東京大学出版会, 1982年

祖名について　土田直鎮先生還暦記念会編『奈良平安時代史論集』上, 吉川弘文館, 1984年

律令国家と荘園——律令制と庄　網野善彦・石井進・稲垣泰彦・永原慶二編『講座日本荘園史』2, 荘園の成立と領有, 吉川弘文館, 1991年

トコロ覚書　青木和夫先生還暦記念会編『日本古代の政治と文化』吉川弘文館, 1987年

Ⅲ　律令と格

律令と格　岡崎敬・平野邦雄編『古代の日本』9, 研究資料, 角川書店, 1971年

律令における雑徭の規定とその解釈　坂本太郎博士還暦記念会編『日本古代史論集』下, 吉川弘文館, 1962年

雑徭と古記　『古事類苑　月報』40, 吉川弘文館, 1970年

類聚三代格　坂本太郎・黒板昌夫編『国史大系書目解題』上, 吉川弘文館, 1971年

名例律継受の諸段階　彌永貞三先生還暦記念会編『日本古代の社会と経済』上, 吉川弘文館, 1978年

書評 律令研究会編『訳註日本律令 二・三 律本文篇上巻・下巻』　『史学雑誌』85編9号, 1976年

* 本文中〔 〕で示した箇所は, 編者による補記である. とくに引用・参照文献について, 2018年時点で最も参照しやすい版の書誌を補った.

Ⅰ　律令国家形成の時代

律令国家の形成と東アジア世界

遣隋使と推古朝の改革

六〇〇年の遣隋使

中国の隋の歴史を記した『隋書』の倭国伝には、

開皇二十年、倭王あり、姓は阿毎、字は多利思比孤、阿輩雞弥と号す。使を遣して闕に詣る。

と記す。開皇二十年は西暦六〇〇年、日本の推古八年にあたる。四七八年、いわゆる倭の五王の最後の武（ワカタケル大王、記紀の雄略天皇）が使者を派遣して朝貢して以来、百数十年ぶりに倭王が中国の都へ使者を派遣したのである。

しかし『日本書紀』には、この六〇〇年の遣隋使のことは何も記さず、七年後の六〇七年（推古十五）七月条に、

大礼小野臣妹子を大唐（隋）に遣す。鞍作福利を以て通事とす。

と記し、『隋書』もその年のこととして、

大業三年、その王多利思比孤、使を遣して朝貢す。

と記す。なぜ『日本書紀』は六〇〇年の遣隋使のことを何も記さなかったのだろうか。『日本書紀』の編者は『隋書』を参照していたので（小島憲之『上代日本文学と中国文学』上、塙書房、一九六二年）、この記事を知らなかったわけではない。

この問題については、朝廷からの正式の使者ではなかったとみる説など、さまざまな学説が出されているが、倭王の正式な使者であったことは否定できないのではなかろうか。むしろ『日本書紀』が意図的に載せなかったと仮定す

ると、推古朝の歴史をより深く理解できるように思われる(青木和夫「古代日本の国際関係」『東洋文化と日本』ぺりかん社、一九七五年〔『日本古代の政治と人物』吉川弘文館、一九七七年〕)。

一世紀余を隔てて久しぶりに中国の都を訪れた六〇〇年の倭の使節が、どんな感慨をもったのか、残念ながら史料は残されていない。ただ『隋書』には次のように記されている。

上(隋の高祖文帝)、所司をしてその風俗を訪わしむ。使者言う、「倭王は天を以て兄となし、日を以て弟となす。天未だ明けざる時、出でて政を聴き、跏趺して坐す。日出づれば便ち理務を停め、我が弟に委ねんと云う」と。高祖曰わく、「此れ太だ義理無し」と。是に於いて訓して之を改め令む。

図1　職貢図に描かれた百済と倭の使者

中国の朝廷の人びとにとって、倭は朝鮮諸国よりも未開な国であった。たとえば南朝の梁の時代(六世紀前半)の「職貢図」には、周辺諸国からの朝貢使の姿が想像で描かれているが、倭の使者は、百済の使者とは異なり、はだしで、鉢巻きをした、いかにも野蛮な姿である(図1)。

六〇〇年の遣隋使がどのような服装をしていたかは詳らかでないが、ほぼ確かなことは、朝廷の正規な冠は被っていなかったことである。

冠位十二階と憲法十七条

外交において、使者の本国における地位の高下が大きな意味をもつのは、古今東西を問わない。六〇〇年の遣隋使が帰国して間もない六〇三年(推古十一)に冠位十二階が制定されたのは、ウヂを単位とする制度から、個人を単位とする制度への第一歩であったが、同時に、隋へ派遣する外交使節が被って朝廷における地位を表示する冠の制定でもあった。事実、四年後の六〇七年(推古十五)に出発する遣隋使小野妹子は、「大礼」の冠を与えられて隋へ向かった。大礼は、冠位十二階のうち大徳・小徳・大仁・小仁に次ぐ第五位にあたり、『隋書』も冠位十二階について詳しく記している。

冠位十二階が制定された翌六〇四年(推古十二)、憲法十七条が制定される。十七条の憲法は、君・臣・民の秩序を整え、仏教や儒教によって国制の骨格を定める。大王の権威の根源を、日の神を中心とする神話ではなく、中国の政治思想に求めたのも、六〇〇年の遣隋使の倭王についての説明に対して、隋の高祖が「此れ太だ義理無し」と諭した
ことと関係があるのではなかろうか。

日出づる処の天子

小野妹子が六〇七年に持参した国書が『隋書』倭国伝に記されている。

その国書に曰わく、「日出づる処の天子、書を日没する処の天子に致す。恙無きや云々」と。帝(隋の煬帝)之を覧て悦ばず、鴻臚卿(外務大臣)に謂いて曰わく、「蛮夷の書、無礼なる者有り。復た以て聞する(上奏する)勿れ」と。

この国書の「日出づる処の天子、書を日没する処の天子に致す」の語句については、倭の天子の方を優位とみる説もあったが、「日出づる処」「日没する処」は、有名な仏典『大智度論』の「日出づる処は是れ東方、日没する処は是れ西方」という文によって、東・西の方位を示したのではないか、という興味深い説が出されている(東野治之「日出

処・日本・ワークワーク」『遣隋使と正倉院』岩波書店、一九九二年)。記紀の神話、たとえば神武東征の物語には、日の出る東を重視する思想がみられるが、推古朝の人びとがそのような方位の意識をもっていたかどうかは定かでない。

煬帝が激怒したのは、倭の王が自分と同じように「天子」と称したことにあったことは、ほぼ間違いないだろう。天命を受けた「天子」は天下に自分一人で、東海の島国の王が、自分と同じように天子を称することは、絶対に認められないことであった。

煬帝を怒らせたこの国書を『日本書紀』は載せず、小野妹子が再び隋に派遣された翌六〇八年(推古十六)の条に、「東の天皇、敬みて西の皇帝に白す」という国書を載せる。「皇帝」の語を避けて「天皇」と記すが、原文では「大王」あるいは「大皇」などと記されていたと推定されている。

かつて倭の五王は、中国の宋の皇帝から倭(国)王に任命されることを願い、宋の皇帝の天下を拡げる役割を担っていたが、推古朝の倭王は、隋の皇帝と同じように天子と称した。この大きな変動は、どのようにして起こったのだろうか。倭の五王の時代にさかのぼって考えてみよう。

倭王の姓

讃・珍・済・興・武の五人の倭王は、いずれも中国の宋の皇帝に朝貢し、「倭(国)王」に冊封(任命)されたが、それは同時に、中国の「礼」制に包摂されることでもあった。秦漢帝国の成立によって、皇帝以下庶民に至るすべての良民は「姓」をもち、「姓」をもたないのは奴婢だけとなる。そして皇帝以下のすべての良民は、「同姓不婚」(同じ姓の男女は結婚しない)、「異姓不養」(異なる姓の者は養子としない)の「礼」を共有することになる。

秦漢以後の諸王朝と、周辺の国々との交渉のなかで、この中華の「姓」の礼制は周辺諸国に波及していった(武田幸男「朝鮮の姓氏」『東アジア世界における日本古代史講座』一〇、学生社、一九八四年)。朝鮮半島の高句麗・百済・新羅の三国のなかで、史料で姓が確認される初見は、三七二年に百済王の「餘句」が、続いて四一三年に高句麗王の「高璉」が、ともに東晋に朝貢し、冊封されたときである。百済王の「餘」姓は夫餘（扶餘）の略称で、百済が北方の夫餘族から分かれ、南下して建国したという伝承による。また高句麗王の「高」姓は高句麗にちなむ姓と推定されている。新羅については、朴・昔・金の三つの王姓の交替伝説があるが、姓の確実な初見は、五六五年に新羅王の「金真興」が北斉に朝貢して冊封されたときである。百済・高句麗よりはるかに遅れるが、やはり中国王朝への朝貢を契機として王姓が用いられ始めた。

では倭の場合にはどうだったか。『後漢書』にみえる倭国王「帥升」、『魏志』倭人伝にみえる女王「卑弥呼」には「姓」は冠せられていないと推定される。倭における姓の確実な初見は、四二一年に「倭讃」が宋に朝貢して冊封されたという『宋書』倭国伝の記事である。百済王の「餘句」、高句麗王の「高璉」に続いて、倭国王「倭讃」が史上に姿をみせるのである。「倭讃」の「倭」が姓にほかならないことは、讃・珍の次の「倭国王済」が四五一年に宋に朝貢したときの『宋書』文帝紀（元嘉二十八年〈四五一〉七月条）に「安東大将軍倭王倭済、安東大将軍に進号す」と記されていることから明白である（古田武彦『失われた九州王朝』朝日新聞社、一九七三年）。『宋書』倭国伝に、讃の弟の珍が「倭隋等十三人を平西・征虜・冠軍・輔国将軍の号に除正せんこと」を求めたとある「倭隋」は、珍（倭珍）の一族であろう。このように倭の五王とその一族は、中国王朝との交渉を契機として「倭」という姓を称するが、倭王の武（金石文のワカタケル大王、記紀の雄略天皇）を最後として中国王朝への朝貢を廃すると、「倭」姓も用いなくなる。

中国の南北王朝に朝貢し続けた高句麗王・百済王が、七世紀後半に滅亡するまで国内・国外を問わず、「高」「餘」姓を用い続け、遅れて中国王朝に朝貢し始めた新羅王も、十世紀に滅亡するまで「金」姓を用い続けたのに比べると、倭王が中華の「礼」制の一環である中国的な「姓」の秩序から離脱したことが注目される。そしてそのような変動の過渡期に位置したのが、倭王の武、ワカタケル大王であった。

倭王の武は、『宋書』に載せる有名な宋の皇帝への上表文のなかで、自分の祖先は代々皇帝陛下の天下を拡げるために戦ってきたことを強調している。それは倭国が中国王朝を中心とする天下の一隅にあり、中国王朝を中心とする天下の一部にすぎないことをはっきり示している。

しかし、この上表文と同じころ書かれた倭国内の刀剣の銘文には、それとは異質な、あるいは矛盾する「天下」の観念が記されている（西嶋定生『日本歴史の国際環境』東京大学出版会、一九八五年）。すなわち江田船山古墳（熊本県菊水町）出土鉄刀銘には「治天下獲□□□鹵大王」（「天下を治めるワカタケル大王」）、稲荷山古墳（埼玉県行田市）出土鉄剣銘には「左治天下」（「天下を治めるのを左け」）とあり、ワカタケル大王が「天下」を治めることをはっきり示している。

この天下は倭国を主な領域とするもので、中国王朝の天下とは異なるが、中国王朝の天下から独立した独自の天下の観念が生まれつつあったことを示している。これまでの通説では、推古朝において、倭国王は「日出づる処の天子」として「日没する処の天子」と並立することを主張したといわれるが、その萌芽はワカタケル大王の時代にすでに芽生えていたのである。六世紀に倭が中国的な姓の秩序から離脱し、独自のウヂ名・カバネの国制を生み出してくるのも、そのような中国的な天下からの離脱を前提とするものであろう（川口勝康「大王の出現」『日本の社会史』3、岩波書店、一九八七年）。

稲荷山鉄剣の銘文には、ウヂ名の起源を説明する後の氏族系譜とは異なり、主人公であるヲワケ臣のウヂ名をどこにも記していない。記紀に記す人名のうち、実在したことのほぼ確かな「葛城之曾都比古」（履中記）は、『日本書紀』（神功紀）に引く『百済記』に「沙至比跪」（サチヒコ）とのみあってウヂ名を記さず、ソツヒコの孫のツブラオホミも、『古事記』（安康記・雄略記）には「都夫良意富美」とあって「葛城」はみえない。ツブラオホミの女はワカタケル大王の妃となっているが、「都夫良意富美」という名は、稲荷山鉄剣銘の（ワカタケル大王に仕えた）「乎獲居臣」（ヲワケオミ）に近似していることが注目される（井上光貞「カバネ・位階・官職」『東アジア世界における日本古代史講座』六、学生社、一九八二年〔『井上光貞著作集』五、岩波書店、一九八六年〕）。ワカタケル大王の時代には、葛城氏のような有力な氏族も、まだウヂ名を固定して世襲する制度はなかったのである。

ウヂ名と姓の萌芽

しかしこの時代の倭国にも、『宋書』倭国伝の司馬「曹達」（曹は姓、達は名）、江田船山古墳鉄刀銘の書者「張安」（張は姓、安は名）のように、中国風の姓を称する渡来人はいた。おそらく本国で称していた姓をそのまま用いたのであろう。倭国におけるウヂ名の萌芽として注目されるのは、隅田八幡宮（和歌山県橋本市）に伝わる人物画像鏡銘の「開中費直」（後の河内直にあたると推定される）である。稲荷山鉄剣銘の「乎獲居臣」の「臣」が、個人名「ヲワケ」に付されたカバネ的称号と推定されるのに対して、「開中」（カフチ）という地名に付された「費直」（アタヒ）というカバネ的称号であることが注目される。「開中費直」は後の国造（くにのみやつこ）制に発展する職名的な称号と推定されるが、宮廷に仕えるトモの制が発展した伴造（とものみやつこ）制の系統の職名的称号の方が先行したであろうと推定されている。しかし六世紀後半になっても、職名的称号は、中国的な姓のように子孫に一律に継承される冠称ではなかった（平野邦雄『大化前代社会組織の研究』吉川弘文館、一九六九年、加藤晃「日本の姓氏」前掲『東アジア世界における日本古代史講座』）。

倭国におけるウヂ名、姓（中国的な姓）の成立の大きな契機となったのは、本章の最初に言及した六〇〇年の遣隋使であった可能性が強い。『隋書』倭国伝には、

開皇二十年、倭王あり、姓は阿毎、字は多利思比孤、阿輩雞弥と号す。

と記す。遣隋使は当然、倭国王の姓・名を聞かれたであろうが、かつての倭の五王時代の王姓「倭」は用いていなかったので、当時の大王の称号であったと推定される「アメタラシヒコ」とか「オホキミ」（または「アメキミ」）と答えた可能性が強い。中国の役人は、倭国王にも当然、姓はあるはずと考えていたので、「アメタラシヒコ」の「アメ」を姓と解したのかもしれないし、あるいは問い詰められた倭の使者が、苦しまぎれに「姓はアメ」と答えたのかもし

れない。この後、倭王の姓を「アメ」とする史料がみえないのも、そのような想定を支証する。

六〇七年(推古十五)に遣隋使として派遣された小野妹子を、中国では「蘇因高」と呼んだというが、「蘇因高」は「小(野)妹子」を字音で言い換えたものと推定されており、妹子は自らの姓を居地の地名に求めたのであろう。後の『新撰姓氏録』が小野朝臣の由来を「大徳小野臣妹子、家㆓于近江国滋賀郡小野村㆒、因以為㆑氏」と記しているのも、妹子が「小野」のウヂ名を祖先から継承したのではなく、中国に派遣されて自らの姓を答える必要から、居地の地名を姓として称したのであろう。冠位とともに「姓」の制度も、中国王朝との外交が端緒となった可能性が強い。

推古朝の歴史的特質

かつての倭の五王と異なり、推古朝の大王が中国の皇帝から倭国王に冊封されなかったこと、そしてその後の朝廷も、朝貢はするが冊封は受けないという基本的立場を守り続けたことは、日本の古代国家のあり方を大きく方向づけることとなる。律令国家の形成過程で、中国の「姓」の制度もしだいに取り入れていくが、大王(天皇)がみずからは姓をもたず、ウヂ名・カバネを王民に与えるという、日本の古代国家を特色づける国制も、もし倭王が中国の皇帝から冊封を受けていたら、おそらく不可能であったろう。六世紀のヤマト王権の構造を基本的には保持しながら、中国の法制や礼を継受していくという、日本の古代国家の原型が、推古朝に形成される。

大化改新――新しい国制への出発

戦争と内乱の世紀の幕開け

南と北に分かれて王朝の興亡が続いていた中国では、五八九年に隋が国内を統一し、周辺諸国へその勢力を拡大していった。五九八年、隋の文帝は三十万の大軍を高句麗に派遣し、隋と高句麗との激闘が始まる。倭が最初の遣隋使を派遣した六〇〇年は、そのような情況のときで、おそらく倭は、朝鮮諸国に対する立場を有利にするために、隋と結ぼうとしたのであろう。二度目の遣隋使の帰国とともに来日した隋使を送って、六〇八年、小野妹子が再び隋に渡るとき、たくさんの留学生・留学僧も海を渡った。

隋の文帝の後を受けた煬帝も、六一二年に百万を超す大軍を高句麗に派遣するが敗退し、翌年、さらにその翌年にも大軍を送るが、その度に高句麗の激しい抵抗に遭い、敗退する。大動員と遠征の繰り返しによって国内は疲弊し、各地に反乱が続発する。その反乱のなかで、六一八年、煬帝は江都(揚州)で殺され、隋は滅亡する。

隋の滅亡後、唐が帝国を再建すると、高句麗・百済・新羅は唐から冊封を受けて、ひとまず国際関係は回復する。六二三年(推古三十一)、新羅から倭に派遣されて来た使節に連れられて、隋に留学していた恵日らが、新羅経由で帰国する。恵日らは朝廷で帰国の報告をするとき、隋に送った留学生の召還と、唐と国交を開くことを建言する。六三〇年(舒明二)、第一回の遣唐使が派遣されるが、倭は唐との国交を開くにあたり、隋に対するのと同じように、冊封を受けようとはしなかった。

留学生の帰国

第一回遣唐使の帰国のとき、まず僧旻が帰国し、六四〇年には南淵請安・高向玄理も新羅経由で帰国する。旻法師は二十四年間、請安と玄理は三十二年間の長い期間にわたって中国に滞在していた。いずれも生年は未詳だが、隋に渡ったとき、もし二十歳前後と仮定すると、旻は帰国時に四十四歳前後、請安と玄理は五十二歳前後であり、壮年時代のほとんどを中国で送ったことになる。

彼らが隋に渡ったころ、皇帝煬帝の権勢は絶頂期にあった。大運河が完成し、やがて高句麗遠征が始まる。しかしその失敗もあって煬帝は殺され、隋の大帝国はもろくも崩壊する。彼らが入隋してからちょうど十年後にあたる。

隋滅亡の大混乱のなかで実権を握ったのは、唐の李淵(高祖)であった。その子太宗がいわゆる「貞観の治」を始め、

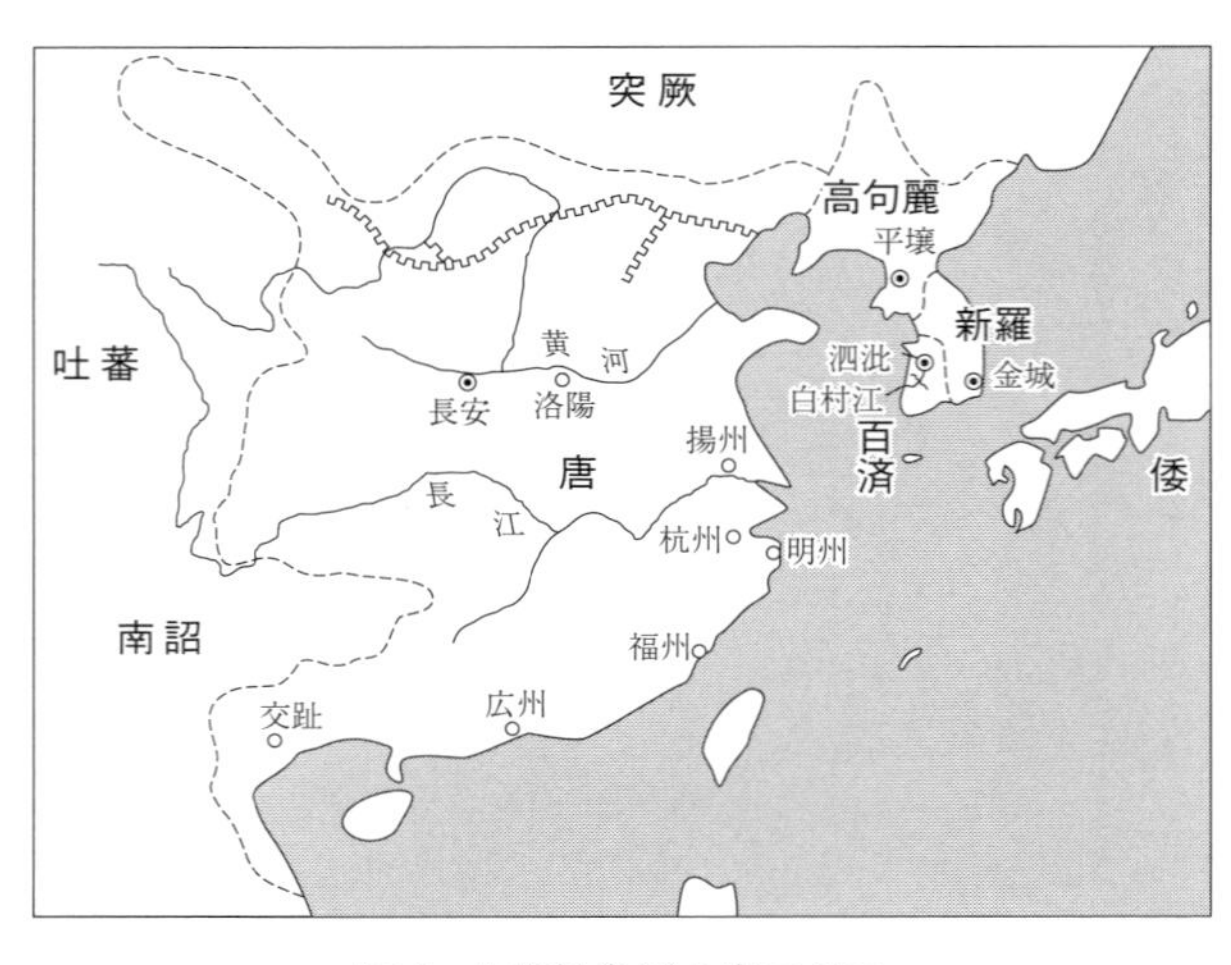

図2　7世紀半ばの東アジア

全中国を統一したのは、彼らが中国に渡ってから二十年後の六二八年である。四十歳前後になっていたであろうか。さらに十年ほど経て、請安と玄理が帰国するころには、「貞観律令」が公布され、帰国の年には、唐はトゥルファンの高昌国を滅ぼし、西域にも勢力を伸ばす大帝国となった。

壮年時代のほとんどを中国で過ごした彼らは、隋の大帝国の滅亡から唐の大帝国が建設される過程を、おそらく危険な目にも遭いながら実地に見聞したに違いない。このような長期間、異国の社会の激動のなかで生活するという経験をした留学生は、日本の歴史のなかでもほかに例がないのではなかろうか。先に言及した恵日の建言の一節に、

其の大唐国は、法式備り定まれる珍の国なり。

とあるが、その「法式」が社会のなかで実際にどのように機能していたのか、短期の留学生にはみえない中国社会の深層を、彼らは膚に感じて帰国したのであろう。

激動する朝鮮諸国

高向玄理と南淵請安が帰国した六四〇年ごろから、朝鮮諸国は激動の時代に入っていく。百済では六四一年、義慈王の即位を契機として支配層の対立が深まるが、クーデターによって権力を掌握した王は、六四二年、新羅の領内に深く侵入した。新羅は王族の金春秋を高句麗に派遣して援助を求めるが、領土の割譲を条件とされたので同意せず、

春秋は囚われの身となり、かろうじて救出される。

その年、高句麗では、宰相の泉蓋蘇文が、国王をはじめ大臣以下百余人を惨殺した。貴族たちが国王と謀って自分を殺そうとしているのを察知し、酒宴を開くと称して貴族らを招き、皆殺しにしたうえ、王宮に乱入して王を殺し、その遺骸を切断して溝に捨ててしまったのである。権力を掌握した泉蓋蘇文は、傀儡の王を擁立し、百済と結んで新羅を攻撃し始める。

朝鮮諸国の王を冊封している唐の皇帝は、その国王たちの間の争いを調停する立場にあった。ましてや自分が冊封した王をその臣下が勝手に殺すのを容認することはできなかった。太宗は、中華帝国の建前と面子から、重臣の諫めを振り切って高句麗の征討に乗り出す。

六四五年二月、太宗は洛陽を出発する。四月一日、将軍李勣が遼河を渡り、高句麗の領域に侵入する。五月十日、太宗みずから遼河を渡り、橋を壊して不退転の決意を兵士たちに示した。東方の島国、倭の飛鳥の板蓋宮で、蘇我入鹿を暗殺するクーデターが起こったのは、その翌月、唐軍と高句麗軍の激戦が続けられている最中であった。

宮中のクーデター

国際的な動乱に対処するために、朝鮮諸国は、いずれも権力の集中をめざしていた。百済では義慈王がみずからクーデターを起こして実権を握り、高句麗では宰相の泉蓋蘇文が王や大臣を惨殺して専権を握った。また新羅では、六四七年、金庾信が貴族の毗曇の反乱を鎮圧し、真徳女王のもと、王族の金春秋と将軍の金庾信による強力な政権が生まれた(石母田正『日本の古代国家』岩波書店、一九七一年)。

朝鮮半島の緊迫した情勢が刻々と伝えられるなか、倭の朝廷でも権力を集中するさまざまな道が模索されていたに違いない。大臣の地位を父から受け継いだ蘇我入鹿の専権も、東アジア諸国に共通する権力集中の一つの方式であったと推定される。しかし入鹿が六四三年(皇極二)に有力な皇位継承候補者であった山背大兄を襲い、その一族を滅ぼしたとき、朝廷の人びとは、その前年に高句麗の宮廷で起こった泉蓋蘇文による惨殺を思い浮かべたのではなかろうか。高句麗宮廷での凄惨（せいさん）な事件は、倭の朝廷にも伝えられていた。泉蓋蘇文が傀儡の王を立てて専権を握ったように、入鹿も蘇我の血を引く古人大兄（ふるひとのおおえ）を即位させて権力を専らにする道を探っていたのかもしれない。

しかし、唐と直接に対抗している高句麗と異なり、大陸から海を隔てた倭の朝廷では、赤裸々な独裁権力を許容する切迫感が欠けていた。王族である中大兄（なかのおおえ）が選んだ道は、女王のもとで王族の男子が権力を握る新羅の方式に近かったし、おそらく朝廷の豪族たちにも、受け入れやすかったろう。

入鹿が孤立した背景には、百済系渡来人の影響の強い蘇我氏の外交政策では、国際情勢に柔軟に対応することが難しくなっていた状況があったのかもしれない。また入鹿の権力集中の方式が、大臣個人による専制支配であり、国家という新しい機構をつくり、豪族を官人として組織する方向になかったことも、孤立化を早めたのかもしれない。権力を集中するために、中大兄と中臣鎌足らが選んだのは、後者の道、新しい国家機構の創設であった。

唐と高句麗の激戦が続いている六四五年六月、中大兄と鎌足は、高句麗・百済・新羅の三国の朝貢の儀式と偽って、入鹿を板蓋宮に呼び出し、暗殺する。いわゆる乙巳（いっし）の変である。翌日、入鹿の父蝦夷（えみし）も自殺して、蘇我大臣家はもろくも瓦解する。その翌日、皇極女帝は退位して、女帝の弟の孝徳天皇が即位する。

改新政権の発足

中大兄は孝徳天皇の下で、皇太子として実権を握る道を選び、鎌足は皇太子の腹心として内臣となった。またそれまでの大臣を左大臣・右大臣に分け、官僚化への第一歩を踏み出した。さらに中大兄や鎌足のブレーンとして国博士（くにはかせ）を設け、中国留学から帰国した僧旻と高向玄理が任ぜられた。新しい国制を創設するために、彼らの貴重な知識と体験が、ぜひ必要であったのだろう。新政権が成立して五日後、年号を初めて建てて「大化」としたと『日本書紀』は記す。

クーデターから二か月、新政権はいよいよ国制の改革に着手し、まず東国と倭の六県に使者を派遣する。東国はヤマト朝廷の軍事力（舎人など）の主要な供給源であり、東国の国造は、ヤマト朝廷（特に王権）を支える重要な権力基盤であった。壬申の乱をはじめ古代の反乱においては、東国の掌握が成否の鍵となったが、「東方の儐従者」と呼ばれる兵士にその館を守衛されていた蘇我大臣家を滅ぼしたとき、東国の動揺を防ぎ、東国をしっかり掌握することは、改新政権の第一の課題であった（大津透「大化改新と東国国司」『新版 古代の日本』八、角川書店、一九九二年）。

東国への使者は、これまでの国造の支配体制をただちに変革することを目的とせず、国造ら豪族の勢力関係や支配の実態の調査、戸口数・田積の調査、武器の集積・管理などを主な使命とした。新政権は武器の集積をしだいに他の地域にも及ぼし、また九月には戸口調査を全国に及ぼし、田地の兼併を禁じた。

東国への使者の派遣と同じ日、新政権は「男女の法」を制定している。生まれた子を、父方・母方のいずれに属させるかを定めたもので、良民の場合には父方に、奴婢の場合には母方（婢の所有者）に属することとした。生まれた子が、父方だけでなく母方の親族とも深いかかわりをもっていたので、戸口調査のためにも、父系の原則をはっきり打ち出したのであろう。

新政権はこの年の十二月、都を難波に遷した。翌大化二年正月一日、四か条からなる有名な詔を出すが、正月一日に国制の改革についての詔が出されることはほかに例がなく（岸俊男「造籍と大化改新詔」『日本古代籍帳の研究』塙書房、一九七三年）、また出されたとしても、四か条のなかには明らかに大宝令によって修飾された部分があるので、その原詔がどのようなものであったのかは、まだ大きな謎に包まれている（この詔の問題を含めて、いわゆる大化改新の研究史については、直木孝次郎「大化改新と難波宮」〈『古代を考える 難波』吉川弘文館、一九九三年〔『直木孝次郎古代を語る』一一、吉川弘文館、二〇〇九年〕〉に的確な紹介と批判があり、直木氏の大化改新像をほぼ全面的に支持したい）。

三月になると、東国に派遣されていた使者が、国造と新しい評の官人の候補者を連れて帰ってきた。東国への使者の主要な任務には、国造の国を評に再編成するための準備が含まれていたのである。

習俗の改革

同じ三月に、さまざまな習俗の改正を命ずる詔が出されている。第一は、いわゆる薄葬令で、古墳の造営や殯（もがり）の規制、殉死の禁止などを命じ、また「亡人（しにたるひと）のために、髪を断（き）り股（もも）を刺して誄す（しのびごと）」ることを禁断する。このような習俗は、未開社会に広くみられるが、『旧約聖書』によれば、イスラエルの王権の確立とともにしばしば禁止されたという（義江彰夫「『旧約聖書のフォークロア』と歴史学」『UP』七七、一九七九年）。

次に婚姻の習俗について、夫に捨てられた女が再婚すると、前夫が後夫に財物を要求することなど、さまざまな悪習を禁ずる。次は交通にかかわる。地方から徴発された役民が路上で炊事をすると、近くの家が祓除（はらい）の物を要求することや、渡場の渡子（わたしもり）が通過税を徴収することを禁ずる。改新政府にとって、地方の国々との交通を確保することは、緊急の課題であった。

この一連の習俗改正の詔の中心となるのは、葬儀と婚姻と交通の問題であるが、出生児の帰属についての前年八月の「男女の法」を含めると、人の出生・婚姻・死という、最も基本的な習俗を含んでいる。古代国家の形成は、他の民族と同じように、習俗の改革を伴っていた。

評を立てる

八月になると、上京していた国造や評造（こおりのみやつこ）候補者の帰国とともに、再び使者が派遣される。この後もおそらく使者の派遣が繰り返されるなかで、大化から白雉（はくち）年間に国造の国を再編成して評が立てられていく。国造のほかに新興の豪族が生成し、その勢力争いを調停するために中央の権力が必要とされている情況が生まれていたのであろう。それを利用して国の分割、評の新設が進められていったと想定される。

評は朝鮮諸国の制度を参考にして立案されたものだが、軍事的な性格が強く、また族制ではなく地域を原理とする行政区画であった。国造のクニも一つの領域ではあったが、伴造—部のタテ割りの支配原理が基礎にあった。これに対して評は領域によって民戸を編成し、一定の規準で調や仕丁を徴発することとした。

評造は、溝池を築き、田地の開墾も推進していった。『常陸国風土記』は、行方評の初代の評造となった壬生連麻呂が、役民を徴発し「夜刀の神」(蛇神)を追い散らして、灌漑池を築造した興味深い話を伝えている。

改新政権は、「内つ国」の豪族たちが大王を中核として朝廷を構成するヤマト王権の構造を基本的には継承し、「内つ国」を「畿内国」と定め、「畿内国」と地方の「評」からなる国制を構想した(関晃「畿内制の成立」『山梨大学学芸学部研究報告』五、一九五四年〔『関晃著作集』第二巻、吉川弘文館、一九九六年〕)。そしてまず「評」の設置に全力をあげたが、東国に二度目の使者を派遣した大化二年八月には、これまでの国制の骨格であった「部」の制度の改革に着手する。

氏族制から官僚制へ

「部」の制度は、世襲制とタテ割りを原理とし、そのうえ「部」の多くは設置された当初の機能を失い、管掌する伴造・国造などによって私物化される情況にあった。

このような袋小路を打開するために、新政権は「部」の全廃という思い切った改革を打ち出す。すなわち部を骨格とするこれまでの臣・連・伴造・国造の職をやめて、新しい官職制度と位階制度に切り換えることを宣言する。しかし朝廷の豪族たちがまず心配したのは、「部」の廃止によって、「祖の名」が失われることであった。始祖の名こそ、始祖の霊威を受け継いで大王に仕える豪族の地位を保証する核心である。後に大伴家持も、

……大伴の　遠つ神祖の　その名をば　大来目主と　負ひ持ちて　仕へし官……人の子は　祖の名絶たず　大君に　奉仕ふものと……

(『万葉集』巻十八、四〇九四)

とうたい、「祖の名」を絶たないで大君に仕える一族の誇りを高らかにうたっている。新政権は、そのような「祖の名」によって結ばれた大王とウヂの関係を変えるつもりのないことを、繰り返し説明し、さらに新しい官職制度に移

図3　埴輪“ひざまずく男子像”
（上野塚廻り古墳群出土，国(文化庁)保管，群馬県立歴史博物館提供）

行するための現実的な政策を、翌六四七(大化三)年四月に発表する(吉田孝「祖名について」『奈良平安時代史論集』上、吉川弘文館、一九八四年〔本書所収〕)。

すなわち、新しい官職制度に移行するには、いくつかの段階が必要で、順次に詔を出していくが、とりあえず、新しい官職とそれに伴う封禄(給与)の制度が軌道に乗るまで、豪族たちの管掌してきた「部」から徴収するはずの「調」と、「仕丁」(およびその庸米)を、その「部」を管掌する豪族に与えることとした。そして新政権が予告した幾段階かの詔は、この年(大化三年)の十三階の冠位の制定、中・下級官人の増加に対応する大化五年の十九階の冠位増定、同月の八省百官の設置などの諸施策として実現していった(関晃「いわゆる品部廃止の詔について」『続日本古代史論集』上、吉川弘文館、一九七二年〔前掲『関晃著作集』第二巻〕)。

難波朝庭の立礼

官僚制への移行には、官僚としての意識・習慣の形成を不可欠とする。六四七年(大化三)、難波の小郡宮で新しい「礼法」が定められた。冠位を有する者は、早朝に朝庭の南門の外に列び、日の出とともに庭に入って大王に再拝し、そのあと政庁で政事につけ。遅刻した者は入ることはできない。正午の鐘を聞いたら退庁せよ、という内容であった。またこのころ、古来の伝統である跪き、両手を地面につけて行う礼(跪礼)(図3)から、中国式の起立したままお辞儀をする礼(立礼)に改め、後世、「難波朝庭の立礼」と呼ばれた。

跪き、地面に両手をつけて行う礼は、『魏志』倭人伝にも、下戸(庶民)が大人(身分の高い人)に「辞を伝え事を説くには、あるいは蹲り、あるいは跪き、両手は地面に拠り、これが恭敬を為す」とみえる。その礼法が七世紀の朝廷にも残っていたのである。それは、大王を共立したヤマト朝廷の豪族たちも、大王の前では奴として仕えることを象徴するものであった。その長い伝統をもつ跪礼を、改新政府は立礼に変えようというのである。

しかし「難波朝庭の立礼」は、すぐには定着しなかった。約三十年後の六八二年（天武十一）にも、さらに大宝律令施行後の七〇四年（慶雲元）、七〇七年（慶雲四）にも、繰り返し跪伏の礼の禁令が出されている。弥生時代以来の風習の根強さと、それを断ち切ろうとする改新政治の後継者たちの情熱が印象的である。

改新政府が打ち出した「部」の制度の廃止も、ただちには実現せず、この後約半世紀の時間と曲折を経たように、大化の諸改革はただちには実現しなかった。しかし、国制の基本的な変革の方向を示し、その第一歩を踏み出したところに、中大兄らの営為の大きな歴史的意義があった。それは、鉄道の線路を切り換えて、列車の方向を変える転轍手の役割にも比せられる。律令国家への路線へ、歴史の進路を切り換えたところに、中大兄らの役割があった。

白村江の敗戦と天智朝

任那の調の放棄

六四五年（大化元）六月の蘇我入鹿暗殺の場として利用された三韓の朝貢の儀式は、実際には翌七月に行われたが、その際、朝廷は「任那の調」を確実に納めることを百済に要求した。「任那」とは本来は朝鮮半島の南端、現在の金海付近にあった「任那加羅（金官加羅）」を指すが、ヤマト王権はそこを拠点として朝鮮半島に勢力を伸ばしたので、その勢力下にあるとみなした地域を「任那」と呼んでいた。

六世紀前半に金官加羅は新羅の勢力下に入った。ヤマト王権は新羅に「任那の調」を納めさせていたが、大化のころには百済が西方から勢力を伸ばしてきていたので、百済に「任那の調」を納めさせようとしたのである。「任那の調」は、朝鮮半島における倭王権の権益のシンボルであった。しかし百済に納めさせる政策もうまくいかなかったらしく、翌大化二年七月、改新政府は国博士の高向玄理を新羅に派遣し、「質」(人質)を差し出させることを条件に、「任那の調」を廃止した。

数世紀にわたる外交課題であった「任那の調」を放棄したことは、改新政府が大八島(おおやしま)を版図(はんと)とする国家の建設にはっきり転換したことを示しており、その歴史的意義はきわめて大きい。ただし東アジア諸国間の抗争から全く手を引こうとしたのでないことは、その代償に「質」をとろうとしたことからもうかがわれる。もっともこの「質」は、日本の中世に妻子を人質としたのとは異なり、一面では外交官であった。

新羅が送ってきたのは王族の金春秋(後の武烈王(ぶれつ))である。新羅王の孫で、母も王の娘である春秋は、真徳女王を助けて新羅の内政・外交に活躍しており、五年前に高句麗に使いし、捕われの身となって危うく脱出したことは前述した。その金春秋が、今度はみずから「質」として倭にやってきたのである。

金春秋の選択

金春秋の大人(たいじん)の風格は、倭の朝廷の人びとに好感をもたれた。倭に来た翌年(六四八年)、春秋は帰国し、その子とともに今度は唐に赴く。唐の太宗は春秋を手厚くもてなす。唐に渡った翌年、春秋は唐を去るが、帰国した春秋は、新羅の服制を唐の服制に改め、年号も唐の年号を用い始める。唐の年号を用い、唐の衣服を着ることは、新羅が唐の属国になることを示している。

高句麗に使いして捕われの身となり、倭には「質」として赴き、唐に使いした金春秋は、唐の属国として生き残る道を選んだ。この春秋の選択は、その後の東アジア諸国の運命に、大きな影響を及ぼすことになる。

百済の滅亡

六五五年、高句麗・百済が連合して新羅の北部に侵入すると、新羅は唐に救援を求め、それに応じて唐は高句麗に出兵する。しかし高句麗の抵抗に遭い、その後も攻防を繰り返す。

六五九年、新羅は、百済が高句麗の威を借りて新羅の領域を侵すとして、百済の討伐を唐に強く要請した。それをきっかけにして唐は一転して百済征討に乗り出す。高句麗を背後で支える百済をまず滅ぼす方が、近道と考えたのであろう。六六〇年三月、唐の高宗は水陸十三万の兵をもって百済を攻撃する。唐軍の主力は錦江(旧名、白馬江)をさかのぼって百済の都、泗沘城(扶余)に進軍した。また高宗の命令で、新羅の武烈王(金春秋)は王子や将軍金庾信らに五万の兵を率いて百済に進攻させ、大激戦の後、唐軍と合流する。

唐・新羅軍に包囲された百済の義慈王は、守備兵や女官らを見捨てて泗沘城を脱出し、錦江の上流の熊津城(公州)に逃れるが、七月十八日、唐軍に降伏し、百済は滅亡する。

唐・新羅連合軍の百済征討は、電撃作戦で見事な成功を収めた。しかしそれは点と線を制圧しただけだったので、各地に残っていた百済の遺将らは、唐が軍隊の主力を高句麗に振り向けると、百済の復興に立ち上った。それとともに倭に使者を派遣し、援軍の派遣と、余豊璋の送還を要請してきた。余豊璋は義慈王が三十年前に「質」として倭に送ってきた百済の王子で、倭に滞在していた。その豊璋を王に立てて百済を復興しようというのである。

百済滅亡の報は、それ以前に倭に伝わっており、朝廷には危機感が漂っていた。救援軍を派遣すれば、新羅だけでなく、唐をも敵に回すことになり、百済と同じ運命をたどることになるかもしれない。しかし百済は昔から親交のある国であるし、もし百済がこのまま完全に滅亡すれば、唐の脅威が直接に倭に及んでくるだろう。朝廷は使者に詔して救援の決意を伝える。

白村江の戦い

その年(六六〇年)の暮、斉明女帝は難波宮に移り、出兵の準備を整え、翌年(六六一年)正月、中大兄皇子・大海人皇子らとともに、難波を出発し、各地で兵士を徴発しながら筑紫へ向かった。八月、救援軍がやっと編成され、余豊璋を百済に衛送する。翌年(六六二年)正月、豊璋の国王任命式が行われ、王を仰いだ百済復興軍は勢いづき、各地で激戦が続いた。しかし百済復興軍の内紛もあって、形勢は大きく変化し、唐・新羅軍は熊津から錦江を下り、百済復興軍が立てこもる河口近くの周留(する)城に迫った。急の報せを受けて、倭の水軍は錦江の江口(白村江(はくすきのえ))へ向かった。

八月十七日、唐・新羅軍は周留城を囲み、唐の水軍百七十艘は白村江で倭の水軍を待ち受けた。二十七日、倭の水軍と唐の水軍が戦闘の火蓋を切り、翌二十八日、決戦となるが、またたく間に倭軍は大敗する。中国の史書『旧唐書』は、

四たび戦って捷(か)ち、その船四百艘を焚(や)く。煙と焰(ほのお)、天に漲(みなぎ)り、海水皆(みな)赤し。

と記す。

余豊璋は高句麗に逃亡し、九月七日、周留城は陥落した。逃れた倭の軍は九月二十四日、朝鮮南部に集結し、亡命を希望する百済の将軍や兵士とともに、翌日、帰国の途についた。

国制の改革と国土の防衛

中大兄皇子らは、筑紫の津(那津(なのつ))で彼らを迎えたことだろう。一つの国が滅びるとはどういうことか、生々しい報告を食い入るように聴いたに違いない。

中大兄らがいつ飛鳥に引き上げたかは未詳だが、翌年(甲子、六六四年)の二月には、早くも弟の大海人皇子が宣して、国制の改革に着手した。

第一は、大化五年(六四九)の十九階の冠位を二十六階に増やす。第二は、氏上(うじのかみ)を定めて大氏の氏上には大刀を、小氏の氏上には小刀を、伴造らの氏上には干楯(たて)・弓矢を賜う。第三は、民部(かきべ)・家部(やかべ)を定める、という内容である(甲子の宣)。

第一の冠位の増加は、官司制の整備・充実のために、中・下級官人の増加に備えるとともに、百済の役の論功行賞の目的もあったと推定される。第二の氏の再編成は、氏をその功績や勢力関係に応じて——出自の差による臣・連でなく——大氏・小氏・伴造に分けたのであろう。百済の役の軍隊は基本的には氏を単位としていたと考えられる。氏上に与えたシンボルが、大刀・小刀・干楯・弓矢という武器であることも注目される。

第三の民部・家部についてはさまざまな解釈があるが、「民部」は豪族に属する部で「部曲」とも表記され、「家部」は民部よりも従属度の高い、後の家人や氏賤に連なるものであろう。「民部」は朝廷に納めるべき調・仕丁(庸)をその氏に給付するもの、「家部」は朝廷が課税の対象としない氏の隷属民であろう。それは先述の大化三年の調庸支給の詔の延長上にあるが、民部・家部の数量を定める点で着実に朝廷の支配が深化しており、大氏・小氏・伴造の氏のランクづけとも関連しているであろう(平野邦雄「〝甲子宣〟の意義」『古代史論叢』上、吉川弘文館、一九七八年)。

権力の再編成のための国制改革と並行して、国土防衛のための施策が次々に打ち出された。対馬・壱岐・筑紫国に「防人」と「烽」を置き、また大宰府を守るために、「水城」と「大野城」「椽(基肄)城」など朝鮮式山城を築いた。対馬には金田城、関門海峡から瀬戸内海に至る要地に屋嶋城などの山城を築き、河内と大和の境の生駒山に高安城を築く。

六六七年(天智六)、中大兄は都を近江に遷した。近江大津宮である。敵の水軍から直接に攻撃されやすい難波の海岸から遠く、東国や北陸との交通の要地にあたる。百済の役で西国が疲弊した状況のなかで、頼りとする東国の兵士を徴発するには、飛鳥より大津の方がまさっていた。

近江令と庚午年籍

大津宮に遷都した中大兄は、翌六六八年(天智七)正月、正式に即位した。この年、唐・新羅連合軍は高句麗の都を攻め、一か月余にわたる攻防戦の末、王都は陥落し、高句麗はついに滅びた。

大津宮で即位した天智天皇は、中臣鎌足らに命じて近江令を制定したといわれる。『藤氏家伝』によれば、これより先、鎌足は「礼儀を撰述し、律令を刊定」することを命じられ、この年にほぼ完成したという。

しかしいわゆる「近江令」は、天智朝(あるいは中大兄の執政期)に出された一連の画期的な単行法令群に対する後世からの総称と考えられ、体系的な法典ではなかったと推定される(青木和夫『日本律令国家論攷』岩波書店、一九九二年)。この点では、中国律令を継受しながら、体系的な律令法典は編纂しなかったと推定される百済や新羅と同じである(北村秀人「朝鮮における「律令制」の変質」『東アジア世界における日本古代史講座』七、学生社、一九八二年)。大化から天智朝にかけての国制は、手本とした朝鮮諸国の国制と類似する点が多い。そのことは、朝鮮諸国からの渡来人が果たした役割とともに、中国の律令法と当時の日本社会との格差を膚身に感じて帰国した、中大兄のブレーンたちの影響力によるところも大きいと想像される。

近江令が体系的な法典でなかったとしても、そのことは、中大兄(天智)が行った数々の施策の画期的意義を減ずるものではない。なかでも即位二年後の六七〇年(庚午)に、ほぼ全国にわたって作成された庚午年籍(こうごねんじゃく)は、古代国家形成の重要な段階を画するものであった。

庚午年籍は、東国から筑紫の諸国まで、当時の朝廷の勢力が及ぶすべての国で作成された。庚午年籍そのものはまだ発見されていないが、おそらく戸ごとに戸主・戸口の名を書き連ね、簡単な続柄や良賤の別が記されていたと推測される。

戸籍に個々人を登録する際、どのような個人名を記すかは、現在の世界でも民族により異なっている。現在最も広く用いられている表記法、すなわちファミリー・ネーム(姓・氏)と個人名を、どちらを先にするにせよ、連結する方法は、世界史的には、西はローマ帝国、東は秦・漢帝国に源をもち、古代帝国が人民を一人一人把握しようとした統治技術の産物であった。

庚午年籍の歴史的意義

未開社会では一般に、氏族外婚制（clan exogamy）などの標識となる氏族名は存在したが、氏族名と個人名とを連結することは行われていない。氏族外婚制が一般的には存在しなかった日本の場合には、庶民には氏族名は一般に存在せず、豪族層において、大王との政治的関係を表示するウヂ名・カバネが成立してきた。そして前述したように、推古朝ごろから、ウヂ名・カバネと個人名とを連称する呼称法が成立してくる。しかし豪族のなかでも小さなものは、ウヂ名・カバネがはっきり定まっていないものも多く、庚午の年にウヂ名・カバネを賜ったという伝承がたくさん伝えられている。大王は姓をもたず、大王がウヂ名・カバネを与えるというヤマト王権の国制は、庚午年籍作成の際にも生きており、庚午年籍は「定姓」の機能をもつものとして、永久保存とされる（井上光貞「庚午年籍と対氏族策」『日本古代史の諸問題』思索社、一九四九年）。

ウヂ名・カバネと無縁な庶民の場合には、一般には「〇〇部」（刑部(おさかべ)、大伴部など）という「部」制に由来する姓が個人名の上に付された。このような「〇〇部△△」（大伴部博麻(はかま)など）という呼称法は、兵士や仕丁などに徴発された場合には使用された可能性があるが、大多数の庶民にとっては、上から付された、いわば納税番号のごときものであった。

庚午年籍が実際にどのようにしてつくられたかを示す史料は残念ながら残されていない。『旧約聖書』によれば、古代のイスラエルの王ダビデが人口調査を行ったとき、ヤハウエ神が異常な反感を抱き、その直後に大疫病が流行したという。また近代の西欧人が未開社会に入って人口調査を行おうとすると、必ずといってよいほど、原住民の強い抵抗を受けたといわれる。ほぼ全国にわたる庚午年籍の作成が、在地社会のなかに与えたインパクトは、私たちが推測することが難しいほど大きかったかもしれない（義江彰夫前掲）。

壬申の乱と天武・持統朝

壬申の乱

天智の皇子、大友皇子を太政大臣とする新政権が発足した六七一年(天智十)の九月、天智は病の床についた。翌十月、天智は弟の大海人を病床に呼び、後事を託するが、身の危険を察知した大海人は直ちに出家し、吉野に去る。十二月、天智は四十六歳の生涯を閉じた。

翌六七二年(壬申)五月、大海人の舎人の一人が、近江朝廷は天智の山陵をつくるために徴発した人夫に武器をもたせている、と報告してきた。翌六月、大海人は挙兵を決意し、舎人を先行させてみずからも東国に脱出し、東国の兵を徴発して近江朝廷を攻め滅ぼす。いわゆる壬申の乱である。壬申の乱は、当時の人にとっては、どちらが勝つかわからない戦争であり、その渦中に巻き込まれた人びとは、生死がかかった選択を絶えず迫られた。それだけに、軍隊にも守られずに反乱に突入した大海人が勝利したとき、大海人は神とたたえられた。

大君は　神にしませば　水鳥の　すだく水沼を　皇都(みやこ)となしつ　(『万葉集』巻十九、四二六一)

そして、近江朝廷の滅亡は、大海人に絶大な権力をもたらした。蘇我・中臣・巨勢・紀など畿内の大豪族のほとんどは近江朝廷の高官となっていたので、近江朝廷の滅亡によって、大海人は畿内の大豪族=大夫層の制約から解き放たれ、独裁的な権力を握った。

飛鳥浄御原宮(あすかきよみはらのみや)で即位した天武天皇は、その治世の十数年間、一人の大臣も置かなかった。

政の要は軍事なり

反乱を起こして権力を握った天武は、軍事の恐ろしさと重要さを身にしみて感じたに違いない。百済や高句麗が滅亡するときの状況も、繰り返し聞かされていただろう。戦後の厳戒体制が終わるころ、天武は恒常的な軍事体制の構築を始める。

六七五年(天武四)、諸王以下すべての官人に武器を備えることを命じ、天武十三年には「凡そ政(まつりごと)の要(ぬみ)は軍(いくさ)の事(こと)なり」で始まる有名な詔を出し、文官にも兵器と乗馬の訓練を命ずる。翌年には地方の豪族に命じて、軍隊の指揮に用いる鼓吹や旗をすべて評家(こおりのみやけ)に収置させた。東海道以下の七道の制定も軍事と密接に関連していた。

絶大な権力を握った天武であるが、権力を発動するには、たくさんの人の力が必要である。命令どおりにたくさんの人びとを動かす方式——官僚制の形成が大きな課題となる。天武がまず着手したのは、豪族を官人に登用する出身法であり、勤務評定と昇進の制度であった。六七三年(天武二)に「其れ初めて出身せん者をば、先ず大舎人に仕えしめよ。然る後に其の才能を選簡(えら)びて、当職に当てよ」と令したのをはじめ、勤務評定(考課)と昇進(選叙)の制度を次々に定めていく。また氏に属する民部(部曲)を廃止し、官人個人に支給される食封(じきふ)に切り換えていった(早川庄八『日本古代官僚制の研究』岩波書店、一九八六年)。

官人を出す母体である「氏」の制度化も同時に進められ、氏上の定まっていない氏に対して、氏上を定めて申告するように命じ、氏のランクづけを進めた。六八四年(天武十三)には「八色(やくさ)の姓(かばね)」を制定し、上級官人(錦位、後の五位以上)を出すことができる「氏」には、真人(まひと)・朝臣(あそみ)・宿禰(すくね)・忌寸(いみき)のカバネを与えた。

翌天武十四年、新しい四十八階の位階制を施行し、官人のヒエラルヒーを確立する。皇太子の草壁皇子も位を授けられ、位階の秩序を超越するのは天皇と皇后だけとなる。

律令の編纂

六八一年(天武十)、天武は皇后とともに大極殿に出御して親王・諸王および諸臣を召し、律令の制定に着手することを命じた。律令の編纂は天武の在世中には完成しなかったが、天武の没後、後を継いだ皇后に継承され、六八九年

（持統三）六月、「令一部廿二巻」が諸司に頒布された。飛鳥浄御原令である。体系的な法典としては日本で最初の「令」法典と推定され、後の大宝令も、その大枠は浄御原令を継承している。なお「律」法典は大宝律令において完成する。

日本が百済・新羅と異なり、体系的な律令法典を編纂したのは、日本が中国から冊封を受けていなかったこととも密接な関係があると考えられる。

浄御原令のうち四十八階の位階を定めた部分は、すでに六八五年（天武十四）に施行されており、持統が正式に即位した六九〇年（持統四）には、浄御原令の「官員令」によって太政大臣・右大臣が任命され、「考仕令」によって官人の位階昇進の制が実施された。浄御原令によって、日本の古代官僚制はそのレールがはっきり敷かれたのである（青木和夫「浄御原令と古代官僚制」前掲『日本律令国家論攷』）。

編戸制の特質

六九〇年（持統四、庚寅）、浄御原令の戸令に基づいて全国で作成されていた戸籍が完成する。いわゆる庚寅（こういん）年籍である。六年ごとに戸籍をつくるという「六年一造」の制度は、この庚寅年籍に始まる。また良賤制の萌芽は大化の「男女の法」にあり、天智朝の庚午年籍で推進されるが、良賤制が確立するのも庚寅年籍によってであった。

五十戸を単位とする制度は、天智朝にも行われていたが、五十戸＝一里制が全国的に実施され、「国―評―里―戸」の制が確立するのも、この庚寅年籍作成の際であった。「里」の基礎になった「戸」は、「丁」（成年男子）を平均四丁含むように編成され、一戸から一人の兵士を徴発することを規準とした（直木孝次郎「一戸一兵士の原則と点兵率」『飛鳥奈良時代の研究』塙書房、一九七五年）。

戸はまた官人に支給する封戸の単位でもあったので、封戸から差し出す租調庸の数量に著しい差が生じないようにするためにも、調庸を負担する丁の人数を平均化する必要があった。

日本の編戸制における「戸」は「課戸」(課丁を含む戸)が原則であり、たとえば、八世紀前半の阿波国大帳では、全戸数のうち課戸が九七・四パーセントであった。それに対して唐の天宝十四年(七五五)の全国統計(『通典』)では、応課戸が六〇パーセント、不課戸が四〇パーセントであった。社会的な存在である「家」を「戸」に編成した中国と、一定の目的と規準で行政的に「戸」を編成した日本との差を明瞭に表している(大津透「課役制と差科制」『中国礼法と日本律令制』東方書店、一九九二年〔『日唐律令制の財政構造』岩波書店、二〇〇六年〕)。

一戸＝四丁＝一兵士を規準とする日本の編戸制は、「戸―保―里」の行政組織と「兵士―伍―隊」の軍団組織とが密接に対応しており、軍団組織と同じ原理で行政組織が制度化されたことを示している。手本とした唐の戸令では、軍団的な組織原理による「郷―里―保」と、自然集落を基礎とする「坊―隣」(都市)、「村―坊」(農村)が重層していたが、日本の戸令は軍団的な組織原理に一本化しており、「政の要は軍事なり」と宣言した天武の意志が、見事に貫徹している。

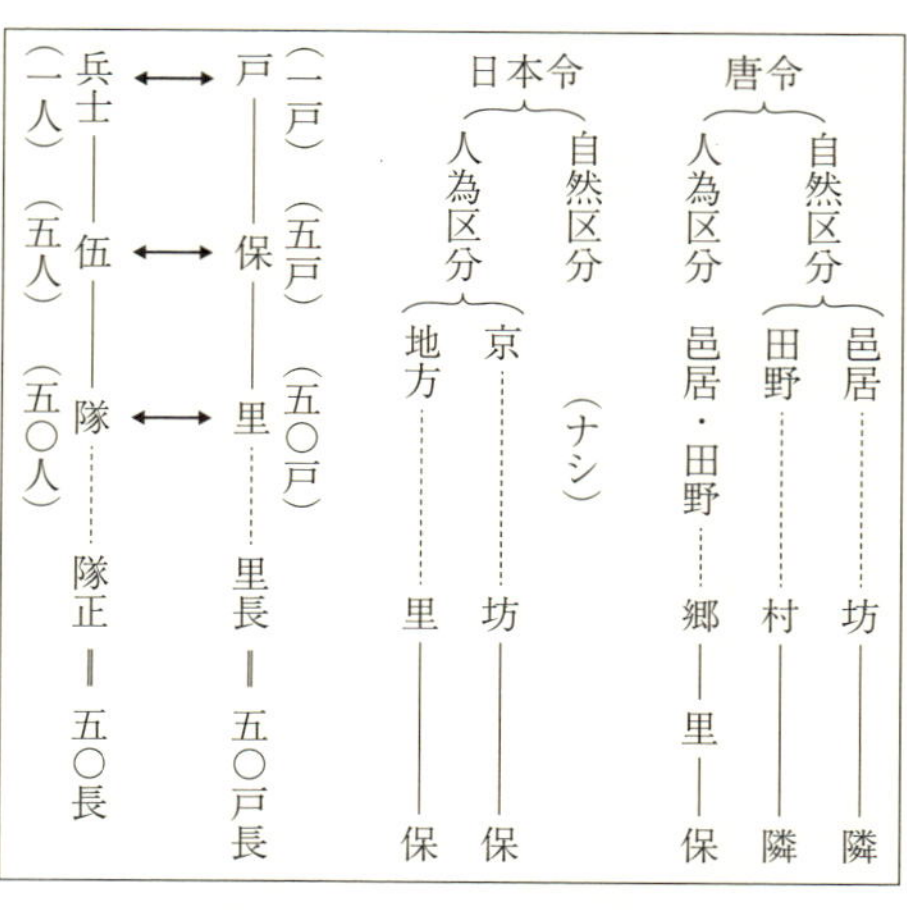

図4　編戸制の構造
(吉田孝『律令国家と古代の社会』岩波書店, 1983より)

班田制の特質

庚寅年籍が完成すると、六九二年(持統六)には畿内に班田使が派遣され、諸国でも国司が班田にあたったと推定される。一定の規準による班田収授が全国的に行われたのは、おそらくこれが最初であろう。

日本の班田制は中国の均田制を手本としたものであるが、両者の間には構造的な違いがあった。唐の均田制における成年男子の「応受田額」(受田すべき面積)百畝は、井田法(せいでんほう)に淵源をもつ理想額で、「已受田額」(実際に受田した面積)はその半分程度と推定されている。したがって農民が開墾しても、一般には応受田額を超えることはなく、開墾田は已受田のなかに編入される仕組みになっていたと推定される(すべての土地は王土なので、自前で開墾した田も受田である)。

そもそも農民に百畝の田を給することは、古(いにしえ)の井田法以来の中国の伝統的な理念であり、理想であった。農民がみな百畝の田をもつことができれば、この世は聖人・君主の理想の世となる。したがって均田法は明らかにフィクションを内包しており、フィクションを媒介とすることによって、豪族の大土地所有を規制する機能を、現実的に弾力的に果たすことができたのである。しかし、このような法の機能の仕方は、日本の班田法には存在しなかった。日本の班田法は、実際にその面積の熟田(既墾田)を収授することを規定しており、現実にそのまま適用することを意図してつくられている(吉田孝『律令国家と古代の社会』岩波書店、一九八三年)。

天武・持統の身近には、中国に何十年も滞在し、中国の法がどのように機能しているかを膚身に感じて帰国したブレーンはいなかった。天武・持統朝に構想された国制は、理想をそのまま実現しようとする傾向が強いが、このような思潮は、同時代の『万葉集』の歌にもうかがわれる。初期万葉の七夕歌は、中国の伝承の天上的な世界を地上の人間の恋歌のような烈しさで歌っているが(稲岡耕二『人麻呂の表現世界』岩波書店、一九九一年)、私はそこに、日本的な班田制を構想した天武・持統朝の官人たちの心の内を、垣間みたような思いがする。

日本と天皇

天武・持統朝の朝廷は、遣唐使を派遣せず、独立した国制の創設に突き進む。中国から付された「倭」という国号を改めて、「日本」という国号を定めたのも、このころと推定されている。しかし同時に、「日本」の国号が、中国を強く意識して定められたことも見落してはならない。「日本」の淵源は、推古朝の遣隋使の国書「日出づる処」にあると考えられるが、中国から付された「倭」を捨てて独自の国号を定めるときに、西の中国に対する東の「日の本」

として「日本」の国号が定められたのである。それとともに、「日」(太陽)を国号の中核としていることも注目される。天武・持統朝に、天照大神(あまてらすおおみかみ)を皇祖神とする神話が確立し、天照大神を祭る伊勢神宮の地位が確立したことも、深いかかわりがあるだろう。

「天皇」の称号も、天武・持統朝に正式に定まった可能性が強いが、「天皇」号の制定は、唐の高宗の上元元年(六七四、日本の天武三)に「天皇」号が君主の正式の称号として使用されたことの影響も想定されている(鎌田元一「天皇号・国号の成立」『別冊文芸 天皇制』河出書房新社、一九九〇年〔『律令国家史の研究』塙書房、二〇〇八年〕)。日本の「天皇」号が、唐の「天皇」号を意識して定められたかどうか、私にはまだよくわからないが、もしそうだとすると、唐と並立する国家を形成しようとした日本の律令国家の特質とも適合する。

中国から冊封を受けず、独自の「律令」法典を編纂し、独自の年号を定め、独自の貨幣を発行する〝東海の小帝国〟「日本」の律令国家の骨格は、天武・持統朝にはっきりと構築された。

八世紀の日本――律令国家

はじめに

六七一年の冬、天智天皇は死の床にあった。乙巳の年(六四五・大化元)飛鳥の板蓋宮で、真っ先に蘇我入鹿に切りかかった青年中大兄(天智)は、いま激動の生涯を終えようとしている。自ら甲冑を擐き、山川を跋渉した大王の伝統が、この時代にはまだ生きていた。

中大兄の生涯は、東アジアの国際的動乱の渦中にあった。「乙巳の変」が唐の太宗の高句麗攻撃の最中に起こったことが象徴するように、そこから始まる国制の改革は、国際的動乱のなかで生き延びるための、懸命な模索であった。戦争には、権力の集中と軍事力の強化が不可欠である。

高句麗の頑強な抵抗に苦しんできた唐は、高句麗を背後で支える百済をまず滅ぼす作戦に転じ、新羅と結んで百済を滅ぼした。百済と親密な関係にあった倭の朝廷は、百済再興のための大軍を派遣するが、六六三年、白村江の海戦で大敗する。一つの国が滅びるとはどういうことか、筑紫の大津で最高指揮をとっていた中大兄は、引き上げて来た将軍たちの生々しい報告を、熱中して聴いたに違いない。中大兄は、山城・水城・烽を次々に築いて防衛体制を固める。また国内の支配体制を強化するために、はじめての全国的な戸籍である庚午年籍を作成する。

一方、朝鮮半島では、宿敵の百済、つづいて高句麗を、唐と結んで滅ぼした新羅が、目的を達すると一転して、唐の軍隊の追い出しにかかる。高句麗の遺将が唐に対して反乱を起こすと、六七〇年、新羅は大軍を派遣して反乱軍を支援した。新羅はまた、唐の支配下にあった旧百済領を唐から奪取しようとして、同年秋から旧百済領に侵攻し、翌

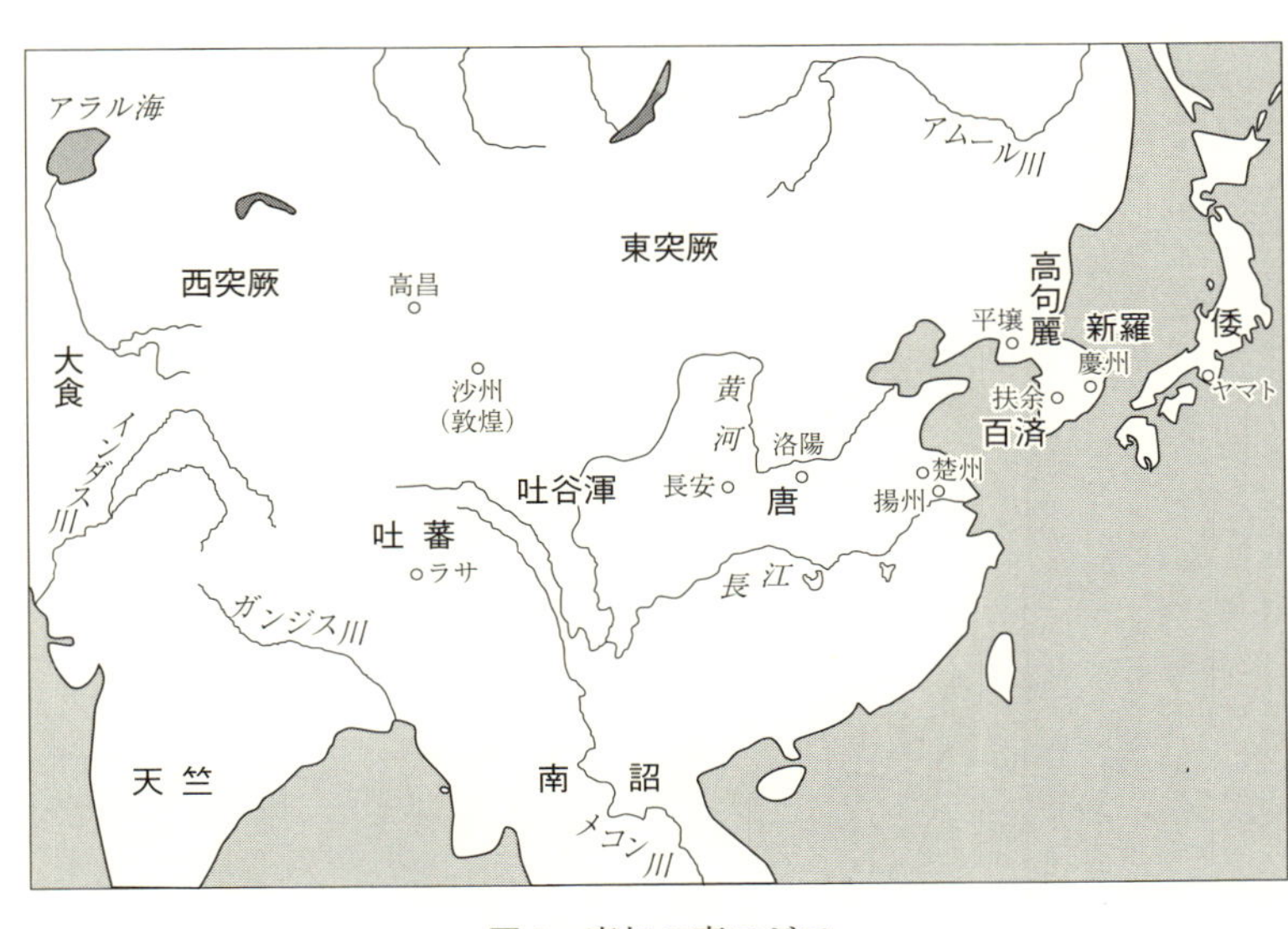

図1　唐初の東アジア

六七一年、百済の旧都、泗沘城（扶余）を占領した。唐の朝鮮半島の支配体制は、重大な危機を迎える。天智天皇が、死の床に就いたのは、まさにこのような国際情勢のときであった。

天智天皇の治世には、同母弟の大海人皇子が詔を宣することもあり、朝廷では「日嗣の御子」（皇位継承の予定者）とみなされていたらしい。しかし天智は、いつの頃からか、自分の子、大友皇子に皇位を伝える望みを抱きはじめる。百済からの亡命貴族を帝王学の師として育った大友皇子には、若くから王者の風格が備わっていたが、母が伊賀の国造の娘、采女であるという弱点があった。天皇（大王）は、父系の血統とともに、母の出自も重要な要件になっていたからである。その弱点を知りつつ、天智はこの年（六七一）正月、大友皇子を万機を執政する太政大臣に任じていたので、大海人は微妙な立場に追いこまれていた。

天智は、十月十七日、大海人を病床に召して後事を託すが、大海人は「どうか皇位は大后（倭姫王）に、政事は大友皇子にお授け下さい。私は出家して大君のために仏道に励みます」と答え、許しを得ると宮中の仏殿の前で髪を剃って出家する。翌々日、吉野で仏道を修行することを請い、許されると直ちに出発した。左右大臣をはじめ朝廷の重臣たちが宇治まで見送る。「虎に翼を着けて放したようなものだ」と噂されたという。

大海人が吉野に去って間もない十一月のはじめ、唐の使人郭務悰ら六百人、送使沙宅孫登ら千四百人、あわせて二千人が、四十七隻の大船団で旧百済領から倭に向かっていた。一行は、白村江の戦いで捕虜となっていた筑紫君薩野馬ら四人を先発の使者として対馬に派遣し、一行の人数、船の数、ならびに来意をあらかじめ告げてきた。とつぜん大軍がおとずれては、対馬の防人が驚いて戦闘が始まるおそれがあったからである。

郭務悰は、すでに六六四年（天智三）と翌六六五年に、唐の百済鎮将の使者として倭に来ていたが、二千人・四十七隻もの大船団を率いて、何の目的でやってきたのだろうか。その目的を直接に語る史料は残されていない。しかし先述の朝鮮半島の情勢を念頭におくと、沙宅孫登の率いる倭人の捕虜（白村江の戦）約千四百人を届ける代償として、朝鮮半島に駐留している唐軍を支援するための出兵を、倭に要請してきた可能性が強い。

ところが近江朝廷では、天智は瀕死の床にあり、大海人は吉野に去って、とても朝鮮半島に出兵できるような状況にはなかった。大友皇子は内憂外患のなかで、天智の病床に左右大臣ら朝廷の首脳五人を集め、結束を誓わせるのが精一杯だった。十二月に入ると、天智の病状はさらに悪化し、三日、天智は四十六歳の生涯を閉じる。

翌六七二年（壬申）の三月、近江朝廷は、筑紫に留まっていた郭務悰らに、はじめて天智の死をしらせた。来着の知らせが入ってから四カ月も経って、やっと唐の国書に対する朝廷の対応が決まったのであろう。三日後、郭務悰らは再び国書を差し出したが、さらに二カ月ほどたった五月、朝廷は、甲冑・弓矢と絁一六七三匹・布二八五二端・綿六六六斤を郭務悰らにあたえた。外国の使節への賜物の数量に端数があるのは極めて異例のことで、唐使の要求する出兵には応じられないが、送ってきた捕虜の人数などを算定基準にして、武器や軍需物資を支払った可能性が強い（直木孝次郎「近江朝末年における日唐関係」『古代日本と朝鮮・中国』講談社学術文庫、一九八八年）。五月末、郭務悰らは旧百済領に帰って行った。

同じ月、大海人皇子に、舎人の一人が「私用で美濃に行って来ましたが、朝廷は美濃・尾張の国宰に「亡くなられた大君の山陵を造るための人夫を徴発せよ」と命じ、集まった人夫に武器を持たせています」と報告してきた。

この通史は、六七二年の壬申の乱から、八世紀後半の光仁朝まで、律令国家が形成されるほぼ百年の歴史を概観するが、その冒頭の壬申の乱の勃発は、目前に迫っている。

一 「革命」の時代

1 壬申の乱

近江朝廷の兵力動員の動きに危機感をもった大海人皇子は、六月二十二日に美濃出身の村国男依ら三人の舎人を美濃へ急行させ、湯沐令に「兵をおこして不破の関を封鎖せよ」と告げさせた。美濃の湯沐(皇族の食封)は、大海人の軍事的・経済的な拠点であった。翌々二十四日、大海人は倭京(飛鳥古京)の留守司に使者を派遣して、駅馬を使うために駅鈴を乞うが、失敗する。このことは、当然、近江朝廷に急報されたであろう。

もはや一刻の猶予も許されなくなった大海人は、妃の鸕野皇女(のちの持統天皇)、皇子の草壁・忍壁、それに吉野宮に仕えていた舎人二十余人、女孺十余人とともに、準備の整わないまま、あわただしく吉野を出発した。乗馬の調達も間にあわず、大海人は徒歩で、鸕野は輿で出発し、途中で馬にのる。その後、猟者二十余人を加えるというありさまだった。伊賀との境に近い大野(奈良県室生村)に着いたころ、日が暮れる。しかし、とても休んではいられない。大友皇子の母は、伊賀国造の娘だから、伊賀はもっとも危険な地域である。夜通しで一行は進んだ。

翌朝、積殖(拓植)の山口に着くと、大津宮から甲賀の山を越えて駆けつけてきた高市皇子と従者に出会った。高市は、母の身分は低いが、このとき十九歳、大海人にとってもっとも心強い皇子である。大山(鈴鹿山地)を越えて伊勢の鈴鹿に着くと、迎えにきた伊勢(美濃とする説もある)の国宰や湯沐令に出会った。大海人は五百人の兵士を徴発させて鈴鹿の山道を封鎖させた。

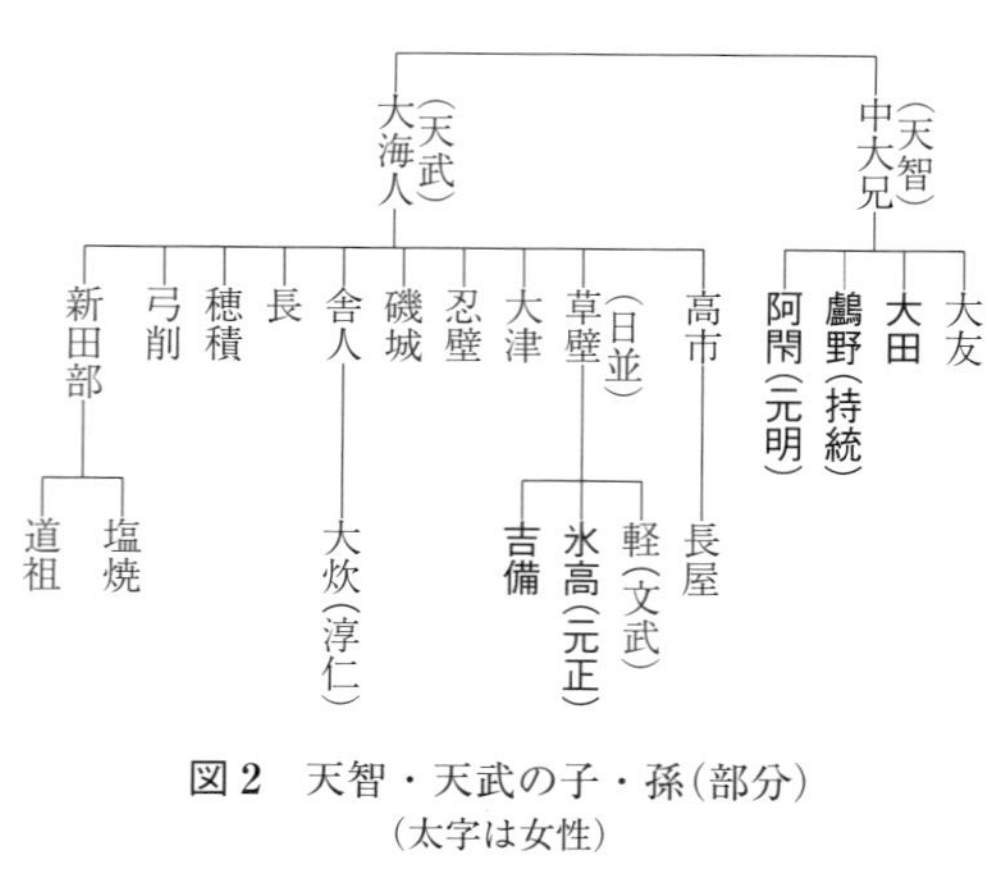

図2 天智・天武の子・孫(部分)
(太字は女性)

一行が川曲の坂本(鈴鹿市付近)に着いたころ日が暮れた。鸕野皇女の疲労が激しいのでしばらく休むが、雨が降りそうなので直ぐに出発する。間もなくはげしい雷雨となる。従者の衣類はずぶ濡れになり、寒さに震えるので、三重の評家に着くと、その建物の一軒を焼いて暖をとった。最初の危機はひとまず脱したはずだが、それは歴史を後から傍観するものの見方で、大海人にとっては、とても寝る余裕はなかったろう。夜通しの行軍が続く。

翌二十六日の夜明けに、海に近い迹太川(朝明川)のほとりで、大海人は南の方に向かい、天照大神(伊勢神宮)を望拝した。そこへ、大津宮から脱出してきた大津皇子が、従者とともに到着した。その後、舎人の村国男依が美濃から駅馬に乗ってかけつけ、「美濃の兵士三千人を徴発して、不破道を閉鎖した」と知らせてきた。鈴鹿関につづき、挙兵の最初の目標であった不破関の閉鎖に成功したのである。

大海人は高市皇子を総指揮官として不破に派遣し、また使者を東国に派遣して、東海と東山の軍の動員を命じた。この夜、大海人は桑名の評家に宿泊する。吉野を出発してから、まる二日以上の強行軍であった。

一方、近江朝廷では、大海人が伊賀を通過していたころ、大友皇子の諮問に対して、ただちに騎兵隊を派遣して追撃することを主張する者もいたが大友は従わず、結果として、近江朝廷は最初の貴重なチャンスを失った。

戦闘はまず大和盆地で始まった。名門大伴氏の一族は、大海人に呼応して挙兵し、大伴吹負が飛鳥の留守司の奇襲に成功する。しかし飛鳥から乃楽(奈良)に向かった吹負の軍は、近江朝廷の軍に大敗する。命からがら逃走する途中で、吹負は、東国から動員されてきた大海人方の救援軍に出会う。大海人の呼びかけに答えて、信濃・甲斐などをふくむ東国の各地から、次々と軍が集まってきたのである。

大海人が東国の軍の動員に成功したのに対して、近江朝廷は、吉備や筑紫の大宰が掌握する軍の動員に失敗した。中国地方を統轄する吉備の大宰は、近江朝廷の動員命令に難色を示したので、使者は大宰を謀殺する。また九州を統轄する筑紫の大宰栗隈王は、動員命令を伝える使者に傲然として答えた。「筑紫国は、元より辺賊の難を戍る。それ城を峻くし隍を深くして、海に臨みて守らするは、豈に内賊のためならむや」。今もし、朝廷の命で軍をおこせば、国の守りは空しくなる。もし不意の急事があれば、たちまち国が傾いてしまう。そうなってから後で私を百たび殺しても、何の益があるのか。

吉備と筑紫の大宰は、ともに大海人のシンパとみられていたので、栗隈王の発言は出兵を拒否する口実だったのかも知れない。しかしつい一カ月前まで、唐の大船団が博多湾に停泊していたのである。内賊のためには兵を動かさない、という筑紫大宰の発言は、重いひびきをもっていた。

もっとも吉備大宰は殺しているので、管下の評造らの軍を動員することはできたかも知れない。しかし白村江の役には、おもに西国の兵士が動員されたので、多数の兵士を失って疲弊している西国の豪族が、近江朝廷の動員にどこまで応ずることができたであろうか(鬼頭清明「白村江の戦いと山陽道」『大和朝廷と東アジア』吉川弘文館、一九九四年)。東アジアの国際情勢は、倭国の内乱の帰趨にも、大きな影響を及ぼしていた(井上光貞「壬申の乱と律令体制の成立」『日本古代国家の研究』岩波書店、一九六五年)。

東国の兵士の動員に成功した大海人の陣営は、七月二日、軍を二方面に編成した。一隊は大和へ向かい、先述したように、敗走してきた大伴吹負の軍と出会って大和地方を征圧する。もう一隊は不破から琵琶湖の南岸を進み、近江朝廷側の防衛拠点を次々に攻略し、七月二十二日、瀬田橋をはさんでの激戦に大勝し、大友皇子らは敗走する。翌二十三日、追いつめられた大友は、首をくくって自殺した。三日後の二十六日、大友の首を持って、大海人軍は不破の大海人皇子のもとに凱旋する。六月二十二日に行動をおこしてから、ほぼ一カ月で戦いは終わった。

大津宮を攻撃した大海人軍の兵士たちは、衣のうえに赤い布を付け、旗にも赤色を用いたという。赤は、むかし中国の漢の劉邦(高祖)が、楚の項羽を破って天下を取ったとき、赤色の幟(のぼり)を用いた故事による。大海人は自らを漢の高祖になぞらえたのだろう。大友は大海人の兄(天智)の子で、同じ父系の一族なので、天命が別の父系集団に変わるという中国の易姓(えきせい)革命とは異なる。壬申の乱は、代替りごとに祭式のように繰り返されてきた皇位継承の争いの一つであった。しかし大海人にとっては、近江朝廷を滅ぼすことは、やはり「革命」だったのだろう。

2　壬申の乱の歴史的位置

大海人の計画は、まず東国にのがれ、東国の軍を徴発することだった。東国はヤマト王権の重要な基盤であり、東国の国造(くにのみやつこ)の子弟からなる舎人は、ヤマト王権の軍事力の基幹であった。

壬申の乱の帰趨が、大海人の東国への脱出の成否に大きく依存していたのは間違いないが、それにしても、大海人の呼びかけに東国の豪族が直ちに応じたのは、近江朝廷の地方支配に対する不満が、その背景にあったのではなかろうか。大化改新に始まる中央集権の過程は、地方の豪族の朝廷への従属の過程でもあり、それを象徴するのが、六七〇年の庚午年籍(こうごねんじゃく)の作成であった。

『旧約聖書』によれば、古代のイスラエルの王ダビデが人口調査を行ったとき、ヤハウエ神が異常な反感を抱き、その直後に疫病が大流行したという。また近代の西欧人が未開社会に入って人口調査を行おうとすると、必ずといってよいほど、原住民の強い抵抗を受けたといわれる。全国にわたって全人口の戸籍を造ろうとした庚午年籍の作成が、在地社会に与えた強圧感は、私たちには推測することが難しいほど大きかったかも知れない(義江彰夫「『旧約聖書のフォークロア』と歴史学」『UP』七七、東京大学出版会、一九七九年)。

大海人が反乱をおこすとき、その配下は、二十数人の舎人だけだった。舎人の多くは、湯沐があった美濃など地方豪族の子弟である。挙兵に応じて大海人の陣営に加わったのは、大伴氏を除くと、三輪・鴨(かも)・太(おお)など大和の伝統的な中小豪族、一部の渡来系氏族のほかは、東国の豪族たちであった。畿内の大豪族は、ほとんど近江朝廷の側にあった。

ヤマト朝廷の伝統的な政治形態は、大王のもとで、畿内の大豪族の代表が大臣(おおおみ)・大連(おおむらじ)・大夫(まえつきみ)として国政を担う体制であった。近江朝廷においても、蘇我・中臣(なかとみ)・巨勢(こせ)・紀らの大豪族を左右大臣・御史大夫(ぎょしたいふ)に任じたのは、畿内の大豪族の力で若い大友皇子を支えようとする体制であった。大豪族のなかでは、大伴氏がその体制から離脱する動きをはっきり示しただけだった。近江朝廷を制圧した大海人は、右大臣中臣金(かね)ら八人を斬刑、左大臣蘇我赤兄(あかえ)、御史大夫巨勢比等(ひと)らを流刑にした。大海人側についた豪族たちは、畿内の大豪族が朝廷を組織していたのとは異なり、横のつながりは希薄であった。大海人は伝統的な朝廷の合議体制から解放され、独裁的な権力を掌握した。

大化改新に始まる国制の改革の中核は、世襲的な「部(べ)」の制度を廃して古代官僚制を形成することにあったが、その路線を構想したのは、中大兄(天智)とそのブレインであった。国制の基本的な変革の方向を示し、その第一歩を踏み出したことに、中大兄らの営為の大きな歴史的意義がある。

しかし飛鳥の宮中のクーデター(乙巳の変)によっては、朝廷を構成する畿内の大豪族たちの権力は揺るがなかった。壬申の乱によって近江朝廷が瓦解し、畿内の大豪族の権威と権力が失墜したことによって、はじめて本格的な古代官僚制への道が開かれた。

壬申の乱は、日本の国制や文化の特質にも、大きな影響を及ぼしている。中大兄のブレインには、南淵請安(みなぶちのしょうあん)・高向玄理(たかむこのくろまろ)・僧旻(みん)など、数十年にわたり中国に滞在し、隋が滅亡し唐が興隆する激動のなかで生活した留学生がいた。彼らは、中国の国家や社会のことを感覚的に理解していたに違いない。大化改新から天智朝にいたる国制の改革が、新羅と同じように、中国の国制を部分的に取り入れた、現実的な路線を進んできたのも、中国が日本とは異質であることを知り尽くしていたからだろう。しかし大海人の身辺には、そのようなブレインは見当たらない。天武・持統朝の国制が、後述するように、理想主義的な性格をもち、律令法典を編纂して東海の帝国としての独立性・独自性をめざしたのも、そのことと関係があるのではなかろうか。

もし壬申の乱で近江方が勝利していたなら、『懐風藻』的なものが『万葉集』的世界を大きく侵食し、『古事記』が日の目を見ず、『日本書紀』編纂がいち早く主題化されたのではないか、という魅力的な想定もなされている（西郷信綱『壬申紀を読む』平凡社、一九九三年）。「日本」という国号も、生まれなかったかもしれない。

3　天武朝の政治

壬申の乱に勝利した大海人は、飛鳥にもどり、翌六七三年（天武二）二月、飛鳥浄御原宮で即位した。天武天皇である。半年前に生死をともにした鸕野皇女が皇后に立てられた。

同年八月、新羅が派遣してきた賀騰極使（天武の即位を賀す使）と弔喪使（天智の喪を弔う使）のうち、賀騰極使だけを入京させ、弔喪使は返して「新たに天下を平らげた」ことを告げる。「革命」の宣言である。絶大な権威と権力を握った天武は、その治世の十数年間、一人の大臣もおかず、皇族以外の豪族が国政の中枢に参加した形跡はみられない。天武を補佐したのは、皇后鸕野皇女と皇子であり、諸王が諸司をそれぞれ統轄したと推定される（倉本一宏「律令制成立期の「皇親政治」」笹山晴生先生還暦記念『日本律令制論集』上、吉川弘文館、一九九三年〔『日本古代国家成立期の政権構造』吉川弘文館、一九九七年〕）。とくに、「皇后、始より今に迄るまでに、天皇を佐けまつりて天下を定めたまふ」と伝える。

反乱を起こして権力を握った天武は、軍事の恐ろしさと重要さとを、身にしみて感じたに違いない。百済や高句麗が滅亡するときの生々しい話は、繰り返し聞かされていたことだろう。自らも生死の境をくぐり抜け、自分を殺したかもしれない大友皇子の首を、目の前にしているのである。戦後の厳戒体制が終わると、天武は恒常的な軍事体制の構築を始める。

六七五年（天武四）、軍政の元締めである兵政官の長官に栗隈王を、次官に大伴御行を任命した。栗隈王は近江朝廷の出兵命令を拒否した筑紫大宰であり、大伴御行は乱で大海人方についた大伴氏の一族である。また、諸王以下すべての官人に、武器を備えることを命じた。六八四年には、「凡そ政の要は軍の事なり」で始まる詔を出し、文官にも兵器を用い馬に乗る練習を命じている。翌年には、地方の豪族に対して、軍隊の指揮に用いる大角や幡などを個人の家に置くことを禁じ、すべて評家に収めさせた。軍隊を勝手に動かさせないためである。また、地方の国々を、東海道・東山道などの七道に編成したが、七道の制は軍制の一環であった。

絶大な権力を握った天武にとって、それを発動するための機構＝官僚制の形成が緊急の課題となる。まず着手したのが、豪族を官人に登用するための出身法であり、勤務評定と昇進、給与の制度であった。ウヂに属する民部（部曲）を廃止し、官人個人に支給する食封に切り換えていった（青木和夫『日本律令国家論攷』岩波書店、一九九二年、早川庄八『日本古代官僚制の研究』岩波書店、一九八六年）。

壬申の乱によって、朝廷の大豪族が大きな打撃を受けたとはいえ、官人の出身母胎が「氏」であることは変わらなかった。官人法の整備と関連して「氏」の制度化も進められ、氏上の定まっていない氏に対して、氏上を定めて申告するように命じ、同時に氏のランク付けを進めた。六八四年（天武十三）には「八色の姓」を制定し、上級官人（錦位〈のちの五位〉以上）を出すことができる「氏」には、真人・朝臣・宿禰・忌寸のカバネを与えた。翌年新しい四十八階の位階制を施行し、官人のヒエラルヒーを確立する。皇太子の草壁皇子も位を授けられ、位階の秩序を超越するのは、天皇と皇后だけとなる。

天皇の地位を支える祭祀や儀礼も、この時代に整えられた。先述したように、壬申の乱のとき、吉野から東国に向かう大海人は、夜明けに伊勢の迹太川のほとりで、天照大神（伊勢神宮）を望拝した。のちに柿本人麻呂は、「渡会の斎宮ゆ　神風に　い吹き惑はし　……」（『万葉集』巻二、一九九）と、伊勢神宮から吹く神風が敵をまどわしたと歌っている。乱後、天武は長く途絶えていた斎宮を復活し、娘の大伯皇女を伊勢に遣わした。また二十年ごとに神宮を建て替える式年遷宮の制も、天武朝に始まったと伝えられる。新穀の収穫後、冬至のときに、天皇が皇祖神とともに初穂を食す新嘗祭が整備され、即位の年には大嘗祭として盛大に行うようになった。全国の主な神社に、朝廷から幣帛を班ち下し、全国の神々を包摂する体制も築かれた。

天武はまた国家の大寺として大官大寺(のちの大安寺)を造営し、諸国に金光明経や仁王経などの護国経典を講読させ、仏教が鎮護国家の役割を担う護国仏教への路線を敷いた。六八一年(天武十)天武は川嶋皇子ら十二人に、「帝紀」と「上古諸事」を記し定めることを命じ、この事業がのちの『日本書紀』撰修の発端となった。また天武は、稗田阿礼という二十八歳の舎人を助手として、自ら「帝紀」と「旧辞」の検討を始め、のちに『古事記』として結実する。

先の修史事業発足と同じ六八一年、天武は皇后とともに大極殿に出御して、律令の制定に着手することを命じた。「律令」は天武の在世中には完成しなかったが、「令」は次の持統天皇の時代に完成する。

4 浄御原令と藤原京

六八六年九月、天武天皇が没し、殯宮で国風の諡号(おくり名)がたてまつられた。天渟中原瀛真人天皇である。「瀛」は仙人の住む東海の三神山――蓬萊・方丈・瀛州――の一つ、「真人」は道の真理を体得した人をさす。いずれも道教の重要な語である。古代の日本には大陸の民間道教が滔々と流れ込んでおり、固有信仰とか原始神道と言われるものも、実は民間道教の要素を濃厚に含んでいた。天皇を「現神」とする思想も、民間道教と深いかかわりがあった(福永光司・上田正昭・上山春平『道教と古代の天皇制』徳間書店、一九七八年)。

天武の殯宮の儀礼は、ほぼ二年二カ月にわたってくりひろげられる。殯は、亡き人の魂を鎮める儀礼と推定されているが、大王の殯の儀礼は、皇位継承とも密接に関連していた(和田萃「殯の基礎的考察」森浩一編『論集 終末期古墳』塙書房、一九七三年〔『日本古代の儀礼と祭祀・信仰』上、塙書房、一九九五年〕)。大津皇子の悲劇は、殯宮の儀礼が始まって間もなく起こった。天武の妃には、天智の娘、大田皇女と鸕野皇女の同母姉妹があり、大田皇女は大津皇子を、鸕野皇女はその一年前に草壁皇子を生む(三六頁図2)。母を早く亡くした大津は、武を愛し、詩賦にも優れ、朝廷での人望も高かった。天武は六八一年(天武十)、草壁を皇太子に立てて「万機を摂め」しめたが、その二年後、大津皇子に「朝政を聴か」しめていた。皇后は、病床の天武に、天下の政を自分と草壁に任ねる旨の勅を出させ、殯宮の儀礼が始まって間もなく、大津皇子を捕えて自殺させる。

二年二カ月にわたった殯宮の儀礼は、六八八年(持統称制二)十一月に終わった。次は草壁皇子の即位儀式、という時に、草壁は二十八歳の若さで急逝してしまう。草壁と妃の阿閇皇女(天智の娘)との間には軽皇子(のちの文武天皇)が生まれていたが、この時、わずか七歳(数え年)であった。

平安時代以降には幼少の天皇が出現するが、天皇制がまだ制度として確立していないこの時代には、七歳の少年が天皇の役割を果たすことはできない。皇后は孫の軽皇子の成長を待って皇位を継承させる望みを懐き、草壁の死の翌年(六九〇)正月、即位儀式をあげた。持統天皇である。皇位継承者の決定が難しいとき、先帝の皇后が中継ぎとして即位した推古天皇や皇極天皇の例にならったのである。

持統天皇は、夫の天武が着手した律令の編纂事業を継承し、即位儀式の前年(六八九年)六月、まず「令一部廿二巻」を諸司に頒布した。飛鳥浄御原令である。その条文の写本や木簡はまだ発見されていないが、体系的な法典としては、日本最初の「令」法典と推定され、のちの大宝令もその大枠は浄御原令を継承している(青木前掲『日本律令国家論攷』)。なお律令のうち、「律」はこの段階ではまだ完成せず、重大な犯罪には唐律を参考にして対処していたらしい。

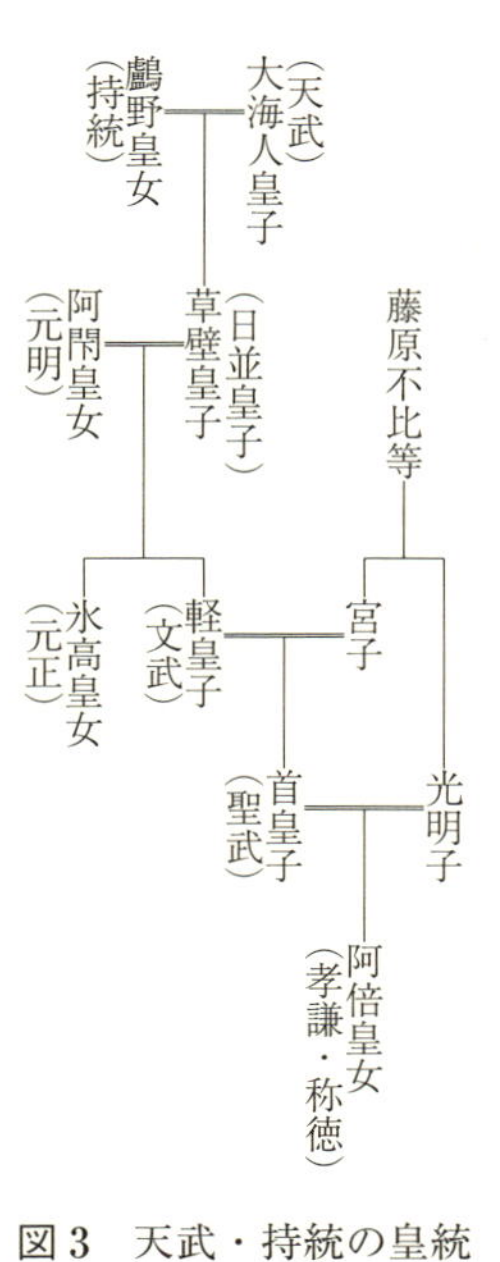

図3　天武・持統の皇統

浄御原令のうち、四十八階の位階を定めた部分は、すでに天武十四年に分離して先に施行されており(3節)、持統即位の年には、浄御原令の「官員令」によって、太政大臣に高市皇子、右大臣に丹比嶋が任命され、「考仕令」による官人の位階昇進の制度が実施された。浄御原令によって、日本の古代官僚制は、そのレールがはっきり敷かれたのである。

持統即位の年（六九〇・庚寅）、浄御原令の「戸令」に基づいて前年から全国で作成されていた戸籍（いわゆる「庚寅年籍」）が完成する。六年ごとに戸籍を造るという「六年一造」の制度は、この庚寅年籍に始まる。

五十戸を単位とする制度は、天智朝にも行われていたが、五十戸＝一里の制が全国的に実施され、「国―評―里―戸」の制が確立するのも、この庚寅年籍の作成の時であった。「戸」は「丁」（成年男子）を平均四丁ふくむように編成され、一戸から一人の兵士を徴発することを基準とした（直木孝次郎『飛鳥奈良時代の研究』塙書房、一九七五年）。「戸」はまた官人に支給する封戸の単位でもあったので、封戸から徴収する調庸の数量に著しい差が生じないように、調庸を負担する「丁」の人数を平均化する必要があった。

日本の編戸制における「戸」は「課戸」（課役を負担する丁を含む戸）が原則であり、たとえば八世紀前半の阿波国大帳では、全戸数のうち課戸が九七・四％であった。それに対して八世紀中頃の唐の全国統計（『通典』）では、課戸が六〇・〇％であった。社会的な存在である「家」をそのまま「戸」に編成した中国と、一定の目的と基準で行政的に「戸」を編成した日本との差を、あざやかに示している（大津透「課役制と差科制」池田温編『中国礼法と日本律令制』東方書店、一九九二年〔『日唐律令制の財政構造』岩波書店、二〇〇六年〕）（本書二九頁「律令国家の形成と東アジア世界」図4参照）。

一戸＝四丁＝一兵士を基準とする日本の編戸制は、「戸―保―里」の行政組織と、「兵士―伍―隊」の軍団組織とが密接に対応しており、行政組織が軍団組織とおなじ原理で制度化されたことを示している。手本とした唐の戸令では、軍団的な組織原理による「郷―里―保」と、自然集落を基礎とする「坊―隣」（都市）、「村―隣」（農村）が重層していたが、日本の戸令は軍団的な組織原理に一本化した。「政の要は軍の事なり」と宣言した天武の意向が、見事に貫徹している。

庚寅年籍が完成すると、翌々六九二年（持統六）、畿内に班田使が派遣され、諸国でも国宰が班田にあたったと推定される。一定の基準による班田収授が全国的に行われたのは、おそらくこの時が最初であろう。

日本の班田制は、中国の均田制を手本としているが、構造的な違いがあった。唐の均田制における成年男子の「応受田額」(受田すべき面積)の百畝という面積は、井田法に淵源をもつ伝統的な理想額で、「已受田額」(実際に受田した面積)はその半分程度と推定されている。農民がみな百畝の田をもてば、この世は聖人・君子の世となる。均田法は明らかにフィクションを内包しており、フィクションを媒介にすることによって、豪族の大土地所有を規制する機能を現実的・弾力的に果たしていた。それに対して、日本の班田制の班給額(男は二段、女はその三分の二)は、実際にそのまま収授することを意図した制度であり、そのまま施行された(吉田孝『律令国家と古代の社会』岩波書店、一九八三年)。

天武・持統朝に構想された国制は、古典の理想をそのまま実現しようとする傾向が強いが、そのような思潮は、『万葉集』の同時代の歌にもうかがわれる。初期万葉の七夕歌は、中国の伝承の天上的な世界を、地上の人間の恋歌のような烈しさで歌っているが(稲岡耕二『人麻呂の表現世界』岩波書店、一九九一年)、私はそこに、日本的な班田制を構想した天武・持統朝の官人たちの心の内を、垣間見るような思いがする。

律令とともに天武が着手した新しい京の建設も、持統朝に実現し、六九四年(持統八)に藤原京への遷都が行われる。藤原京は、中国の都城を模してつくられた本格的な都であったが、その基本プランは、唐の長安城よりも、さらに古い時代の北魏の洛陽城(内城)や東魏の鄴都南城に共通するところが多く、中国の古典『周礼』が記す、中国における都城の理想形に近い(岸俊男『日本の古代宮都』岩波書店、一九九三年)。なお近年の発掘調査によれば、推定京域の外にも大路の遺構が確認されており、調査研究の進展によって藤原京の全貌が明らかになることが期待される。

5　ことば・文字・時間

六七五年(天武四)、畿内と周辺の諸国から「能く歌う男女」「侏儒・伎人」を貢上させたが、これらの歌人から採集された歌々は、『万葉集』の人麻呂歌集の「古体歌」(略体歌)と関連が深いと考えられている。古体歌とは、

朝影　吾身成　玉垣入　風所見　去子故　〔巻十一、二三九四〕

のように、助詞や助動詞の大部分の表記を欠いた書き方をさし、この古体歌は、

朝影に　あが身はなりぬ　玉かきる　ほのかに見えて　去にし子ゆゑに

という歌を漢字で記したものである。このような書き方を、かつては「略体歌」とも呼んだが、人麻呂は、助詞や助動詞を綿密に記す、後世の漢字・仮名まじり文の元祖のような書き方を知っていて、それを意図的に略して、先掲のような表記をしたのではない。その当時、すなわち天武朝の初期には、このような方法で「やまとことば」を「漢字」で表記するのが、もっとも良い方法だったのである。

しかし助詞や助動詞をほとんど欠いた古体歌の表記法では、「ぬ」「つ」「し」のような過去や完了の助動詞によって表記される「時」は正確には表現できない。例えば、

日双し　皇子命の　馬副めて　御獦立たしし　時は来向かふ　〔巻一、四九〕

という歌の下二句を「御獦立　時来向」と古体歌の表記法で記したのでは、「ミカリタタサム　トキハキムカフ」とも訓むことができ、狩りの開始を固唾をのんで待つ人々を表現するには、そのほうが自然ともいえる。しかし、人麻呂がこの歌で表現しようとしたのは、「御獦立たしし時」という過去の「時」が未来から「来向かふ」ことであった。草壁皇子(日双斯皇子)が狩りをした過去の「時」が——その子、軽皇子の狩りに随行している人麻呂にとっては——いま来つつあるという、水平に流れ去る「時」とは異なる、異質な「時」であった。そのような「時」を表現するためには、「御獦立師斯時来向」のような適確な文字表現が必要であった。人麻呂は、助詞・助動詞を文字化する新しい表記法を開発し、その「新体歌」の表記法によって、

日双斯　皇子命乃　馬副而　御獦立師斯　時者来向

と表記した。このような、助詞・助動詞を文字化する「新体歌」の表記法の開発には、朝鮮語の漢字による表記法(吏読)の影響も想定されているが、人麻呂が開発した「やまと歌」の表記法は、散文にも利用され、のちの漢字・仮

名まじりの日本語表記法――現在私たちも用いている表記法――の基礎となる。

ところで、右の人麻呂の歌は、「軽皇子、安騎野に宿りますときに、柿本人麻呂が作る歌」(持統六年頃と推定)という題詩をもつ、

八隅知し　吾が大王　高照らす　日の皇子　神ながら　神さびせすと　太敷かす　京を置きて　……　み雪降る
安騎の大野に　旗すすき　小竹を押しなべ　草枕　旅宿りせす　古昔思ひて　〔巻一、四五〕

という長歌に付された短歌四首のうちの一首である。

安騎の野に　宿る旅人　うち靡き　寐も寝らめやも　古思ふに
真草刈る　荒野にはあれど　黄葉の　過ぎにし君が　形見とそ来し
東の　野にかぎろひの　立つ見えて　かへり見すれば　月かたぶきぬ
日双し　皇子命の　馬副めて　御獦立たしし　時は来向かふ　〔巻一、四六～四九〕

長歌は飛鳥から安騎野までの行程を叙し、軽皇子が父草壁皇子(日双斯皇子)を追慕しつつ大野で旅寝したことを歌う。短歌の第一首は夜半の歌と推定され、第二首は亡き皇子への思い出の地としてたずねてきたと歌い、第三首は夜明けの荒野を歌う。おそらく、かつて草壁皇子の出猟が日の出を合図としたものであったのだろう。その時刻を期して、軽皇子の一行の狩りも始まる。第四首は、その時刻が近づいてくる緊張感を歌う。この見事な連作は、文字による表記を前提として成り立っている。人麻呂は、やまと歌が文字と出会う、その瞬間に立ち、文字によって歌を推敲した最初の歌人であった(稲岡前掲)。

先の歌にもどると、「日双斯皇子」(のち日並(知)皇子)という草壁皇子に対する讃称は、この安騎野の歌の中で創造されたと推定されている(神野志隆光『柿本人麻呂研究』塙書房、一九九二年)。長歌の冒頭に「八隅知し　吾が大王　高照らす　日の皇子」と天武・持統の孫の軽皇子を特別に讃称したのに呼応しながら、その父草壁を、日に並ぶ存在として引き上げる。

「八隅知し　吾が大王　高照らす　日の皇子」という定型は人麻呂によって創始される。人麻呂はこの時代に高揚する「日」のイデオロギーを紡ぎだし、表現をあたえた。軽皇子と人麻呂らが息をつめて待っていたのも、「日の出」の時であった。

二　律令国家の成立

1　大宝律令の制定

孫の軽皇子の成長を待ち望んでいた持統天皇は、六九七年(持統十一)皇位を十五歳になった軽皇子に譲った。文武天皇である。生前の譲位は、大化改新の際の皇極天皇の前例しかない。天武天皇の皇子たちのあいだに皇位をめぐるさまざまな思惑があるなかで、文武の即位を推進したのは、祖母の持統と、藤原不比等であった(薗田香融「護り刀考」『日本古代の貴族と地方政治』塙書房、一九九二年、上田正昭『藤原不比等』朝日新聞社、一九七六年)。不比等は娘の宮子を文武の夫人とする(四三頁図3)。

持統は「太上天皇」として文武を後見し、天皇と「並びましてこの天下を治めた」。「太上天皇」の制度は、中国の律令にはなく、日本の律令で新しく制度化されたもので(春名宏昭「太上天皇制の成立」『史学雑誌』九九―二、一九九〇年)、文武に対する持統の後見体制を法的に確立する目的で制定されたが、その背景には、王権が王一人に収斂していないという、未開社会によくみられる王権のあり方があった。

文武の即位後、持統の主導のもとに新しい律令の編纂事業が進められ、七〇〇年三月、まず「令」法典が、つづいて七〇一年(大宝元)八月に「律」法典が完成する。大宝律令である。編纂スタッフは、天武の皇子刑部(忍壁)親王を総裁に、藤原不比等・粟田真人ら十九名、うち中・下級官人には渡来人とその子孫が多かった。

大宝律令が完成に近づいた七〇一年の正月一日、天皇は大極殿に出御して、百官人の朝賀を受ける。大極殿の前には、烏形・日月・四神の幢・幡が立てられ、新羅使やおそらく蝦夷・隼人も列立し、天皇が蕃夷を従える帝国の王であることを内外に示した。「文物の儀、是において備はれり」と『続日本紀』は記す。

同じ正月の二十三日、粟田真人を首席とする遣唐使が任命される。前回は天智朝の六六九年で、天武・持統朝には一度も派遣されていない。この遣唐使が中国に対して初めて「日本」の国号を用いたことは、後述する。なお遣唐使の末席には無位の山上憶良も加えられていた。

三月二十一日、対馬から金を貢上してきたのを機縁として、「大宝」の年号が建てられる。これまでも断続して年号が用いられたことがあるが、大宝律令によって年号が制度化された。「大宝」の年号と同時に大宝令が、翌年二月に大宝律が公布され、十月には律令そろって施行される。

大宝律令の施行は、大化改新から半世紀にわたり模索されてきた中央集権的な国家の青写真が完成したことを示す。「律令の興り、けだし大宝に始まる」と回顧されるのは、大宝律令の歴史的意義を端的に表現している。

日本が体系的な「律令」法典を編纂したのは、当時の日本が、中国に朝貢はするが、冊封はされていなかったことも深く関連していた。律令は蕃夷の国々をも支配する帝国法であったから、中国から冊封されている国が、独自の「律令」法典を編纂することは、おそらく不可能であった。唐から冊封されていた新羅は、体系的な「律令」法典を編纂しなかったと推定されている（北村秀人「朝鮮における「律令制」の変質」『東アジア世界における日本古代史講座』七、学生社、一九八二年）。新羅は、年号も唐の年号を用いた。

大宝律令は、当時の日本の社会から隔絶した高度な統治技術をふくんでいた。たとえば、役民が逃亡したとき、官僚制の機構、中央と地方を結ぶ通信施設、文書行政のシステムなどを発動して、逃亡人を追捕し、処罰し、代替人を貢上させる一連の処置が、律令の各篇にわたって詳細に、体系的に規定されている。そのほとんどは唐律令から継受したもので、当時の日本の社会のなかから、自生的に生み出せるものではなかった。日本の支配層は、中国の支配層が千年にもわたる人民支配の経験のなかから生み出した統治技術の結晶である律令を手に入れ、それを手本としてみずからの律令法典を編纂できるという幸運に恵まれたのである。
このような支配層による統治技術の「先取り」は、日本の社会から自生的には生まれえない早熟的な国家を生み出した。そのことが日本の歴史をどのように方向づけたかは、まだ十分には明らかにされていない。

2 「日本」の誕生

粟田真人を首席とする遣唐使は、七〇二年の秋、中国の楚州塩城県の海岸についた。取り調べの役人の「何処の使者か」との質問に、「日本国の使」と答える。中国に対して正式に「日本」と称したのは、おそらくこれが最初であろう。

これまで何百年も用いてきた「倭」を、なぜ「日本」と改めたのか、日本の史書はその理由を直接には記していない。中国の歴史書『旧唐書』は、

「日本国は倭国の別種なり。その国、日辺にあるを以て、故に日本を以て名と為す」
「倭国自らその名の雅ならざるを悪み、改めて日本と為す」
「日本は旧小国、倭国の地を併す」

と三つの説を併記し、「その人入朝する者、多く自ら矜大、実を以て対へず。故に中国これを疑ふ」と書き加えている。なぜ日本国の使者は、これまで中国と外交のあった「倭国」との関係について明快に説明できなかったのだろうか。

中国側の疑問の背景には、朝貢国が勝手に国名を変えるはずはない、という通念があったのかもしれない。また、近江朝廷を滅ぼして「新しく天下を平らげた」という説明が、中国の「革命」と混同された可能性もある。ただ日本国としては、新しい国として国交を求め、このとき「二十年一貢」(二十年ごとに朝貢)を約束した可能性が強い(東野治之『遣唐使と正倉院』岩波書店、一九九二年)。

ではなぜ国名を「日本」としたか。「倭」という名が雅でないから、というのは中国側の誤解であろう。「倭」には「遥かに遠い」とか「従順である」「背が低い」という意味があるが、いずれにせよ、「雅でない」から改めたとは考え難い。というのは、日本国を称する遣唐使を初めて派遣した文武天皇自身が亡くなったとき、その諡(おくりな)(死者に贈る称号)に「倭根子豊祖父天皇(やまとねことよおおじ)」と「倭」の字を用いており、また、都のあった大和国を、文武朝から奈良時代の前半には「大倭国」と平気で書いているからである。

「日本」への改称は、「日」の字をふくむ新しい国号を積極的に制定するためと考えられる。先掲の『旧唐書』に「日辺にあるを以て」とあり、この遣唐使に随行したと推定される僧弁正が、唐で作った詩(『懐風藻』)に、

日辺に日本を瞻(み) 雲裏に雲端を望む
遠遊、遠国に労き(いたづき) 長恨、長安に苦しむ

とあるように、「日辺」(日の出づる辺)として「日本」の国号を定めたのであろう。それは、約百年前、遣隋使の国書の「日出づる処の天子、書を日沈する処の天子に致す」(『隋書』倭国伝)に淵源し、小野妹子が再び隋に渡ったときの国書の「東の天皇、敬み(つつしみ)て西の皇帝に白す(まうす)」(『日本書紀』)を参照すると、「日出づる処」は「東」の方位を示した可能性が強い。というのは、日本でも早くから読まれていた仏典の『大智度論』には、「日出づる処は是れ東方、日沈する処は是れ西方……」と日によって方位を示す文章があり、インド・中国を中心とする仏教的世界観では、倭はその東端にあったからである(東野前掲『遣唐使と正倉院』)。推古朝の外交は、仏教的世界観によって中国の中華思想に対抗しようとしたと推定されている(石上英一「古代東アジア地域と日本」『日本の社会史』1、岩波書店、一九八七年)。

それから約百年後、大宝の遣唐使が新しい国号として称した「日本」は、中国の「東」であることを前提として、「日」を積極的に国号の中心にすえた可能性が強い。「日本」の国号が正式に定められたのは、「倭国」の語が大八州(おおやしま)の全体をさした六七四年(『日本書紀』天武三年三月条)から、七〇一年(大宝元)の間と推定されるが、その時期に「日」のイデオロギーが鼓吹(こすい)されたことは、一章5節でみた。天照大神(日女の尊(ひるめ))を祭る伊勢神宮の地位の上昇、「高照らす日

の皇子(みこ)」「天つ日嗣(あまひつぎ)」の思想の高揚がみられる。王権を支える神話が非一元的であったことは(神野志隆光「古代王権と日本神話」『講座前近代の天皇』一、青木書店、一九九二年)、王権のあり方とも深くかかわっているが、ここでは、ニニギが降臨したのが「日向(ひむか)」であり、イワレヒコ(神武)は天下を治めるところを求めて「東」に行き、日の御子(みこ)でありながら日に向かって戦ったため敗れる、という点で、『古事記』『日本書紀』は一致していることに注目したい。伊勢神宮も日出づる東方に向かう海岸につくられた。仏教的世界観や中華思想には、東に特別な意味はなかったかもしれないが、天武・持統朝の人々には、日出づる東方には、特別な思いがあったに違いない。小さくとも東海の帝国をめざした倭の朝廷は、「日の御子」の治(し)らす日出の国として、「日本」という国号を定めたのであろう。

なお「天皇」の称号も、天武・持統朝に正式に定められた可能性が強い。「天皇」号の制定は、唐の高宗の上元元年(六七四、日本の天武三)に「天皇」号が君主の称号として採用されたことの影響も想定されている。日本の「天皇」号が、唐の「天皇」号を意識して定められたかどうか、私にはよく分からないが(問題の所在については、本位田菊士「天皇号の成立とアジア」『アジアのなかの日本史』Ⅱ、東京大学出版会、一九九二年、小林敏男『古代天皇制の基礎的研究』校倉書房、一九九四年)、もしそうだとすると、唐と並立する帝国をめざした一つの現れかもしれない。

3　ヤマトと日本

大宝の遣唐使は、「日本」の国号を中国の朝廷に認めさせることに成功したが、もし当時の倭国王が中国の皇帝から冊封されていたら、国号を勝手に改めることは認められなかっただろう。唐代の書物『史記正義』にも「則天武后が、倭国を改めて日本国とした」と記しており、中国としては、冊封はしていないので、倭国の使者の願いによって、日本国と改めてやったということになるのであろう。

則天武后が粟田真人(まひと)らを長安の大明宮麟徳殿(りんとくでん)に宴したことを、『旧唐書』日本伝は特筆し、「真人好んで経史(経書や史書)を読み、文を属(つづ)るを解し、容止温雅なり」とほめたたえている。真人の帰国報告に「「いま使人をみるに、儀容はなはだ浄し」と唐人が語った」(『続日本紀』)とあるのも、真人の誇張ではなかった。

粟田真人は、若いころ道観と名乗って僧籍にあり、六五三年(白雉四)唐に留学した可能性が強く、帰国後、還俗して大宝律令の編纂にも参画していた(佐伯有清『日本古代氏族の研究』吉川弘文館、一九八五年)。真人が中国の朝廷でその学識や容止をほめられたのは、かつての留学僧としての勉学と経験がその背景にあったのではなかろうか。もちろん中国語も話せたであろう。唐が日本の国号を容認したのも、真人らの努力によるところが大きかったのではなかろうか。

目的を果たした遣唐使一行の帰国を前にした宴会での歌であろう、山上憶良の短歌が『万葉集』(巻一、六三)に残されている。先掲の弁正の「日辺に日本を瞻……」という漢詩と、あるいは同じ席かもしれない。憶良の、

去来子等　早日本辺　大伴乃　御津乃浜松　待恋奴良武

という歌は、一般には、

いざ子ども　早く日本へ　大伴の御津の浜松　待ち恋ひぬらむ

と訓む。たしかにやまと歌としては、「早くやまとへ」と訓むのだろう。そのことを否定するつもりは全くない。しかし「やまと」と訓んだだけでは、難しい外交交渉の結果やっと認められた「日本」の国号は、どうなるのか。それでは「やまと」をわざわざ「日本」と表記した憶良がかわいそうだ。

この歌の「日本」を、外国語をカタカナで歌い込んだ近代詩との比較の中で、国語表現論の立場から「ニッポン」と訓んだと主張する研究もあるが(江湖山恒明『国語表現論の構想』明治書院、一九八一年)、私にはその当否を判断する能力がない。しかし冊封体制論が明らかにした東アジア世界の構造を前提にすると(西嶋定生『中国古代国家と東アジア世界』東京大学出版会、一九八三年)、朝貢国の側から国号を変えることの重大さがよく分かる。「やまと」と訓んだだけでは遣唐使の苦労がむくわれない。憶良は宴席で「いざ子ども早くやまとへ……」と高らかに歌い、その後で、紙に書いたこの歌「去来子等　早日本辺　……」を見せながら「いざ子ども早くニッポンへ……」と当時の長安の漢字

音で「日本」を強くうたい、拍手喝采をうけた——私はそう空想したい。

それにしても、なぜ「日本」を「やまと」と訓むのか。「日本」という漢字の音や訓からは出てこない。おそらく「倭」という漢字で「やまと」を表記することが一般化していたことを前提とするのだろう。『古事記』には「神倭伊波礼毘古(かむやまといはれひこ)」を始め、「倭」で「やまと」を表記した例がたくさんある。憶良はそのような表記法を前提として、「日本」で「やまと」を表記したのだろう。

それではなぜ「倭」で「やまと」を表記できたのか。「倭」という漢字の音や意味からは出てこないはずである。おそらく倭王権の本拠が「やまと」にあったので、倭王権の勢力が及んだ領域をも派生的に「やまと」と呼んだのであろう。「やまと」は邪馬台(やまと)国にまで遡る地名で、三輪山の麓、内つ国のやまと(のちの畿内の大和)、倭王権の領域(記紀の大八州)、とひろがっていくが、「倭王」「倭国」の「倭」と「やまと」という言葉(地名)との結び付き、すなわち漢字の「倭」の訓として「やまと」が一般化するのが何時ごろかは、私にはまだ分からない。

「日本」という国号が成立しても、やまと言葉の国名は「やまと」であり、「倭」および同音の「和」という漢字も広く用いられた。例えば『古今和歌集』の仮名(かな)序は「やまとうたは……」、真名(まな)序(漢文の序)は「夫和歌者……」で始まる。書名を除くと、「日本」が形容句として(例、日本丸。秀吉の朝鮮出兵の造船)一般に用いられるのは意外に遅く、中世後期かららしい。

「倭(和)」「日本」の内実は「やまと」であったが、近世に琉球の人が薩摩の船を「やまと船」、本土の人を「やまとんちゅ」と呼んだように、「やまと」は琉球を含まない。また「やまと」は本州東北端から北海道を含まない。「やまと」は倭王権—律令国家の領域である。

たまたま「やまと」(日本)が近代の国民国家「日本」の領域の中心部分となったが、それは歴史的・地理的な条件が生み出した特異な現象で、人類史的にみれば、どこにでもある展開ではない。やまとの歴史に、琉球とアイヌの歴史を加えれば日本史になる、という単純な問題ではない。その問題は、最後にもういちど取り上げたい。

4　律令国家の国際的環境

日本の律令国家の形成は、隋唐帝国の成立に触発され、その脅威に対処するために集権国家を形成した周辺の諸民族と、基本的には同じ類型に属する国家形成であった。しかしその具体的な様相は、それぞれの民族がおかれていた歴史的・地理的な環境によって異なる。日本の律令国家は、朝鮮諸国の影響を強く受けながら成立したヤマト王権の国制を基礎とし、それを包摂しながら形成されたので、朝鮮諸国の国制との比較が基本となる。しかしそれだけでは、朝鮮諸国と日本とが共有していた歴史的条件を見過ごすことになるので、思い切って、中国西南のチベットに目を転じてみよう(三三頁図1)。

日本が中国から海を隔てた島国であったのに対して、チベットは中国——現在の中華人民共和国ではなく、旧中国——と、山によって隔てられた山国(やま)であった。チベットにも氏族連合小国家群が成立しており、日本の古墳時代に小さなクニグニが分立していたのと似た状況にあった。六—七世紀に吐蕃(とばん)の統一国家が形成されるが、それを促進する内部的条件はほとんど見出されず、吐谷渾(とよくこん)や隋・唐との緊張関係が、そのもっとも基本的な要因であったと考えられている(山口瑞鳳『吐蕃王国成立史研究』岩波書店、一九八三年)。

吐谷渾は中国と吐蕃との中間にあり、中国と日本との中間にあった朝鮮諸国の位置と類似していた。隋の高句麗攻撃が倭の国制改革の契機となったのと同じように、隋の吐谷渾攻撃が生み出した緊張が、吐蕃の国制改革の契機となり、吐蕃はまず吐谷渾の制度を摂取する。そういう状況のなかで、仏法を興隆したソンツェン=ガンポ王があらわれ、十六条の憲法と十二階の位階を施行する。倭も吐蕃も、このような国制の改革とともに遣隋使・遣唐使を派遣し、中国の国制や文化を直接摂取しはじめる。

吐蕃は、日本と同じように、中国に留学生を送り、その統治技術や文化を摂取しながら、法律を定め、官位制・官司制や、度量衡・税制を制定し、賞罰・裁判の制度を整備した。吐蕃はまた唐の仏教を継受している。しかし、日本が漢字・中国仏教・中国律令をほぼ全面的に継受したのに比べると、いちじるしい相違があった。

なによりもまず、チベットでは七世紀初めごろ、西方の文字の影響のもとに、固有のチベット文字が成立していた。朝鮮諸国や日本のような、中国との接触によってはじめて文字(漢字)を用いた国ではなかった。また吐蕃には中国仏教も導入されるが定着せず、やがてインド系仏教に排除されていった。法律や制度も唐の影響のもとに形成されたが、その内容は民族的な色彩が濃厚で、中国的な「律令」法典は編纂されていない。

このような吐蕃の国制や文化の特質は、さまざまな要因が複合した結果であろうが、吐蕃が、中国文明以外に西アジアやインドの文明に接触しやすい位置にあったことが、大きな要因と考えられる。それに比べると、アジア大陸の東海に浮かぶ島国日本のおかれていた歴史的・地理的環境は、いちじるしく異なっていた。

日本列島の東には茫漠たる海が広がっているので、東方の海のかなたは、この世とは異なる他界であった。したがって古代の日本人にとって、文明はいつも西方の大陸からもたらされるものであった。日本列島の基層文化には、東アジア・東南アジアの文化とともに、シベリアなど東北アジアの文化も流れ込んでいるが、国家の形成期に大きく影響した重要な大陸の文明は――西アジアやインドの文明も――中国に一度流入し、中国文明に吸収されたのちに、おもに朝鮮半島を経て日本に伝えられた。鉄器や文字を入手したのは朝鮮半島からであったが、それらを伝えた渡来人の有力氏族が「秦」氏・「漢」氏と表記されたように、その背後にはつねに中国の文明が意識されていた。

ただ中国の文明に含まれていたインドの仏教が、中国の儒教的な中華思想を相対化する視点をもたらしたことにも注目しておきたい。仏教的世界観の中心である須弥山を飛鳥につくり、都貨羅・蝦夷・粛慎など異境の人々を饗応したのは、化外の人々を従える独自の帝国をめざすことの表明でもあった。

古代の朝鮮諸国も、中国文明の強い影響下にあったが、高句麗と突厥の結びつきが示すように(堀敏一『中国と古代東アジア世界』岩波書店、一九九三年)、中国の北側を経由する遊牧騎馬民族的な文化に接する機会が多く、日本に比べれば、中国文明を摂取する際の自由が相対的に大きかったと考えられる。しかし朝鮮諸国はいずれも、日本と同じように、漢字と中国の儒教・仏教を摂取し、中国の統治技術を継受しながら国家を形成した。ただ日本と異なり、「律令」法典は編纂しなかったと推定される（二章1節）。

5　律令国家の構想

厳しい国際情勢のなかで、新羅を従属させ、唐と並立する国家をどのようにして形成するか。中国から海を隔てて遠く離れていたために中国の冊封を受けないでいられた日本は、その地理的環境を利用して、中国的な「律令」法典を編纂し、中国に倣った帝国を形成することをめざした。

大宝律令は、中国の「律令」だけでなく、「礼（れい）」や「格（きゃく）」「式（しき）」の一部をもふくみ、律令だけで完結した国家建設プランであった。もちろん中国とは異質な日本の社会のあり方を組み入れて、唐の律令を書きかえている。たとえば「律」において、日本律は一般に唐律の該当条より刑を一—二等減じているのに、祭祀の期間内に斎戒のタブーを犯して天皇に死刑の決裁を仰いだりした場合には、逆に唐律よりも重い刑を科するように条文を改めている。天皇をつつむ宗教的タブーを重視したのである。また「令」において、唐では「尚書省」の下に（祭祀を司る）「祠部」があったが、日本では、祠部に相当する「神祇官」を、（尚書省に対応する）「太政官」から分離して、太政官と並立している。

律令国家は、ヤマト王権の構造を包摂して組み立てられている。ヤマト王権の国制の基本は、内つ国（畿内）の有力なウヂの代表者が、特異な霊威を継承する大王を推戴して朝廷を構成し、外（と）つ国（畿外）の国造（くにのみやつこ）たちを支配する体制であった。このようなヤマト王権の構造は、ほぼそのまま律令国家の中に包摂される。天皇の宗教的タブーや祭祀を重視する先述の大宝律令の規定、太政官の議政官（左右大臣・大中納言など）が、畿内の有力氏族の氏上（うじのかみ）によって構成されるという慣行は、そのあらわれである。畿内の人民は、律令国家が直接に支配する体制であったが、畿外の人民は、郡司を媒介とする間接的な支配であった。郡司はかつての国造などの在地首長層で、その地位は一族のなかで世襲され、任期の定めもなかった。国家財政の基幹である調庸制も、ヤマト王権への国造の貢納制を組み入れたもので、調庸の品目・数量はほとんど変更されず、伝統に従って年々貢上されていた(大津透『律令国家支配構造の研究』岩波書店、一九九三年)。軍団の制も、かつての国造軍を基礎として構成された。

国際的動乱のなかで集権的な軍国体制を急いで形成するには、ヤマト王権の国制を包摂しながら律令国家を形成するのが、最も現実的で、自然な道であったのであろう。律令国家には、中国的な律令制と、ヤマト王権に由来する氏族制とが重層しており、あえて図式化すれば、律令国家は「律令制」と「氏族制」との二重構造として捉えることができる(井上光貞「日本の律令体制」『岩波講座世界歴史』6、一九七一年〔『井上光貞著作集』五、岩波書店、一九八六年〕)。前者を代表するのは、太政官―国司の機構であり、官僚制の原理であるのに対して、後者を体現するのは郡司であり、神話と系譜の紐帯である。もちろん、郡司にも、在地首長としての氏族制的側面と、律令官制に組み込まれた官僚制的側面とが重層し、「律令制」と「氏族制」は重層して構造化されている。律令国家は、国家と公民とのあいだの生産関係と、在地首長層と人民とのあいだの生産関係との、二重の生産関係の上に成立しているとする説(石母田正『日本の古代国家』岩波書店、一九七一年)も、同じ構造を別の視角から理論化したものである。

大宝律令の基幹は、官僚制であった。官司の機構、官人の登用・成績評価・昇進・給与のシステムが整えられる。行政の命令や報告を文書によって行う、いわゆる文書行政のシステムが、大宝律令の施行とともに動き始め、やがて天平時代には膨大な量の文書が作成される。日本の古代国家が文書行政を主としたことは、日本の社会に文字が普及していく重要な契機となった。

官人の出身母胎は「ウヂ」であり、浄御原令においては「氏姓の大小」が位階を授ける基準であったが、大宝令は父子の関係を基本とする蔭位(おんい)制を定める。「蔭位」とは、三位以上の有位者の子・孫、五位以上の子に、成人すると自動的に高い位階を授ける制度である。「ウヂ」は共通の始祖をもつという信仰で結ばれた集団で、始祖との関係を紐帯とし、氏上の地位も、「養子」の擬制を経ないで傍系親に継承された。これに対して大宝令の蔭位制は父子関係を基本とし、律令の「子」には養子もふくまれる。また蔭位制は嫡子を庶子よりも優遇した。嫡子と養子の制は、のちの「イエ」制度の原理となる。

大宝令は、三位以上の貴族に公的な「家」を設けた。「家」は広義の官庁の一つで、「家令(けりょう)」などその職員は政府の官人でもあった。日本の伝統的な「イエ」制度の特質は、「イエ」が広義の企業体であることに求められるが、その源流となったのは、大宝律令の公的な「家」と「養子」の制度であった。しかし奈良時代の公的な三位以上の「家」(それに準ずる五位以上の「宅」)は、位階にともなうもので、それ自体として継承されていく社会的な単位にはまだなっていないことにも注目したい。

戸籍と班田収授の制が浄御原令で制度化されたことは先述したが、大宝律令の施行によって、毎年、調庸や力役を課する基準となる「計帳」も造られ始め、「田図(でんず)」「田籍」の作成も本格化する。中国の井田法の理念を継承する条里制の地割が、全国的に施工され始める。

6　王権と藤原氏

大宝律令の特質の一つとして、神祇官が太政官と並立されたことがあげられる(5節)。それは神祇の重視であると同時に、神祇官を分離することによって、太政官は、古来の神々の呪縛から解放され、世俗的な権力機関として行動しやすくなったことも、見逃すことができない。

藤原氏が祭祀を司る中臣(なかとみ)氏から分離したのは、太政官と神祇官の分離に対応する動きであった。中臣連は、ヤマト朝廷で祭祀を司る伴造(とものみやつこ)系の氏族であり、「中臣」のウヂ名は、神と人との中をとりもつ意とも伝えられる。中臣鎌足は、「藤原」のウヂ名を天智天皇から賜り、「藤原」のウヂ名は、その子の不比等だけでなく、鎌足の従父兄弟の子にも継承された。しかし、大宝律令施行も間近い六九八年、「藤原」のウヂ名は、不比等(とその子孫)にだけ継承させ、祭祀を司る一族は「中臣」に復帰させるとの詔(みことのり)がでる。律令貴族「藤原」氏の誕生である。不比等の進出とほぼ並行して、天智朝を否定する「革命」の意識も薄れていった。
不比等が中心になって編纂した大宝律令は、建設すべき律令国家の全体的な青写真で、中国のように、法（律令）を儒教の礼よりも低くみる意識は日本にはなかった。事実、不比等は大納言であると同時に、自ら「令官」として律令条文の解釈を定める作業をしている（早川前掲『日本古代官僚制の研究』）。

中国の律令は、中国社会の伝統的な社会規範や理念と深い緊張関係をもっていた。日本の律令は、その緊張関係を断ち切り、そのまま実現すべき理想として規定された。律令国家はかつてのヤマト王権を支えた氏族制的な原理をしだいに解体していく。このあと奈良時代に、王権を支える原理が儒教・仏教などによって激しく揺れ動くのも、日本の律令国家を支えるイデオロギーを模索する過程であり、その過程で生じた空隙を埋めたのが、中国から継受した祥瑞の恣意的な乱用であった。

皇位を孫の文武天皇に譲り、文武を後見してきた持統太上天皇は、大宝律令の施行を見届けると、七〇二年（大宝二）十二月に没した。文武の朝廷は、大宝律令を施行して律令体制の形成に努めるが、七〇七年（慶雲四）六月、文武は二十五歳で没してしまう。文武と宮子（不比等の娘）との間には、首皇子が生まれていたが、このときまだ七歳である（四三頁図3）。

文武が亡くなった翌七月、文武の母、阿閇皇女（天智の娘、草壁の妃）が即位した。元明天皇である。天武や天智の子・孫で、皇位継承の候補者がたくさんいるのに、子から母へという、かつて例のない異常な皇位継承の道を元明が選んだのは、孫の首皇子の成長を待って、皇位を伝えたかったからと推定される。この異例な事態について、即位の宣命は、次のように弁明する。

(1)持統が、「食国天下の業」を草壁の嫡子文武に授けて、並んで天下を治めてきたのは、天智の「天地と共に長く、日月と共に遠く、不改常典と立てたまひ敷きたまへる法」を受けて行われたことであることを承知して仕えてきた。

(2)このようにして仕えるうちに、去年十一月に文武から「自分は病身なので、暇間をえて病を治めたいから、「天つ日継の位」についてほしい」と譲られたが「朕は耐えられない」と辞退している間にも、たびたび譲位を言われるので、今年六月十五日（文武の没日）に「詔命はお受けします」と申し上げた。

(3)親王はじめ王臣百官人の補佐によって「食国天下の政事」は平らかに長くあり、「天地と共に、長く遠く不改常典と立てたまへる食国の法」も傾くことなくつづくであろう。

この宣命にみえる、天智の立てたいわゆる不改常典の法については、諸説が分立しているが、皇位は天孫にだけ伝えられるという皇統の原則を前提にして、皇位継承の決定（譲位）は、群臣の推戴を条件とすることなく、皇権に属するという「皇統・皇権の絶対性」の法（不文法）をさすと考えられる（先行学説のいずれとも微妙に異なるが、倉住靖彦「いわゆる不改常典について」『九州歴史資料館研究論集』一、一九七五年、田中卓「天智天皇と不改常典」『田中卓著作集』六、国書刊行会、一九八六年、佐藤宗諄「律令制と天皇」『古代の日本』一五、中央公論社、一九八八年、吉村武彦「古代の王位継承と群臣」『日本歴史』四九六、一九八九年〔『日本古代の社会と国家』岩波書店、一九九六年〕をとくに参照した）。

その法が天智の立てた法であるというのは、乙巳の変（大化のクーデター）の物語が、その背景にあったのではなかろうか。蘇我入鹿に切りかかった中大兄（天智）が、皇極天皇の何事かとの問いに、「鞍作（入鹿）、天宗を尽し滅して、日位を傾けむとす。豈に天孫をもつて鞍作に代へむや」と答える。そしてその六日後に、皇極は軽皇子（孝徳）に譲位する。大王の没後に新しい大王が立つというヤマト王権の慣行を破った重要な事件である。そして二度目の生前譲位が、この宣命の(1)にある持統から文武への譲位である。乙巳の変の物語（『日本書紀』『家伝』）がそのまま事実であるかどうかは、ここでは問わない。ここでの問題は、そのような物語が語られていた、ということである（横田健一「大織冠伝と日本書紀」『白鳳天平の世界』創元社、一九七三年、青木和夫「藤原鎌足」『日本古代の政治と人物』吉川弘文館、一九七七年）。(1)持統は天智の不改常典の法によって文武に譲位したとされ、(2)で文武の譲位の意向を特に強調したのも、同じ法が意識されており、(3)の不改常典の食国の法も同じ法をさし、皇統の自律性を主張する法自体が、群臣の補佐なくしては存続できないことを強調する。

皇位継承の決定を天皇の大権とする思想は、聖武天皇の遺詔（顧命）にもよくあらわれている（新日本古典文学大系『続日本紀』三、補20—五）。遺詔とされた内容はいくつもの事にわたるが、その中心は、「天の下は朕が子（孝謙）いましに授け給ふ。事をし云はば、王を奴と成すとも、奴を王と云ふとも、汝の為むまにまに」という皇位継承の決定権にあった。

もちろんそれは王権の論理であって、現実には太政官の議政官に代表される貴族層の意向に制約されており、群臣との協議も行われることがあった（『懐風藻』葛野王伝、『続日本紀』淳仁即位前紀）。王権と貴族層とは、一面では役割を分担し、一面では対抗しながら一つの権力体（朝廷）を構成し、現実の政治は、その緊張関係の中で揺れ動く。

7 京・貨幣・歴史

元明女帝が即位した翌年（七〇八）正月、武蔵国から自然銅（和銅）が献じられたのを機に、「和銅」と改元された。翌二月、貨幣の鋳造と都城の建設が開始される。律令国家を象徴する「和同開珎」と「平城京」である。平城京は文武朝に構想されたと推定されており（鎌田元一「平城遷都と慶雲三年格」楠瀬勝編『日本の前近代と北陸社会』思文閣出版、一九八九年〔『律令公民制の研究』塙書房、二〇〇一年〕）、両者は大宝律令施行の一環として文武朝に準備されたが、文武の早逝によって元明朝に実現したのであろう。

平城京のプランは、藤原京を下ツ道にそって北に移動して拡大し、全体として、約三倍半の広さに設計された。京域の拡大は大宝律令の施行にともなう国家機構の拡大・整備に対応したもので、その立地は木津川水系の交通・運輸の便や地形によったのであろう。大宝の遣唐使がもたらした唐の長安城の情報も、平城遷都をうながした一つの要因だったかもしれない。

平城京も藤原京と同じように、中国の都城を手本としながら中国とは異なり、城壁がなかった。それは日本の律令の軍制のあり方とも対応している。律令国家の軍制の基礎となったのは、全国におかれた軍団で、成年男子三人につき一人の割合で兵士を徴発し、軍団に配属した。軍団制の手本となった唐の折衝府が、中央の衛府の直接指揮下におかれ、都の周辺に配置されたのに対して、日本の軍団は、全国に均等に配置され、国司の指揮下におかれたので、都を守るという機能は弱かった。日本の軍団の最大の目的は、内乱から都を守ることよりも、対外戦争の際に動員することのできる兵力を確保することにあった。地方の都市にいたるまで高い城壁に囲まれた中国、戦時に逃げ込む山城が広く分布する朝鮮の人々にとって、城壁に囲まれない都は、異様な光景であったに違いない。中国の正史『隋書』『旧唐書』も、倭国には「城郭無し」と特筆している。

平城京が藤原京の発展であったのと同じように、和同開珎の源流も天武・持統朝にあった。六八三年(天武十二)、銀銭を禁じ、銅銭の使用を命じたが、地金としての銀の使用は認め、持統朝には鋳銭司の官人を任命している。和同開珎がまず銀銭から発行されるのは、銀の地金が物品貨幣として流通していたと仮定すると理解しやすい(弥永貞三「奈良時代の銀と銀銭について」『日本古代社会経済史研究』岩波書店、一九八〇年、栄原永遠男『日本古代銭貨流通史の研究』塙書房、一九九三年)。ただ当時の日本では、物品貨幣としては稲と布が一般に用いられていたので、銀の流通はごく限られた範囲であったろう。

和同開珎も平城京も、中国の帝国にならおうとする政治的要請の所産で、内在的な要因は稀薄であった。しかし、平城京という新しい空間の出現と、鋳造貨幣の発行は、日本の社会に大きな波紋を投げかけていく。

天武朝に源流をもつ歴史書の編纂も、七一二年(和銅五)に『古事記』が、七二〇年(養老四)に『日本書紀』が完成する。『古事記』が書名のとおり「ふることふみ」であるのに対して、『日本書紀』は「日本」の国号を冠し、中国で読まれることを強く意識して漢文で書かれている。『古事記』は基本的には内廷(皇室)の書物であり、天皇が大八州国を支配する由来を中心に語っているのに対して、『日本書紀』は、日本が朝鮮諸国を従属させる帝国を形成した歴史に重点をおいて語る。『日本書紀』になぜ朝鮮関係の記事があれほど多いのかは、朝鮮諸国の国制や文化の影響の深さとともに、帝国をめざした古代貴族の国際意識の所産であった。

『日本書紀』が律令国家の由来を語る縦糸であるとすれば、『風土記』は律令国家の空間的な広がりを示す横糸であった。七一三年(和銅六)、畿内と七道諸国に『風土記』の作成が命じられるが、和銅年間は、大宝律令の支配体制が、地方の社会に実施されていく時期にあたる。都と地方の国・郡を結ぶ道路や交通施設(駅・伝)も、この時期に急速に整備され、和同開珎の発行、調庸制の整備、条里制地割の施工をはじめとする国土の大開発が行われる。『風土記』の記載項目にあげられた銀・銅などの産物、田地の肥沃度の調査は、それらの施策と関連していたと考えられる。

8 律令制の展開

元明女帝が、成長を待ち望んでいた孫の首皇子(おびと)は、七一四年(和銅七)十四歳となり、元服の儀式が行われ、同時に皇太子に立てられた。翌年正月一日、はじめて礼服を着て朝賀の儀式に出席する。女帝は五十五歳になっていた。その年の九月、皇位を娘の氷高(ひだか)内親王に譲る。「皇位にあった九年間、一日として心の休まることはなく、疲れ果ててしまった。皇位を皇太子に譲りたいが、年歯幼稚なので、氷高内親王に譲る」。かつて元明が即位した時に、元明と首皇子の身辺を守る授刀舎人寮(たちはきのとねり)が新設されているのも、元明の異常な即位の不安定さを示している(笹山晴生『日本古代衛府制度の研究』東京大学出版会、一九八五年)。元明は緊張の連続の中で疲れ果ててしまったのかもしれない。しかし「年歯幼稚」とはいっても首皇子は元服もすませ、父の文武が即位したときと同じ十五歳になっている。首皇子の健康上の理由もあったかもしれないが、むしろその即位を容認しない空気が朝廷にあったのではなかろうか。天武の皇子や孫のなかには、有力な皇位候補者がたくさんいる。元明は、中継ぎの女帝として娘の氷高内親王を立てることを決意した。元正天皇である(四三頁図3)。のちに元正が首皇子に譲位したときの宣命に、元正の言葉として、

元明は朕に教命して「天智の「万世に不改常典とたてたまひ敷きたまへる法」のまにまに、後にはこの位を我が子(聖武)に過ちなく授けよ」と仰せられた。

と述べている。元明は娘の元正に、不改常典の法(二章6節、とくに皇位継承の決定権)によって、皇位を確実に首皇子

に伝えるよう、念をおしている。

未婚の女性(元正)の即位は、これまでに例のない異常な事態である。即位の直前、珍しい亀があらわれ、その祥瑞によって、年号が「霊亀」と改められた。翌年、藤原不比等と橘三千代との娘、安宿媛(光明子)が皇太子妃に立てられた。

朝廷では太政官の議政官が次々に没し、右大臣の不比等と中納言三人だけとなった。この機会を巧みにとらえて、不比等は次男の房前を参議とする。議政官は有力なウヂの代表者によって構成されるという、ヤマト朝廷以来の慣行は破られ、この後、不比等の四子は、次々に議政官の地位につく。

大宝律令は、貴族の地位の継承を、「ウヂ」から、父—子関係を原理とする蔭位制に切り換えた(5節)。ウヂでは傍系親をふくむ一族の中で有能なものが氏上として朝廷に仕えることによって、その地位を一族に継承できたが、律令の蔭位制では、子(または孫)が無能な場合には、その地位(具体的には位階)を子孫に継承させることが難しくなり、その一族の没落を加速する(長山泰孝「古代貴族の終焉」『古代国家と王権』吉川弘文館、一九九二年)。逆に、複数の子が朝廷で高い地位を占めれば、その子孫は末広がりに栄える。不比等の四子は、律令の新しい制度に乗って、三位以上の位階を得、おのおの公的な「家」をもった。いわゆる南家・北家・式家・京家の起源である。「ウヂ」から「イエ」への日本社会の長期にわたる大変動のはしりである。

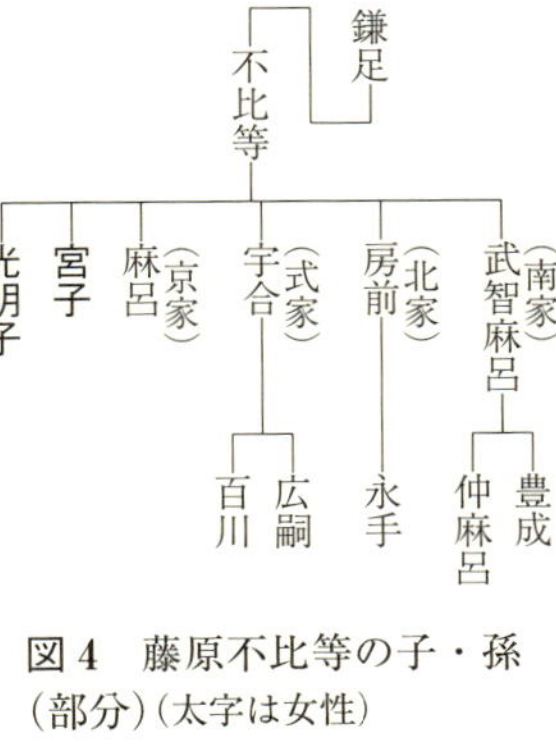

図4　藤原不比等の子・孫(部分)(太字は女性)

不比等が権力を掌握した和銅—養老年間(七〇八—七二四)には、大宝律令の官僚制や文書行政がしだいに実現していったが、律令制は、辺境の地域にも拡大していった。七〇八年(和銅元)、越後国の北部に出羽郡が新設される。律令制の拡大は蝦夷の人々の抵抗をひきおこし、翌年、政府は軍隊を派遣してこれを征圧し、三年後(七一〇)には出羽国を建てる。

西方の隼人の社会にも律令制が拡大される。これより先、大宝律令施行のさい薩摩・多褹の両国を新設したときにも、隼人の反乱がおき、七一三年(和銅六)、日向国から分離して大隅国を建てるときにも、反乱が起こった。隼人の人々の抵抗は持続し、七二〇年(養老四)の春には、ふたたび反乱を起こして大隅国守を殺害した。朝廷は大伴旅人を将軍とする征討軍を派遣し、斬首・捕虜あわせて千四百余人という激戦が続く。酒をほむる歌をよんだ旅人は、流血の修羅場を目撃したはずである。宇佐八幡神が朝廷の人々に注目され始めるのも、この戦闘のときと推定される(飯沼賢司「八幡神成立史序論」『大分県地方史』一四六、一九九二年)。東北地方では、この年の秋、蝦夷が反乱を起こして陸奥の按察使を殺害し、朝廷は征討軍を派遣する。

律令国家の版図の拡大と同時に、既存の国・郡の分割も進められ、七一七年(霊亀三＝養老元)には、「国—郡—里」の制を「国—郡—郷—里」に改め(鎌田元一「郷里制の施行 補論」中山修一先生喜寿記念『長岡京古文化論叢』Ⅱ、三星出版、一九九二年(前掲『律令公民制の研究』))、同時に「戸」(郷戸)のなかを二—三の「房戸」に分割した。律令制的支配をより徹底するためである。

郷里制の施行に先だつ七一五年(霊亀元)、本貫(本籍地)を離れて他郷に浮浪する者は、懲罰として調を本貫と現住所との両方から徴収することとした。この時期には、浮浪人をできる限り本貫の地に戻す計画を進めている。現実の社会は人の移動が多かったが、戸籍の本貫主義をできる限り守ろうとしたのである。

9 新しい空間

七二二年(養老六)百万町開墾計画が施行される。国郡司が食料を支給して百姓を十日間徴発し、百万町の良田を開墾しようという遠大な計画である。この計画は、陸田(雑穀を植える畠)の開発とする意見もあるが、このころ全国的に施工されつつあった条里制開発の一環として施行された可能性が高い。翌年、三世一身法が出されるが、国郡司による公的な条里制地割・水路の施工と並行して、百姓の私的な開墾を奨励するためと考えられる。

日本の条里制や班田制は、中国の古典にみえる井田法を手本として構想されたものであろう。中国の井田法では、一里四方の一辺を三等分した全体の九分の一（百畝）を一家（夫婦）の耕地とした。それに対して日本の条里制は、一里四方の一辺を六等分し、全体の三十六分の一を一町としている。一町は夫婦と男女の子四人からなる単婚家族の口分(くぶん)田(でん)額に相当する。中国の大地には井田法的な地割の痕跡はほとんど発見されていないが、日本では条里制の地割は全国的に広く分布していた。それは律令制をそのまま現実に実施しようとした日本の律令国家の特質をよく示している。

かつて三世紀に倭を訪れた中国の魏の使者は、「道路は禽鹿の径(みち)の如し」と報告している。この列島に立派な直線道路が出現したのは、七世紀初めの推古朝で、その契機となったのは、隋との外交と推定される。藤原京は、大和盆地を走る南北・東西の直線道路を基準に設計され、平城京は、下ツ道を基準に藤原京を移動・拡大して設計された。平城京の北部中央には宮城が設けられ、宮城の正門である朱雀(すざく)門から、平城京の南端の羅城門まで、下ツ道を拡大した幅約九十メートル、長さ約七・三キロの空間の朱雀大路がつづく。路というより長大な広場である。

朱雀門前の大路は重要な儀式の場でもあった。律令国家が生み出した最大の広場が、市民の集会場としての円形の広場ではなく、天皇の宮城の正門から南にのびる、すなわち南面する天子の前にひろがる儀礼の場であることは、律令国家の性格をよく示している。平城京の市街地には、藤原京から移された大寺をはじめ、貴族・官人・庶民の住居が並ぶ。東西南北に碁盤の目のように走る広い道路、両側に塀がつらなる特異な空間が出現する。

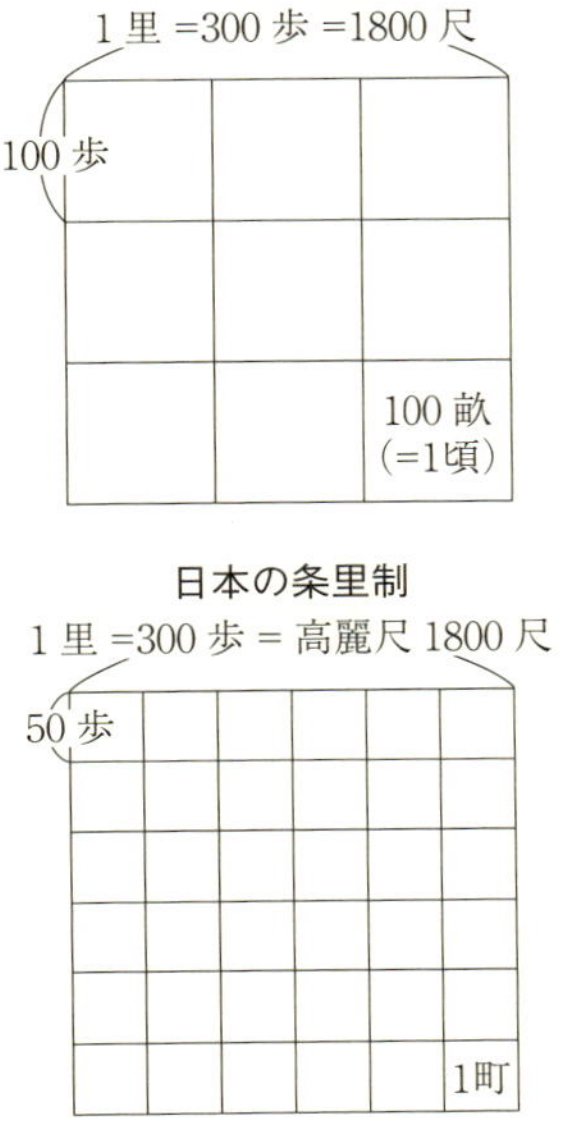

図5　井田法と条里制

ローマ帝国の道に代表されるように、古代国家の出現は、交通の様相を一変させる。日本の律令国家も、平城京と地方の国府・郡家(ぐうけ)を結ぶ道路を建設するが、それらの道のなかには、地形から見ると不自然なほど直線道路が多かった。広い道路が直交する平城京、そこから各地にのびる直線道路、その沿線にひろがる方格の条里地割――律令国家はこの列島に新しい空間を生み出した。

平城京を造営するとき、宮域のなかに住んでいた村人は、布や穀物を支給されて移住させられた。平城京のほとんどの住人は、他から移ってきた人たちである。「荒野らに　里はあれども　大君の　敷き坐す時は　都となりぬ」(『万葉集』巻六、九二九、笠金村)と、後の難波宮行幸のときに歌われたように、天皇の敷き坐すところが都であった。平城京のもっとも重要な住人は天皇とその一族であり、政事をになう貴族・官人、国家を鎮護する僧尼であった。七一〇年(和銅三)三月十日、元明女帝が移ってきたとき、平城京は都となる。

住人のうち、五位以上の貴族は京内に邸宅を構え「大宮人」ともよばれたが、かれらの生活は、「みやこ」の邸宅と、畿内の「ゐなか」の庄の、両方の基盤の上に成り立っていた。しかし中下級官人の多くは、家族と生活の本拠を、畿内の「ゐなか」に置いたままで、「みやこ」へは単身赴任が多かった。平城京は畿内という大池のなかに浮かぶ島のような存在だった。

地方の国々から兵衛や帳内・資人(皇族や貴族に仕える人)として上京し、十年以上も単身赴任の生活をする下級官人もたくさんいた。東西の市の市人たち、仕丁や衛士として徴発され長年在京する人々、調庸を運んできた人々、造都・造寺のための役夫として徴発されてきた人々、さらには自ら賃仕事を求めて集まってきた人々、男たちの相手をするたくさんの女たち――人工的に作られた平城京という空間には、郷土の共同体から離された各種、各様の人々の生活が渦まいていた。

三　天平時代

1　行基の集団

平城京という人工的に作られた新しい空間に、これまで見たことのない異様な集団が現れた。

方に今、小僧行基、并せて弟子等、街衢に零畳して、妄に罪福を説き、朋党を合せ構へて、指臂を焚き剝ぎ、門を歴て仮説して、強ひて余の物を乞ひ、詐りて聖道と称して、百姓を妖惑す。

これは、行基がはじめて正史に登場する、七一七年(霊亀三)の詔の一説である。

行基は、六六八年、渡来系の父母の子として生まれる。十五歳で出家し、三十七歳のころ、母方の生家を家原寺とする。やがて平城京の造営が始まり、たくさんの役民や運脚夫が地方から徴発されて来ると、彼らを救済するための活動を始める。平城京には、衛士・仕丁など、郷土の共同体から切り離された人々がたむろしていた。行基は平城京とその周辺に出没し、彼らの心をとらえていく。やがて、行基の行くところ「道俗、化を慕ひて追従する者、ややもすれば千を以て数ふ」という状況が生まれる。

行基は、従う人々を結集し、在地の豪族の帰依も得て、その布施と協力のもとに、橋・道・船瀬・布施屋などの交通施設を、また池・溝・樋・堀川などの灌漑施設を建設する。それは衆生の救済を目標とする大乗仏教の菩薩道を実践したもので、彼自身ものちに「行基菩薩」とあがめられる。

行基の活動でまず注目されるのは、広義の「交通」との関連である。仏教は、氏族制社会の枠を超え、異民族のあいだに広まった世界宗教であり、その普及には遠い国のあいだの交易に従事する商人層の役割が大きかった。日本でも僧の道登が宇治橋を作り、行基が交通の施設をたくさん作っている。大規模な灌漑施設の建設も、豪族が狭い地域に分立していた畿内では既存の共同体の枠を超える事業であった。

行基の活動は、在地の豪族を信者とすることによって大きく展開していくが、その中核となったのは、平城京やその周辺にたむろする、既存の共同体からはみ出した人々であった。行基というカリスマ的な人格に、個人の意志によって帰依し、結び付くことによって、各地の「道場」を核とした新しい信仰集団が生まれる。行基の集団は、ムラ・クニ・ウヂなど、既存の地縁・血縁の集団を単位としない、日本の歴史上最初の信仰集団であった(石母田正「国家と行基と人民」『日本古代国家論　第一部』岩波書店、一九七三年)。平城京という律令国家が生み出した人工の空間が、個人を単位とする信仰集団を生み出す母胎となった。

先に引用した七一七年の詔のなかで、行基や弟子たちが「妄に罪福を説」いたといわれるのは、その五年後の記事に「このごろ在京の僧尼、浅識軽智を以て、罪福の因果を巧に説き、戒律を練らずして、都裏の衆庶を詐り誘る」とみえる「罪福の因果」にあたり、輪廻説の一種と推定されている(湯浅泰雄『日本古代の精神世界』名著刊行会、一九九〇年)。『日本霊異記』には、行基が難波の船着場で道俗貴賤を集めて法会を開いたときの話をのせる。行基は、子に苦しめられている母に向かって、その子との間の前世の悪因縁を説いてきかせ、子を川の淵に投げ捨てるように命じたという。

『日本霊異記』には、息子の稲十束を無断で他人に与えた父が、息子の家に牛として生まれ変わってきて前世の負債を償う話や、善珠禅師がその「行徳」によって桓武天皇の皇子に、寂仙禅師がその「浄行」によって嵯峨天皇に生まれ変わった、という話ものせている。いずれも、「業」の「果」が次の世にあらわれる話で、輪廻説の一種である。行基が説いた「罪福」の教えにも、輪廻の教えが含まれていた可能性が強い。

行基の布教活動には、指に灯をともしたり、皮を剝いで写経するという呪術的性格が強くみられる。しかし犯した罪によって発生する災気を、ムラやクニの共同の祓いによって流し去るという共同体的な習俗のなかに埋没していた人々に対して、行基は、個人の行為の善悪が、その個人に善悪の果をもたらすという個人道徳を説いた、という重要な側面も見逃すことができない。

仏教が他の国に伝播していくとき、二つの重要な側面がみられるという。一つは、仏教が国家(王家)を守護するという「鎮護国家」の思想であり、もう一つは因果応報の教えであり、輪廻転生の教えとも密接に関連している。仏教が吐蕃王国(二章4節)に入ったときにも、この二つの側面がみられたといわれる。

善悪因果の教えは、刑罰によってではなく、個人の内面にうったえることによって、人々を人倫に向かわせる。しかし、輪廻説は両刃の剣である。現世の身分や貧富の差は前世の行為の果と説けば、現世の秩序を保守するが、現世の行為によっては天皇に生まれ変わることもできると説けば、天皇の正統性を揺り動かす可能性をも秘めている。

2 光明立后への道

平城京の街路に、行基にしたがう群集が出没するようになったころ、平城宮の大規模な改築工事が進められていた(今泉隆雄『古代宮都の研究』吉川弘文館、一九九三年)。また藤原不比等は、大宝律令を改定して新しい律令(養老律令)を編纂する作業に着手した。いずれも首皇子(おびと)(聖武)の即位に備えてである。

七二〇年(養老四)不比等が六十二歳で没すると、天武天皇の皇子らが重要なポストにつき、高市(たけち)皇子の子の長屋王が右大臣に昇進して、皇親勢力が政権を握る。また不比等の四子も順調に昇進してゆく。

流動化した情勢のなかで、七二一年元明太上天皇が没する。元明は、娘の元正天皇、孫の首皇子を後見して実質的な権力を掌握していたので、不破などの三関を閉鎖して厳戒体制がしかれる。直接行動は封じられたが、一カ月後に、謀反の誣告(ぶこく)や天皇を非難する事件がおこる(岸俊男『日本古代政治史研究』塙書房、一九六六年)。

母を失った元正女帝にとって、朝廷では風当たりの強い首皇子に無事に皇位を譲るにはどうしたらよいか。そんな時、またしても珍しい「亀」があらわれる。七二三年十月、両目が赤い小さな白い亀が献じられた。中国の「祥瑞」の書物によれば、「王者の徳が流れうるほふ」しるしという。この天の贈り物を好機として、元正は首皇子に譲位する(聖武天皇)。聖武の即位の宣命は、高天原(たかまのはら)の神話から始まり、「不改常典の法」(二章6節)によって確実に皇位を首皇子に伝えよ」との母元明の命によって元正が皇位を首皇子に譲ること、「天地の賜へる大瑞物」があらわれたのは、自分(元正)の御世(みよ)のためではなく、首皇子の新しい御世のためであるから、年号を「神亀」と改めて譲位する、という元正の大命をのせる。

中国では古くから、王者の徳によって太平の世が実現すると、それを知らせる「祥瑞」があらわれるという思想があった。また祥瑞は「天命」が下ったしるしとして「符命」とも呼ばれ、王朝が交替するときに利用された。

祥瑞の思想は日本にも伝えられ、白雉(はくち)・大宝の改元も祥瑞によって行われた。首皇子の即位はもちろん王朝の交替ではないが、有力な皇位継承の候補者がたくさんいるなかで、首皇子が天命にかなうことを、神亀の出現によって証明しようとしたのだろう。王朝の交替がさかんに起こった中国では、祥瑞に対する警戒感も強かったが、日本では権力者によってあからさまに政治的に利用された(大隅清陽「儀制令における礼と法」笹山晴生先生還暦記念『日本律令制論集』上、吉川弘文館、一九九三年〔『律令官制と礼秩序の研究』吉川弘文館、二〇一一年〕)。和銅や黄金など、中国では瑞とみなされない物も祥瑞とされ、祥瑞を出現させる主体も、中国的な天というよりも、伊勢大神や歴代天皇の霊、天つ神、国つ神など多様であり、奈良時代後期には仏・菩薩も加わってくる。

聖武天皇が二十四歳で即位した日、長屋王が左大臣に昇進した。父の高市皇子は天武天皇の長子であり、高市が亡くなったとき、次の日嗣の皇子(ひつぎのみこ)を協議していることが示すように(『懐風藻』葛野王伝)、草壁の亡きあと、高市は日嗣の皇子の地位にあったらしい。長屋王の母は元明女帝の姉、妻は草壁皇子の娘(吉備(きび))であったから、皇統の父母・妻をもつ長屋王は有力な皇位継承候補者である。

聖武即位の三年後、七二七年(神亀四)に、聖武と夫人の光明子(こうみょうし)(安宿媛(あすかべひめ))とのあいだに初めて皇子が生まれ、一カ月後に皇太子に立てられる。生まれたばかりの赤子を皇太子に立てるのは、前例のない異常なやり方である。

翌年、天皇と皇太子を守るために、授刀舎人寮を改組して中衛府(ちゅうえふ)が設置され、その長官に藤原房前(ふささき)がつく(笹山前掲)。しかし藤原氏の希望を担った皇太子は夭折してしまう。そのうえ、聖武の夫人、県犬養広刀自(あがたいぬかいのひろとじ)が、この年皇子を出産した。追い詰められた藤原氏は、光明子を皇后に立てて権力を確保する道を選ぶ。

皇后は、たんに天皇の正妻であるだけでなく、皇太子に準ずる執政権をもち、天皇亡きあと皇位をめぐる争いが生じたとき、しばしば中継ぎの天皇として即位し、事態の収拾をはかる慣例があった。推古・皇極(斉明)・持統など前例は多い。病弱な聖武に万一の事があったとき、皇后の光明子を皇位につけて権力を維持する可能性もある(岸前掲

『日本古代政治史研究』)。しかし皇后(大后)は、皇女のなかから選ぶのが古くからの慣例であり、律令もそのことを前提としていた。皇族でない藤原氏出身の光明子を、強引に皇后に立てたとき、左大臣の長屋王ら皇親派は黙っているだろうか。長屋王を消す陰謀が、ひそかに進められた。

七二九年(神亀六)二月十日、長屋王が「左道を学んで国家を傾けようとしている」との密告があった。その夜、藤原宇合(うまかい)らに率いられた六衛府の兵が、長屋王の邸宅を包囲した。翌日、長屋王を尋問し、次の日、王と妻の吉備内親王、その王子らは、自殺させられた。『続日本紀』は長屋王の無実を明記している。長屋王と吉備内親王との間に生まれた子らは、親王の子と同じ待遇を受けていたので、その子らを消すことも主要な目的だったかもしれない(大山誠一『長屋王家木簡と奈良朝政治史』吉川弘文館、一九九三年)。

事件の半年後、藤原麻呂が、背中に「天王貴平知百年」というめでたい文字を負う亀を朝廷に献じた。またしても瑞亀の出現である。背中の文字から二字を取って「天平」と改元される。五日後、光明子を皇后に立てる詔が宣せられる。

即位してから六年も皇后を定めなかったのは、皇后の地位の重大さから慎重に選んでいたのである。また皇族でない女性が皇后に立てられた前例もないことはない。仁徳天皇の皇后は葛城(かつらぎ)氏の出身である。

くまなく前例を探しても、はるか昔の伝承しかなかったのである。奈良時代の宣命のなかで、これほど苦しい弁明に終始するものもめずらしい。

3 内外に高まる緊張

七三〇年(天平二)八月、遣渤海使(けんぼっかいし)の引田(ひけた)虫麻呂が帰国した。彼は、初めて来日した渤海の使節を送って、二年前に渤海に渡っていた。渤海は、滅亡した高句麗の遺民、大祚栄(だいそえい)(高王)が、配下の靺鞨(まっかつ)人とともに、唐の支配から脱して七世紀末に立てた国である。渤海は、高句麗の旧領土の大部分を領有したため、唐や新羅との軍事的緊張が高まっていた。七二七年、渤海が日本に使節を送ってきたのは、このような状況の中で、日本に対して武力による援助ないし協力を求めてきた可能性が強い。事の重大さに、朝廷は渤海使の帰国の際に引田虫麻呂を派遣して、渤海の国情や国際情勢を直接調べさせたのである（鈴木靖民『古代対外関係史の研究』吉川弘文館、一九八五年）。

遣渤海使が帰国して緊張した国際情勢を伝えた翌月、国内の不穏な動きを取り締まる詔が出される。平城京にも盗賊・強盗が横行し、東方の山の麓にたくさんの人を集め、妖言して衆を惑わすものも現れる。ときには一万人、少ないときでも数千人が集まっているという。平城京に本籍のある人数が約十万と推定されるので、たいへんな数である。名前を上げていないが、妖言して衆を惑わす張本人の一人は、おそらく行基であろう。

七三〇年から翌年にかけて、太政官の議政官が次々に没する。健在なのは、知太政官事の舎人親王、大納言の藤原武智麻呂、参議の藤原房前だけとなる。そこで七三一年（天平三）八月、諸司の主典以上の官人（上級官人に相当）を全員、内裏に呼び入れ、舎人親王が「政事をつかさどることができると思う人を推挙せよ」という天皇の勅を読み上げる。二日後、主典以上の官人三百九十六人が朝堂に集まって推挙する人の名を上表し、それによって六人の参議が任命された。太政官の議政官を官人の推薦によって任命するというのは、前後に例を見ない異常な方法である。天平時代にはこの後、七四四年（天平十六）にも、恭仁京と難波京とどちらを都とするか、百官人を朝堂に集めて意見を聴いている。恭仁京を推すもの、五位以上は二十四人、六位以下は百五十七人、難波京を推すもの、五位以上は二十三人、六位以下は百三十人、と『続日本紀』はその人数を克明に記している。三日後、京の東西市の「市人」を集めて同じ質問をする。難波京一人、平城京一人のほかは、みな恭仁京を都とすることを願ったという。

ある組織体のなかに動揺や分裂がおこり、統合が難しくなった危機的状況のなかで、その構成員を集めて意向を聴き、統合をはかることがある。天平時代にも支配者層（広義）の分裂が深く進行していたのであろう。

先の推薦によって新しく参議に任ぜられた六人のうちに、藤原氏が二人（宇合と麻呂）含まれている。すでに武智麻呂は大納言、房前は参議であるから、四人の兄弟はすべて太政官の議政官となった。官人による推挙は、藤原氏の陰謀という説もある。しかし、陰謀説は朝廷をおおっていた深刻な危機意識を見逃す恐れがある。大納言の武智麻呂は外交と防衛の要職である大宰帥を兼ね、参議の房前は中務卿・中衛大将であり、新しい参議は、式部・兵部・民部・大蔵の四省の卿と左右大弁であるから、主要な官庁の中枢にいた人たちを結集している。藤原氏の四兄弟は、朝廷をおおっていた危機意識を巧みに利用したのであろう。

官人たちが推挙する人名を上表するために朝堂に集まった日、「行基法師に随逐ふ優婆塞・優婆夷らの法の如く修行する者は、男は年六十一以上、女は年五十五以上、咸く入道することを聴す」という詔が出された。かつて「小僧行基」と侮蔑された行基もここでは「行基法師」と呼ばれている。行基の集団を弾圧するだけでなく少しずつ体制のなかに包摂してゆこうとする微妙な政策転換が感じられ、官人たちに議政官を推薦させる政策と、一脈あい通ずるところがある。

同年冬、畿内に惣官、諸道に鎮撫使が置かれる。惣官は兵馬を徴発する権限を与えられて、京・畿内の秩序の維持にあたり、鎮撫使は国内の治安と対外危機に備える役割をもっていた。翌七三二年(天平四)、遣新羅使が帰国した直後に、東海・東山・山陰・西海の四道に節度使をおき、兵器・牛馬を他処に売ることを禁じ、兵士の補充、兵器の整備、船の建造を命じている。

この年、渤海と唐との戦争が始まり、新羅は唐の命令で渤海に出兵する。

4 天然痘の大流行と反乱

七三五年(天平七)の春、来日した新羅使が国号を「王城国」と改めたことを告げると、日本は無断で国号を改めた非を責めて使節を追い返し、新羅との関係は急速に悪化する。また、この年の夏、おそらく新羅経由で、大宰府管内に天然痘が流行し始める。

翌年、さらにその翌年と凶作がつづく。新羅に派遣された遣新羅使の大使は、帰途、対馬で病没し、副使も発病する。天然痘にかかったのだろう。副使の帰朝報告によると、新羅は、日本の使節を外交使節に対する礼儀で迎えず、相手にしなかったという。聖武天皇は、五位以上と六位以下、あわせて四十五人の官人を内裏に召して、新羅に対する意見を述べさせた。なかには「兵を発して征伐を加えよ」との強硬意見もあった。

翌月（七三七年三月）朝廷は諸国に釈迦三尊像の造立と大般若経の書写を命じる。これはのちに諸国の国分寺へと発展する。新羅を調伏し、天然痘や凶作を鎮める呪力を期待したのであろう（井上薫『奈良朝仏教史の研究』吉川弘文館、一九六六年〈再追補版、一九九三年〉）。このころ、筑紫から東進した天然痘は平城京にも侵入し、公卿以下、百姓に至るまで、膨大な死者がでる。この猛威のなかで、四―八月の四カ月の間に、藤原氏の四兄弟、武智麻呂・房前・宇合・麻呂も次々に病没する。

九月、知太政官事に鈴鹿王、大納言に橘諸兄が任じられ、新政権が発足する。藤原氏からは豊成（武智麻呂の子）が参議として登用されただけである。また約一八年間の中国留学から帰国した僧玄昉と吉備真備が、顧問役のような形で政権に加わり、その豊かな学識によって、しだいに発言力を強めてゆく。

九州の大宰府に大宰少弐として左遷されていた藤原広嗣（宇合の子）には、成り上がり者の玄昉と真備が重用されるのはおもしろくなかった。あいつぐ天災地変は、二人が口出しする政治のせいではないか。また軍団の兵士の停止や、兵器・馬牛の売却禁止の解除など、政府の政策は、防衛を主要任務とする大宰府の責任者として容認できない。広嗣は「時政の得失を指し、天地の災異を陳べ」「朝廷の乱人二人」の排除を上奏して、七四〇年（天平十二）秋、筑紫で反乱をおこした。

朝廷はただちに大野東人を大将軍に任命し、諸国から一万七千人の大軍を動員して九州に派遣した。

ところが、戦闘の最中に、聖武天皇は「朕は思うところあって、しばらく関東（三関の東）へ行く。いまはその時機でないことは分かっているが、止むを得ない。将軍らはこのことを知って驚かないように」と勅して、伊勢に向かう。驚くな、といわれても、九州の将軍らは、狐につままれたような思いだったろう。戦いに敗れた広嗣は、済州島の方へ逃げようとするが、船が逆風に吹き戻されて捕えられ、斬殺された。戦勝を宇佐八幡神に祈願していた朝廷は、金字の経典や三重塔を八幡神に寄進する。

伊勢国にいた聖武は、乱の鎮定を知らされても平城京に戻らず、美濃・近江を経て、山背国相楽郡恭仁郷に留まり、恭仁京を造営する。

翌七四一年(天平十三)正月、恭仁京で朝賀の儀式が行われ、二月、国分寺創建の詔が出される。

若し国土に講宣読誦し、恭敬供養して此の経(金光明最勝王経)を流通する王あらば、我ら四王(四天王)常に来りて擁護し、一切の災障、みな消殄せしむ。憂愁疾疫もまた除き差えしめ、所願心に遂げて、恒に歓善を生ぜしめむ。

国分寺は長い期間をかけて造営されるが、同じころ、国庁の建物も礎石をもった立派な建物に改築される(山中敏史『古代地方官衙遺跡の研究』塙書房、一九九四年)。国庁での儀式、国分寺・国分尼寺での法会は、在地の社会に新しい大陸の文明を持ち込み、朝廷と国司の権威を高める。

一方、恭仁京の造営と並行して、七四二年(天平十四)には、その東北の近江国甲賀郡に紫香楽宮の造営が進められ、聖武は行幸を繰り返す。

翌七四三年五月五日の節会では、二十六歳の阿倍皇女(のちの孝謙天皇)が、みずから五節舞を舞う。聖武と光明子との娘、阿倍皇女は、五年前に皇太子に立てられているが、未婚女性の皇太子は、前代未聞のことである。詔して「君臣・祖子の理を忘れることなく仕へ奉れ」と強調しているのは、貴族たちが阿倍皇太子を容認していないことを逆に示しているのかもしれない。宴の席で、大規模な叙位と任官が行われ、橘諸兄が左大臣、藤原豊成が中納言にすすみ、豊成の弟、仲麻呂が参議に起用されて政界の表舞台に登場する。

5 三宝の奴

七四三年(天平十五)七月から三カ月、聖武天皇は紫香楽宮に行幸するが、その間に盧舎那仏の造立の詔を出し、「一枝の草、一把の土を持ちて像を助け造らむと情に願はば、恣に聴せ」と参加を呼びかける。

聖武は三年前、難波への行幸の途中に、河内国大県郡の知識寺に立ち寄り、盧舎那仏を拝したのがその機縁となったと伝える。この地域は、古くから渡来系氏族によって仏教信仰が栄えた地域であり、光明皇后の母、橘三千代の出身地でもある。知識寺の「知識」とは、仏に結縁するために、田畑・財物・労力をみんなが出し合って、造寺・造仏・写経などをすることをさす。聖武はその情熱に魅せられ、大仏造立への参加を訴える。しかし「知識結」とは本来平等なメンバーが結ぶ関係で、天下の富と勢をもつ天皇の「詔」によって知識結を結成することは、幻想にすぎない。しかし行基は弟子たちを率いて、その幻想に進んで参加し、二年後には、大僧正に任命される。大仏造立の詔と同じ年に出された墾田永年私財法が、人民の開墾への自発的な意欲をかきたてようとしたのと同じように、大仏造立の詔は、人民の一人一人の信仰心に訴え、国家的規模の知識寺の造営を企てたものであった（石母田前掲「国家と行基と人民」）。

翌七四四年、聖武は突如として難波宮への遷都をいいだし、官人や市人の多数の意向を無視して難波宮に行幸するが、しばらくすると今度は紫香楽宮に行幸し、その年十一月、紫香楽宮で聖武みずから縄を引いて、盧舎那仏の骨柱が建てられた。

翌七四五年（天平十七）の元旦には、紫香楽宮の門に「楯・槍」が立てられ、都であることを示す。しかし夏ごろから紫香楽宮の周辺には、奇怪な火事が頻発し、地震も続発する。今度は天皇ではなく太政官が、諸司の官人を集めて、いずれの地を京とすべきかを問う。全員が平城と答える。地震が日夜つづくなか、聖武は平城京へ出発する。

五年間の彷徨ののち、五月十一日に天皇は平城京に戻った。紫香楽宮は無人化し、盗賊が横行し、火が燃えつづけた。八月、平城京の東で、盧舎那仏造立の工事が再開される。

やっと平城京に戻った聖武は、同じ月、またもや難波宮に行幸するが、滞在中に重病になる。万一に備え、平城宮から駅鈴・天皇御璽が取り寄せられ、天武天皇の孫たち全員が招集される。このとき、橘諸兄の子、奈良麻呂は、

「陛下枕席安からず。ほとんど大漸(危篤)に至らむとす。しかれどもなほ皇嗣を立つることなし」といい、長屋王の遺児(母は不比等の娘)黄文王を天皇に立てようと謀ったという。皇太子の阿倍皇女は無視されている。

盧舎那仏の本体の鋳造は、七四七年(天平十九)から七四九年(天平勝宝元)まで三年間にわたり、八回の鋳込みによって完成した。しかし鍍金に要する金がとても足りない。そのようなとき、陸奥国から黄金を貢上してきた。

七四九年四月一日、聖武は光明皇后・阿倍皇太子とともに、群臣・百僚をひきつれて東大寺に行幸し、盧舎那仏の前殿で「北面」して像に対し、黄金の出現を感謝する宣命を読みあげさせた。「北面」とは、南面する絶対者に臣従することを示す。宣命は、「三宝の奴と仕へ奉る天皇が命らまと盧舎那の像の大前に奏し賜へと奏さく……」という言葉で始まる。かつて天武・持統朝には、天皇は「神」とたたえられたが、聖武は「三宝の奴」と宣言したのである。「三宝」とは本来、仏・法・僧をさすが、仏(または仏法)をさすことが多い。神話や系譜によってその正統性が裏づけられた天皇から、仏教や儒教によって正当性が裏づけられる天皇への転換が始まる。

しかし伝統的な天皇のあり方は、容易には変わらない。同年の閏五月二十日の勅書には「太上天皇沙弥勝満」とあり、同月二十三日、聖武は薬師寺宮に移り、七月二日、皇太子阿倍内親王が聖武の譲位を受けて大極殿で即位する(孝謙天皇)。聖武の出家から孝謙の即位まで微妙な時間があるが、出家受戒した身で、天皇として政をとることは、この段階では、あり得なかったのだろう(岸俊男「出家と天皇」『日本の古代』七、中央公論社、一九八六年)。聖武の譲位の宣命が譲位の理由を「万機密く多くして御身敢へ賜はず」と記すのはおそらく事実で、それが出家と譲位の誘因となったと推測される。

聖武の譲位とともに光明皇后は皇太后となり、皇后宮職も「紫微中台」に改組され、その長官「紫微令」には藤原仲麻呂が任ぜられる。光明皇太后は孝謙女帝を後見し、実質的に国政をとるが、紫微中台はその機関として機能した。紫微令の仲麻呂は、勅を奉じて諸司に施行する権限を手に入れ、それを手掛かりにして実権を掌握していく(岸俊男『藤原仲麻呂』吉川弘文館、一九六九年、早川前掲『日本古代官僚制の研究』)。

陸奥国から黄金が献上されて間もなく、豊前国から大仏造立を助けるために宇佐八幡神が上京し、大神に一品、比売神に二品が授けられる。大仏造立は最後の段階に入り、七五二年(天平勝宝四)三月十四日から大仏の鍍金が始まり、あわただしく四月九日に開眼供養会が催される。

菩提僧正が持つ筆から延びる縷を聖武太上天皇、光明皇太后、孝謙天皇、そして参加した百官人が握りしめるなかで、菩提の持つ筆が眼睛(ひとみ)を点ずる。華厳経の講義のあと、日本をはじめ、中国・朝鮮・東南アジアの歌舞がくりひろげられる。「仏法東に帰りてより、斎会の儀、かつてかくの如く盛なるはあらず」と『続日本紀』は結ぶ。

大仏開眼会の翌年の冬、鑑真が日本に到着する。その次の年の四月、聖武太上天皇は、大仏殿の前につくった戒壇に上って鑑真から菩薩戒を受け、光明皇太后、孝謙天皇もそれにつづいた。

6　律令制の浸透

話は若干前後するが、大仏造立の詔が出された年(七四三・天平十五)の五月、墾田永年私財法が出された。六年ごとの班田収授の作業は前年の冬から始められていたが、その作業のなかで、「墾田」として登録されている田に荒廃したものが多いことが注目された。三世一身法によると、死亡した開墾者の(既存の溝池を利用した)墾田は、次の班年に収公されることになっていたが、残された家族は収公の年が近づくと手を抜くので、荒廃する。その対策として、墾田は私財と認め、収公しないことにしたのである。天然痘の大流行によって荒廃した耕地を再開発する目的もあったのだろう。ただし、無制限に墾田を私財と認めたのでは、王臣家や豪族によって開墾地が広く囲い込まれるおそれがあるので、(1)位階によって、開墾予定地の占定面積に制限を設ける、(2)国司の任期中の開墾は厳しく制限する、(3)開墾予定地の占定には国司の許可を必要とし、占定してから三年間、開墾しないまま放置すれば、占定は無効とする、という三つの条件を付けた。

墾田永年私財法によって、班田収授の対象から外れた「墾田」という地目が設けられたわけだが、そのことは、律令国家の田地に対する支配体制が後退したことを意味しない。むしろ墾田永年私財法によって、これまで十分に把握できなかった未墾地と新墾田を支配体制のなかに取り込むことができるようになったのである。日本の班田法が手本とした唐の均田法は、墾田永年私財法に相当する内容を実質的には含んでおり、新墾田を受田として自動的に組み込むこともできる柔軟な制度であった。墾田永年私財法によって、開墾予定地の占定手続きやその有効期限(三カ年)が明確にされ、開墾田は輸租田として田図(でんず)に登録されるのであるから、大宝律令には欠けていた未墾地(開墾予定地)や新墾田を規制するシステムを補うことができ、田地に対する支配体制は、総体としては深化されたのである(吉田前掲『律令国家と古代の社会』)。

墾田永年私財法は、天平十四年度の班田収授の過程で出されたが、墾田の田主権をはっきり公認することによって耕地の実態を詳細に把握することができるようになり、地番にあたる条里坪付(つぼつけ)(○条○里○坪)を記す詳細な田図が、全国にわたって作成された。この天平十四年班田図は、のちに「四証図」(四つの重要な田図)の最初の図として利用される。収授の対象から外れた田の有無よりも、全国にわたる土地台帳の完成の方が、国制の歴史にとっては、はるかに大きな意味をもつ。

大宝律令の施行から和銅—養老年間(七〇八—七二四)には、浮浪人はできるだけ公民の戸籍の枠の中に押し込めようとしたが(二章8節)、七三六年(天平八)には「浮浪人帳」をつくり、浮浪人のまま把握するという政策に転換する。それは墾田を収公して口分田に吸収することを放棄し、墾田のまま把握しようとした墾田永年私財法と共通する政策転換であった。

また天平年間(大仏開眼の行われた「天平勝宝」年間を中心に、「天平」の二字を年号にふくむ八世紀中葉を一般に天平時代とよんでいる)には、公出挙(くすいこ)(政府による半強制的な稲の高利貸付)が急速に拡大するが、出挙の貸付け額は多様であり、また男性だけでなく女性にも貸し付けられている。これは経営の実態に応じて、取れるところから税を取ろうとする現実的な徴税策であり、成年男子に課する課役(調・庸・雑徭(ぞうよう))だけでは捕えられない女性の収入などを、出挙によって捕捉しようとするものであった。大宝律令の、公民―口分田―課役の体制では捕えられない部分を、天平時代には、浮浪人―墾田―出挙の制度を設けて捕えようとしたのであり、律令国家はその基盤を実質的には拡大していった。

墾田永年私財法によって、開墾予定地の占定許可権が、中央から派遣された国司の手に握られたことも、重要な意味をもつ。これまで王臣家や法隆寺など大寺院の田地は、ほとんどが畿内とその周辺に限られていたが、墾田永年私財法の施行によって、中央の貴族や寺院が国司を媒介にして地方に墾田地を占定することを容易にし、地方の社会のなかに畿内の支配層の勢力が浸透してゆく、大きなきっかけとなった（吉田孝・小口雅史「律令国家と荘園」『講座日本荘園史』二、吉川弘文館、一九九一年（本書所収））。

律令国家は、畿内の人民は直接に支配したが、畿外は郡司ら在地首長に依存する間接的な支配であった（大津前掲『律令国家支配構造の研究』）。中央から派遣された国司は郡司を監督し、郡司に依存して律令制を施行していったが、天平時代には、国司の権威と権力が、しだいに在地社会のなかに浸透していった。国庁の整備、国分寺の造立は、その象徴であった。国庁では毎年元旦に郡司の服属を確認する儀式が行われたが、その費用をまかなう「郡稲」（郡司が管理）が、七三四年（天平六）には「正税」（国司が管理）のなかに吸収された。郡稲は、国造が朝廷に奉仕するための経費を継承したものであり、それが正税に吸収されたことは、律令国家に包摂された大化前代からの国造制の構造が、律令国家のなかに吸収され、しだいに消滅していく一つのあらわれであった。

7 個の意識のめばえ

平城京の貴族は、「みやこ」とともに「ゐなか」にも生活の拠点をもっていたので（二章9節）、まだ純粋の都市貴族ではなかった。しかし平城京につくられた貴族の邸宅のなかには、小川を引き込み、自然を取り込んだ人為的な庭園空間を生み出していた。文学史でいう『万葉集』第四期（ほぼ天平時代にあたる）に、「イへ」に換わって「ヤド」という語が急速に増えてくるのは、そのような都市貴族の生活を背景にしているのだろう。

「イヘ」という言葉は、「住まい」と同時に、そこに住む家族と深く結び付いている。たとえば、

天離る　夷の長道を　恋ひ来れば　明石の門より　家のあたり見ゆ　〔巻十五、三六〇八〕

と歌われたのは、なつかしい家族の待っている「イヘ」である。それに対して、

わがやどの　いささ群竹　吹く風の　音のかそけき　この夕かも　〔巻十九、四二九一〕

という大伴家持の歌には、家族との関係はまったく感じられない。「ヤド」は『古今集』以後、「歌語」として定着し、『万葉集』に多くあらわれた「イヘ」は、『古今集』以後は「ことば」としては用いられているが、「うた」のなかには用いられなくなる。「イヘ」は家族という人間集団と強く結び付いているのに対して、「ヤド」は個人と自然（取り込まれた人為的自然）との交感の場としてうたわれている。「イヘ」から「ヤド」への歌語の変化の背景には、共同体と個人との関係の変化が想定される。

『万葉集』第四期の歌は、集団の歌から個人の歌へ、公的な歌から私的な歌へ、外向的な歌から内省的な歌へと移っていく。「古代国家」を自生的に生み出す条件のなかった日本の律令国家は、大陸の文明に触発されて、大伴家持のような孤高な「個」を早熟的に生み出した。大仏開眼の翌年の春、家持はうたう。

うらうらに　照れる春日に　ひばり上がり　情悲しも　ひとりし思へば　〔巻十九、四二九二〕

日本人の「個」の意識の生成には、仏教が大きな役割を果たしている。行基の教えが、輪廻と結び付いて個人道徳の萌芽と関係していたことは先述したが（三章1節）、仏教の地獄と浄土の教えも、重要な意味をもっていた。『古事記』の神話にみえる黄泉国は、暗く、死体に蛆がたかる、けがれた世界であった。そこには、仏教の地獄の厳しさも、浄土の明るさもない。この列島の人々は、仏教によって、死後には地獄と浄土という両極端の世界があること、現世の善行・悪行によって、そのいずれに行くかが審判されることを、教えられた。

仏教に深く帰依した光明皇后は、聖武の遺愛の品々を盧舎那仏に献じたが（正倉院宝物）、その「献物帳」に、

伏して願はくは、この妙福を持して仙義（聖武）を翼け奉り、永く法輪を馭して、速やかに花蔵の宝刹（華厳経に説

く浄土)に到り、恒に妙楽を受けて、終に舎那(盧舎那仏)の法莚に遇ひ、……

と、聖武の霊魂が浄土に遊ぶことを願っている。

仏教はこの列島の人々に、死後の「たま」の運命について考えることをせまった。大陸の文明に触発されて生まれた個の意識と、古来のタタリ神、荒魂への畏怖とが、政治的敗者の「個人」名を付した死霊を「怨霊」として恐れる観念を生み出してくる。怨霊が跳梁するのは、もう半世紀ほど後からであるが、正史に怨霊がはっきりした姿をあらわすのも、天平時代であることに注目しておきたい。

七四六年(天平十八)大宰府に左遷されていた玄昉が没したとき、世人は、藤原広嗣の霊のために害されたと言い伝えた、と『続日本紀』は記す。広嗣とは、言うまでもなく、玄昉と真備を除くことを上奏して九州で反乱を起こし、敗死した人物である(三章4節)。

8　恵美押勝の「仁政」

七五六年(天平勝宝八)五月、聖武太上天皇が没し、遺詔によって道祖王(天武の孫。新田部親王の子)が皇太子に立てられた。この数年前から、藤原仲麻呂が急速に勢力を延ばし、太政官の議政官の権力を形骸化させていたが、聖武の生存中は、仲麻呂派と反仲麻呂派とのバランスが辛うじて保たれていた。しかし聖武の死を契機に、状況は一挙に流動化する。大伴・佐伯・多治比など反仲麻呂の氏族の人々が橘諸兄の子、奈良麻呂を中心に、黄文王(長屋王の子)などの皇族をかついで、仲麻呂打倒の動きを活発にする。

翌年(天平勝宝九)正月、仲麻呂は自分の子はたくさんいるが、石津王という皇族を養子にする。三月には、「藤原部」を「久須波良部」、「君子部」を「吉美侯部」と改める勅が出る。天子の個人名(諱)を避ける「避諱」の制は、中国の礼制を継承したもので、例えば唐では太宗、李世民の「民」を避けて、「民部」を「戸部」と改めている。ここで「君子部」を改めたのは天皇をさす「君」を避けたものだが、「藤原部」を改めたのは、「藤原」を「君」と同じように尊ぶことを強制したのである。二カ月後、今度は聖武天皇の諱「首」と藤原不比等の諱「史」を避けて、カバネの「首」「史」をともに「毗登」と改めている。この後も仲麻呂は中国の礼制を勝手に解釈して自分の都合で恣意的に乱用している（吉田孝「避諱の一例」『東アジア世界史の展開——青山学院大学東洋史論集』汲古書院、一九九四年）。

このような情勢のなか、三月末には、聖武の喪中なのに侍童に通じたり、淫縦な振舞いが多いとして道祖王が皇太子を廃される。孝謙天皇は、皇嗣の決定権を孝謙にゆだねるという聖武の遺詔をたてにとって、皇太子を廃したのである。その替わりに仲麻呂が用意していたのは、舎人親王の子、大炊王であった。仲麻呂はこれより先、大炊王を自分の田村邸に迎え、亡くなった長男の妻、粟田諸姉と結婚させていた。

仲麻呂の意をくんで、孝謙女帝は大炊王を皇太子に指名し、四月四日に立太子の儀式が行われた。例によってその前に祥瑞が現れるが、今度は亀でなく、天皇の寝殿の承塵（布の天井）の裏に「天下太平」の四字が生じた。そこで仁政の実例として、課役を負担し始める年齢を一歳繰り上げた。

翌五月、仲麻呂は祖父の不比等が編纂した養老律令を施行する。また軍事を総監する「紫微内相」に就任し、同時に私兵の結集を禁ずる戒厳令を布告する。クーデターの危機は刻々と迫っていた。

先手を取ったのは仲麻呂であった。七月のはじめ、橘奈良麻呂など首謀者は次々に逮捕され、あるいは拷問の杖下に死し、あるいは遠国に配流されて、クーデターは未然に鎮圧された。

反対派を一掃した仲麻呂は、兄の右大臣豊成を大宰府に左遷し、名実ともに政権を掌握した。蚕の卵が「五月八日開下帝釈標知天皇命百年息」というめでたい文字をあらわす祥瑞の出現を機に、八月十八日に「天平宝字」と改元する。雑徭（国司が国内で徴発する力役）の日数を六十日から一挙に三十日に半減したり、「問民苦使」を諸道に派遣し、その上奏によって課役を負担する年齢の上限を一歳縮めるなど、ひたすら「仁政」につとめる。

七五八年（天平宝字二）八月、孝謙女帝は皇太子の大炊王に譲位する。淳仁天皇である。このとき孝謙は四十一歳、淳仁は二十六歳。即位とともに、官司名が唐風に——例えば「民部省」は「仁部省」に改められる。仲麻呂は大保

（右大臣）に昇進し、姓に「恵美」の二字を加え、名を「押勝」と賜わる。また永世相伝の功封三千戸と功田一百町を賜り、鋳銭（貨幣発行）・挙稲（出挙）の特権を与えられた。鋳銭はもちろん帝王の大権であり、私出挙はこのころ禁止されていた。二年後、大友皇子・高市皇子のほかは前例のない太政大臣（太師）に就き、従一位にすすむ。

話は少しさかのぼる。橘奈良麻呂らのクーデター計画を未然に鎮圧した直後、仲麻呂は息子の朝獦を陸奥守に任じて多賀城に派遣する。朝獦は蝦夷の経略に尽力し、七六〇年（天平宝字四）、桃生・雄勝の二城を完成する。

海外では、七五八年（天平宝字二）の暮に渤海から帰国した小野田守が、唐の節度使、安禄山と史思明が反乱をおこし、玄宗皇帝は長安を棄てて逃げ出した、という衝撃的な報告をする。驚いた朝廷は、大宰府に命じて防備を固めさせるとともに、新羅征討の計画を立てる。内乱状態の唐には新羅を援ける余裕はなく、新羅征討の絶好のチャンスとみたのだろう。翌年、押勝は、新羅征討を三年後に実行するための詳細な計画を作らせ、造船・徴兵などの準備を着々と進める。かつて隋や唐が高句麗・百済を攻撃したときと同じように、官僚機構によって物資や人員を計算させ準備させる戦争を、日本もどうにか行うことができる段階に達したのである。女帝（斉明）や皇太子（中大兄）が自ら吉備や伊予に立ち寄って募兵した百年前の百済の役（百済復興のための出兵）のときとは全く異なる。国家という装置のもつ大きな意味を、押勝の新羅征討計画はよく示している。

律令国家は、諸蕃と夷狄を支配する帝国でなくてはならなかった。新羅が名目的な朝貢関係から離反するのを許容することは、押勝にはできなかった。蝦夷の征服に尽力し、新羅征討を計画し実行しようとした押勝は、祖父不比等の血をひく、律令国家の正統な嫡子であった。しかしその実現を目前にして押勝は急速に権力を失っていく。

9　尼天皇と法王

七六一年（天平宝字五）十月、近江国の保良宮に淳仁天皇と孝謙上皇が行幸し、「北京」とすることが宣言される。押勝にとって近江は、父の武智麻呂も自分も国守をつとめ、祖父の不比等は淡海公の称を贈られた地である。

保良宮に行幸中の翌年二月、押勝はついに正一位に昇る。しかし滞在中に孝謙上皇が病気になり、宮中の内道場の禅師、道鏡の看病を受けたことが、押勝の没落のはじまりとなる。

道鏡は河内国の豪族、弓削氏の出身で、長安で玄奘三蔵から禅（ヨーガの瞑想修行）を学んで帰国した道昭の孫弟子にあたる。禅行にすぐれ、宮中の内道場にはいって禅師となっていた。多くの看病禅師のなかから道鏡が選ばれたのは、山林修行によって身につけた並外れた呪験力にあった。奈良時代の山林修行は、古来の神々への信仰とともに、密教（体系化される以前の「雑密」）とも深いかかわりがあり、道鏡も葛城山で密教の如意輪法を修行し、「宿曜秘法」の呪法によって孝謙の病気を平癒させる。そしてそれを契機に、孝謙は道鏡を寵愛するようになった。

孝謙と道鏡の接近をみて、淳仁天皇は孝謙に苦言を呈したらしい。押勝が背後で示唆したのかもしれない。年下の淳仁から批判された孝謙は激怒し、二人の仲は決裂する。五月下旬、保良宮から平城宮に帰ると、淳仁は平城宮の中宮院に入るが、孝謙は法華寺に入って出家してしまう。九日後に孝謙は詔を出す。

今の帝（淳仁）は礼儀正しく従うことはなく、鄙賤の人が仇敵に対してするように、言うまじきことをいい、為まじき行いをした。そのようにいわれる覚えはないが、私のやり方が拙劣だったために、そんなことをいわれたのだと思うと、愧しく、つらくてたまらない。これは私に菩提の心を発させる機縁と思い、出家して仏の弟子となったのだ。ただし、政事は、常祀と小事は今の帝が行え。国家の大事と賞罰は朕が行う。

その年の暮、押勝は息子二人を参議に加え、父子四人が太政官の議政官となるが、異常な人事に対する反感が深まる。翌七六三年（天平宝字七）、押勝派の慈訓が少僧都を追われ、道鏡がその地位につく。造東大寺司では押勝派は追い出され、翌年、孝謙上皇の信頼の厚い吉備真備が長官となる。じわじわと追いつめられた押勝は、自分の息子や娘婿を軍事的に重要なポストにつけ、自らも軍事権を総攬する臨時の官につく。

九月十一日、孝謙は先手をとって少納言の山村王を派遣し、淳仁天皇のもとにあった駅鈴と天皇御璽を回収しようとした。この報に接した押勝は、ただちに息子の訓儒麻呂に迎撃させて奪回するが、急報をうけた孝謙は坂上田村麻呂らに命じて訓儒麻呂を射殺し、駅鈴と天皇御璽を奪いかえす。

押勝は太政官印をもって近江に走るが、淳仁天皇を伴うことができなかったので、氷上塩焼（天武の孫。もと塩焼王）を急いで天皇に立て、息子らを親王に準じて三品（親王の位）に叙し、その旨を太政官印をおした官符で諸国に告げた。しかし八日間の激戦の末、琵琶湖の船上で捕えられ、押勝は首を斬られる。

太上天皇と太師（太政大臣）との争いが、駅鈴と天皇御璽の争奪から始まったのは、この頃には、律令国家の機構が文書の伝達によって始動するシステムが完成しており、現実に機能していたからであった。押勝が太政官印をもって近江から北陸に向かうことを察知した上皇側は、太政官印をおした文書の命令には従うなとの勅（天皇御璽をおす）を、北陸道諸国に伝達している。

乱を鎮圧した直後に孝謙は、道鏡を「大臣禅師」に任じた。淳仁天皇は捕えられて廃され、淡路国に幽閉される。廃位の詔には、父聖武が自分に授けた「王を奴と成すとも、奴を王と云ふとも、汝の為むまにまに」という大権をおし立てる。孝謙は再び天皇の位に即く。称徳天皇である。かつて古人大兄皇子や大海人皇子は、皇位をめぐる政争から身を守るために出家し、聖武天皇も出家とともに譲位した。出家した天皇はあり得なかったのである。しかしここにはじめて出家した天皇が出現した。

翌七六五年（天平神護元）冬、称徳は紀伊への行幸の帰途、河内国の弓削宮に寄り、道鏡を「太政大臣禅師」に任じた。さらに翌年には、法華寺の隅の隅寺（海竜王寺）の毘沙門天像から仏舎利が出現したのは、道鏡の理にかなった教導によるとして、「法王」に任じ、月料は天皇の供御に準じ、「法王宮職」を置く。

称徳天皇は皇太子を定めなかったので、独身の女帝の後をだれが継ぐかをめぐって事件が続発する。こうした状況の中で、道鏡は一族を重要なポストにつけ、七六九年（神護景雲三）正月には、女帝が朝賀を受けた翌日、道鏡が大臣以下の賀拝を受ける。その年、大宰府の主神（祭祀を掌る官）が、宇佐八幡神の「道鏡を皇位に即かしめば、天下太平ならむ」という神託を上奏してきた。朝廷は事の重大さに揺れ動いたことだろう。女帝は、夢のお告げによって、側近の尼法均(ほうきん)の弟の和気清麻呂(わけのきよまろ)を宇佐に派遣する。

神宮についた清麻呂は、神託を受けるが信じられず、神異を示すことを乞う。すると神が大きな光となって現れ、動転した清麻呂に「天つ日嗣は必ず皇緒を立てよ」と託宣したという。帰京した清麻呂が神託を法均を介して奏上すると、道鏡は激怒し、女帝は清麻呂の名を「別部穢麻呂(わけべきたなまろ)」、法均を「別部狭虫(わけべさむし)」と変えて流罪とした。女帝の期待が裏切られたのであろう。

10　神・仏・天・天皇

宇佐八幡神の託宣事件は、皇族出身でない僧が皇位に即(つ)こうとした点で、特異な事件である。しかし、すでに藤原仲麻呂が自分の一族を皇族に近づけようとしていたこと、また道鏡が仲麻呂を越えようとしていたことを考えると、歴史の流れの中で、ある種の蓋然性があったことが指摘されている（岸前掲『藤原仲麻呂』）。

仲麻呂が太師（太政大臣）になったのに対して、道鏡は太政大臣禅師、さらに法王となった。また仲麻呂は光明皇太后の紫微中台を足場にして政権を掌握したが、道鏡はみずからの法王宮職を設置する。また仲麻呂が領国の近江国に保良宮を造営して「北京」と称したのに対して、道鏡は出身地の河内国の弓削に由義(ゆげ)宮を造営して「西京」と称した。仲麻呂は、おばの光明子が皇女だけが皇后になるという慣例を破ったのを青年期に体験し、みずから権力を握ると、自分とその一族を皇族と一体化する努力をする。藤原氏のウヂ名「藤原」や祖父の名「史(ふひと)」（不比等）にも、天皇をさす「君」や聖武の名「首(おびと)」と同じように避諱(ひき)（諱(いみな)を避ける）の制を適用し、天皇の専権であるはずの鋳銭の権も握る。さらには死んだ長男の妻と結婚させた大炊王を即位させ、最後には自分の息子たちに親王と同じ「品位(ほんい)」を授けている。

仲麻呂には、みずから天皇の位に即こうとする意志はなかったようだが、その一歩手前までは来ていた。仲麻呂に強い対抗意識をもっていた道鏡は、そこからもう一歩進もうとしたにすぎない、ともいえる。

しかし問題はその一歩である。大和朝廷を構成する豪族たちは、特異な霊威を継承する大王を共立し、核とすることによって統一体(ヤマト朝廷)を構成し、朝廷を媒介として地方の豪族を支配していた。律令国家はそのようなヤマト王権の構造を包摂し、天皇の権威は、世襲カリスマの氏族制的な原理に支えられていた。

しかしそのような氏族制的な原理だけによって、八世紀の個々の天皇の正当性が支えられていたのではなかった。有力な皇位継承候補者が複数いる場合に、意中の皇子に皇位を継承させるときに利用されたのが、天智の不改常典の法(二章6節。とくに皇位継承の決定権)であり、また儒教的な天命思想を乱用した祥瑞であった。

祥瑞は、天子が徳治・仁政を行ったとき、天がそれに感応して祥い瑞を出現させるという中国の思想であるが(三章2節)、仲麻呂政権の時代に、とくにめずらしい祥瑞が出現することは、仲麻呂の「仁政」とともに注目される。祥瑞の政治的意味は、両刃の剣のようなところがあり、時の政治を謳歌する側にも(即位・改元や光明立后の際の神亀の出現など)、「仁政」をかかげて革命を起こそうとする側にも利用できる。仁政をしく者にこそ天命が下るという思想である。儒教に傾倒し「仁政」をかかげた仲麻呂によって、ヤマト王権に由来する神話と系譜に支えられた天皇の正統性は、大きく揺り動かされる。天平時代には、冕冠(中国の皇帝の冠)をはじめ天皇の唐風化がすすむが、とくに仲麻呂政権の時代にその傾向が強くみられ(大津透「天皇制唐風化の画期」『新日本古典文学大系月報』三九、岩波書店、一九九二年(『古代の天皇制』岩波書店、一九九九年))、仲麻呂が天皇の中国的皇帝化を志向したことが窺われる。

儒教の天命思想と並んで、あるいはそれ以上に大きな役割を果たしたのが仏教である。聖武天皇はみずから「三宝の奴」と宣言して退位するが、孝謙は出家しながら再び皇位に即き(称徳)、みずから「仏弟子」と宣言して、道鏡を師と仰ぐ。称徳の再祚の大嘗祭には僧侶も参加する。「経典には、仏法を神々が守護すると書いてある。だから出家人も白衣(俗人)も雑りあって仕えて障りない」と宣命はいう。「上つ方は三宝に仕へ奉り、次には天つ神・国つ神たちをもゐやびまつり」と、三宝を天つ神・国つ神の上位とし、古来の神々を仏教の護法神に位置づけている。

しかし、道鏡を天皇に立てるには、皇統の御子が皇位につくという伝統的な日嗣の法を破らねばならない。称徳は、皇太子擁立のさまざまな策動を禁ずる宣命（『続日本紀』宣命三十一・三十三詔）のなかで、皇太子の地位は「天」（「天地」とも）の授ける位であり、その瑞が示されるまで待つと宣するが、「神護景雲」の改元のきっかけとなった景雲の祥瑞を現わしたのは、伊勢の等由気宮（外宮）の大神、（開闢以来の）御世御世の天皇の御霊、三宝（盧舎那仏・観世音菩薩など）、諸天（梵王・帝釈・四天王など）、天つ神・国つ神と多様であった（カッコ内の仏・菩薩・天は他の宣命にみえる具体例。なお「天」と神祇信仰・仏教との関係については、関晃「律令国家と天命思想」『東北大学日本文化研究所研究報告』一三、一九七七年〔『関晃著作集　第四巻』吉川弘文館、一九九七年〕、八重樫直比古「宣命における「天」と「諸聖」」源了圓ほか編『国家と仏教』思文閣出版、一九九二年）。これらの聖なるものが、さまざまな組み合せで、祥瑞を現わし、謀反を発覚させて、王権を守護する（早川庄八「律令国家・王朝国家における天皇」『日本の社会史』3、岩波書店、一九八七年〔『天皇と古代国家』講談社学術文庫、二〇〇〇年〕）。道鏡を皇位に即けるには、祥瑞も有力な手段であったろうが、法王に即けたときの仏舎利の祥瑞が二年後に偽物と分った以上、さらに祥瑞にたよることは難しい。仏の教えとするには、仏教には託宣の伝統がない。そこで注目されたのが、仏教とも深いかかわりがあり、大仏造立を助けた宇佐八幡神であった。八幡大神が一品、比売神が二品を授けられていたことも（三章5節）重要である。品位は親王（天皇の子・兄弟姉妹）に授けられる位階なので、八幡大神は皇統の御子神（ホムタの原型？）と観念された可能性が強い。八幡大神の託宣によって叙位・任官した前例もある（『続日本紀』天平勝宝二年十月条）。称徳は、日嗣の法を超えるために、皇統の御子神の託宣にたよったのかも知れない。

結果として、称徳・道鏡は、日嗣の法の伝統を破れなかった。道鏡を皇位に即けることに失敗した称徳は、七七〇年（神護景雲四）八月、五十三歳で没する。即日、左大臣の藤原永手は、称徳の「遺宣」という名目で、天智天皇の孫の白壁王を皇太子に立て、半月後に道鏡を下野国薬師寺に追放する。十月、白壁王が即位し（光仁天皇）、同時に白い亀の出現にちなんで「宝亀」と改元される。

光仁が選ばれたのは、妻が聖武天皇の皇女井上内親王で、その間に他戸親王が生まれていたことが、おおきな要因であったろう。他戸は母を介して聖武の皇系につながる。しかし皇太子に立てられたわずか一年後に、母の井上内親王が光仁を呪い殺そうとしたとして、皇后の地位を追われ、他戸も皇太子を廃され、ともに大和国宇智郡に幽閉されて奇怪な死をとげる。この事件は、光仁天皇と高野新笠との間の子、山部親王に皇位を継がせようとする、藤原百川らの策謀とも推測されている。光仁は、道鏡時代の特異な政治を改め、官制や財政の整備をはかり、七十三歳の七八一年(天応元)に、皇位を皇太子山部親王(桓武)に譲る。

激動の時代から、日本の古典的国制(天皇のあり方も含む)が成立する時代へと歴史は展開するが、それは次の巻(『岩波講座日本通史』第5巻、岩波書店、一九九五年)の課題である。

おわりに

日本の律令国家の形成は、隋・唐の大帝国の出現によって引き起こされた国際的な動乱に対処するための、懸命な営みであった。中央集権的な国家への志向は、中国の東北の朝鮮諸国にも、西南の吐谷渾・吐蕃にもおこった(二章4節)。この列島に展開した歴史も、基本的には同じ潮流のなかにあり、その主体となったのは、現在の日本国の中央部分に位置した「やまと」(日本)であった。「やまと」の領域のなかにも多様な文化が並存し、また、その領域はしだいに拡大していったが、列島の東北と西南には、「やまと」とは異なる歴史がゆるやかに展開していた。

本州の東北端から北海道にかけては、七—八世紀のころ、「擦文文化」と「オホーツク文化」が出現する。前者は本州の北端部から北海道の北東部にかけて、後者はオホーツク海沿岸に分布する。

北海道には本州の弥生文化は波及せず、狩猟・漁労・採集を主とする「続縄文文化」が続いていたが、七—八世紀のころ、「やまと」の文化の影響も受けて擦文文化が生まれる。擦文文化は、河川でのサケ・マス漁や、内陸部での狩猟を中心として、原始的な農耕も発生し、カマドをもつ隅丸方形の竪穴住居がつくられる。

一方、オホーツク文化は、大陸沿岸の文化、とりわけアムール川沿岸の靺鞨・女真の文化と深いかかわりがあり、海獣狩猟や漁労をおもな生業とし、石囲いの炉をもつ六角形ないし五角形の竪穴住居を海岸につくって住んだ。擦文文化は十二世紀ごろオホーツク文化を吸収し、やがてアイヌ文化へと発展してゆくが、アイヌ文化はサハリン（樺太）・クリル（千島）列島にも分布し、現在の日本国の領域と重ならない部分があることにも注目したい。

本州の西南に長くつらなる島嶼地域、奄美大島から沖縄本島を経て宮古島・石垣島にいたる島々は、「貝塚時代」ともよばれる独自の文化がゆるやかに展開していた。弥生文化の流入はみられるものの、礁湖を主な漁場とする漁労が中心になっていた。遣唐使が漂着したころの島々は、このような状況にあり、南島の人々が独自の政治的社会を形成するのは、穀類農耕や鉄製利器が本格的に始まり、アジ（按司）など首長層が出現し、グスク（城）が形成される一二世紀ごろである。

ヤマト王権の構造を包摂しながら形成された律令国家は、古墳時代の首長制社会を十分には解体しないで、むしろそれを利用しながら、短期間に、大陸から律令法・仏教・儒教などの古代文明を継受して形成された。継受した古代文明は、天皇制の氏族制的な原理を揺り動かしたが（三章）、それを十分には解体しなかった。その背景には、やはり国際的な交通のあり方があったと考えられる。

日本をめぐる国際的交通のあり方は、視点を南太平洋のポリネシアの島々に移したとき、鮮明に浮かび上がってくる。新石器時代に、アジア大陸から太平洋の島々に分散していった人々は、やがて首長国（王国）を形成する。それは、あえて日本列島の歴史に比定すれば、弥生時代から古墳時代に相当するものと想定される。しかし大陸の文明との交通が希薄であったポリネシアの人々は、独自には古代国家を形成せず、大航海時代を迎え、キャプテン＝クックと出会う。

ポリネシアの島々に比べれば、日本列島の人々は、戦争をもふくむ国際的交通によって、つねに大陸と結ばれていた。東シナ海、対馬海峡だけでなく、日本海、宗谷海峡、オホーツク海を媒介とする交通も、しだいに明らかになりつつある。日本列島は、アジア大陸との交通のあり方では、朝鮮半島とポリネシアの島々との中間、朝鮮半島寄りの位置にある。

しかし日本と朝鮮半島の新羅とでは、中国との交流のあり方に歴然とした差があった。まず遣唐使の派遣回数が全く違う。約二十年に一度の日本に比べ、新羅は一年に三、四度ということもあった。また留学生の数も圧倒的に新羅が多く、唐の大学を卒業して唐朝の官吏試験を受け上級官人となる者も珍しくなかった。日本からは阿倍仲麻呂ただ一人である。日本に来た外国人の数も、新羅に比べるとはるかに少なかった。そして渤海など唐の朝貢国の多くも、新羅と同じような状況にあった。同じように遣唐使を派遣したアジアの国々のなかで、日本がいかに異なっていたかに注目したい(東野治之編著『遣唐使船』〈朝日百科『日本の歴史』別冊〉朝日新聞社、一九九四年)。

人の交流の少なさは、文化を社会や生活から切り離した形で受けいれることを可能とし、中国文明と真向から対決しないで、都合のよい部分だけを選択して摂取することを可能にした。また、唐にとって日本が海によって遠く離れた島国であったことは、日本が唐の冊封を受けないでいることを許容し、律令国家が東海の帝国として成立することを可能とした。海は、異なった民族や国を結びつける機能とともに、切り離す機能ももっていた。

古代の律令国家「日本」の領域が、そのまま近代の国民国家(nation state)「日本」の中心部分を占めていることも、人類史的に見れば、特異な現象であることを見逃してはならない。例えば基層文化において共通する点が多いタイ族が、中国の南部から長い年月をかけて移動し、現在のタイ国を形成していること、そしてタイ族のような移動の歴史が人類史的には決して特異な現象でないことは、逆に日本の歴史の特異性を浮かび上がらせる。律令国家の歴史を方向づけた前近代の国際的交通のあり方、例えば海のもっていた隔離機能は、現在ではほとんど失われたが、律令国家が生み出した国制の特質——例えば天皇制——は、まだ大きな問題として生きつづけている。

九世紀の日本——平安京の新しい世界

1　新しい王朝の成立

東アジアの国際的動乱のなかで日本の律令国家が形成された七―八世紀中葉の時代は、まさに激動の時代であった。その時代の最期を生きた称徳女帝が、道鏡を皇位につけることに失敗し、七七〇年(神護景雲四)八月に没すると、左大臣の藤原永手らは、称徳の「遺宣」という名目で、天智天皇の孫の白壁王を皇太子に立てた。遺宣には「諸王の中に年歯も長なり。また先帝(天智)の功も在る故に」とあるが、白壁王が選ばれたのは、妻が聖武天皇の皇女井上内親王で、その間に他戸親王が生まれていたことも、大きな要因であったろう。他戸は母を介して聖武の皇系につながる(九六頁図1)。十月、白壁王が即位し(光仁天皇)、同時に白い亀の出現にちなんで「宝亀」と改元される。井上内親王は皇后に、他戸親王は皇太子に立てられた。

しかしわずか一年余で、井上皇后は夫の光仁天皇を呪い殺そうとしたとして皇后を廃され、子の他戸親王も皇太子を廃された。翌年、山部親王が皇太子に立てられる。その年、井上・他戸の母子は、大和国宇智郡(奈良県五條市)に幽閉され、一年半後、いっしょに奇怪な死をとげる。この事件は、光仁天皇と高野新笠とのあいだの子、山部親王(のちの桓武天皇)に皇位を継がせようとする、藤原百川の策謀と伝えられる。そして母子の死は、山部の心に深い影を落したらしい。

井上・他戸母子の変死の二年後、山部は病に沈み、朝廷は井上内親王を改葬して「御墓」とし墓守をおく。翌年にも山部の病はいえず、淡路廃帝(淳仁天皇)の墓を「山陵」(天皇・皇后などの墓)とし陵戸をおく。天下の大赦、東大寺などでの誦経、三十人の出家、伊勢大神宮と天下諸神への奉幣など、懸命の努力が続けられる。半年後、やっと回復し

天智
施基皇子
天武
草壁皇子
文武
聖武
藤原光明子
孝謙（称徳）
県犬養広刀自
舎人親王
淳仁（大炊）
新田部親王
塩焼王
不破内親王
井上内親王
氷上川継
他戸親王
和乙継
土師真妹
高野新笠
光仁（白壁）
早良親王
藤原吉子
伊予親王
藤原旅子
淳和（大伴）
桓武（山部）
藤原乙牟漏
嵯峨（神野）
平城（安殿）
高岳親王

図1　皇室関係系図

た山部皇太子は、自ら伊勢に赴き、神宮を拝して「宿禱（かねてからの祈り）に賽した（報い祭った）」（宝亀九年十月）。皇太子が自ら伊勢神宮を拝するのは、この後の安殿皇太子（山部の子）の病気のときの例しか他にみえない。翌々年、神宮の封戸一〇二三戸が旧に復された。

光仁天皇は、道鏡時代の特異な政治を改め、官制や財政の整備をはかり、綱紀の粛正にもつとめた。即位から一紀（十二年）の七八一（辛酉）年正月一（辛酉）日、伊勢の斎宮の上にあらわれた「美雲」の祥瑞を機に、「彼の神宮は国家の鎮む所、天よりこれに応ず」として、「天応」と改元する。高齢（七十三歳）で病気がちだった光仁は、この時点で譲位を決意していたのだろう。中国のうらないの思想のいう「辛酉革命」（辛酉の年に天命が革る）の年である。

四月、光仁は皇位を皇太子の山部親王に譲る（桓武天皇）。桓武の即位はさっそく伊勢大神宮に報告された。桓武の

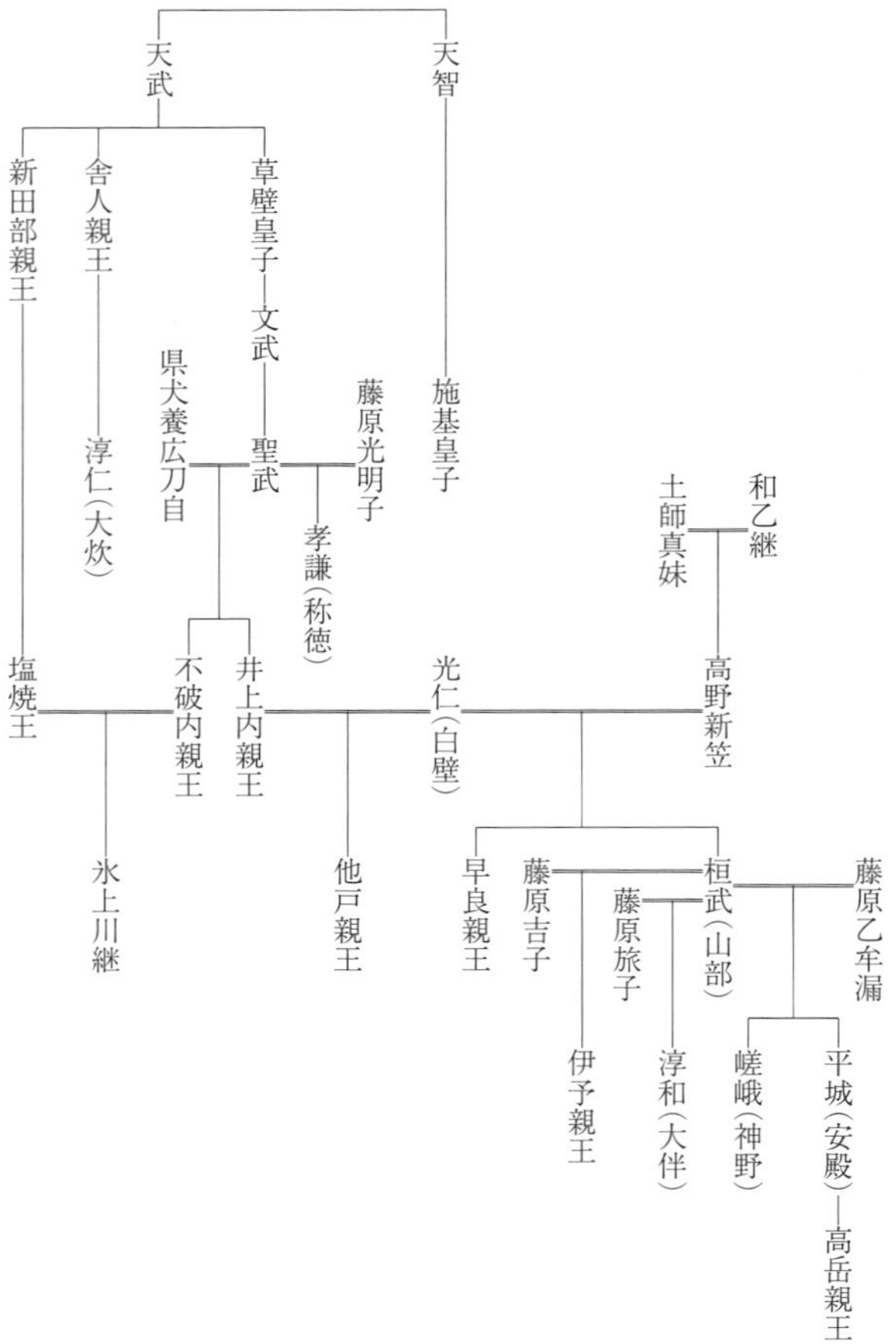

母新笠は、百済系の渡来氏族の和乙継と、土師氏の娘とのあいだに生まれた女性であった。天皇には、父系の皇統とともに、母の出自が大きな意味をもっていたが、渡来系氏族と伴造系豪族は、当時の朝廷の貴族の意識では、天皇の母の出自としては劣っていた。即位の翌年、塩焼王（天武天皇の孫）と不破内親王（聖武天皇の娘）とのあいだに生まれた氷上川継が謀反をおこしたのは、まさに桓武の弱点をついた事件であった。

桓武にとって、自らの正統性をどのように主張し、確立するかが、大きな課題となる。即位の宣命は、

> 掛けまくも畏き現神と坐す倭根子天皇が皇（光仁天皇）、この天日嗣高御座之業を、掛けまくも畏き近江大津宮に御宇しめしし天皇（天智天皇）の初め賜ひ定め賜へる法のまにまにうけ賜はり仕へ奉れと仰せ賜ひ授け賜へば……

というように、天皇（光仁）が、天智天皇の初め定めた法にしたがって皇位を受け賜わり仕え奉れ、と命じて授けたというのが、皇位継承の最大の根拠とされている。その「天智の初め定めた法」と、八世紀前半の即位宣命にしばしばみえる「天智が不改常典と定めた法」との異同は明らかでないが、天智の国風諡号が「天命開別」——天命を開いた別（尊称）——であることを参照すると、中大兄（天智）が乙巳の変（大化のクーデター）で「皇統と皇権の絶対性の法」を立てたと考えられていたことが、両者の法の基礎にあった可能性が強い（「八世紀の日本」『岩波講座日本通史』第4巻、岩波書店、一九九四年（本書所収））。それと同時に、平安前期の天智系の皇統のもとでは、天武・持統の飛鳥浄御原令は無視され、律令国家の基礎は天智の近江令によって築かれたとされていたので、「天智の初め定めた法」には、いわゆる近江令とそれを継承したと観念されていた律令法もふくまれていた可能性がある。

八世紀前半の即位の宣命が、即位の事情や正統性をことこまかに説明しているのに比べ、桓武のそれは「天智の初め定めた法によって先帝から譲位された」ことを骨子とする、きわめて簡明な表現となる。即位の宣命は八世紀中葉の淳仁天皇のころからしだいに定形化してくるが、この桓武の即位宣命が、以後、幕末にいたるまで、歴代天皇の即位宣命にほとんどそのまま継承された、という重要な事実も指摘されている（早川庄八「天智の初め定めた「法」につい

ての覚え書き」『名古屋大学文学部研究論集』史学三四、一九八八年(『天皇と古代国家』講談社学術文庫、二〇〇〇年)。

桓武の父光仁を皇太子に立てるときの称徳天皇の遺宣に「先帝(天智)の功も在る故に」とあったように、桓武にとっては、天智—光仁の父系の皇統につらなり、光仁から「譲位」されたことが、自己の皇位の正統性の核心であった。母の出自に弱点をもち、天武—聖武の皇統とつながりをもたない桓武にとって、天武系の皇統の都である平城京にとどまることは、容認できなかったろう。新しい王朝の建設を意図した桓武は、七八四年(延暦三)五月、山背国長岡への遷都を宣言して造宮を開始し、わずか半年後の十一月に長岡京に遷都する。平城京は遷都決定から大極殿の完成まで約二年かかっているのに比べて、四分の一の短期間である。この年が中国の「甲子革令」説のいう「甲子」の年にあたることも、遷都が決行された背景にあるかも知れない。平城京に勢力の基盤をもつ貴族や寺院に、反対する隙を与えない意図もあったろう。長岡の地が選ばれたのは、この地方が渡来系の氏族と関係が深く、また淀川による水運の便に恵まれていたためと推測される。

長岡遷都がわずか六カ月弱の猛烈なスピードで可能であったのは、平城宮の解体には手をつけないまま、まず難波宮の大極殿・朝堂や内裏を解体して移築したからであった(清水みき「長岡京造営論」『ヒストリア』一一〇、一九八六年、山中章「長岡京から平安京へ」『新版 古代の日本』近畿Ⅱ、角川書店、一九九一年)。長岡遷都は平城京からの遷都であるとともに、難波京の廃止・統合でもあった。財政緊縮とともに、複都(平城京・難波京)の制を廃止して官人層(とくに河内・摂津を本貫〈本籍地〉とする官人たち)を一つの京に集めることも、目的としていたのであろう(仁藤敦史「初期平安京の史的意義」『歴史評論』五三三、一九九四年(『古代王権と都城』吉川弘文館、二〇〇〇年))。

長岡遷都を推進した藤原種継は、桓武の即位に尽力した藤原百川のおいにあたり(一〇八頁図4)、天皇の厚い信任のもとに、造宮事業の責任者として昼夜ぶっ通しの突貫工事の指揮をとっていた。遷都の翌年(延暦四)九月二十二日の夜も、たいまつをかざして現場の見まわりをしていたところ、突然、闇のなかから何者かが矢を放った。二本の矢を受けた種継は、邸にかつぎこまれたが、翌日、四十九歳で没する。

犯人の大伴継人らを捕えて厳しく追及したところ、一カ月前に病死した大伴家持が、大伴・佐伯両氏によびかけて暗殺計画をすすめ、皇太子の早良親王（桓武の同母弟）も陰謀に関与している、という報告がなされる。親王はもともと平城京の寺院との関係が深く、長岡遷都に反対する勢力に利用されやすい立場にあった。

首謀者の大伴継人らは直ちに斬首され、多数の関係者が流罪とされた。早良親王は乙訓寺に幽閉され、ついで船に乗せられて淡路島に送られるが、憤激した親王は幽閉された日から飲食を断ち、途中で没する。遺体は淡路まで運ばれて葬られた。早良皇太子を廃したことは、天智陵・光仁陵とともに、血縁系譜上は遠い聖武陵にも報告されたことが注目される（瀧浪貞子『日本古代宮廷社会の研究』思文閣出版、一九九一年）。

一カ月後の冬至の日、桓武は長岡京の南郊の交野（大阪府交野市）で「天神」を祀る。翌々年（延暦六）の冬至にも、交野で天神を祀っている。都の南郊で冬至の日に皇帝が天を祀る古代中国の郊祀にならったのである。中国の郊祀では、昊天上帝（天帝）にその王朝の初代の皇帝を配祀するのが慣例であった。ところで、桓武が昊天上帝に配祀したのが父の光仁天皇であったことは、中国の王朝交替になぞらえて、光仁から新しい王朝が始まったことを示そうとしたものと考えられる（瀧川政次郎「革命思想と長岡遷都」『法制史論叢第二冊 京制並に都城制の研究』角川書店、一九六七年）。

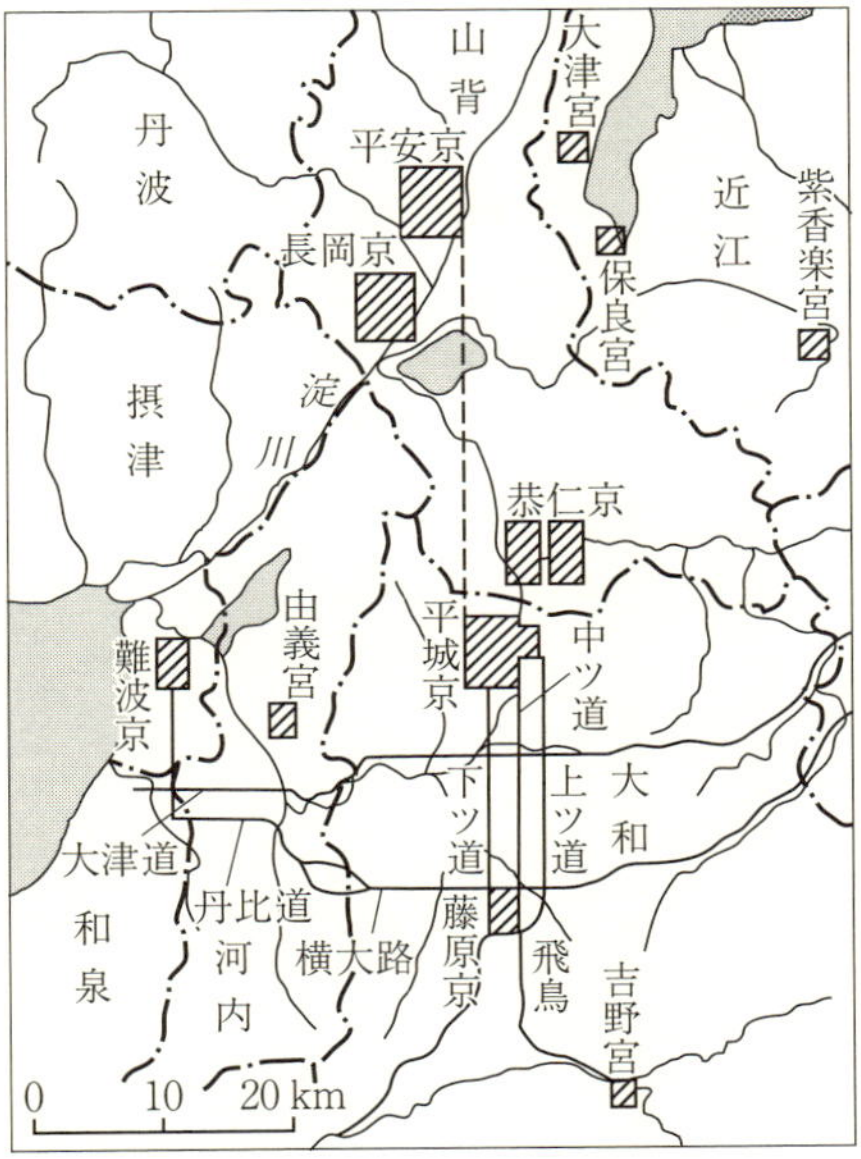

もちろん、天智と天武は兄弟であるから、中国風にいえば同姓であり、天武—聖武系から天智—光仁系への交替は、易姓革命とはいえない。また桓武は、最初の郊祀の一カ月前に、早良皇太子を

図2　古代の宮都配置図
（岸俊男『日本の古代宮都』岩波書店，1993年より転載）

廃したことを聖武天皇陵にも報告しており(前述)、また桓武朝には聖武の没日を「国忌」(国家の忌日。廃朝廃務し、斎会を行う)としているので(中村一郎「国忌の廃置について」『書陵部紀要』二、一九五二年)、桓武には天武―聖武の皇統を積極的に否定する意志はなかったとみられる。桓武としては、新しい王朝の始祖、光仁から譲位されたことに、自己の皇位の正統性の核心を求めたのであろう。

桓武の最初の郊祀のことを『続日本紀』は、「天神を交野の柏原に祀る。宿禱に賽してなり」と記すが、藤原広嗣の乱のとき宇佐八幡宮に、恵美押勝の乱のとき近江国の名神(朝廷が重んずる特定の神々)に祈って勝利したあと、寄進・奉幣した記事にも「宿禱に賽してなり」とあり、また桓武が皇太子の時代に病気の平癒に感謝して伊勢神宮に参ったときの記事にも「親しく神宮を拝す。宿禱に賽するゆゑんなり」とあるので、「天神」も他の神々と同じように扱われていることが注目される。桓武は「天神」に何を祈っていたのだろうか。形のうえでは中国の郊祀を真似ているが、その内実は相当に異なっていた可能性が強い。

山部皇太子(桓武)の伊勢参宮ののち、その子の安殿皇太子(のちの平城天皇)も、七九一年(延暦十)に病気の平癒を祈って伊勢神宮に参拝した。「宿禱に縁てなり」と『日本後紀』は記す。二度の皇太子の伊勢神宮参拝は、皇太子に立てられたとき宗廟(皇帝の祖先の廟)を拝する中国の謁廟の礼とは性格が異なるが、桓武の二度の郊祀とあわせて、中国の天子の郊祀の礼、皇太子の謁廟の礼との関係が注目されている。桓武はみずからの王権の正統性を、中国の礼制によって、儀礼の面から補強しようとしたのだろう。しかし郊祀も皇太子の伊勢参宮も――郊祀は文徳天皇のとき一度おこなわれるが――定着しなかった。ただしこのころから伊勢神宮が天皇の宗廟としての性格を強めていったことは注目される(高取正男『神道の成立』平凡社、一九七九年)。伊勢大神からの父系の皇統こそが、母の出自に弱点をもつ桓武にとっては重要であった。

2　平安京と桓武朝の政治

藤原種継の暗殺、早良親王の廃太子の一カ月後、桓武の長子、安殿親王が皇太子に立てられた。安殿親王の母は、式家の藤原良継の娘、皇后の乙牟漏である(九六頁図1)。

種継暗殺という非常の事態にみまわれたが、長岡京の造営はその後も続けられ、七八八年(延暦七)ごろから、平城宮の解体・移築をふくむ工事がすすめられた。大極殿北部の西宮(第一次内裏)が廃され、新たに東宮(第二次内裏)が朝堂院の東に造営される(山中前掲)。そしてこのような内裏と朝堂院との分離は、次の平安宮にも継承され、内裏がしだいに政治の場として重要になる。それと並行して、天皇と個人的に結びついた一部の貴族が、政治を運営する体制も生まれてくる(後述)。

長岡京への遷都後わずか十年弱で、七九三年(延暦十二)正月には早くも平安京への遷都の準備が始められる。莫大な労力と資材を投入した長岡京を、なぜ、十年もたたないうちに放棄したのか。葛野川(桂川)の洪水による被害がたび重なったという説と、早良親王の怨霊を恐れたという説があるが、まだその謎は十分に解かれていない。

早良親王が憤死してから、桓武天皇の身辺では不幸なできごとが続いた。七八八年には、桓武の夫人、旅子(藤原百川の娘)が三十歳の若さで没し、翌年には母の高野新笠、その半年後に皇后の乙牟漏まで没してしまう。

さらに長子で皇太子の安殿親王が「風病」という不可解な病にかかる。精神病の一種らしい。伊勢神宮や畿内の名神に病気平癒を祈るが効験があらわれない。やがて陰陽師の占いに、皇太子の病気は亡くなった早良親王の祟りと出る。驚いた天皇はただちに使者を淡路に派遣して、早良親王の霊に謝して墓を整備し、さらにそののち崇道天皇という尊号を贈り、その墓を「山陵」とするが、桓武は死ぬまで早良親王の怨霊に苦しめられる。

怨恨をいだいて非業の死をとげた政治的敗者の霊が祟りをなすという怨霊の思想は、奈良時代にも僧の玄昉が藤原広嗣の霊のために害されたと伝えられる。また皇后を廃されて幽閉され、その子他戸親王といっしょに怪死した井上内親王の霊も怨霊となる。さらに早良親王の怨霊も加わり、このののち怨霊が跳梁する時代を迎え、怨霊も政治を動かす一員として貴族社会の構成員となる。長岡京の放棄が決定されたのは、早良親王の怨霊が占いに出て間もなくのことだった。

桓武天皇は、長岡京よりも本格的な都をつくろうと、大好きな狩りにかこつけて、遷都の候補地を調べはじめた。七九三年(延暦十二)正月、新京予定地の葛野を正式に調査することから造営事業は始まった。九月には宅地の班給が行われ、翌七九四年七月には東西市もうつされ、十月二十二日辛酉の日に遷都となる。翌月に詔して、

此の国、山河襟帯、自然に城を作す。この形勝によりて新号を制すべし。山背国を改めて山城国となすべし。また子来の民、謳歌の輩、異口同辞し、号して平安京といふ。

翌年の正月十六日、宮中の踏歌の宴では、歌舞の曲の終わりごとに侍臣たちが、「新京楽、平安楽土、万年春」と囃した。

平安京は、古道を軸に倭京(飛鳥)→藤原京→平城京→恭仁京へと北に展開した都と、淀川の水系をさかのぼって難波京→長岡京へと展開した都との、古道と水系による宮都の展開を総合したものといわれる(岸俊男『日本の古代宮都』岩波書店、一九九三年)。その意味では、日本の都の終着点ともいえる。もっとも平安京の基礎が固まるのは、もう少しあとの嵯峨天皇のときである(平安京の歴史と概要については、角田文衛監修『平安京提要』角川書店、一九九四年)。

桓武天皇は、王権のもとに結集して律令国家の再建をはかろうとする貴族層の意向にうまく乗り、遷都や蝦夷征討などの事業を強力に推進することによって、貴族層に対する王権の優越性を確立しようとした。

天皇は母を介して渡来系氏族の血をひくことを強く意識しており、渡来系の外戚和氏(百済系)や、百済王の一族などを優遇し、外祖母にあたる土師氏の一族には、大枝(大江)朝臣・秋篠朝臣・菅原朝臣の姓を与えた。また大臣と良家の子孫には三世(天皇の曾孫)以下の女王を、藤原氏にはとくに二世(天皇の孫)の女王を娶ることを許した。律令では、四世までの内親王・女王は、皇親としか結婚できず、皇后は内親王(天皇〈先の天皇をふくむ〉の娘・姉妹)に限られていた。このような皇族の内婚制は、六世紀後半ごろから強まり、皇権の超越性をめざす動きと関連していたと推測される。皇后については藤原光明子の立后によってその原則は破られ、桓武も藤原乙牟漏を皇后に立てている。そも

そも皇族の内婚制には、母方の出自を重視し、父方・母方双方の純血性によって皇族の身分を卓越させようとする考え方が基礎にあるが、桓武にとっては、そのような観念は自らの正統性を主張するにはむしろ邪魔であった。桓武にとっては父系の血統こそが重要であり、伊勢神宮の重視も、中国的な父系出自を基礎とする王権をめざす志向と関連している。このころから、ウヂの父系出自集団化(広義)がゆるやかにすすむのも、桓武の個人的な志向を越えた、社会の潮流として注目される。

桓武は律令制の官人層よりも限られた、姻戚や恩寵など個人的な関係で結ばれた少数の貴族を結集することによって、権力を構成していった。大規模な律令官僚制は、東アジア世界の変貌によって対外的危機意識が希薄化したこの時代には、その必要性も薄れていった。八世紀中葉の安史の乱のあと、唐は周辺の国々に脅威をあたえる存在ではなくなり、唐を後ろ楯とする新羅(しらぎ)との緊張も弱まってきていた。七九二年(延暦十一)、辺要(陸奥(むつ)・出羽・佐渡および西海道諸国)を除いて、軍団の兵士を廃止したのは、そのような国際的緊張関係の弛緩を背景とするものであった。

桓武にとっては、対外関係の心配はなく、造都と征夷の事業を遂行すればよかった。その事業に必要な財源を確保するために、国司と郡司に対する支配体制を強めた。諸国の調庸物が粗悪であれば、国司・郡司を厳しく罰し、国司が租税を着服しないように、収租法も改正した。また国司の成績審査のための条例(善十一条・悪十一条)を定めて成績評価を厳重にし、国司が交替するときの引継ぎ文書である「解由(げゆ)」を審査する勘解由使(かげゆし)をおいた。また国司の交替に関する規定を集めた『延暦交替式』を制定する(林陸朗『桓武朝論』雄山閣出版、一九九四年)。

3　律令制の辺境への浸透

平安京の造営と並行して、律令制は「辺境」(律令国家の支配者からみた辺境)の地域にも浸透していった。まず西南の辺境に目を向けよう。

薩摩・大隅の二国では、肥後・豊前(ぶぜん)等の国から移住させた柵戸(さくこ)を主体とする郡がつくられていた。律令国家の隼人(はやと)

支配の前進基地である。このような郡ではおそらく律令制が早くから施行されたが、七二九年（天平元）の大規模な班田の際にも、薩摩・大隅では班田収授を行うことができなかった。

律令制の「調庸」を負担する「公民」の身分は、口分田を受田することと密接に関連していた。したがって、班田が行われなかった大隅・薩摩両国（の隼人郡）には律令制の「調庸」は課せられず、六年目ごとにミツギをもって朝貢し、「土風」の歌舞を奏して朝廷に仕える隼人朝貢が行われていた。それは律令制以前の、ヤマト王権の時代の貢納制の一類型とみられるものであった。

しかし八〇〇年（延暦十九）には、大隅・薩摩両国の既墾田を収公して、口分田として班給することになり、その翌年には隼人朝貢が廃止される。ここに隼人も一般の公民と同じように、口分田を班給され調庸を負担する民となった。大宝律令施行後、ちょうど一世紀を経て、律令制の班田収授や課役の制が、大八洲の西南端にまで浸透したのである（中村明蔵『隼人と律令国家』名著出版、一九九三年）。

西南辺に比べると、東北辺には律令制の及ばない地域が広く深く残されていた。東北辺においても、蝦夷の居住する地域のなかに城柵を建設し、東国などから大量の移民を送りこんで柵戸とし、そこを拠点として「郡」が建てられていった。城柵では蝦夷の帰順をうながすために饗給が行われ、帰順した蝦夷・俘囚（個別に服属した蝦夷）は、ミツギ（調）・エダチ（役）を奉仕した。柵戸の民には律令制の班田制や課役制が適用されたが、蝦夷や俘囚は貢納制にとどまった。柵戸（移民）を主体とする辺郡（近夷郡）のほか、蝦夷を主体とする蝦夷郡も置かれたが、辺郡・蝦夷郡の外には、まだ服属しない蝦夷の広大な世界が残されていた。

八世紀の後半、藤原仲麻呂（恵美押勝）の政権は、陸奥に桃生城（宮城県桃生郡）、出羽に雄勝城（秋田県仙北郡か）を建設し、さらに北方への進出をはかった。蝦夷社会の中心部で肥沃な農耕地帯である北上川中流域の胆沢地方（岩手県水沢市・胆沢郡）に律令国家の支配が近づいてくると、かねてからの不満がこうじて、光仁天皇の七七四年（宝亀五）蝦夷が桃生城を攻撃した。いわゆる三十八年戦争の勃発であり、八一一年に征夷大将軍文室綿麻呂が爾薩体・幣伊二村を征討するまで、戦乱の時代となる。

七八〇年(宝亀一一)、陸奥国上治郡(此治郡の誤写か)の郡司に任じられていた蝦夷の族長伊治公呰麻呂が、とつじょ反乱をおこした。按察使の紀広純を伊治城(宮城県栗原郡)で殺害し、さらに多賀城(宮城県多賀城市)を襲って略奪・放火した。多賀城は律令国家の東北支配の最大の拠点であったが、あっけなく攻略されてしまう。知らせを受けた朝廷は、征東使を派遣するが、蝦夷のゲリラ戦にほんろうされる。

その後をうけた桓武天皇は、慎重に準備をととのえたうえで、七八九年(延暦八)に五万余の征討軍を派遣するが、北上川で蝦夷の族長阿弖流為のひきいる軍に包囲されて、死者千余人という大敗を喫する。

しかし桓武はあきらめない。翌年から次の征討に向けて食糧の貯備、甲冑の製作などの準備を始め、七九四年(延暦十三)には、征夷大将軍に大伴弟麻呂、副将軍に坂上田村麻呂を起用し、十万の兵を授けて出征させる。そして今度は、斬首四百五十七人、捕虜百五十人、獲馬八十五頭の戦果をあげ、胆沢の地をほぼ平定する。

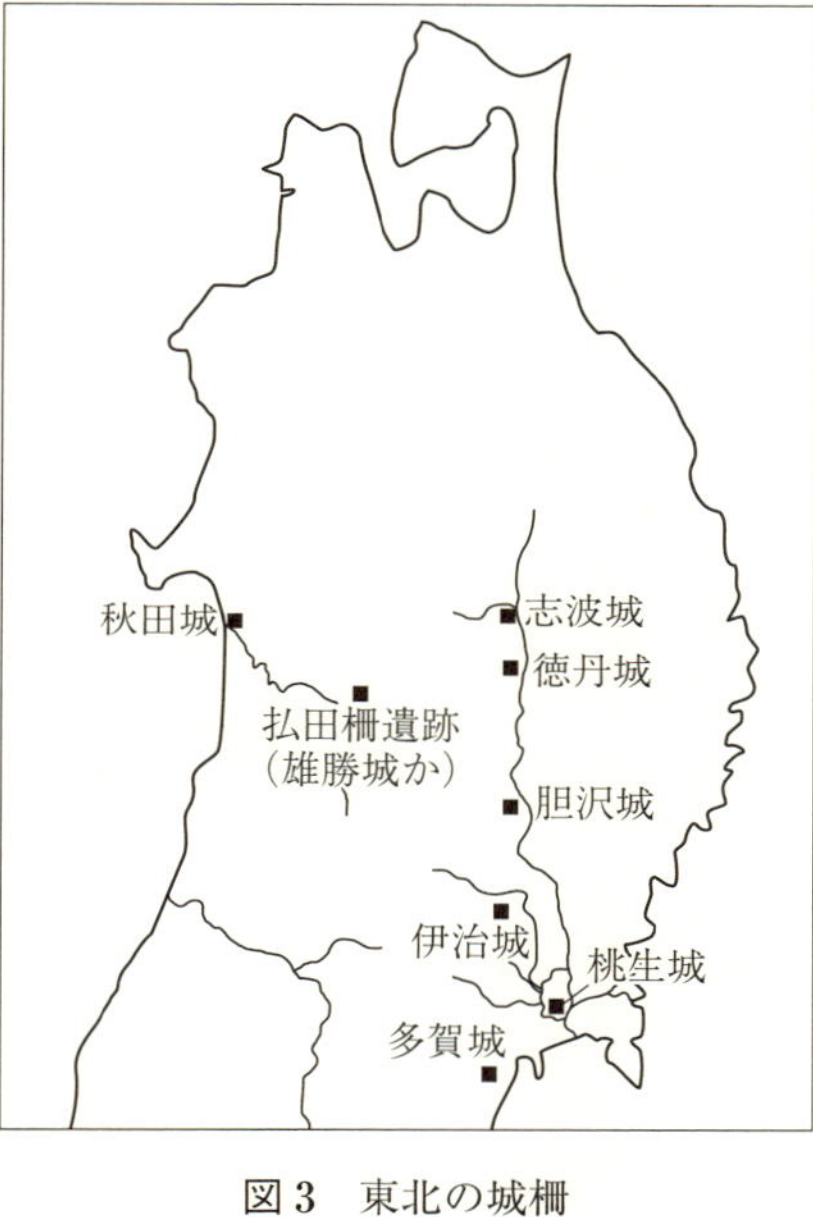

図3　東北の城柵

その征討で実力を認められた坂上田村麻呂は、七九七年(延暦十六)、征夷大将軍に任ぜられる。周到な準備ののち、八〇一年に四万の軍をひきいて蝦夷の奥地に攻め入り、胆沢から北方の志波地方までを征圧した。田村麻呂は翌年、胆沢城(岩手県水沢市)を築城し、阿弖流為は五百余人をひきいて降伏した。阿弖流為をつれて上京した田村麻呂は、助命して蝦夷経営に役立てることを朝廷で主張するが、蝦夷を信じない公卿らの反対で、阿弖流為は斬首される。

桓武天皇は八〇三年（延暦二十二）に田村麻呂に命じて胆沢城の北方に志波城（岩手県盛岡市）を築かせ、翌年には田村麻呂をふたたび征夷大将軍に任じ、征討軍を送る準備を進める。しかし翌八〇五年（延暦二十四）、藤原緒嗣の建議によって大規模な征夷事業は中止される。

桓武天皇が、参議の藤原緒嗣と菅野真道に「天下の徳政」について天皇の前で議論させたとき、若い緒嗣は「いま天下の苦しむところは、軍事（蝦夷の征討）と造作（平安京の造営）となり。この両事を停めば、百姓は安むぜむ」といい切った。長老の真道は反対したが、天皇は緒嗣の提言を受けいれる。かつて遣唐使が中国に帯同したのが、隼人ではなく蝦夷であったことが示すように、「蝦夷」の存在は律令国家の本質と密接に関連しており、「征夷」の放棄は、蕃夷を支配する帝国をめざした律令国家の基本政策の転換でもあった（熊田亮介「古代国家と蝦夷・隼人」『岩波講座日本通史』第4巻、一九九四年〔『古代国家と東北』吉川弘文館、二〇〇三年〕）。

大規模な征夷を中止した朝廷は、これまでの蝦夷支配の体制を、新しい方式にしだいに切り換えていく。それまでの「民」（移住してきた柵戸の民）と「夷」（蝦夷・俘囚）との身分的な差別を前提にし、前者に基礎をおく支配体制から、積極的に俘囚の豪族をとりたてて胆沢城におかれた鎮守府による支配組織のなかに取り込んでいく政策に――その過程は平坦ではなかったが――徐々に転換していった。それと並行して、「民」と「夷」の二つの身分の別がしだいにあいまいになっていった（熊谷公男「「受領官」鎮守府将軍の成立」羽下徳彦編『中世の地域社会と交流』吉川弘文館、一九九四年）。それは、このころ進行していた公民と浮浪人の区別をなくしてゆく政策とも共通している。

胆沢の征夷のころから、たくさんの俘囚が「中国」（辺境に対する内国）へ分散して移配（移住）された。その目的は、同化と弱体化にあったと推定されるが、同時に俘囚にかかる財政負担を諸国に分担させる目的もあったと考えられる（今泉隆雄「律令国家とエミシ」『新版　古代の日本』九、角川書店、一九九二年〔『古代国家の東北辺境支配』吉川弘文館、二〇一五年〕）。

国際的緊張関係が弛緩した情況のなかで、律令国家はその領域を大八洲の大部分に拡大し、そのなかを――建前としては――均一的な民に編成していった。

4　平城上皇の変と天皇の制度

藤原緒嗣と菅野真道が「天下の徳政」を論じた三カ月後、桓武天皇は七十歳で没し、皇太子の安殿親王が即位した。平城天皇である。そして次の皇太子には弟の神野親王（のちの嵯峨天皇）が立てられた。平城天皇は父の桓武天皇が亡くなったとき、気が狂ったように泣きわめき、失神してしまったという。皇太子のころ「風病」を思ったことは前に記した。

躁鬱的な性格だったらしい天皇は、理想主義的な改革者でもあった。即位の直後に、太政官の議政官である参議を「観察使」として諸道に派遣し、その報告にもとづいて地方政治の改革案を次々に実行していく。また官司の機構を思い切って廃止・統合し、下級官人の待遇改善もすすめた（目崎徳衛「平城朝の政治史的考察」『平安文化史論』桜楓社、一九六八年）。

改革路線を性急に進む平城天皇が、病気を再発させるきっかけになったのは、異母弟の伊予親王とその母藤原吉子を謀反の疑いで幽閉し、二人が毒をあおいで自殺した事件である。桓武天皇は晩年、吉子と伊予親王を溺愛しており、また派手な遊宴を好んだ伊予を、平城はこころよく思っていなかったらしい。無実であるとの諫言に、天皇は激怒したという。天皇の「風病」が再発したのは、その後まもなくのことである。

病気が悪化した天皇は、八〇九年（大同四）四月、弟の皇太子神野親王に皇位を譲り、嵯峨天皇が即位する。退位した平城上皇は、平安京では心が安まらず、生まれ故郷の平城旧京に宮をつくって住んだ。

ところが、かねてから上皇に近づいていた藤原薬子とその兄仲成の画策で、公卿の一部と太政官の外記局が平城宮にうつされ、「二所の朝廷」すなわち朝廷が二つあるような状況が生まれた。日本の律令では、譲位した上皇（太上天皇）も天皇と同じ権能をもっていたからである。嵯峨天皇は、秘密が上皇側に漏れるのを防ぐと同時に、太政官との

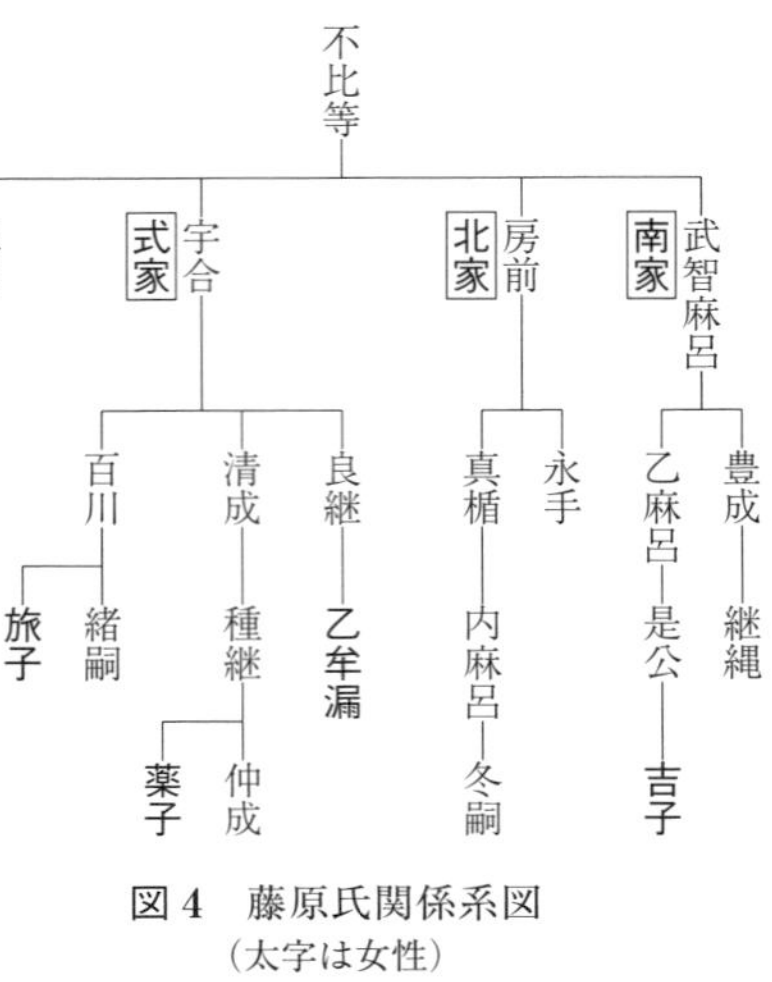

図4　藤原氏関係系図
（太字は女性）

太いパイプ役として、藤原冬嗣を「蔵人頭」に任命する。

上皇と天皇の両方からばらばらに勅命が出されるという状況のなかで、八一〇年（大同五）九月、上皇が「平城への遷都」を命令してきたのを機に、嵯峨は、上皇の命令を伝えるために平安京に来ていた藤原仲成を捕えて射殺するという強行手段に出た。一方、上皇は兵をひきいて東国に向かおうとするが、天皇方の軍隊に阻まれる。平城宮にもどった上皇は出家し、薬子は自殺する。嵯峨天皇が即位したとき皇太子に立てられた高岳親王（平城上皇の子）も、皇太子の地位を追われ、やがて出家する。

天皇の地位をめぐって血なまぐさい争いが繰り返された八世紀までに比べると、敗者が出家して破綻を繕うという文化が、この時代に生まれてくる。なお都での死刑執行は、この変での仲成の処刑後、保元の乱まで三百五十年ほど行われない。怨霊を恐れてであろうが、この弛緩した時代に形成された国制が、その後の日本の国制の基層となる。

高岳親王の廃太子は、皇位をめぐる争いが、皇太子の地位をめぐる争いに重点が移っていくことを示す象徴的な事件であった。八世紀後半ころから皇位継承をめぐる争いは、立太子・廃太子をめぐって展開してきた（荒木敏夫『日本古代の皇太子』吉川弘文館、一九八五年）。それは、天皇の生前譲位が制度として成立することと表裏の関係にある。八世紀までは、次の（意中の）天皇を立てることが難しい政治情勢のなかで、中継ぎの女帝が立てられることがしばしばあったが（推古・皇極・持統・元明など）、譲位と皇太子の制度が確立すると、女帝は必要なくなり、こののち――江戸時代の二例を除き――女帝はあらわれなくなる。もちろんその背景には、社会の底流としての父系化もあった。

平安京は天皇の都として――一時的な福原遷都を除き――こののち千百年も続くことになるが、それは結果としてであって、この時点までは、まだ都が移る可能性があった。現に平城上皇は平城遷都を命令している。嵯峨天皇が上皇の命令を拒否し、「先帝（桓武）の万代の宮と定め賜へる平安京」と宣言したとき、平安京の基礎が固まる（橋本義彦「〝薬子の変〟私考」『平安貴族』平凡社、一九八六年）。

平城上皇の変（薬子の変）は三日で終息する。こののち嵯峨上皇の死の直後に承和の変（八四二年）がおこるまでの三十余年間は、政界は安定し、宮廷を中心に唐風の文化が栄える。天皇では、嵯峨・淳和・仁明天皇、年号では、弘仁・天長・承和の時代である。

嵯峨天皇は八二三年（弘仁十四）まだ三十八歳であったが、異母弟で同年齢の皇太子大伴親王に譲位する（淳和天皇）。嵯峨上皇は、平城上皇とは違って、譲位後は重要な国政に直接には関与しなかった。譲位後の居所として「後院」をおき、譲位すると同時に内裏を離れたのも、そのことと関係がある。また、嵯峨が譲位に際してみずから「天皇の号」を除き「人臣の列」に入らんとしたとして、淳和天皇は詔して嵯峨に「太上天皇」の号をおくり、こののち、譲位した天皇に「太上天皇」号を新天皇がおくる制度が成立した。太上天皇が制度上は天皇の権力の下におかれることとなったのである。天皇と太上天皇が同等の権力をもつ日本の律令の制度は、王権が一人の王に収斂しないという未開社会によくみられる王権の一形態であったが、ここに公的には皇権が天皇一人によって代表されることになる（春名宏昭「平安朝太上天皇の公と私」『史学雑誌』一〇〇―三、一九九一年）。ただし古くからの王権のあり方が簡単には消滅しなかったことは、その後の（たとえば院政時代の）歴史が示している。

5　嵯峨天皇の宮廷

嵯峨天皇は子沢山で、五十人におよぶ皇子・皇女がいた。天皇は八一四年（弘仁五）、皇后・妃・女御などの生んだ子を除き、他の皇子・皇女には源朝臣の姓をあたえて、臣籍に降下させた。こののち仁明・文徳・清和をはじめ、代々の天皇の皇子・皇女が源朝臣の姓を賜わる。また八二五年（天長二）には、桓武天皇の孫の高棟王に平朝臣の姓があたえられ、つづいて仁明・文徳・光孝天皇の子孫にも平朝臣の姓があたえられた。

源・平両氏のなかでも、とくに清和源氏・桓武平氏は、のちに武家の棟梁として活躍することになるが、源・平・藤・橘という日本の伝統的な姓がこの時代に出そろうことに注目したい。それにしても「源」「平」というのは抽象的なウヂ名である。職掌名や地名に由来することが多い古代のウヂ名のなかで、八世紀に県犬養三千代（藤原不比等の妻、光明子の母）が賜わった「橘」は斬新であるが、橘はまだ木の実という具体物に由来している。それに対して源・平はまったく抽象的な名である。中国文化への憧憬が深かった宮廷の雰囲気をよく示している。

ウヂ名とともに、日本人の個人名もこのころから大きく変わり始める。日本の古代には、同じ世代の個人名に共通の一字をつける中国の「排行」の習慣はほとんどみられなかったが、嵯峨天皇は「親王」とした皇子に、正良・秀良・業良・忠良・基良など二字四音の名をつけ、下の字をみな「良」とした。「源朝臣」を賜姓した皇子には、信・弘・常・寛・明・定など、これまた抽象的・倫理的な漢字を用いている。

このような皇室の命名法は、まず貴族社会に広がっていくが、とくに注目されるのは、嵯峨天皇の皇子とほぼ同世代の藤原冬嗣の子らが、長良・良房・良相・良門・良世と、嵯峨の親王と同じ「良」の字を共有することである（飯沼賢司「人名小考」竹内理三先生喜寿記念『荘園制と中世社会』東京堂出版、一九八四年）。日本人の個人名のなかから、十二支の動物や自然物にちなんだ名は、成人名としてはしだいに姿を消していき、野蛮な名（例、今毛人）、汚い名（例、屎万呂）をつけることによって異常な力を願うような風習も、正式な名としてはしだいに減っていく。日本人の名前から未開な要素が減少していき、良い意味の漢字を用いるという伝統的な名前のつけ方が、この時代に形成された。

「万代宮」となった平安京のあり方も、平城京とは大きく変化してくる。平城京の時代、貴族の生活は「みやこ」と畿内の「ゐなか」との二つの場を基盤としていたが（薗田香融「万葉貴族の生活圏」『万葉』八、一九五三年）、平安京の貴族はしだいに都市貴族の性格をつよめてくる。また平城京の時代には、中下級官人の多くは畿内の国々に本貫をもっていたが、九世紀には大量の中下級官人が平安京へ本貫を移し始め、生活の基盤が平安京へ集まってくる（笹山晴生

「古代国家の変容」『新版 古代の日本』一、角川書店、一九九三年)。

律令国家は、内つ国(畿内)の豪族が大王を推戴して構成したヤマト朝廷の構造を内包して成立していた。ヤマト朝廷に結集した内つ国の豪族たちは、朝廷を媒介とすることによって四方国(畿外)の豪族たちを支配することができたのであり、個々の豪族の基盤はきわめて弱く、小さかった。そのことは中国の貴族と比較すると分かりやすい。

中国では魏・晋・南北朝のころから、門閥的貴族、いわゆる世族とか名族と呼ばれる貴族が、固有の社会的勢力をもって、広く分布していた。これら世族の貴族としての地位は、天子からあたえられるものではなく、その家が地方の名望家として永続したために生じた固有のものであって、そのなかでも一流のものは、社会的には天子よりも上位にあるとみなされる場合もあった。天子の権力や王朝の興廃とは関係なく、超然として存在していたのである。

このような中国の世族に比べると、日本のウヂは朝廷に強く依存する存在であったことがよく分かる。ウヂ名・カバネ(例、藤原朝臣)自体、天皇(大王)から賜与され、場合によっては奪われる(例、和気朝臣清麻呂→別部穢麻呂)ことは、日本の貴族の王権への依存の強さを象徴的に示している。

律令国家が採用した蔭位制(三位以上の者の子・孫、五位以上の者の子に、成人すると叙位する制度)は、唐よりも貴族に有利に規定されていたが、子や孫が無能で朝廷で高い地位が占められない場合には、そのウヂの没落を速める方向にも作用した(長山泰孝「古代貴族の終焉」『古代国家と王権』吉川弘文館、一九九二年)。一族のなかで、傍系親もふくむ広い範囲から、実力によってウヂの長(氏上)が定まり、朝廷におけるそのウヂの職掌と地位を継承していたヤマト朝廷の時代に比べ、律令の蔭位制は、父―子―孫の狭い範囲にしか機能しなかったからである。

もっとも、中国の貴族のように、朝廷での地位に関係なく、独自の社会的・経済的基盤をもっていれば、朝廷での地位の変動はそれほど大きな意味をもたない。しかし独自の社会的・経済的基盤が弱小な日本の律令官人たちは、その収入も朝廷での地位にともなう封戸などの給与が大きな比率を占めていた。日本の律令貴族の王権への従属性の強さは、そのような律令国家の構造とも深く関連しており、有力な古代氏族の多くが、奈良時代から平安初期に急速に没落していくのも、藤原氏の陰謀というような単純な問題ではなく、構造的な背景があった。

平安時代になると、桓武天皇の母が渡来系氏族の出身であることから、渡来系の（太政官の）議政官がふえてくる。また文人としての才能や、国司としての政治的能力によって活躍する「良吏（りょうり）」と呼ばれる官僚群が、天皇と結びついて進出してくる（佐藤宗諄『平安前期政治史序説』東京大学出版会、一九七七年）。国際的緊張が弛緩したなかで、厖大な官僚機構はしだいに形骸化し、天皇を核とする新官僚群が主流となる。それと同時に、天皇とのミウチ的関係による公卿も増加し、やがて天皇の父方の親族である「源氏」と、母方の親族である「藤原氏」が、廟堂で大きな比重を占めるようになる。

藤原氏は二世王の王女と結婚できるという特権を得ていたが（前述）、藤原冬嗣の子良房（よしふさ）は、嵯峨天皇の皇女潔姫（きよひめ）（一世王）との結婚をとくに認められる。冬嗣の子らが、嵯峨天皇の皇子と同じ「良」字を共有したことは前述した。八二〇年（弘仁十一）藤原氏は一万五千戸の封戸を返却するのと入れ換えに、課役を免除されない白丁となってから五世代まで、氏人の全員が課役免除とされた。乙巳の変（大化のクーデター）で先祖の鎌足が中大兄（天智）を補佐して以来、代々王室を佐（たす）けてきた功績によると説明される。それは皇親に准ずる待遇であり、八三二年（天長九）に皇親について課役を免ぜられる限度（六世）を拡大し、さらに五世代まで（賜姓者をふくむ）、課役免除を延長した制度と対応するものであった。こうして父系出自集団（広義）としての藤原氏は、皇親と並立する特殊な地位を公的に獲得したのである。それは同時に、藤原氏が皇親に取って替わることなく、外戚として王権を支えるという国制の成立する過程でもあった。

Ⅱ　古代社会の成り立ち――ウヂ・イヘ・タトコロ

古代社会における「ウヂ」

はじめに——天皇と姓——

数年前、日本の教科書検定が国際的に問題になったとき、韓国の人々の怒りをかった問題の一つは、日本の植民地支配の時代に皇民化政策の一環として、韓国の人々から固有の姓(氏)を奪い、日本式の名前に変えさせた、いわゆる「創氏改名」の記述をめぐってであった。その背景には姓(氏)を人間にとって不可欠の表象とみる伝統的な観念があったが、そのような観念は、長い歴史のなかで、中国文化との交流のなかから生れてきたもので、高麗朝から李朝にかけて、とくに李朝の両班(ヤンバン)層において確立したものであった。

このような社会通念のなかに生きていた李朝の人々が、江戸時代の日本へ通信使(外交使節)としてやってきて、当時の日本の国情を鋭く取材したとき、天皇には「姓」がないという不可解な事実にぶつかった。一七一九年(享保四)に通信使に随行して来日した申維翰の紀行文『海游録』(平凡社東洋文庫、姜在彦訳注による)には、

天皇には、伝わるところの姓名がない。

と記し、

その君たるの法は、ただ香を焚いて天に礼し、そして、みずから天より降った神人であるといい、……はじめから姓氏の有無は問題ではない。

いまの天皇(中御門天皇)は、仙洞天皇(東山天皇)の第三子にして、名は慶仁、……名があり姓がないのは、仏の如きものである。

と記している。天皇も人間であれば「姓」がないはずはない、という李朝の人々が当然懐く素朴な疑問に対して、天皇は神・仏のごときものであるから姓がない、という論理で理解しようとしているのである。そしてこのような日本の天皇のあり方の背景として、明と日本との外交関係に注目している。すなわち、明と日本の間の外交の経過を略述した次に、

ところが、明の皇朝が前後しておくった諭冊および日本からの奉貢上表は、じつは倭皇みずから命を受けて貢を献じたのではない。すべて、その臣に名号を仮作させ、納款を詐称させたものである。そして天皇は、みずからその国の帝となり、みずから正朔(暦法)をなして万古不易にわたる。これが倭皇の姓字が世に聞こえない所以であり……

と——事実の認識には若干誤りがあるが——天皇が(明の皇帝の冊封を受けた)「日本国王」を越えた存在であり、中国的な易姓革命のレジーム(制度)を越えた存在であるとして、天皇に姓のないことを説明している。

日本の天皇が姓をもたない歴史的説明としては、ウヂ名・カバネは本来、天皇(大王)との関係を示す称号であり、天皇はウヂ名・カバネを与える側にあったので、自らはウヂ名・カバネ、律令における「姓」はもたない、という通説がもっとも穏当な説だと思う。もちろん現在に至るまで天皇が姓をもたないのは、朝鮮通信使が指摘した「万古不易」すなわち天皇制の存続が前提となることは申すまでもない。また、朝鮮通信使の説明はたしかに不十分な点はあるが、中国的な姓の観念が支配的な東アジア世界における外交主体に注目した視角は鋭い。というのは、高句麗・百済・新羅や倭における「姓」の起源は、中国王朝との外交を契機としており、倭の大王も五世紀には国際的に姓をもっていたことが、中国史料によって明らかにされているからである。

一　倭王の姓

現在の私たちは、氏名とか姓名というのはどの時代にも、またどの民族にも存在するように思いがちだが、氏(姓)と個人名とを連称する制度は、特定の歴史的世界で発生し、波及したものであった。もちろん部族名や氏族名(クラン名)そのものは、多くの未開社会にも存在していたが、それと個人名とを連称する制度は、特定の歴史的世界でしか発生しなかったのである。現在でも東南アジアではビルマなど個人名だけを用いる国があり、またイスラム文化圏では、「Aの息子某」「Aの息子Bの息子某」というような古代ギリシアや旧約聖書の世界にみえる、父祖の名を個人名に添える呼称法がおこなわれている。私たちが馴(なじ)んでいる氏(姓)と個人名を連称する呼称法の淵源をたどっていくと、古代中国と古代ローマの二つの古代帝国のいずれかにたどりつくといわれる。[1] すなわち東アジアの氏(姓)と個人名の連称法は中国の秦漢帝国に、欧米やその旧植民地にひろまった個人名と氏(姓)の連称法は古代ローマ帝国に源をもつことが明らかにされている。日本の呼称法の淵源は、もちろん中国の秦漢帝国であった。

もっとも古代中国の姓氏の制度にも歴史的な変遷があった。周代の「姓」は血縁観念にもとづく部族的集団(諸侯)によって称せられたものであり、とくに諸侯間の関係を示す役割をもつものであったのに対して、「氏」は「姓」集団より分化した地域的族集団の称で、国名・封邑名・官名などにちなんで命名されたものであった。「氏」族は「姓」族のなかから生じた制度であり、春秋時代のいわゆる「封建」制度の根幹をなすものであった。[2]

しかし春秋時代から戦国時代にかけて、部族的諸侯である「姓」族の政治体制の枠を破って、卿・大夫ら「氏」族を中心とした政治社会が発展してくると、「姓」の政治的機能は薄弱となり、「氏」族の政治的比重が増大し、「姓」と「氏」の混合、あるいは「姓・氏」の同一化という現象が生じてきた。

このような情勢のなかから、秦漢の帝国が成立してくると、これまで主として支配者層の秩序として機能していた姓・氏が、庶民にまで拡大され、皇帝以下庶民にいたるすべての良民が「姓」をもち、「姓」をもたないのは奴婢だけとなる。秦漢の姓は、かつての「姓」よりも「氏」の系譜に近いものと想定されているが、それが「姓」とよばれたのは、「氏」よりも「姓」がより本源的な制度と観念されていたからであろう。そして皇帝以下庶民に至るすべての良民は、「同姓不婚」(同じ姓の男女は結婚できない)、「異姓不養」(異なる姓の者は養子としない)の「礼」(中国の伝統的な社会規範)を共有することとなる。

秦漢帝国の成立とともに庶民にまで一般化した「姓」が、張・王・李・趙など特定の姓になぜ集中しているのかは、先秦時代の姓・氏の制度の展開としてだけでは理解し難い現象で、人民を個別人身的に支配しようとした古代帝国の成立という政治的契機を無視することはできないだろう。姓氏と個人名の連称法を独自に生み出したのが、古代中国と古代ローマ帝国であったことも、きわめて示唆的な事実である。しかし同時に、古代中国に成立した「姓」の秩序が、氏族制社会の氏族外婚制に由来する「同姓不婚」という社会規範をなぜともなったのか、巨大な古代国家が成立しながら、なぜ氏族制社会の規範を再生・拡大したのか、という大きな謎が残されている。(3)「同姓不婚」「異姓不養」を規範とする「姓」の制度は、秦漢から明清に至る帝政時代の中国社会の重要な骨格として生きつづける。

秦漢以後の中国の諸王朝と周辺の国々との交渉のなかで、この中華の「姓」の制度は周辺諸国に波及していった。(4)

朝鮮半島の高句麗・百済・新羅の三国のなかで、史料の上で姓が確認される初見は、三七二年に百済王の「餘句」が、つづいて四一三年に高句麗王の「高璉」が、ともに東晋に朝貢し、冊封(王に任命)されたときである。百済王の「餘」姓は夫餘(扶餘)の略称で、百済が北方の夫餘族から分かれ、南下して建国したという伝説による。また高句麗王の「高」姓は高句麗にちなむ姓と推定されている。歴代の百済王・高句麗王は、七世紀後半に滅亡するまで、いずれも「餘」「高」姓を称して中国と通交し、また七世紀後半に日本に亡命してきた百済王の一族も「餘」姓を称していた。

百済・高句麗では王姓の「餘」「高」のほか、貴族層では、解・真・燕……(百済)、馬・董・泉……(高句麗)など中国式の一字の姓が用いられるようになるが、同時に複数の漢字で百済語・高句麗語の族称を表記した土着的な姓も重複して用いられた。しかし支配者層でも無姓のものがあり、庶民はおそらく無姓であったと推定されている。

次に新羅については、朴・昔・金の三つの王姓の交替伝説があるが、姓の確実な初見は、五六五年に新羅王の「金真興」が北斉に朝貢して冊封されたときである。百済・高句麗よりはるかに遅れるが、やはり中国王朝への朝貢を契機として王姓が用いられ始めた。「金」姓はこののち歴代の新羅王によって継承されるが、百済・高句麗を滅ぼして朝鮮半島を統一する以前には、王姓の金のほかには他の姓が見出されない点に、新羅の姓の特色がある。もちろん庶民は無姓であったろう。

では倭の場合はどうだったか。『後漢書』にみえる倭国王「帥升」、『魏志倭人伝』にみえる邪馬台国の女王「卑弥呼」、その大夫「難升米」「掖邪狗」、卑弥呼と対立した狗奴国の男王「卑弥弓呼」、卑弥呼の宗女「壱与」(台与)などには「姓」は冠せられていないと推定される。倭における姓の確実な初見は、四二一年に「倭讃」が宋に朝貢して冊封されたという『宋書』倭国伝の記事である。これより先、三七二年に東晋に朝貢した百済王「餘句」、四一三年に東晋に朝貢した高句麗王「高璉」につづいて、四二一年に宋に朝貢する「倭讃」が史上に姿をみせるのである。「倭讃」の「倭」が姓にほかならないことは、讃・珍の次の「倭国王済」が四五一年に宋に朝貢したときの『宋書』文帝紀(元嘉二十八年七月甲辰条)に「安東将軍倭王倭済、安東大将軍に進号す」と記されていることから明白であり、[5]『宋書』倭国伝に、讃の弟の珍が「倭隋等十三人を平西・征虜・冠軍・輔国将軍の号に除正せむこと」を求めた、とある「倭隋」は、珍(倭珍)の一族であろう。このようにいわゆる倭の五王とその一族は、中国王朝との交渉を契機として「倭」という姓を称するが、倭王の武(金石文のワカタケル大王、記紀の雄略天皇にあたる)を最後として中国王朝への朝貢を廃すると、「倭」姓も用いなくなる。中国の南北王朝に朝貢しつづけた高句麗王・百済王が、七世紀後半に滅亡する時まで国内・国外を問わず「高」「餘」姓を用い続け、遅れて中国王朝に朝貢し始めた新羅王も「金」姓を用い続けたのと比べると、倭王が中華の礼の一環である中国的な「姓」の秩序から離脱したことが注目される。そしてそのような変動の過渡期に位置したのが、倭王の武、ワカタケル大王であった。

倭王の武は、『宋書』にのせる有名な宋の皇帝への上表文のなかで、自分の祖先は代々皇帝陛下の天下を拡げるために戦ってきたことを強調している。それは倭国が中国王朝を中心とする天下の一隅に所在するものであり、中国王朝を中心とする天下の一部にすぎないことをはっきり示している。

しかし、この上表文と同じころ、武すなわちワカタケル大王の時代に書かれた倭国内の刀剣の銘文には、それとは異質な、あるいは矛盾する「天下」の観念が記されている[6]。すなわち江田船山古墳出土鉄刀銘の「治天下獲□□□鹵大王」は稲荷山古墳出土鉄剣銘の「獲加多支鹵大王」(ワカタケル大王)と同じと推定され、前者に「治天下獲□□□鹵大王」(天下を治めるワカタケル大王)、後者にヲワケ臣が「左治天下」(ワカタケル大王が「天下を治めるのを左け」)とあり、ワカタケル大王が「天下」を治めることをはっきり示している。

この天下は倭国をおもな領域とするもので、中国王朝の天下とは異なるが、中国王朝の天下から独立した独自の天下の観念が生れつつあったことを示している。従来の通説的な理解では、推古朝において、倭国王は「日出づるところの天子」として「日没するところの天子」と並立することを主張したといわれるが、その萌芽はワカタケル大王の時代に、すでに芽生えていたのである。六世紀に倭が中国的な姓の秩序から離脱し、独自のウヂ名・カバネの国制を生み出してくるのも、そのような中国的な天下からの離脱を前提とするものであろう[7]。稲荷山古墳の鉄剣銘は、このような国際的秩序の転換の深層を明らかにしてくれると同時に、五世紀のウヂについてのきわめて貴重な情報をふくんでいる。

二　ウヂ・ウヂ名・カバネ

辛亥の年(四七一年)七月中、記す。ヲワケ臣、上祖、名はオホヒコ。其の児、(名は)(タ)カリスクネ。其の児、名はテヨカリワケ。其の児、名はタカハシワケ。其の児、名はタサキワケ。其の児、名はハテヒ。其の児、名はカサハヨ。其の児、名はヲワケ臣。世々、杖刀人の首と為り、奉事し来り今に至る。ワカタケル大王の寺、シキの宮に在る時、吾、天下を左治し、此の百練の利刀を作らしめ、吾が奉事の根原を記す也[8]。

この有名な稲荷山鉄剣銘のなかのオホヒコからヲワケ臣に至る八代の系譜は、ヲワケ臣が大王に仕える由来を――鉄剣銘の言葉では「奉事根原」を――オホヒコに求め、ヲワケ臣がオホヒコを始祖とすることを明示するために、オホヒコと自己をつなぐ系譜を記すことが主たる目的であったと考えられる。(9) 鉄剣銘のオホヒコが『古事記』『日本書紀』の四道将軍の一人「大彦命」と同じかどうかは問題が残っているが、鉄剣銘のオホヒコも、大王の命令で地方に遠征し、大和朝廷の基礎を築いたという神話上の英雄であった可能性が強い。ヲワケ臣は、始祖オホヒコが大王の命令で地方を平定したように、ワカタケル大王が天下を治めるのを助けていると主張したのであろう。そしてこのような意識は、古代の氏族に共通するものであった。

例えば出雲国造は、その始祖アメノホヒが天つ神に仕えて国つ神の大国主命を言向けたという神話をもっており、国造の代替りごとに朝廷に出てきて、その神話を織り込んだ「神賀詞」(『延喜式』巻八)を奏上するが、それは自分たちが天皇に仕える由来・根源を、始祖アメノホヒが天つ神に仕えた神話に求めているのであり、出雲国造は代替りごとに、アメノホヒの霊威(タマ)をアメノホヒから直接に継承するという伝統を後世まで保持し続けた。そこには、アメノホヒの生命が永遠に回帰し続けるという神話的・循環的な時間意識が生きており、始祖が天つ神に仕えたように、始祖の霊威を受け継いだ自分たちも、永遠に天皇に仕えるという理念がみられる。

古代のウヂの本質は、「始祖」との関係にあり、『古事記』の氏族系譜の中核も「始祖」を明確にすることにあったが、(10) 大伴家持の歌にも、そのような意識が生き続けている。家持が、

大伴の　遠つ神祖の　その名をば　大来目主と　負ひ持ちて　仕へし官　海行かば　水浸く屍　山行かば　草生す屍　大君の　辺にこそ死なめ　顧みは　せじと言立て　大夫の　清きその名を　……　人の子は　祖名絶たず　大君に　奉仕ふものと　……

(『万葉集』巻十八、四〇九四)

と歌ったとき、まず強調されたのは、神祖の大来目主が大君に仕えた大切な役目を、自分たちも承け継いでいるのだという自負であった。かつて津田左右吉は、始祖のみを神として祭るという特異な祖先崇拝の形態に注目したが、こ

の歌でも大来目主が「神祖」とよばれ、家持は反歌のなかで、

　大伴の遠つ神祖の奥津城はしるく標立て人の知るべく

（同、巻十八、四〇九六）

と歌っている。大伴家持の一族にとっての「大来目主」に相当するのが、稲荷山鉄剣銘のヲワケ臣にとっては「オホヒコ」である。しかしヲワケ臣は、始祖オホヒコの名だけでなく、オホヒコと自己をつなぐ六代の名を、狭い鉄剣に刻みこんでいる。それは何を意味するのか。

「其の児……其の児……其の児……」と父祖の名を連ねるのは、三輪山の大物主大神を祭ったオホタタネコについて『古事記』（崇神記）に、

　僕は、大物主大神、陶津耳命の女、活玉依毘売に娶して、生みませる子、名は櫛御方命の子、飯肩巣見命の子、
　建甕槌命の子、僕、意富多々泥古そ

とみられるのとほぼ同じ類型で、世界の諸民族に広くみられる父祖名を連称する呼名法であり[11]、そこには明白な父系出自の意識が見出される[12]。もっとも、稲荷山鉄剣銘にみえるオホヒコからヲワケ臣に至る八代の名がすべて男性の名であることを確証することは難しいかも知れないし、また「其の児……」の「児」は、必ずしも文字通りの血縁の子ではなく、次代の継承者を意味すると解する説もあるが[13]、やはり、父子の連鎖を示したものと解するのが自然であろう[14]。ヲワケ臣は始祖オホヒコと父系の血でつながっていることを主張したのである。もちろんこの八代の系譜が歴史事実であったかどうかは別個の問題である。

　古代の氏族系譜に出てくる名前は、記紀の応神・仁徳に相当する部分を境にして大きく変化していることが指摘されている[15]。すなわち氏族系譜には、応神・仁徳のころを境とする時代区分の意識が共通してあり、応神・仁徳以前は広義の神話時代に属し、その名はほとんどの場合、「個人名」というよりは「族長の称号」ではないか、と推定されている。例えば稲荷山鉄剣銘にみえる八代の系譜、

　①オホヒコ——②（タ）カリスクネ——③テヨカリワケ——④タカハシワケ——⑤タサキワケ——⑥ハテヒ——⑦

　　カサハヨ——③ヲワケ臣

のうち、①オホヒコから⑤タサキワケに至る五代の名は、ヒコ・スクネ・ワケという他の氏族系譜とも共通する類型的な尊称をもった「族長の称号的な名」であるのに対して、⑥ハテヒ、⑦カサハヨ、⑧ヲワケ臣の三代は「個人的な名」と推定される。そして族長の称号的な名であるヒコ・スクネ・ワケという類型的な尊称を付した部分の実在性は疑わしく、実在した個人名は、⑥ハテヒ、⑦カサハヨ、③ヲワケ臣の三代であろう(16)。しかしヲワケ臣にとっては、神話的始祖オホヒコと自分が血縁でつながっていることを示すことが必要であった。それはなぜか。はっきりと証明することは難しいが、始祖の霊威(タマ)を継ぐためには、始祖と血縁でつながっていることが必要である、という観念が存在していたのではなかろうか。そのことを、天皇の場合について考えてみよう。柿本人麻呂が、

　天照らす　日女(ひるめ)の命　天をば　知らしめすと　葦原の　瑞穂の国を　天地の　寄り合ひの極(きはみ)　知らしめす　神の命と　天雲の　八重かき別きて　神下し　座(いま)せまつりし　高照らす　日の皇子(みこ)は……

（『万葉集』巻二、一六七）

と歌ったように、天皇は天照大神のはるかな子孫としてではなく、「日の御子(みこ)」として出現した。文武天皇の即位の宣命(『続日本紀』文武元年八月庚辰条)にも「天都神乃御子随母(アマツカミノミコナガラモ)」すなわち「天照大御神の御子に坐(シ)ますままに」(本居宣長『続紀歴朝詔詞解』)とみえる。すなわち、天皇が天皇としての霊威(タマ)を得るのは、先帝からでなく、始祖天照大神からである、という観念が存在したこと(17)、天照大神の霊威が永遠に再生しつづけるという循環的・神話的な時間意識が存在したことが窺われる。では、天照大神の霊威を受けつぐことができるのは誰であったか。まさにそのことを主張するために作為されたのが、『古事記』『日本書紀』にみえる天皇系譜——天照大神から八世紀の天皇までを血縁で結びつけた系譜ではなかったろうか。このような細い推論の糸をたどってではあるが、始祖の霊威を継ぐためには、始祖と血縁でつながっていることが必要である、という観念が存在していたことが推測される。したがって、首長位の継承者は、始祖と血縁でつながっていさえすれば、前代の首長の直系の子孫でなくてもかまわなかったのであり、

大王や族長の地位が傍系親族の間を移動するという古代の氏族系譜の一般的な性格も――父と子の関係を基本とする「イエの継承」の観念ではよく理解できないが――始祖からの霊威の継承を本質と考えれば素直に理解できる。

話を稲荷山鉄剣銘に戻すと、この銘文には、ウヂ名の起源を必ず説明する後の時代の氏族系譜とは異なり、ヲワケ臣のウヂ名はどこにも記していない。鉄剣という限られたスペースに刻まれた制約を考慮する必要はあるが、後述するように、ヲワケ臣の時代（すなわちワカタケル大王＝雄略天皇の時代）には、まだウヂ名は一般には定まっていなかった可能性が強い。ただし、ウヂ名は成立していなくても、ウヂの本質である始祖からの系譜は成立していたので、ウヂは成立していたと考えられる。豪族のウヂの組織は、始祖が天つ神や大王に仕えたように、始祖の名を負う自分たちも大王（天皇）に仕えるという理念のもとに、始祖との系譜を骨格として成立したのである。

ではウヂ名は、いつごろ、どのようにして成立してきたのであろうか[18]。

記紀に記す人名のうち、実在したことのほぼ確かな最古の人物は、『古事記』に「葛城之曾都比古」（履中記）、「葛城長江曾都毗古」（孝元記）と記すソツヒコと推定され、『日本書紀』（神功紀）に引く『百済記』に「沙至比跪」とあるのも、ソツヒコの実在を示す有力な史料と考えられている[19]。ところがその『百済記』には「沙至比跪」（サチヒコ）とのみあってウヂ名を記さず、『古事記』にも「葛城之曾都比古」とわざわざ「之」の字を入れ「葛城長江曾都毗古」の「葛城長江」も明らかに地名である。『日本書紀』に「葛城襲津彦」と記すのは、後世の表記法による潤色であろう。ソツヒコの孫のツブラオホミも『古事記』（安康記・雄略記）には「都夫良意富美」とあって、「葛城」はみえない。ツブラオホミの女はワカタケル大王（雄略）の妃となっているが、「都夫良意富美」という名は、ワカタケル大王に仕えた稲荷山鉄剣銘の「乎獲居臣」（ヲワケオミ）と近似していることが注目される[20]。ワカタケル大王の時代には、葛城氏のような有力な氏族も、まだウヂ名は確定していなかった。すなわちカツラキという地名に由来する名を、中国の姓氏のように固定し世襲する制度はなかった。

しかしこの時代の倭国にも、中国風の姓を称する人物はいた。『宋書』倭国伝に、

太祖の元嘉二年(四二五)、讃、また司馬曹達を遣はして、表を奉り方物を献ず

とみえる「司馬曹達」である。この「司馬」は姓ではなく、倭国王倭讃の安東将軍府の府官の一種である「司馬」をさすと推定されており(21)、曹達が人名であるが、「曹」は中国に多い姓であり、渡来系の人物であろう。(中国ではこのころ、一字の個人名が多い。例、魏の武帝「曹操」。)このような渡来人の姓は、稲荷山鉄剣銘と同じくワカタケル大王の名を記すと推定されている船山古墳出土大刀銘にもみえる。この銘文には、ワカタケル大王の他に、「典曹人名无利弖」「作刀者名伊太加」「書者張安」の三名の人物がみえるが、「无利弖」「伊太加」という『魏志倭人伝』の人名とも似かよった名に対して、張は中国に多い姓であるから、張安も渡来系の人物であろう。「无利弖」「伊太加」の前にそれぞれ「名」と明記したのも、両者が張安のような中国風の人名でないので、人名であることを明示する意図があったのだろう。このように倭の五王の時代には、倭王の一族だけでなく、渡来系の人々も、姓——おそらく本国で称していた姓——を使用していたことが知られる。しかし、稲荷山鉄剣銘の杖刀人「乎獲居臣」も、船山大刀銘の典曹人「无利弖」も、まだ姓氏にあたるものは称していない(22)。のちの姓氏に比定できそうな称がみられる確実な初見史料は、隅田(すだ)八幡宮に伝わる人物画象鏡銘に、

癸未年八月日十、大王年男弟王、在意柴沙加宮時、斯麻念長寿、遣開中費直穢人・今州利二人等、取白上同(銅)二百旱、作此竟(鏡)

とみえる「開中費直」(のちの河内直にあたると推定される)である。この銘文の「癸未年」は四四三年説と五〇三年説とがあり、四七一年と推定される稲荷山鉄剣銘の前後いずれであるか確定は難しいが、稲荷山鉄剣銘の「乎獲居臣」の「臣」が個人名「ヲワケ」に付されたカバネ的称号と推定されるのに対して、「開中」(カフチ)という地域名に付された「費直」(アタヒ)というカバネ的称号であることが注目される。しかしこの地名「開中」は、『古事記』の「葛城之曾都比古」の「葛城」がソツヒコの本居地の地名、字名(あざな)的なものであるのに対して、のちの河内国造(河内直)に相当する職名の一部であり、「開中費直」は、のちの伴造制・国造制に発展する職名的な称号と推定される。そして残存

する金石文では「開中費直」という国造制の系統の職名的な称号が初見であるが、実際には、宮廷に仕えるトモの制が発展した伴造制の系統の職名的な称号の方が先行したであろうと推測されている。

ワカタケル大王の前後の時代には、「曹達」「張安」のような中国的な「姓・名」をもつ渡来系の人々のほか、

（イ）「個人名」だけ。例、「半弓比」「加差披余」（稲荷山鉄剣銘）、「无利弖」「伊多加」（船山大刀銘）

（ロ）「個人名」プラス原始的な「カバネ」。例、「乎獲居臣」（稲荷山鉄剣銘）、「都夫良意富美」（『古事記』）

（ハ）「職名的称号」プラス「個人名」。例、「開中費直穢人」（隅田八幡宮鏡）

が並存しており、（ハ）がのちのウヂ名・カバネの制に発展してゆく。しかし、五—六世紀の段階では、まだ中国の姓のように子孫に一律に受け継がれる、個人名の冠称とはなっていなかった。そのことは『日本書紀』欽明十四年七月条に、王辰爾を遣わして船の賦（みつぎ）を数え録（しる）させて船長（ふねのつかさ）とし、「姓を賜ひて船史（ふねのふひと）とす」とあり、敏達三年十月紀に「船史王辰爾が弟牛（うし）に詔して、姓を賜ひて津史とす」と記述されていることからも推定される。すなわち王辰爾の「王」は中国風の姓、「辰爾」が個人名であるのに対して、「船史」は、弟の牛（王牛）に賜った「津史」と同じように——欽明紀・敏達紀では「賜姓」と記しているが——中国風の姓と重複して冠せられる職名的称号であり、あくまでも職にともなう称号であったと推定される。同様の例は敏達十三年紀に「鞍部村主司馬達等」とあり、「鞍部村主（くらつくりのすぐり）」は職名的称号、「司馬」は中国風の姓、「達等」は個人名と推定される。

「船史王辰爾」や「鞍部村主司馬達等」は、たまたま渡来系の人で中国風の姓を称していたので、「船史」や「鞍部村主」という称号の官職的な性格が明らかとなったのだが、中国風の姓をもたない人々の個人名の上に、これらの称号が冠せられているときには、後の姓との異同を見分けることは難しくなる。しかし先の例によって六世紀後半の敏達朝のころにも、職名的称号は、中国的な姓のように子孫に一律に継承される冠称ではなかったことが確かめられる。もっとも、大和朝廷の官職（広義）が一般に世襲されることが多かったことは、職名的称号が、その職を継いだ子孫に継承されたことを当然想定させ、そこに職名的称号が「姓」に転化していく要因がひそんでいたと推定される。しか

し、少なくとも六世紀の段階では職名的称号は、その職を継承した子孫にのみ継承され、後の時代の姓のように子孫に一律に継承されるものではなかったことに注目したい。

ワカタケル大王の時代にたくさんの「今来漢人（いまきのあやひと）」が朝鮮半島から渡来してきたのを契機として、五世紀末から六世紀にかけて、伴造―部、国造の制度が整備されてくる。それにともなって、職名を負う大伴・物部・中臣・忌部・土師などの職名的称号が継承されるようになるが、葛城・平群・巨勢・蘇我のような地名を負う豪族の称号（地名）が固定して継承されるようになるのは、それよりも遅れ、六世紀末ごろにも、まだ不安定な状態にあったと推測されている。(23)

三　律令国家と姓・氏

五世紀後半に倭王の武、すなわちワカタケル大王が宋に朝貢して以来、約一世紀にわたって途絶していた中国王朝との通交は、六〇〇年の遣隋使派遣によって再開された。『隋書』倭国伝は、

開皇二十年（六〇〇）、倭王あり、姓は阿毎、字は多利思比孤、阿輩雞弥と号す。使を遣はして闕に詣る。

と記している。遣隋使は当然、国王の姓・名をきかれたであろうが、かつての倭の五王時代の王姓「倭」でなく、当時の大王の称号であったと推定される「アメタラシヒコ」とか「オホキミ」（または「アメキミ」）と答えた可能性が強い。中国の役人は、倭国王にも当然、姓はあるはずと考えていたので、「アメタラシヒコ」の「アメ」を姓と解したのであろう。(24)六〇七年（推古十五）に遣隋使として派遣された小野妹子を、中国では「蘇因高」と名（なづ）けたというが、「蘇因高」は「小（野）妹子（いもこ）」を漢字音にうつしたものと推定されており、妹子は自らの姓を居地の地名に求めたのであろう。のちの『新撰姓氏録』が小野朝臣の由来を「大徳小野臣妹子、家二于近江国滋賀郡小野村一、因以為レ氏」と記しているのも、妹子が「小野」のウヂ名を祖先から継承したのではなく、中国に派遣され、自らの姓を答える必要から居地の

地名を姓として称した可能性が強い。『隋書』が粟田細目臣、額田部連比羅夫と思われる人物をそれぞれ「阿輩台」、「哥多毗」と記しているのも、中国との外交のなかで中国的な「姓」が必要となった可能性を示唆している。そして、小野妹子が『日本書紀』に「小野妹子臣」とも記され、小野という名称と、臣というカバネとが分離していること、また『隋書』で「粟田」「額田部」という名称のみが写し取られていることなどを考えあわせると、この段階では狭義のカバネは姓と結びつけられず、姓とされたのは、小野・粟田・額田部という名称のみであった可能性が強い。また小野妹子臣というような、カバネを下につける人名の表記法は、「一種の敬譲用法」と指摘されているが[25]、このような呼称法は、本来、「個人名＋カバネ」で表現されていた大和朝廷の豪族たちが(例、都夫良意富美)、その上に職名・地名などに由来するウヂ名を冠するようになったことに起因するものであろう。また『隋書』では先にあげた「阿輩台」「哥多毗」を「小徳阿輩台」「大礼哥多毗」というように、冠位を付して記している。外交において使者の本国における地位が重要な意味をもつのは古今東西を問わないことで、推古朝の冠位十二階の成立も隋との外交が重要な契機となった可能性があるが、冠位とともに姓の制度も、中国王朝との外交が端緒となった可能性が強い。しかし、推古朝の姓は、まだその萌芽にすぎなかった。

職名的称号や地名的称号は、朝廷における職掌や地位を継承した子孫によってのみ継承されたと推定されるが、それらの職掌や地位は一般には特定の一族のなかで継承されていたので、その一族のウヂ名的な性格をしだいにもつようになったと推定される。しかし大和朝廷の組織の発展によって、世襲的な職掌を離れて活躍する人々がしだいに増加し、とくに大化改新によって、伴造—品部制や国造制に代る機構が創設されていくと、職名的称号はその本来の意味をしだいに失い、中国的な姓の観念の導入によって、血縁集団の冠称(ウヂ名)へと変質していく。

また地名的称号も、その一族を代表する者だけでなく、やはり血縁によって一律に継承される中国的な姓に転化し、さらに「○○部」(例、土師部)とか「○○人」(倉人)なども「姓」とみなされるようになる。このような「姓」に基づく編成が、ほぼ全国的に実施されたのが六七〇年(天智九)、庚午の年に作成された庚午年籍である。庚午年籍の作成過程で、豪族のウヂ名・カバネをはじめ、庶民の「○○部」という「姓」が定められたが、これらの「姓」の継承には、すべての子に地位や権利が平等に継承されるという狭義の単系出自集団の原理が採用されたことが注目される。それは、かつての職名的称号や地名的称号が、政治的・社会的地位の継承者にのみ受け継がれたのとは、はっきり異なっている。このような父系一律継承の原則は、もちろん中国の「姓」が狭義の父系出自集団の名称であったことに淵源しており、律令国家は、中国の「姓」の制度を日本にも継受したのであった。しかし古代の日本のウヂは、中国の宗族とは構造的な違いがあったので、中国から継受した「姓」の制度も、興味深い変容をとげてゆく。

日本の古代には、共通の始祖をもつという信仰で結ばれた血縁集団が存在しており、一般に「ウヂ」と呼ばれていた。「ウヂ」udi は朝鮮語 ul（族）、蒙古語 uru-q（主に父系の親族）などと同系統の語で（朝鮮語lと日本語dとは対応することが多い）、父系の血縁集団を意味した語と推定されているが[26]、日本のウヂは豪族の政治的組織としての性格が強かった。律令国家の形成過程で、朝廷はウヂを制度化し、「忌寸」以上のカバネを与えられ、ほぼ五位以上の官人を出し得る畿内豪族のウヂを公的な「氏」とした[27]。律令国家形成の重要な画期となった天智三年（六六四・甲子）のいわゆる甲子宣において、「氏」は大氏・小氏・伴造などにランクづけされたが、その具体的な施策は、それぞれの「氏上」に大刀・小刀・干楯・弓矢を賜うことであった。律令国家の対氏族策は、まず氏上を把握し、そのランクを位置づけることから始まったのである。律令官人制の形成に本格的に着手した天武朝において、その前提となったのは「氏」のランクと各「氏」のメンバーを確定することであったが、その施策もまた氏上を定めることを通じて行われた。すなわち、天武十年（六八一）には、氏上の定まっていない氏に対して、氏上を定めて申告するように命じ、翌天武十一年には、眷族が多い場合には別々に分けて氏上を定めて申告し、各氏のメンバーを確定するように命じている。それには同年に出された考選（官人の任命や成績評価）の基準の一つに「族姓」をあげ、族姓の定まらないものは考選の対象にしないと令したのと、一連の政策であった。そして翌々年の天武十三年には「八色の姓」を定め、ほぼ錦位（のちの五位）以上の官人を出しうる畿内豪族に、真人・朝臣・宿禰・忌寸のカバネを与え、その範囲を確定した。それは天智三年の甲子宣の大氏・小氏・伴造などにほぼ相当する畿内豪族層であった。ただしこれらのカバネを賜わったのは、氏上とその近親の数家族にすぎなかったと推定され、その範囲はきわめて限定された少人数のものであったことに注目しておきたい[28]。ウヂ名と狭義のカバネ（例、大伴・宿禰）を総称して律令制下には「姓」と表記したが、「姓」は、父から子に父系で継承される原則であった。姓の父系継承の原則は、大化元年（六四五）のいわゆる「男女の法」（良民の男女の間に生れた子は父に配ける、という男系主義）に淵源する。

しかし本来、日本のウヂ名・カバネは、朝廷の政治的地位を表示するものであり、ウヂ名・カバネはその政治的地位を継承する子孫にだけ受け継がれるべきものであった。中国の「姓」が、父子同気のイデオロギーを基礎として、すべての子に平等に継承されるという狭義の父系出自集団の平等主義的な原理にもとづいていたのとは、本質的に異なる。

したがって、朝廷での政治的地位を表示するウヂ名・カバネが、中国の姓の制度の継受によって、律令制的な「姓」に変質させられたとき、かつてのウヂ名・カバネが担っていた政治的地位の表示という機能は、族長の政治的地位の変動に応じてウヂ名・カバネ――とくにカバネ――を新しく賜与していくことによって果された。すなわち律令官人制を形成するためには、天武朝の八色の姓の賜与によって、特定の豪族を限定し、序列づける必要があったのである。八色の姓（忌寸以上をいう。以下同じ）が特定の氏上と、その氏上につながる特定の数家族にのみ賜与されたことは前述したが、八色の姓を賜与されなかった豪族でも、朝廷での地位が上昇すると（一般には五位以上に叙されること）、忌寸以上のカバネを賜与された。そして多くの場合、それにともなって、その族長につらなる狭い範囲の親族が、新しいカバネを賜与されることになった。またある「氏」のなかの特定のものが、他の氏人から卓越した政治的地位を得た場合、ウヂ名を新しく賜与されることもあった。中臣鎌足が「藤原」のウヂ名を天智天皇から賜わったのはその代表的な例であり、鎌足の子の不比等は、「藤原」のウヂ名を独占することを認められた。そして鎌足の曾孫にあたる仲麻呂が絶大な権力を握ったとき、かれは「藤原恵美」という新しいウヂ名を天皇から賜わることに成功したが、もし仲麻呂が没落せずにその子孫が栄えたならば、「恵美」または「藤原恵美」という新しいウヂ名として定着したであろう。

このようにウヂ名・カバネはウヂの代表者の政治的地位の変動に応じてたえず変動していたが、一度与えられたカバネは——犯罪などの特殊な場合を除き——その子孫に一律に継承されるので、上位のカバネを有するものの範囲は急速に拡大していった。奈良時代にカバネが急速に形骸化してゆくのは、単なる濫授の結果ではなく、カバネが狭義の単系出自集団の原則で継承されたことの当然の帰結であり、日本の律令国家の構造に由来するものであった。そしてかつてのウヂ名・カバネが果していた政治的地位の表示という機能の多くは、位階制と、子孫への位階の継承を保証した蔭(おんい)位の制に受け継がれていった。

先述したように、「氏」は氏上によって統率され、氏上と同じウヂ名・カバネを賜与された人々によって構成されたが、氏上の地位は朝廷における政治的地位によって定まり、奈良時代前後には、氏人のなかで位階第一のものを氏上に任ずるのが慣例であったと推測される。位階はもちろん天皇から賜与されるものであり、その位階第一の氏上は、天皇の勅によって正式に任命された。カバネはもちろんウヂ名も天皇の賜与するものであった。したがって公的な「氏」は天皇を媒介として成立していたのであり、その氏上や構成員を独自に決定する権限をもつ「自律的」で「自主的」な集団ではなかったのである。(29)

律令国家の「姓」の制度は、ウヂとよばれる社会集団を構成しない一般の庶民にも適用されていった。律令時代の史料にみえる姓は戸籍に登録された正式の人名から個人名を除いた部分をさしたので、そのあり方は多様であった。狭義のカバネ(朝臣・連など)を付されたもののほか、その傍系一族に与えられる「○○族」(例、出雲臣族)、人制に由来する「○○人」(例、倉人)、単に「○○」(例、春日(かすが))とあるものなど、多くの類型があったが、庶民の姓としてもっとも多かったのは「○○部」(例、土師部・日下部・吉備部)と表わされる「部」姓であった。そして現実の親族関係にかかわらず、かつて同じ部に属していたとみなされた人々は同じ「部」姓を付せられた。庚午年籍の作成の際などに、これらの「部」姓を実際に付したのは、国宰（くにのみこともち）や評造（こおりのみやつこ）であったと推測されるが、形式的には天皇から賜与されたものであり、天皇の勅がなければ勝手に変えることはできなかった。藤原朝臣も大伴部も、「姓」としては同じように天皇によって賜与されたのであり、すべての良民は天皇から姓を賜与された「王民」であった[30]。姓を賜与する主体である天皇自身は「姓」をもたず、また姓を賜与されない者は、奴婢（賤民）とされた。賤民に姓が賜与されなかったのは、賤民は礼の秩序の外にあるものとする中国の制度の影響と想定される。姓は既述のように「同姓不婚」「異姓不養」という重要な礼制の基礎となっており、賤民は牛馬と同じように、礼の秩序の外にあるものとみなされたのである。同姓不婚と異姓不養という社会規範がほとんど機能しなかった古代の日本で、賤民に姓を賜与しなかったのは、中国の制度の単なる模倣と推定されるが、天皇が姓をもたなかったことは、礼の秩序を民と共有した中国の皇帝との違いをあざやかに示している。日本の律令国家の姓が、天皇によって賜与され、姓が王民として天皇に奉仕することの象徴であったことは、かつて大和王権における職名的称号が大王への奉仕の象徴であったことと、構造的には一貫している。中国の姓が「生」に通ずる自然の秩序に転化していたのに対して、日本の「姓」は王権との関係を示す表象であった。

四　ウヂの構造

八世紀前後の日本列島には、さまざまな形態の親族組織（広義）が並存していたと想定されるが、残存する文献史料の大部分は、畿内地方を中心とし、また律令制にもとづいて作成された文書であるので、日本列島内の地域差を文献史料から明らかにすることは難しい。社会学や民俗学が明らかにした地域的差異（例えば東北日本の同族制社会と西南日本の年齢階梯制社会[31]）に対応するような地域差が、古代にも存在した可能性はあるが、それは今後の課題として残されている。もっとも、大局的な見通しとしては、日本列島の他の文化要素の一般的なあり方と同じように、南方系の双系的[32]な親族組織と、北方系の父系的な親族組織が重層していたと想定され、前者が基層的な親族組織として広く分布していたところへ、後者が支配者層を中心に展開していった可能性が強いと想定されている[33]。

父方・母方双方を通してたどられる双方的[34](bilateral)な親族組織が、日本列島の基層社会に広く分布していたことは、日本語の基本的な親族名称が、(一)父方のヲヂ・ヲバと、母方のヲヂ・ヲバとを区別せず、(二)兄弟の子と姉妹の子を区別しないで、男子をヲヒ、女子をメヒと呼ぶことからも推定される。もちろん親族組織と親族名称とは次元を異にする問題なので、後者から直ちに前者を推定することはできないが、大局的な見通しとしては、日本語の親族名称が双方的な親族組織の社会に適合しているとみてよいだろう。ただし双方的とはいっても、父方の比重が大きかったと想定される。

庶民レベルの基層社会のあり方を推測する一つの手懸りは、奈良時代の明法家(法律家)が、女性の側から離婚を要求できる事由として、夫婦が同じ里に住みながら往来しないことをあげていることがあり、庶民のあいだでは狭い範囲で通婚が繰り返される傾向があった。地域集団の内部で婚姻が繰り返されれば、その集団は地縁集団であると同時に、双系的な血縁集団としての性格をもってくると推定されている[35]。もっとも、地域内婚が優勢ではあっても、それが規範化されてはいず、歌垣などの史料から広域にわたる通婚も想定されており、とくに首長層の通婚圏は相当に広かった可能性が強い[36]。

このように、地域差と同時に、同じ地域内でも階層による差が想定されるが、さらに同じ地域に異質な親族組織をもつ集団が並存していた可能性も強い。例えば『隋書』倭国伝は、倭国の習俗を「婚嫁には同姓を取らず」と記し、また花嫁が火をまたぐ習俗も記しているが、このような習俗は内陸アジアの遊牧民とその周辺に分布していたと推定されている[37]。いわゆる帰化系氏族が、一般の畿内豪族よりも同族結合の範囲が広かったと推定されることも、大陸系の父系制の文化が日本に入っていた一つのあらわれかも知れない。しかし氏族外婚制が社会規範として一般的には存在しなかったことは、史料に数多くみられる天皇一族や畿内豪族の婚姻の事例から知られる。天皇一族や畿内豪族が、北方系の父系制文化の強い影響下にあったことはほぼ間違いないと思われるが、氏族外婚制が一般的な社会規範とならなかったことは、双方的な親族組織が基層的な社会組織として広く存在していたと仮定すると理解しやすい[38]。

小家族が双方的な親族の関係で錯綜している社会のなかから、有力な家族によって組織された一族が出現してきたとき、その地位や財産を継承するために、またその一族の地位を高めるために、神話的始祖との系譜関係が——父系的に——形成されてくると想定される。すなわち「ウヂ」の形成である。

ウヂについての研究史をふり返ると、ウヂの氏族制的な性格を否定し、古代社会の基礎にあったのは家と村落であったとする津田左右吉の学説が大きな影響力をもっていた。ウヂを家の連合体としてとらえる学説も、その展開とみることができる。もちろん古代にも妻子とともに住む「イヘ」は存在し、豪族層では「累世相継富家」とよばれる家が生成している。しかし、「家」という漢字は「イヘ」と「ヤケ」という二つの言葉を表記するのに用いられ、継承の客体として一般的に存在したのは、「イヘ」ではなく、「ヤケ」——堀や垣にかこまれ、複数の屋や倉が建つ一区画の施設——であった[39]。

ウヂの氏族制的な性格を否定した津田学説の基礎には、単系(父系または母系)の出自によって集団への帰属が自動的に決定され、氏族外婚制をもつ、狭義の単系出自集団が前提とされていた。しかし、ウヂも「共通の始祖をもつという信仰によって結ばれた血縁集団」であり、広義の氏族であった。「氏族」の語を狭義の単系出自集団に限定しないで「家族より範囲の大きな何らかの血縁集団」として捉え直した石田英一郎「氏族制時代論[40]」の考え方によれば、ワカタケル大王の時代は「氏族制」の時代として捉えることができる。

そして第二節で説明したように、ウヂの本質は始祖との関係にあり、稲荷山鉄剣銘の系譜が明示するように、始祖と自己とを結ぶ系譜は父系を原則とした。かつて私は、「日本の古代社会は、父系の出自集団を基礎にはしていないが、父系の系譜関係を骨格として形成されたのである」と書いた[41]。そのとき考えていたのは、第一に、ウヂは首長層の組織であり、庶民はウヂの構成員ではなかったこと、すなわち、出自集団が社会を網状に覆い、首長はそのなかの特別の地位を占めることによって首長であるという論理による首長制社会ではなかったことと[42]、第二に、父系出自集団の概念を狭義に解し、ウヂは父系出自集団でないと考えたのであった。前者については補足することはないが、後者についてはいくつかの問題が残されている。

ウヂは父系出自集団でないと考えたのは、第一に中国の宗族との比較を基礎として考えたために、中国的な父系出自集団との基本的な相違を重視したからであり、第二には、「父系出自集団」の概念を狭く解し、ウヂや後世の同族を父系出自集団(ないし血縁集団)とみなさない有賀喜左衛門や中根千枝の学説[43]に依拠したためであった。しかし江守五夫や清水昭俊が批判したように[44]、父系出自集団を広義に解すれば、ウヂは本来、父系の系譜を骨格とするものであり、広義の父系出自集団として捉えた方が妥当かも知れない[45]。

ウヂを広義の父系出自集団(清水のいう準父系出自集団)として捉えた場合、その特質はどのようなものであろうか。まず問題になるのは、律令制では中国律令にならって父系の原則をはっきり立てているが、律令制以前のウヂにおいては、父方とともに母方のウヂとも深いかかわりがあり、場合によっては母方のウヂにも属することがあり得たと想定されることである。有名な例としては、物部尾輿は弓削氏の女と結婚したので(『先代旧事本紀』天孫本紀)、その子、守屋は「物部弓削守屋大連」と伝えられ、守屋は弓削氏のもとで養育され、母方のウヂのヤケなどの資産を継承したと推定されている。のちに弓削の道鏡は、守屋を祖としている。

もっともこのような個別例だけでは一般化はできず、また律令制は姓の父系継承をはっきりと制度化し、戸籍などもその原則で作成されたので、母方の姓を継承した史料は、例外的な事例しか残されていない[46]。しかし、大化元年(六四五)のいわゆる「男女の法」が、良民と賤民、賤民と賤民との間に生れた子の帰属だけでなく、最初に良民と良民の間の「良男良女共所㆑生子、配㆓其父㆒」とわざわざ規定しているのは、単なる文章構成の問題ではなく、子が母方に属することが一般的にもあり得たと仮定した方が自然ではないだろうか。この「男女の法」は、良賤間の子の身分帰属と、奴婢間の子の所有権帰属を定めた法としては、世界の多くの民族の法と共通するが、良民間の子の帰属を問題としているところに特色がある。中国律令にならった日本律令も、良民間の子は父につけることを当然の前提として、その問題には何ら言及していない。それに対して大化の「男女の法」は良民間に生れた子の父方帰属をわざわざ明確に規定していることに注目したい。

ウヂの特質として第二にあげられるのは、ウヂへの帰属と出自との関係である。ウヂは本来、氏上とその近親からなる狭い範囲の血縁集団と想定され、氏上の変動にともなってその構成員もたえず変動していた可能性が強い[47]。出自によってウヂへの帰属が自動的には決定されないところに、ウヂの大きな特質があったと考えられ、前節でとりあげた律令制の「姓」が急速に形骸化してゆくのも、そのようなウヂの構造と深くかかわっている。

もっとも、出自によって集団への帰属がすべて自動的に決定されるという出自集団は現実には存在しないであろう。集団への帰属に作用するさまざまな要因(出自・婚姻・居住・生業……)のなかで、出自のもつ比重がどの程度であるかによって、広義の出自集団にはさまざまなタイプがあったと考えられる。ウヂはおそらく出自のもつ比重が相対的には低いタイプに属するのではなかろうか。そしてこのような集団帰属と出自との関係は、日本の社会に歴史的に貫通する性格と考えられ、双方的な親族関係が集団帰属に機能する度合が高かったこととともに、日本的なイエ制度が形成される基礎となったのではなかろうか。

五　氏・家・養子

律令国家の形成期に、「氏上」を確定し、ウヂ名・カバネの賜与を通じて、官人層の母胎としての「氏」の再編成を進めたことは第三節で述べたが、大宝律令では「氏」と並行して「家」の制度を制定し、「氏」と「家」との両面から支配者層を組織化することにした。「氏」が始祖との関係を基軸とし、氏上の地位が傍系親をふくむ範囲で変動していたのに対して、家の原理とされたのは父—子関係であり、とくに父から嫡子への継承を基本とする嫡子制を制定した。

律令国家は、「氏」のランクによって官人への出身を秩序づける方式から、父—子(三位以上では父—子—孫)の関係による叙位(いわゆる蔭位)によって官人身分を秩序づける方式へと転換する。蔭位とは、父(五位以上)や祖父(三位以上)が高い位階をもっていると、その子や孫も二十一歳になると自動的に高い位階に叙される制度で、例えば三位の嫡子は従六位上、庶子・嫡孫は従六位下、庶孫は正七位上、という高い位階に叙される。蔭位の制は、父系の原則を貫徹し、また手本とした唐律令の兄弟平等主義を修正して、嫡子を優遇したことが注目される。

ウヂとイヘの制度との違いをはっきり示すのは「養子」の問題であり、イヘは父から子への継承を基本としたので、養子が大きな問題となる。ウヂにおいても、始祖と自分とをつなぐのは、親子関係の連鎖であったが、ウヂにおいては始祖との関係が基本であったから、養子の問題はおこってこない[48]。もちろん捨て児や孤児を育てるという養子はいつの時代にも存在したが、何らかの地位とか権利を継承するための「養子」が史料の上にはっきりと現れてくるのは蔭位の制を施行した時[49]、すなわち七〇一年の大宝律令施行直後に出された法令であり、蔭位の制と関連して、養子の資格に制限を加えたものであった。このことは、律令国家の基本的な政策が、父から子への継承を原理とする支配者層の組織化にあったことをよく示している。

律令国家は、「立嫡者、本擬承家」すなわち嫡子を立てるのは「家の継承」のためとし、支配者層の単位をウヂからイヘに切り換えようとするが、このような律令国家の政策を巧みに利用したのが藤原氏であった。律令制では、三位以上の貴族(男女とも)に公的な「家」をおいたが、太政官の議政官となった三位以上の貴族は、畿内の有力な「氏」の長によって構成されていたので、実質的には、畿内の有力な「氏」ごとに、一つずつ公的な「家」がおかれたことになる。しかし、この慣行を破ったのが藤原不比等の四人の子(武智麻呂・房前・宇合・麻呂)で、彼らはいずれも三位以上の位階を得、それぞれ公的な「家」をもった(いわゆる南家・北家・式家・京家の起り)。それは、ウヂ単位でなく個人単位に与えられるという律令位階制の特質を、たくみに利用したものである。

家令職員令に規定された三位以上の公的な「家」は、官司の一種であり、家令をはじめとするその職員は、官人として政府から給与を支給されている。「家」という漢字が「イヘ」と「ヤケ」という、異なる意味の二つの日本語を表記したことは前述したが、三位以上の公的な「家」は、家族とつねに結びついていた「イヘ」よりも、ミヤケ・オホヤケなどのように施設・機関をあらわす「ヤケ」のイメージに適合する。夫婦ともに三位以上であれば、別々の公的な「家」をもったと推定されることも、そのことを裏付けている。(50) 例えば藤原不比等と結婚して光明子を生んだ県犬養三千代は、自らも後宮に仕え三位に叙せられていたので、「女亦准レ此」という家令職員令の規定によって、二位の夫の不比等とは別の公的な「家」をもっていたと推定される(二位と三位では「家」の構成が異なる)。

三位以上の公的な「家」に対して、養老三年(七一九)には五位以上に令制外の「宅」がおかれる。「家」「宅」は位階にともなうもので、それ自体として継承の客体とはならないことにも注目しておきたい。律令制の蔭位制によって五位以上の子孫は有利な地位から出身するが、彼らが父祖と同じ位階に達するという保証はない。傍系親をふくむ一族のなかで氏上の地位が継承されたウヂの制度に比べると、直系の子孫に限定された蔭位制は、その限られた子孫のいずれかが高い地位を得られなかった場合には、急速に没落する可能性がある。事実、七—八世紀に活躍した有力な氏の多くは、九世紀には没落している。(51) 平安貴族は、律令官人制の機構に乗ることのできた新しい貴族層である。

律令制の公的な「家」「宅」と、平安貴族の王臣家の「家」が、どのような関係にあるのかは、まだ十分には明らかにされていない。また平安前期の貴族の家は、未だ平安後期の貴族の家のような明確な家領を形成しておらず、もっとも大きな収入源は位階や官職にともなう食封など、朝廷から支給される給与であった。封戸制の変質後も、その収入源は朝廷の官職と深く結びついていた。そこに中世的イエの観念が、朝廷の官職の世襲化を媒介にして生れてくる素地があったと考えられる。

佐藤進一は、特定の氏族が特定の官司の職務を独占し、世襲してくるところに、中世的な家業観念の萌芽を見出している。(52)『法曹至要抄』に、「養子の法、子無きの人、家業を継がむがために収養する所なり」とあるように、家業の観念は中世社会の骨格をなしていた。たしかに特定の氏族が特定の官司の職務を家業として世襲するという体制は、官位相当制を原則とする律令の官僚制を破るものであったが、その点だけに注目すると、始祖が天皇の祖先に仕えた職務を継承するというウヂの原理の再生ともいえる。しかし、ウヂが始祖との関係を基本としたのに対して、中世の家業の観念は父と子の継承を基本としている点がはっきり異なっている。養子は家業を継ぐためとする『法曹至要抄』の規定にも、そのことは明白にあらわれている。ウヂからイエへの変化は、始祖の霊威が永遠に再生し続けるという循環的・神話的な時間意識から、父から子へ、子から孫への継承を基本とする直線的・歴史的な時間意識への転換であると表現できるかも知れない。

律令国家が先取りした「家」は、官人貴族層によってしだいに実体化されてくる。いわゆる日本的なイエの特質は、イエが広義の経営体であったことにあるが、律令に規定された三位以上の公的な「家」は、その中に政所などをふくむ機関でもあり、経営体としての家の源流になったと考えられる[53]。たしかに東国の在地領主層の家が、中世以降の家の主流となっていくが、源頼朝が公卿に列せられたとき、それまでの公文所を政所と改めたように、公卿の家こそが、家の正統性の根源であった。中国の家の理念型が士大夫の家であり、朝鮮の家の理念型が両班の家であったように、日本の家の伝統的なモデルの源流は、律令の三位以上の「家」に淵源する平安貴族の家だったのではないか。しかし平安貴族の家は、律令国家(広義)に依存するところが大きく、中国の士大夫の家や朝鮮の両班の家のような、独自の社会的な基盤を欠いている。日本的な家の特質は、在地領主層の家の発展を原動力として形成されるが、その特質が、律令の「家」とどのような関連をもっていたのか、私はまだはっきりした見通しを立てることができない。古代のイへとヤケの総合として中世以降のイエの成立を想定する仮説とともに、今後の課題としたい。

おわりに――姓と名字――

伴造―品部制から律令官司制への転換の過程で、ウヂ名も職名的なものがしだいに少なくなり、本拠とする地名にちなんだ賜姓が増加してくる。鎌足の死の直前に賜わった「藤原」は特殊な事例だが、「藤原」も地名であることに変りはない。職名とも地名とも全く関係のない新しいタイプのウヂ名は「橘」である。不比等の妻、県犬養宿禰三千代は、元明天皇の大嘗祭の宴で、天皇から杯に浮かべた橘を賜わり、「橘宿禰」の姓を与えられた。「橘」とともに、職名でも地名でもない新しいタイプのウヂ名としては、「源」と「平」がある。「源」は嵯峨天皇の皇子・皇女に、「平」は桓武天皇の孫、高棟王に与えられたのに始まる。「源」「平」という一字の抽象的な漢字が選ばれたのは、中国の姓の影響であろう。源・平・藤・橘という日本の姓を代表する四つは、こうして平安前期に出揃う。

律令制による姓の父系一律継承は、政治的・社会的地位を表示するという姓の機能を低下させていくが、その機能が存在しているうちは、姓を偽わる冒名がさかんに行われ、政府はその取締りに追われる。ところが平安時代の中頃になると、地方豪族が勝手に姓を変える例があらわれる。姓は天皇から賜わるという建前は、中世―近世にも持続するが、系譜を作為したりして、ひとたび源平藤橘の大姓につながれば、姓の父系一律継承の原理によって、その姓は限りなく拡散してゆく。

日本の姓は「同姓不婚」のような社会規範をともなわず、また「姓」をもたない奴婢の身分も社会に根をもたない政治制度であった。したがって姓の政治的機能の消失にともなって、もともと国家の行政上の必要から付された庶民の姓は、平安時代に急速に消滅していった。

姓が天皇から賜与されるという原則をもち続けたのに対して、姓と重層して、私的な名字（のちの苗字）がおこって

くる。このような姓と名字との関係は、すでに『大日本史』の「氏族志」に、

　然れば古は氏姓は必ず之を天子に受く。而していはゆる名字はみな私称より出づ。

と正しく指摘されている。

名字の起源は、俗称としての字(あざな)から発達したとする説が有力であり[54]、とくに中世の名字との関係で注目されるのは、平安初期に編纂された『日本霊異記』(中巻十一話)に、「姓文忌寸(ふみのいみき)也字云㆓上田三郎㆒矣」とみえる「上田三郎」という字(あざな)である。彼は「文忌寸」という、れっきとした姓をもっていたが、同時に「上田三郎」とよばれていた。上田は紀伊国伊都郡の地名と推定され、「上田」の地名に、「三郎」を加えて呼んでいる。このような地名に輩行(一族のうちの同一世代の長幼の順)を加えた呼び方は、平安後期の豪族にはかなり普及し、例えば『陸奥話記』にも、橘貞頼の字は「志万太郎」(志万は地名)とみえ、中世の名字につらなってゆく。しかし字は本来個人の呼び名であったから、鎌倉時代にも父子兄弟でその称を異にしており、例えば有名な御家人であった三浦介義明の子は、和田太郎義宗・三浦次郎義澄・大多和三郎義久・多々良四郎義春などと、別々の地名を冠していた。

字の地名が名字として固定していくのは、一般には南北朝前後の頃からと推定されており、名字の地とも呼ばれた本領の単独相続制の発達と関連していた。それは同時に、相続の客体となる「家」の確立でもあった。名字は「家」の冠称となる。

名字の中核は地名であり、その地名を冠して呼ばれるのにふさわしいのは、その地の支配者としての豪族である。名字をもつのは「侍」身分のもので、地下(庶民)は名字をもたなかった。また名字が家の称として確立していくと、その家を継いだものが、名字を継いだ。

名字は、姓の前身であるウヂ名・カバネと共通する性格をもっていた。すなわち、ウヂ名・カバネも、名字も、広義の血縁を媒介として継承されながら、いずれも政治的・社会的地位を表示する機能をもち、分化・差別によって、その機能を維持していたのである。ウヂ名・カバネが氏上とその近い親族だけに継承されたのと同じように、名字も

家の継承者にのみ継承された(例、大友の名字は惣領家だけ)。ウヂ名の分化が、本拠とする地(地名)の分化によることが多いのも、名字と共通している。ただしはっきり異なるのは、ウヂ名の継承が養子という擬制とは無縁であるのに対して、名字の継承は養子によってもおこなわれることである。それは、前述した古代のウヂと中世以降のイエの原理の差でもあった[55]。

ウヂ名・カバネの制度を前提としつつも、律令国家の「姓」は、それとは異質の原理をふくんでいた。一つは、姓はすべての良民に行政的に付されたことであり、もう一つは、狭義の父系出自集団の原理で一律に継承されたことである。課役や兵役を成年男子ごとに課する体制が解体していくなかで、行政的に付された庶民の姓がまず消滅してゆき、また賜姓の濫発と姓の父系一律継承によって、政治的標識としての姓の機能が稀薄化してゆく。それに替って、名字が政治的・社会的機能をになう標識として生成してくる。

名字の発達は、姓と重層して展開したので、中世においても、朝廷との関係や、公的な行事においては一般に姓が用いられ、近世においても、朝廷から位階を叙されるときには姓が、将軍から職に任ぜられるときには名字(苗字)が用いられた[56]。

姓の存在を前提としながら、名字が武士の世界に自然発生的に成立してくる状況は、中世ヨーロッパにおいてファミリー・ネームが、ローマ時代の姓氏を前提としながら貴族層の間に成立してくる状況と類似している。しかし日本では、名字と重層して、律令国家の「姓」の制度が、中世—近世を通じて形骸化しつつも存続しつづけた点に大きな特色がある。

(1) 島村修治『世界の姓名』講談社、一九七七年。
(2) 尾形勇「中国の姓氏」『東アジア世界における日本古代史講座』第10巻、学生社、一九八四年。宇都木章「書評、尾形勇「中国の姓氏」「吹律定姓初探」」『法制史研究』三五号、一九八六年。

(3) 漢民族の社会組織の特質を「関係があって組織はない」とする説に求めた王崧興「漢民族の社会組織」(竹村卓二編『日本民俗社会の形成と発展』山川出版社、一九八六年)は、この問題を考える上で大きな示唆をふくむ。
(4) 朝鮮諸国の姓、倭王の姓についての本稿の記述は、武田幸男「朝鮮の姓氏」(前掲注(2)『東アジア世界における日本古代史講座』第10巻)、武田幸男「平西将軍・倭隋の解釈」(『朝鮮学報』七七輯、一九七五年)に全面的に依拠している。
(5) 古田武彦『失われた九州王朝』朝日新聞社、一九七三年、一三五―一三六頁。
(6) 西嶋定生『日本歴史の国際環境』東京大学出版会、一九八五年。
(7) 川口勝康「大王の出現」『日本の社会史3 権威と支配』岩波書店、一九八七年。
(8) 埼玉県教育委員会『稲荷山古墳出土鉄剣銘概報』一九七九年。
(9) 義江明子「古代の氏と家について」『日本史の研究』一一七号、山川出版社、一九八二年。
(10) 阿部武彦「古事記の氏族系譜」『日本古代の氏族と祭祀』吉川弘文館、一九八四年。
(11) 中田薫「祖名相続再考」『法制史論集』第三巻、岩波書店、一九四四年。
(12) 江守五夫『日本の婚姻』弘文堂、一九八六年、一五一頁。なお江守氏が「日本の家族と共同体」(『歴史評論』四四一号、一九八七年)において、拙著(『律令国家と古代の社会』岩波書店、一九八三年)に言及され、「「ウヂ・カバネ制」以前にウジ集団が形成されていなかったとみられるのであろうか」と私説を批判された点は、若干誤解があるように思われる。私は、ワカタケル大王の時代には「ウヂ名は成立していなくても、ウヂの本質である始祖からの系譜は成立していたので、ウヂは成立していたと考えてよい」(前掲拙著、一三一頁)と記している。このような誤解が生じた原因を私なりに推測してみると、私が中田薫説を批判したのは、奈良時代の宣命や万葉集にみえる「祖名」を中田がウヂ名にひきつけて解釈した点についてであり、私はそれらの「祖名」は第一義的には始祖の名そのものと考えたのであったが、その説明が不十分であったからかと思われる(詳しくは吉田孝「祖名について」『奈良平安時代史論集』上巻、吉川弘文館、一九八四年〔本書所収〕)。したがって私説は、江守氏の考え方と矛盾しないと思うが、稲荷山鉄剣銘は祖名口伝たる父祖名連称法に則って分析すべきである、という江守氏の批判の妥当性を認め、本稿はその観点から記述した。
(13) 義江明子『日本古代の氏の構造』吉川弘文館、一九八六年、三三一頁。

(14) 義江説（前掲注(13)）は、「族長位の継承法が地方豪族も含めて一般的に直系継承に移行するのは平安以降のことである」という点を重視して立論されている。しかし鉄剣銘の「世々」は大王の世々であって、ヲワケ臣の一族の世々ではないので（平野邦雄『大化前代政治過程の研究』吉川弘文館、一九八五年、一一〇頁）、鉄剣銘の八代がすべて杖刀人首でなくても、鉄剣銘のような表現があり得たのではなかろうか。なお後述するように、八代のうち実在したのはおそらく、ハテヒ・カサハヨ・ヲワケ臣の三代であるから、三代とも杖刀人首であった可能性は残る。

(15) 溝口睦子『日本古代氏族系譜の成立』学習院学術研究叢書、一九八二年。

(16) 前之園亮一「ウヂとカバネ」『日本の古代11 ウヂとイエ』中央公論社、一九八七年。

(17) 折口信夫「大嘗祭の本義」『古代研究』Ⅲ、民俗学篇三、角川書店、一九七五年。

(18) ウヂ名・「姓」の成立についての本稿の記述は、平野邦雄『大化前代社会組織の研究』（吉川弘文館、一九六九年）、加藤晃「我が国における姓の成立について」（『続日本古代史論集』上巻、吉川弘文館、一九七二年）、加藤晃「日本の姓氏」（前掲注(2)『東アジア世界における日本古代史講座』）の諸論考に、ほぼ全面的に依拠している。

(19) 井上光貞「帝紀からみた葛城氏」『日本古代国家の研究』岩波書店、一九六五年。

(20) 井上光貞「カバネ・位階・官職」『東アジア世界における日本古代史講座』第6巻、学生社、一九八二年（『井上光貞著作集』五、岩波書店、一九八六年）。

(21) 坂元義種『古代東アジアの日本と朝鮮』吉川弘文館、一九七八年。

(22) ただし、「杖刀人」「典曹人」が後に姓に転化する可能性はあった。

(23) 加藤晃、前掲注(18)論文。なお、次の第三節も加藤の論文に依拠するところが多い。

(24) なお、布村一夫「阿毎氏。氏と家と」（『歴史評論』四二〇号、一九八五年）は、この「阿毎」を日本に実際に存在したウヂ名と解しているが、私は本文のように解する。

(25) 黛弘道『律令国家成立史の研究』吉川弘文館、一九八二年、第二編第三。

(26) 大野晋『日本語の起源』岩波新書、一九五七年。

(27) このような公的な「氏」のほか、国造・郡司層の親族組織を「氏」と表記する場合もあった（例、『続日本紀』大宝二年四月条「定₂諸国国造之氏₁」)。しかし国造・郡司層の「采女」に相当する女性が、畿内豪族の場合には「氏女」と称されたように、公的な「氏」は畿内豪族層の組織であった。本稿では豪族の組織を一般に「ウヂ」、公的なウヂを「氏」と表記する。

(28) 平野邦雄「八世紀〝帰化氏族〟の族的構成」『続律令国家と貴族社会』吉川弘文館、一九七八年。

(29)「自律的」「自主的」という概念については、石母田正『日本の古代国家』岩波書店、一九七一年、第三章、参照。

(30) 石母田正「古代の身分秩序」『日本古代国家論』第一部、岩波書店、一九七三年。

(31) 民俗学や社会学の成果については、上野和男「日本民俗社会の形成と発展」(前掲注(3)『日本民俗社会の基礎構造』ぎょうせい、一九九二年)参照。

(32)「双系的」という語は、きわめて曖昧な概念で、多様な意味で用いられる。広義には non-unilineal ないし cognatic の意で用いられ、ambilineal, utrolateral, bilateral など多様なシステムをふくむ。ここではそれらをふくむ漠然とした意味で用いる。

(33) 大林太良「親族構造の概念と王家の近親婚」(前掲注(16)『日本の古代11 ウヂとイエ』)、江守五夫、前掲注(12)「日本の家族と共同体」。

(34) 始祖からの関係、すなわち出自(descent)にかかわる「—系(リニアル)」(lineal)と、父ないし母を通してたどられる関係を示す「—方(ラテラル)」(lateral)の概念は、はっきり区別しなければならないが、拙著『律令国家と古代の社会』(前掲注(12))においては、両者を区別しなかった。そのために論旨に混乱が生じたことを反省している。鬼頭清明「家族と共同体」(『現代を生きる歴史科学』2、大月書店、一九八七年)参照。なお lineal と lateral の区別は、例えば、藤原道長は、後一条天皇の母方(matri-lateral)の親族ではあるが、母系(matrilineal)の親族ではなく、摂関政治は双方的(bilateral)な親族関係を背景にしている。

(35) 江守五夫『日本村落社会の構造』弘文堂、一九七六年。

(36) 吉村武彦「日本古代における婚姻・集団・禁忌——外婚制に関わる研究ノート」『奈良平安時代史論集』上巻、吉川弘文館、一九八四年。

(37) 大林太良「古代の婚姻」(『古代の日本』2、角川書店、一九七一年)、なお大林太良「渡来人の家族と親族集団」(前掲注

（16）『日本の古代11　ウヂとイエ』）参照。
（38）例えば、沖縄の「門中」は、中国の父系出自集団の影響を強くうけているが、氏族外婚制がないのは、基層にあった双方的な親族組織との関係が想定されている。村武精一『神・共同体・豊穣』未来社、一九七五年。
（39）吉田孝、前掲注（12）『律令国家と古代の社会』。
（40）石田英一郎「氏族制時代論」『石田英一郎著作集』第一巻、筑摩書房、一九七〇年。
（41）吉田孝、前掲注（12）『律令国家と古代の社会』一四七頁。
（42）中林伸浩「東南アジア首長制の構造」『思想』五三五号、一九六九年。
（43）有賀喜左衛門『有賀喜左衛門著作集』Ⅶ、未来社、一九六六年。座談会「家族――その比較に見るアジアと日本」（『世界』一九七二年九月号）における中根千枝の発言。
（44）『日本民俗社会の形成と発展』（前掲注（3））三二九頁の江守五夫の発言。江守五夫「日本の家族と共同体」（前掲注（12））。清水昭俊「ウヂの親族構造」（前掲注（16）『日本の古代11　ウヂとイエ』）。
（45）吉田孝『律令国家と古代の社会』（前掲注（12））においては、ウヂの氏族制的な性格を否定した津田学説（およびその展開としての戦後の通説）を克服し、ウヂも「共通の始祖をもつという信仰で結ばれた血縁集団」であり、広義の氏族であることを明らかにすることに主眼をおいたため、「出自集団」の概念を十分に検討せず、その用語法にも一貫性を欠いていた。ただ「出自集団」の概念をめぐる人類学者や社会学者の激しい論争に参加する準備も能力もないので、ウヂを「父系出自集団」と規定するかどうかは、今後の課題としたい。
（46）江守五夫『日本の婚姻』（前掲注（12））第一篇第二章。
（47）ウヂの構成原理には、ancestor-oriented な関係とともに、ego-oriented な関係も強く機能していたと考えられる。
（48）村上泰亮・公文俊平・佐藤誠三郎『文明としてのイエ社会』中央公論社、一九七九年、第七章第三節。
（49）野村忠夫『律令官人制の研究』吉川弘文館、一九六七年、第二篇第一章第二節。
（50）関口裕子「日本古代の豪貴族層における家族の特質について（下）」『原始古代社会研究』6、校倉書房、一九八四年〔『日本古代家族史の研究』下、塙書房、二〇〇四年〕。

(51) 長山泰孝「古代貴族の終焉」『続日本紀研究』二一四号、一九八一年(『古代国家と王権』吉川弘文館、一九九二年)。
(52) 佐藤進一『日本の中世国家』岩波書店、一九八三年。
(53) 吉田孝「トコロ覚書」『日本古代の政治と文化』吉川弘文館、一九八七年(本書所収)。
(54) 名字の起源については、加藤晃、前掲注(18)論文、阿部武彦『氏姓』(至文堂、一九六〇年)、豊田武『苗字の歴史』(中央公論社、一九七一年)にほぼ全面的に依拠している。
(55) 七五七年(天平宝字元)、石津王に藤原朝臣の姓を賜い、藤原仲麻呂の子としたのは、律令制の「姓」と「養子」の制度を基礎としている。
(56) 大藤修「近世における苗字と襲名慣行」比較家族史研究会『会報・比較家族史』五、一九八五年。

ウヂとイヘ

一　津田史学の遺産

日本の古代史学、とくに第二次大戦後の古代史学の歴史のなかで、津田左右吉の果した役割はまことに大きかった。それは今さら私が繰返す必要もないことであるが、古代史学が新しい課題に取り組もうとするとき、必ずといってよいほど津田の学説が想起され、そこに立ち帰って問題が提起されているのは、史学史のなかに占める津田史学の確固たる地位をはっきりと物語っている。例えば、近年の稲荷山古墳鉄剣の銘文の発見は、古代史の研究にはかり知れない大きな意味をもっているが、記紀伝説の成立についての津田学説とも深くかかわっている。かつて井上光貞は「日本古代史と津田左右吉」(『読売新聞』一九七二年十月二十八日～十一月一日。上田正昭編『人と思想・津田左右吉』三一書房、一九七四年、に収録〔『井上光貞著作集』一〇、岩波書店、一九八五年〕)において、津田の記紀研究を、(A)「基本的な構想ないし方法の如き本質的なもの」と、(B)「それにもとづく個々の結論、成果の如き派生的なもの」とにわけ、津田説の真髄は、(B)の結論の部分ではなく、(A)の方法と仮説にある、と主張した。すなわち津田は、(A)記紀の全体、またはその個々の部分を、その成立において――その素材の成立時期、制作主体、制作の動機、その素材が記紀に定着するまでの潤色の変遷などを――問うという、史家として最も正当な研究法を基本にすえ、記紀の神話や伝説の原資料となった「帝紀」「旧辞」は、六世紀前半の継体・欽明朝のころ、朝廷によってその原型が文字化されたという仮説に到達した。そして(B)その仮説をもって記紀の伝説的記事の研究を進めたのであった。井上は前記の文章のなかで、津田史学に対する一般の評価が(B)の結論的部分にだけ向けられていることを厳しく批判していたが、はたして稲荷山古墳鉄剣の銘文が発見された際にも、鉄剣の主である「ヲワケ臣」の「上祖」「オホヒコ」が、記紀の崇神天皇の派遣した四道将軍の一人「大彦命」にあたる可能性があることから、――津田の帝紀旧辞成立論を顧みることなく――直ちに、崇神天皇による四道将軍派遣は史実であることが証明された、津田の記紀批判は誤っていた、というような短絡的な意見があらわれた。しかし津田の帝紀旧辞成立論を――その成立時期などの細部には異論があるとしても、その基本的な考え方を――念頭においてこの銘文を読めば、そのような短絡した結論ではなく、帝紀旧辞の一部としての四道将軍説話（の原型）は五世紀後半ごろにはすでに成立していた可能性があり、この銘文のヲワケ臣の一族は、その系譜を作るにあたって、その系譜の本源を伝説上の「オホヒコ」という英雄に求め、それを「上祖」とする系譜をつくった、と推定するのが自然な解釈ではなかろうか（井上光貞ほか『シンポジウム鉄剣の謎と古代日本』新潮社、一九七九年）。もちろん記紀の四道将軍説話の「大彦命」と鉄剣銘の「オホヒコ」を同一とする確かな証拠はなく、津田やその学説を基本的に継承する井上光貞の帝紀旧辞論を、ラディカルに批判する川口勝康らの研究（例、川口「五世紀の大王と王統譜を探る」原島礼二ほか著『巨大古墳と倭の五王』青木書店、一九八一年）もあらわれているが、川口らも強調するように、この鉄剣銘文が「帝紀」「旧辞」の研究にとって、はかり知れない貴重な史料であることは間違いない。そしてその研究が同時に津田史学との対決となることも間違いないだろう。

津田の記紀批判は、記紀の世界に沈潜し、その構造をあくまでも内在的に明らかにしようとするものであったが、それが画期的な成果をもたらしたのは、比較神話学や文化人類学についての津田の豊かな学識によるところも大きかった（家永三郎『津田左右吉の思想史的研究』岩波書店、一九七二年）。また津田は記紀の物語の歴史性を鋭く批判したが、記紀の物語の価値を決して低く評価してはいない。「記紀の上代の物語は歴史では無くして寧ろ詩である。さうして詩は歴史よりも却つてよく国民の内生活を語るものである。これが此の書に於いて、著者の反覆証明しようとした根本思想である」、と津田は『古事記及び日本書紀の新研究』（洛陽堂、一九一九年）の最後に語っているが、その言葉の通り津田は、記紀を素材として上代の生活についての重要な事実を明らかにしている。本稿で私が取り上げようとするウヂとイへの問題は、そのごく一部分にすぎないが、その小さな窓から、津田史学が現在の歴史学に残した――プラス・マイナスを含めた――遺産について考えたい。

津田は前掲の『古事記及び日本書紀の新研究』のなかで、上代の宗教生活における「部族」の機能に注目し、また家族に関する言語(親族呼称)の分化が不十分であること、父の権力がまだ十分発達していなかったこと、長子制が成立していなかったこと、などから、「家族」の制度がまだ整っていなかったと推定している(四章二節「上代の家族生活」)。また上代に父方母方何れの近親とも結婚したのは、「父方の近親と結婚することが普通であった母系時代の習慣が遺つてゐるところへ、母方の近親と結婚し得る父系時代の新習慣も行われて、其の二つが共存し、終にそれが混同したのではあるまいか」(三六一頁、傍点吉田)というように母系時代の存在を想定し、文献によって知られる上代の社会を、母系制から父系制への過渡期ではないかと憶測している。津田がこのような想定をしたのは、おそらく母系制から父系制へ、氏族から家族へ、というL・H・モルガンなど当時の文化人類学者の理論とも深いかかわりがあったと想定され、「部族」(津田のいう部族は「クラン」をさす)の存在、「家族」の未発達、母系制から父系制への過渡期、という津田の考え方は、モルガンなどの理論の影響のもとにあったと想定される。もちろん津田は同時に、「上代には血族といふことを示す語も明瞭には無かつたらしく、カバネに「姓」の字をあてたのも妥当とは言ひ難かろう」(三七六頁)と上代の「血族」のあり方に鋭い眼を向けており、クランの存在を単純にそのまま肯定したのではなかった。そして、津田の研究が深化するとともに、比較神話学や文化人類学の成果を記紀研究に活用することについてしだいに懐疑的となり、津田の初期の著作にみられた比較神話学・文化人類学の用語や文献を、その著作から大幅に削除していった(その過程については、家永三郎『津田左右吉の思想史的研究』前掲、参照)。津田史学のこのような変質は、西洋の学問の成果を安易に日本の歴史に適用しようとする風潮への反発があったと想定され、あえて逆説的に表現すれば、西洋の学問に対する津田の造詣の深さを示すものであろう。津田が、現存する史料からは日本の上代に母系制の遺制を証明することは出来ないと強調し、ウヂや部の制が単系出自集団としてのクランとは異質なものであると強調したのも、記紀の内在的研究を進める津田の立場からすれば、そのような結論に到達するのはきわめて自然な、当然のことであった。後述するように文献から知り得る日本の上代の社会には、母系出自集団の遺制も、父系出自集団も、いずれも存在していなかったからである。したがって家永が、津田の母系制否定を津田史学の「後退」と評価したこと（家永前掲書、二六〇頁）には同意できないが、津田が比較神話学や文化人類学的研究ときびしい一線を画し、その独自の文献学的方法の内にたてこもってしまったことは、家永の指摘したように「津田の記紀批判を鋭くする反面に細く狭いものとしたことも免れなかった」（家永前掲書、二六〇頁）。

津田は、単系出自集団（共通の始祖から、父系または母系で——すなわち単系で——たどられるという信仰をもつ血縁集団。すなわち狭義の「クラン」）が日本上代には存在していなかったことを、記紀などの史料に即して明確に証明したが、同時に、「共通の始祖をもつという信仰で結ばれた血縁集団」の存在そのものをも一般的に否定してしまった。その結果、始祖のみを神として祭るという祖先崇拝の特異なあり方に注目しながら、それを「家」の始祖と短絡することになり、上代の社会における家族と村落の重視へと傾いていく。すなわち、「記紀に記載せられてゐるところでは、我々の民族は、一方に於いては家族が明かな形態をなしてゐると共に、他方では其の生活が村落的集団と其の領主たる貴族豪族の政治的統制とに依存してゐたのである。其の間に血族的集団といふやうなものの存在すべき余地が無い」（「大化改新の研究」『津田左右吉全集』第三巻、二六八頁）という。このように津田は「ウヂ」も「部」も政治的制度であるとして社会組織から切り離したが、そのような津田の二元的な捉え方は、記紀神話の政治的性格を強調し、記紀神話を民間の説話・伝承等と切り離して考えようとする記紀神話論にも共通している（石母田正がこの点を鋭く批判したことについては後述する）。こうして津田が到達した上代の社会組織についての見通しは、次の言葉に簡潔に要約されている。

われ〱の知り得るかぎりに於いては、日本の上代には、家はあつたが部族と称せられるごときものは無かつた。家の名はあつても部族の名らしいものは無く、家の祖先はあつても部族の祖先といふやうなものは無かつた。また村落の首長はあつたが部族の首長は無かつた。要するに、家の生活、村落の生活は、あつたが、部族の生活は無かつたのである。

（「上代の部の研究」『津田左右吉全集』第三巻、一三二頁）

二　戦後歴史学における「ウヂ」と「イへ」

上代の「ウヂ」や「部」が血縁関係を基本的な結合の原理とするものではなく、政治的な支配関係によって統合された団体であり、クラン・ゲンスのような原始的部族とは考えられないという津田の学説は、その後の氏族研究に、決定的ともいえる大きな影響を及ぼした。ただ、津田説を基本的には継承する直木孝次郎「古代日本の氏」（『古代史講座』6、学生社、一九六二年）も指摘しているように、津田説では「ウヂ」の構造が——津田の重視する家や村との関係において、——十分に説明されていない。そしてこの課題の解明は、井上光貞が「氏族制に関する二つの理論」（同『日本古代史の諸問題』思索社、一九四八年）において整理したように、一方ではエンゲルスの「家族・私有財産・国家の起源」の理論を継承する藤間生大・石母田正らによって、もう一方では社会学や民俗学の「家」の研究に立脚する有賀喜左衛門・和歌森太郎らによって進められた。

藤間・石母田は、基本的にはエンゲルスの発展段階論を継承し、氏族共同体から親族共同体を経て古代家族の形成を見通し、ウヂが「古代家族」的な統治様式・社会秩序によって集結せられた政治的集団であることを立論した（藤間生大『日本古代国家』伊藤書店、一九四六年、石母田正「古代家族の形成過程」『社会経済史学』一二—六、一九四二年〈『石母田正著作集』二、岩波書店、一九八八年〉）。この藤間・石母田理論は戦後の古代史学発展の起爆剤となったが、実証的にも理論的にも、なお多くの問題をはらんでいた。一つは立論の素材とした戸籍・計帳の史料的性格に関する問題で、発展段階差・地域差を示すとみなされたデータのなかには、日本の編戸制の特質から生じた歪みが含まれていることが、岸俊男らの実証的な研究によって明らかにされたことである（岸俊男『日本古代籍帳の研究』塙書房、一九七三年）。しかし籍帳の史料批判をよりどころとした研究の多くは、小家族の重要性を指摘するに止まり、藤間・石母田理論に代り得るような社会組織の全体像を提示するには至らなかった。もう一つの問題は、母系制から父系制への発展や単系出自集団を基礎とするモルガン―エンゲルス理論を基本的にはそのまま継承したことにあった。例えば、石母田は、「家族はそれが社会的制度的な集団として理解される限り、父系か母系かの単系性を原理として組織されなければならない」という基本的な立場にたち、家族の社会的集団としての基礎が従来の自然生的な血縁の結合を超えたところに移り、それを支えているものが家長権に在るという家族を厳密な意味における「古代家族」と呼んだ（石母田前掲論文）。石母田が古代家族の構成の契機を家長に求めたのはまさしく卓見であったが、戸籍・計帳に数多くあらわれる「寄口」（「寄人」）を非血縁者とみなし、寄口の存在をもって古代家族成立の重要なメルクマールとしたことには疑問がある。門脇禎二「上代の地方政治」（藤直幹編『古代社会と宗教』若竹書房、一九五一年）が論証したように、籍帳の記載は父系・男系を原則としていたので、寄口と表記されたもののなかには母系（ないし女系）や姻戚関係によって戸主とつらなる戸口がたくさんふくまれていた可能性が強いからである。したがって家族の多くはまだ広義の「自然生的な血縁の結合」を超えてはいなかったのであり、石母田が古代家族の成立を過大評価した一つの原因は、家族を単系的な原理で把握しようとした点にあったと考えられる（もちろんここで問題としているのは史学史上の石母田理論である）。

津田史学の残した課題を、有賀喜左衛門・和歌森太郎らは、日本の古代社会の基本的な構造を「家」と「村」とに求める津田の基本的な考え方をほぼそのまま継承しつつ、社会学・民俗学の側面から追求しようとした。すなわち有賀は、一定の聚落に居住する家々が、血縁の有無に拘らず、有力な家を中心とする系譜関係によって結ばれ、密接な関連をもって生活していたと推定し、このような家の連合体を同族団とよんだ。そしてこの一地縁集団としての同族団が狭義の氏族（有賀のいう氏族）であり、同族団のさらに連合したものを広義の氏族（ウヂに相当するもの）と考えたのであった（有賀「日本上代の家と村落」『東亜社会研究』第一輯、生活社、一九四三年、『有賀喜左衛門著作集』Ⅶ、未来社、一九六九年、収録）。たしかに有賀は、血縁の規制力が比較的弱く、地縁の規制力が相対的に強いという、日本の社会構造に貫流する基本的な性格を鋭く捉えているが、有賀の同族団の理論は本来、近世～近代の農村を素材として構成されたもので、その理論を古代にまで遡及させることができるかどうかは疑問がある。というのは、有賀説の基礎は「継承される家」にあり、その家の連合体として古代の郷戸やウヂを位置づけているが、日本の古代社会に「継承される家」が一般的に存在したかどうかは疑問である。有賀が家の継承を主張する最大の根拠は八世紀前半の戸籍・計帳の「嫡子」の記載にあり、有賀は「嫡子」によって継承される家が実際に存在していたと考えたのであった（有賀「日本の家」前掲著作集、所収）。たしかに古代の籍帳には――大宝二年（七〇二）の戸籍には男の子をもつほとんど全ての成年男子ごとに、養老五年（七二一）の戸籍にはほとんどすべての郷戸・房戸ごとに――嫡子の記載がある。しかし、関口裕子「律令国家における嫡庶子制について」（『日本史研究』一〇五、一九六九年〔『日本古代家族史の研究』下、塙書房、二〇〇四年〕）が明快に論証したように、これらの嫡子は政治的な制度として新しく設定されたもので、当時の社会にはほとんど実体をもっていなかった。有賀が考えたような嫡子によって継承される「家」は、日本の古代社会には実体としては存在していなかったのである。

和歌森も有賀と同じように、「家」々が系譜関係によって結ばれた同族団として「氏」を理解した。和歌森は、「氏」は一つのまとまった「協同体」ではなく、ミウチ関係を示す概念、いわば生み筋としての血筋系統を指すものにすぎない、という重要な指摘も行っている（和歌森『国史における協同体の研究』上巻、帝国書院、一九四七年）。しかし和歌森もまた「家」を基礎にして「氏」を捉えるという、有賀と同じ考え方に立っている。

有賀・和歌森の「氏」＝同族団説のメリットを十分に認めながらも、両氏の説には「氏」成立の重要な契機をなした支配・被支配の権力関係ないし階級関係の問題が欠落していると批判した直木孝次郎は、「氏」の政治的あるいは階級的立場を重んずる津田・藤間らの説と、同族団的生活を重んずる有賀・和歌森らの説とを総合して発展させたが、基本的にはやはり「家」の集合体として「氏」を位置づけている（直木「古代日本の氏」前掲）。たしかに単系出自集団としてのクランは日本古代には（少くとも七・八世紀前後には）存在していなかったが、しかし、古代の「ウヂ」は「家」の集合体としてだけで、説明できるのであろうか。

三　「ウヂ」の再検討

津田左右吉が明確に論証したように「ウヂ」は〝政治的〟集団であったが、その中核にあったのは、始祖が天皇に仕えたように、永遠に天皇に仕えるという〝政治的〟理念であった。例えば出雲国造は、その始祖アメノホヒノミコトのマナ（霊威・魂〈たま〉）を、つねにアメノホヒノミコトから直接に継承するという伝統を保持し続けたが、それは始祖アメノホヒノミコトが朝廷に仕えたように、永遠に朝廷に仕えるという理念の表明でもあった。他の豪族の場合にも出雲国造のような明確な形ではないが、やはり始祖を継ぐという系譜意識がはっきり存在していた。『古事記』の氏族系譜の中心も「始祖」を明確にすることにあり（阿部武彦「古事記の氏族系譜」『古事記大成』四、平凡社、一九五六年（『日本古代の氏族と祭祀』吉川弘文館、一九八四年））、先述の稲荷山古墳出土鉄剣銘のオホヒコからヲワケ臣に至る八代の系譜も、ヲワケ臣がオホヒコを「始祖」とすることを明示するために、オホヒコと自己をつなぐ血縁を記すことが主たる目的であったと考えられる。始祖のマナを継ぐためには、始祖と血縁でつながっていることが前提とされたのではなかろうか。したがって始祖と血縁でつながっていさえすれば、前代の首長の直系の子孫でなくてもかまわなかったのであり、族長の地位が傍系親族に容易に継承されるという氏族系譜の一般的な性格も（井上光貞「カモ県主の研究」『日本古代国家の研究』岩波書店、一九六五年、所収）、――「家」の継承からは理解し難いけれども――「始祖」からのマナの継承を本質と考えれば素直に理解できる。延暦十八年（七九九）に氏族の「本系帳」の上進を命じたとき、「但、令レ載二始祖及別祖等名一、勿レ列二枝流及継嗣歴名一」としているのも（『日本後紀』）、このような系譜意識が平安初

期にも未だ生き続けていたことを示している。そして大伴家持が、

大伴の　遠つ神祖の　その名をば　大来目主と　負ひ持ちて　仕へし官　海行かば　水漬く屍　山行かば　草生す屍　大君の　辺にこそ死なめ　顧みは　せじと言立て　大夫の　清きその名を　……　大伴と　佐伯の氏は　人の祖の　立つる言立　人の子は　祖名絶たず　大君に　奉仕ふものと　……

と歌ったとき（『万葉集』巻十八、四〇九四）、まず強調されたのは、神祖の大来目主が大君に仕えた大切な役目を、自分たちも継承しているのだという自負であった。かつて津田は始祖のみを神として祭るという特異な祖先崇拝の形態に注目したが（前掲）、ここでも大来目主が「神祖」とよばれ、家持は反歌のなかで、「大伴の遠つ神祖の奥津城はしるく標立て人の知るべく」（巻十八、四〇九六）と歌っている。ところで先の長歌のなかで「人の子は　祖名絶たず」と歌われた「祖名」は一見すると大来目主の名をさすようにみえるが、かつて中田薫が明快に論証したように（「祖名相続再考」『法制史論集』第三巻、岩波書店、一九四三年）、「大伴と佐伯の氏」というウヂ名をさしていたと考えられる（もちろん同時に大来目主の名をさしていたと考えてもよい）。すなわち中田は、『続日本紀』の宣命などに数多くあらわれる「祖名を継ぐ」とか「祖名を戴き持つ」という表現と、『万葉集』の「物部の　八十伴緒も　己が負へる　己が名負ひて　大王の　任のまにまに……仕へ奉らめ　いや遠永に」（巻十八、四〇九八）という歌とを結びつけて考えると、「祖名を戴き持つ」という語は、八十伴緒が祖名を承け継いで己が身に負ひ持つ意味であると解されるが、奈良時代前後には、祖の個人名を継承して自己の個人名とする風習が一般的に行われていたという証拠を見出し得ない。ところが「名」という語が「氏」と同義に使用されたことは、『日本書紀』の大化二年八月癸酉の詔に「卿大臣伴造氏氏人等或本云、名名王民」とあるのを始め、数多くの史料をあげることができる。また「祖名不絶」「祖名乎戴持」ということを、「先祖乃門」「氏門」を「継ぎ」あるいは「不レ滅」と表現していることなどによって、「祖名」が「ウヂ名」をさすことは間違いないと推論したのである。そして本居宣長が「名」は「職」の意味であると指摘しているように（『古事記伝』巻三十九）、ウヂ名はまさに天皇に仕える「職」（わざ）を象徴するものであった。天皇からウヂ名を賜った

始祖の如く、そのウヂ名を戴き持ち、そのウヂ名が象徴する「職」をもって、永遠に天皇に仕え奉る――それが「祖名を継ぐ」意義であり、ウヂの本質であった。そこには先に出雲国造の継承のなかに見出したのと同じ、始祖のマナが永遠に再生し続けるという循環的・神話的な時間意識がなお生きていた。しかし私たちは同時に、このような神話的な系譜意識・時間意識が奈良時代には既に衰えつつあったことも、見逃してはならない。中国律令の継受を通じて、古代的な新しい系譜意識が先取りされていたからである。その中心となったのは父―子の継承を基軸とする嫡子制であり、嫡子を立てるのは「承家」のためであった(戸婚律立嫡違法条疏)。では「承家」とは何であったのか。単純に近世的な意味での「イエの継承」と決めつけられないところに、問題の複雑さと同時に、問題を解く手懸りがひそんでいそうである。

四 「家」とは何か――イヘとヤケ――

日本の律令の手本となった唐の律令においては、嫡子は「承襲」すなわち「封爵の継承」のための制度であり、「承家」すなわち「家の継承」という観念は中国律令には存在していなかった。滋賀秀三はそこに日本的な「家」の特質を見出したが(『中国家族法の原理』創文社、一九六七年)――そしてそのこと自体は正しく鋭い着眼であったが――問題は「承家」の「家」を後世的な意味での「イエ」と簡単に同一視できないところにあった。

「家」は日本の社会の基礎的な単位であったが、同時に歴史的存在であった。近世以降の社会において、家(イエ)が社会の一般的・基礎的な単位として存在し、それぞれ「継承される家」として存在していたことはほぼ通説となっているが、そのような「継承される家」が古代社会に一般的に存在していたかどうかは疑問がある。そのことは先に有賀説に対する批判としても述べたが、有賀説の最大の根拠は古代の籍帳の「嫡子」の記載にあったので、その問題をもう少し具体的に考えてみたい。

古代社会における「家」のあり方を解く一つの重要な鍵は、古代の史料にあらわれる「家」が、日本語の「イヘ」と「ヤケ(ヤカ)」という別系統の二つの言葉を表記するために用いられていることにあるのではないか——それが私のささやかな研究の出発点となった(「ヤケについての基礎的考察」井上光貞博士還暦記念会編『古代史論叢』中巻、吉川弘文館、一九七八年)。従来は——三家(ミヤケ)とか大伴家持(ヤカモチ)など特定の事例を除き——後世的な観念によって史料の「家」を「イヘ」と訓むのが一般であったが、古代には「家」が「ヤケ(ヤカ)」を表記したのではないかと推定される例がたくさんある。「ヤケ」(ヤカはその母音交替形)は、本来は立派な門(カド)をもち、堀や垣によって囲まれ、そのなかに屋(ヤ)や倉(クラ)が建てられている一区画をさす語であったと推定される。それに対して奈良時代の「イヘ」は、一般には家族やその「すまい」をさす語であった。もちろん既に柳田国男が明確に指摘しており(「家の観念」柳田国男編『日本人』毎日新聞社、一九五四年)、また最近、木村徳国も詳細に検討しているように(「イヘ——語の非建造物説を中心に」『日本建築の特質』中央公論美術出版、一九七六年)、「イヘ」は個々の建物をさす「ヤ」とは別の言葉であり、「イヘ」は家族(広義)と結びついた語であった。庶民にもそれぞれ「すまい」としての「イヘ」はあったが、「ヤケ」はもっていなかった。「ヤケ」は——朝廷の「ミヤケ」のように——家族とは直接には結びついておらず、在地の「ヤケ」——「オホヤケ」(大宅)、「ヲヤケ」(小宅)などとも呼ばれた——は一般に在地首長層のものであり、その首長が代表する共同体の中心として、共同体的機能をはたしていたと想定される。

このように「家」がイヘとヤケの両者を表示したように、嫡子による「承家」も「イヘの継承」と「ヤケの継承」の二つの意味を含んでいた。すなわち、日本律令における嫡子の制は、主として、㈠蔭位を中心とする出身法と、㈡財産相続法とに関連して規定されていたが「承家」の語も、前者においては「イヘの継承」と、後者においては「ヤケの継承」と観念された可能性が強い。ただし「承家」が「イヘの継承」と観念された場合にも、その内容はおもに、蔭位による位階の継承にすぎなかった。律令制定者が嫡子制による「家」に支配の基礎を置こうとしたのは、首長位が傍系親の範囲を含めて移動する「ウヂ」の組織では、律令国家の支配者集団の単位としては、あまりにも流動的であったからと想定され、嫡子制導入の最大の眼目は、父―子(長子)の継承によって、「ウヂ」よりもはっきりした社会的単位として、「イへ」を政治的に創設しようとしたものと想定される。律令国家は歴史の進行に対して、「イへ」を先取りしたともいえるであろう。しかし現実には、「いま其の家之名を継て、明かに浄き心を以て、朝廷を助け奉り仕へ奉る……」(『続日本紀』天平神護二年十月壬寅条)という宣命のなかの「家之名」に相当することが、類似した宣命では「祖名」「氏門」とも表現されているように、「家之名」は実質的にはウヂ名・カバネを意味していたのであった(中田薫「祖名相続再考」前掲)。「イへ」が「ウヂ」とは異質な原理にもとづく集団として、どこまで当時の社会において成立していたのか、なお十分に検討してみなければならない。

先に説明したように、嫡子制は主として㈠蔭位を中心とする出身法と、㈡財産相続法とに関連して規定されていたが、後者の財産相続法の中心となるのは、戸令の応分条であった。戸令応分条については中田薫の基礎的な研究があるが(「養老戸令応分条の研究」『法制史論集』第一巻、岩波書店、一九二六年、「唐宋時代の家族共産制」『法制史論集』第三巻、岩波書店、一九四三年)、中田の論文は単に古代の相続法だけでなく、日本の社会の歴史を究明するためにも必読の古典である。中田は戸令応分条の内容が大宝令と養老令とで大きく異っていたことを明らかにしているが、その第一にあげられる相違点は、養老令では庶子にも分割した「宅・家人・奴婢」を、大宝令では嫡子(嫡長子)の単独継承としていたことである。古代には、一つのヤケは分割できない(または、分割すべきでない)という観念が存在していたが(『令集解』継嗣令継嗣条「穴記」)、宅(ヤケ)とそれに従属する家人(ヤケヒト)・奴婢(ヤツコ)を嫡子の単独継承とする大宝令制は、そのような当時の社会通念とも適合するであろう。中田薫が大宝令の応分条を「日本古来の慣習法」に由来するものと考えたのは、そのような日本の古代社会の構造の一面を鋭く見通していたのであろう。しかしヤケの継承は単独継承に適合的であったとしても、それが嫡子継承と適合的であったかどうかは疑わしい。というのは、ヤケの継承方式について嫡子継承のような明確な規範が成立していなかったと考えられる有力な史料が存在するからである。それは天平元年(七二九)のいわゆる光明立后の宣命である(『続日本紀』)。

(前略)此の位を遅く定めつらくは、刀比止麻爾母己我夜気授留人乎波、一日二日と択び、十日二十日と試み定むとしいはば、こきだしきおほき天の下の事をや、たやすく行はむと念ほし坐して、此の六年の内を択び賜ひ試み賜ひて(後略)

この部分の主旨は、立后の遅れたことを弁解するために、「外人間にも(地方の人の間でも)、己が(自分の)ヤケを授ける人を、一日二日と択び、十日二十日と試み定めるというとするならば」、皇后の位を定めるのに六年かかったとしても当然である、という意味に解される。とすると、ヤケの授受について嫡子継承のような明確な社会規範は当然成立していなかったと考えざるを得ない。しかもここでは「皇后の位を定める」ことと「己がヤケ授くる人を択ぶ」ことが対比され、前者が「こきだしき(はなはだしく)おほき天の下の事」であるのに対して、後者は「外人間」のことであった。何故「外人間」の「己がヤケ授くる人を択ぶ」ことが、皇后の位を定めることの引き合いに出されたのであろうか。それが結婚に関することがらでなかったことは、聖武と光明子はすでに十二年前の霊亀二年に結婚していたことから明白であろう。結婚に際してヤケを授受する習慣もみあたらない。したがって「ヤケを授けること」が引き合いに出されたのは、皇后の位が同じ宣命のなかで「しりへのまつりごと」と呼ばれているように、何らかの政治的地位と関連していたと考えるのが妥当であろう。「天下の政におきて、独り知るべきものならず、必ずもしりへの政あるべし」というのは、古代の複式族長制の理念と共通する点があるが、「己がヤケ授くる人を択ぶ」ことも、何らかの首長位の授与ないし継承とかかわっていたのではなかろうか。とすればヤケは単なる施設ではなく、首長位を象徴するものであったと考えられる。

ヤケが何らかの首長位とかかわっていたように、奴婢もウヂ的な集団とのかかわりが深かった。義江明子は、養老令で「氏賤不レ在二此限一」(ウヂの賤民は被相続財産から除外する)という注が附加されたのは、大宝令の宅・家人・奴婢の相続のなかには、ウヂ的集団の財産も含まれていたが、大宝令の嫡子(実質的には首長位継承者)相続を、養老令でより一般的な相続法に改正したのにともなって、「氏賤不在此限」という注を附加する必要が生じたと推定している。また義江は、大宝令の「妻家所得奴婢不レ在二分限一還於本宗」とある注の部分の「本宗」は、一般にウヂ的集団をさす語であることを明らかにし、妻のもっている奴婢が基本的にはウヂ的集団の所有であったことを推定している（義江明子「「妻家所得奴婢」の性格」『日本歴史』三八二、一九八〇年、同「日本古代奴婢所有の性格」『日本史研究』二〇九、一九八〇年〔ともに『日本古代の氏の構造』吉川弘文館、一九八六年〕）。養老令が「還二於本宗一」という注を削除したのは、この場合にもウヂ的集団の財産の相続法を含んだ大宝令の規定を、個人財産の一般的な相続法に切り変えようとしたことにともなう処置と推定される。このように大宝令の応分条は、首長によるウヂ的財産の継承法としての性格が強かったが、それを承家者としての「嫡子」単独相続法として規定したところに、大きな矛盾が含まれていた。すでに大宝令施行期の古記は、「其奴婢等、嫡子随レ状分者聴」（宅でなく家人奴婢は嫡子が庶子にも分割できる）という条文について、「必令レ分。任レ意不レ聴也」（必ず分割すべきである）という明らかに法意とは異なる注釈をしているが、それは奴婢の単独相続が当時の社会規範とは食違っていたことを示している。おそらく個人的財産については、諸子（男・女を含め）に分割相続されるのが一般的な相続法だったのであろう。ところが筑前国嶋郡の大領、肥君猪手が、「戸主奴婢」十口とは別に「戸主私奴婢」十八口をもっていたように（大宝二年戸籍）、ウヂ的集団の財産と個人財産とが複雑に重層しているのが実態であった。大宝令の戸令応分条が、承家者＝嫡子による相続規定をつくりながら、実質的にはウヂ的集団の財産の首長による相続法に大きく傾いたのは、ウヂと豪族層のイヘとが本質的には異ならない集団として重層していた日本の古代社会の構造に規制されていたからではなかろうか。

五　群集墳と氏族系譜

「イヘ」がそれ自体として継承される単位としては独立しておらず、「ウヂ」的集団と不可分の関係にあった古代の

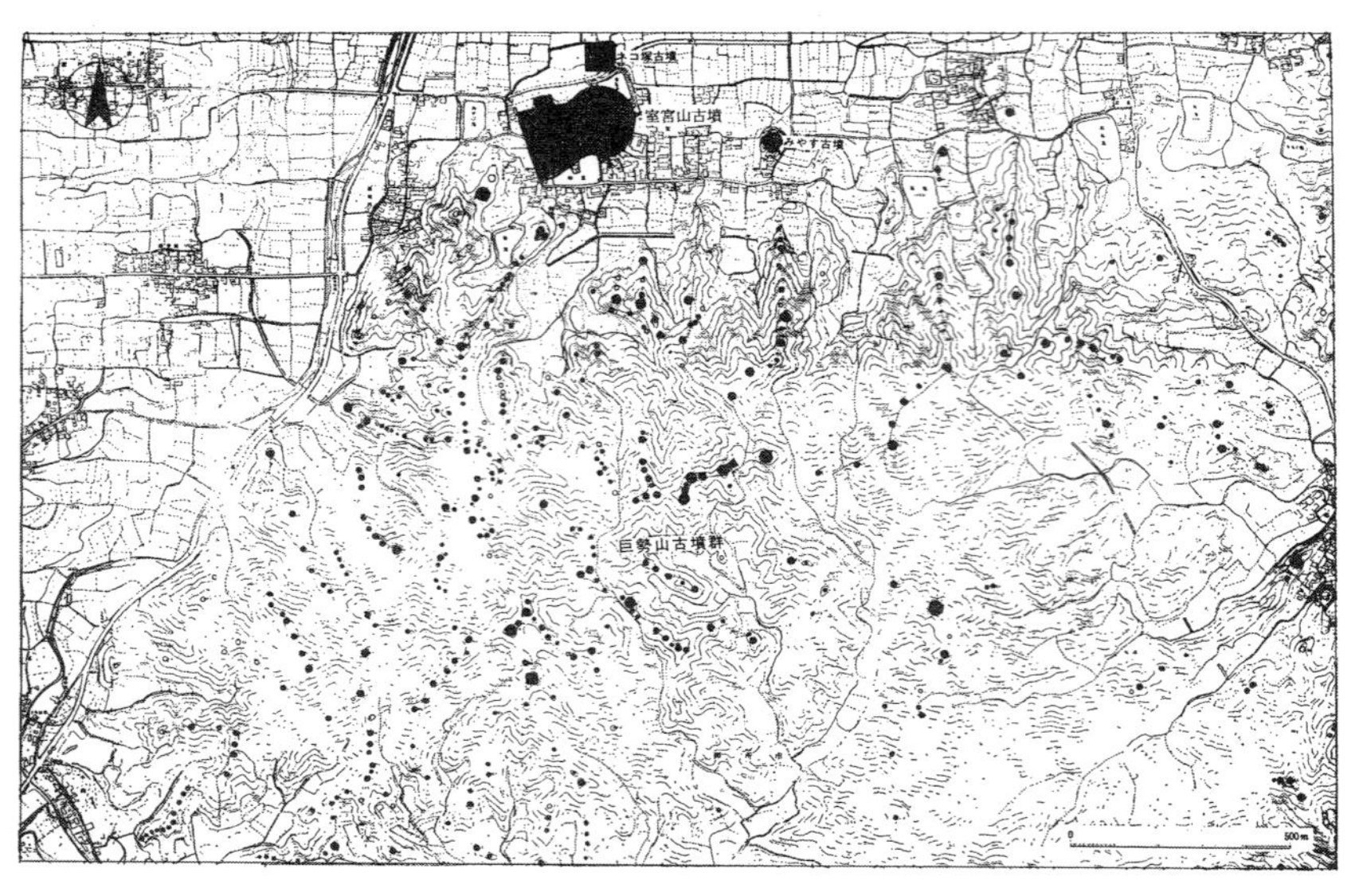

室大墓(宮山古墳)と巨勢山古墳群
(白石太一郎「大型古墳と群集墳」から転載)

「ウヂ」―「イヘ」の関係は、後期古墳のあり方からも傍証されそうである。後期古墳時代に全国的に出現した、横穴式石室をもつ小円墳からなる群集墳は、たしかに一面では家族墓的な性格をもっていたが、白石太一郎は、畿内の大型古墳と群集墳との関係を精査するなかで、始祖の墓と信ぜられた大型古墳を中心に、その子孫という伝承をもつ一族が形成した共同墓地が群集墳ではないか、という重要な仮説に到達した(白石「大型古墳と群集墳――群集墳の形成と同族系譜の成立」橿原考古学研究所紀要『考古学論攷』二、一九七三年〔『古墳と古墳群の研究』塙書房、二〇〇〇年〕)。例えば、奈良盆地の西南部、西を葛城川の谷に、東を曽我川の河谷にはさまれた巨勢山山塊の西北部には、約四百基からなる大群集墳があるが、この巨勢山古墳群のすぐ北側、巨勢山山塊の北麓には、室大墓とよばれる有名な大型前方後円墳「宮山古墳」がある(上図参照)。宮山古墳の後円部墳頂には、巨大な長持形石棺をおさめた竪穴式石室が発見され、三角縁神獣鏡の破片を含む鏡片、玉類、石製品、短甲、刀剣類などが出土し、また石室の上部には方形にめぐらされた円筒埴輪列があり、その附近から家屋・蓋・盾・靫などの形象埴輪が検出されている（奈良県立橿原考古学研究所附属博物館でこれらの立派な形象埴輪を見た方もあろう）。また前方部からも画文帯神獣鏡二面、三角縁神獣鏡一面を含む約十一面の鏡片、玉類、石製刀子などが発見されており、これらの遺構・遺物を総合して考えると、この宮山古墳は中期古墳としては最も古い段階に位置づけられると推定されている。一方、約四百基からなる巨勢山古墳群は、若干の中期古墳が含まれることが想定されているが、大部分は横穴式石室をもつ後期古墳と推定されており、その群形成のピークは、宮山古墳と一世紀以上の年代差があったと考えられている。宮山古墳は葛城地方で最大の前方後円墳であり、他方の巨勢山古墳群もまたこの地方では群を抜いた最大の群集墳であるから、この両者が隣接して造営されていることは単なる偶然とはみなしえない。宮山古墳の存在が機縁となって、この地に大群集墳が営まれたと考えるのが自然であろう。「おそらく宮山古墳の被葬者をその集団の祖と考えるひとびとによって、宮山古墳を見おろすことができる背後の山の尾根上に順次古墳が造営され、ついに今日見るがごとき大群集墳が形成されたものであろう」（白石前掲論文、一〇六頁）。それではその「祖」とは一体誰であったのか。もちろん古墳の被葬者が確定できる場合はきわめて稀で、「室大墓」とよばれたこの宮山古墳の場合にも確定はできないが、『帝王編年記』が武内宿禰の墓とする「室破賀」がこの室大墓にあたる可能性が強く、さらに『日本書紀』の允恭五年条に葛城襲津彦の孫、玉田宿禰が「武内宿禰之墓域」に逃げ隠れたという墓も、この室大墓であった可能性が強い。室大墓の実際の被葬者としては、「百済記」によってその実在が推定される葛城ソツヒコが有力な候補として浮かび上ってくるが、『古事記』の孝元天皇条にみえる建内宿禰を祖とするいわゆる建内系譜（葛城ソツヒコの子孫をふくむ）の原型が成立してくる過程で、室大墓を建内宿禰の墓とする伝承も形成され、室大墓を核とする巨勢山古墳群が形成されたと推定されるのである。このような始祖の墓を中核とする同族意識は、先に三で引用した大伴家持の歌、「大伴の遠つ神祖の奥津城はしるく標立て人の知るべく」にもはっきりあらわれている。氏族の系譜が「墓」を媒介として伝承されていたことは、『日本書紀』持統五年（六九一）八月条に、朝廷の主なウヂ十八氏に「其の祖等の墓記」を上進せしめたことや、殯宮で「皇祖等の騰極の次第」、すなわち「日嗣」が誄(しのびごと)されている(『日本書紀』持統二年十一月条)ことからも想定される。なお和田萃は記紀の素材となった「帝紀」の原型が安閑天皇の殯宮で形成されたと推定し、陵墓を含めた帝紀研究に着手している(和田「口頭伝承記録化の諸条件」『日本古代文化の探究・文字』社会思想社、一九七五年、同「見瀬丸山古墳の被葬者」『日本書紀研究』七、塙書房、一九七三年〔『日本古代の儀礼と祭祀・信仰』上、塙書房、一九八五年〕)。

群集墳のなかには、共通の始祖の墓(と伝承された墓)を核として形成された一族の共同墓地があったのではないか、という白石の仮説は——血縁意識の有無を考古学的に直接立証することが難しい以上——現在の考古学のデータと整合的であるかどうかが、仮説として成立するかどうかの分岐点となるであろう。残念ながら私にはその当否を判断する能力がないが、三で文献史料の面から推測した「ウヂ」の実態と、白石の仮説が描き出した集団像が、ほぼ一致していることは間違いない。両者に共通するのは、共通の始祖を持つという信仰で結ばれた血縁集団(もちろん擬制も含む)が、日本の古代社会でも大きな機能を果していたという認識であり、それは社会人類学者のいう「クラン」(clan)に相当する。ただし社会人類学でいう「クラン」は一般に単系出自と族外婚制を原理とするが、そのような原理をもつ血縁集団が日本古代に存在していなかったことは、本稿のはじめに述べたように、津田左右吉が明確に論証したところである。しかし単系出自や族外婚制を原理とはしないが、「共通の始祖をもつという信仰で結ばれた血縁集団」の機能を、肯定的に捉え直す道はないのであろうか。

六　双系的社会と首長制——クラン概念の再検討——

モルガンに代表される進化主義に対する批判として、二十世紀に入ると現在学的な機能＝構造的分析が社会人類学の主流を占めるが、やがて一九五〇年頃から歴史的変化を研究の主題とする「新進化主義」が展開してきた。新進化主義の主な担手はモルガンの母国アメリカの研究者であったが、かれらの主要なフィールドの一つである東南アジアや太平洋諸地域の社会には、非単系的・双系制的な社会が多く含まれていたために、双系的(cognatic)な社会構造の研究が活発化した。また平等主義的なクランでなく、クランの内部に支配—従属関係を含む成層化したクランの研究も進んだ。成層化したクランにおける首長の地位や機能が恒常化してきたものを、首長制ないし首長国(chiefdom)と呼び、氏族社会から階級支配の機関をもつ国家への過渡的な形態として、首長制ないし首長国を位置づける理論も生れてきた。首長国の一つの典型は、ポリネシアのトンガやタヒチにみられる円錐型クラン(conical clan)であり、そこでは分節化した共同体が、系譜関係によって結ばれた首長を介して重層的に統合されている。首長を系譜づけるイデオロギーは一般に父系に傾いていたが、社会構造は非単系的な場合が多かった。

このような円錐型クランは、「クラン」とは呼ばれているが、社会人類学の古典的な定義による「クラン」ではもちろんない。クランの概念を、単系出自・成員権平等・族外婚制を原理とする狭義のクランから解放することを主張したキルヒホフは、単系出自でなく、族外婚制をもたず、またその成員の間に支配—従属関係をふくむクランのタイプをクランの第二類型として設定した(Kirchhoff, P., "The Principles of Clanship in Human Society," in M. H. Fried, ed. *Readings in Anthropology*, Vol. II. T. Y. Cromwell, 1959.)。そのタイプのクランでは、共通の始祖からの系譜的な距離によって、成員の間に格差が生じ、系譜の中軸に支配層(aristoi)が位置する。出自は父系か、まれに母系、そして支配層においてはしばしばいずれでも有利な系で(ambilateral)たどられ、系譜が身分を示す重要な役割をもつ。クランの成員についての明確な境界はなく、族外婚制はない。支配層ではしばしば狭い範囲の内婚制がおこなわれ、(イ)兄弟の娘、父の兄弟の娘との婚姻、(ロ)同父異母姉妹との婚姻、などのタイプがみられる。伝説上の始祖を頂点とする円錐型クランのなかに、同じ構造の円錐型クランが包摂され重層している。

キルヒホフが描き出したこのようなクランの一類型が、日本古代の「ウヂ」ときわめて類似していることは、繰り返し説明するまでもないだろう。既にキルヒホフの理論によって日本古代の「ウヂ」を説明する試みも、村上泰亮・公文俊平・佐藤誠三郎『文明としてのイエ社会』(中央公論社、一九七九年)として公刊され——筆者らは意識していなかった可能性が強いが――実質的な津田史学批判ともなっている。ただ村上らの構想にもいくつかの疑点がある。一つはウヂ社会の原理と中国から継承した律令制の原理とを異質なものと認めながら、日本の律令国家を基本的には「ウヂ社会」として捉えている点で、そのような視点からは律令国家の構造を十分に捉えることが出来ないと思われる。やはり私は、律令国家を、律令制と氏族制、ないし律令制と首長制との二重構造として捉えた井上光貞・石母田正の理論(吉田孝「古代の政治と経済」『日本史研究入門』Ⅳ、東京大学出版会、一九七五年、参照)の方が、律令国家のダイナミズムをより的確に捉えていると考える。第二の問題は、キルヒホフがクランの第二類型としてあげた円錐型クランと日本古代のウヂとを比較した場合、その間に重要な差異が見出されることである。円錐型クランが、長子の系列か傍系かによって地位のヒエラルヒーが構成されていたのに対して、日本古代のウヂは、ウヂの長となる者が長子の系列とは限らず、傍系親をふくむ親族のなかからウヂの長があらわれ、その政治的・社会的地位の変動によって絶えずウヂの構成も変動していた。このようなウヂの構造を、クランの第三の類型として概念構成し、日本古代のウヂを、世界の諸民族の氏族(広義)との比較のなかに位置づけることが日本古代社会の研究の深化にとって必要な作業であると思うが、残念ながら現在の私の能力を超えた問題である。

クラン概念の再検討とともに、クランとは異質な原理による親族関係の研究も深化している。クランが祖先を中心とした関係(ancester-oriented)であるのに対して、個人を中心とした関係(ego-oriented)――すなわちキンドレッド(kindred)の問題である。もっともキンドレッドの概念については社会人類学者の間に激しい論争があり(村武精一編『家族と親族』未来社、一九八一年、参照)――キンドレッドの概念の正統的な用法からは外れるが――もし二つの原理(クランとキンドレッド)による親族現象の分析が相補的に成立し得るとする考え方が許されるならば、古代の日本に存在したさまざまなレベルの集団の実態を捉える際に、有効な視角を提供しているように思われる。

日本の古代社会に存在した最も基礎的な単位が、「妻と未婚の子供、それに夫」からなる小家族であったことは、明石一紀が親族名称やインセスト・タブーを手懸りにして見事に証明しているが(明石「日本古代家族研究序説」『歴史評論』三四七、一九七九年〔『日本古代の親族構造』吉川弘文館、一九九〇年〕)、そのような小家族は、まだ自立した存在ではなく、より大きな社会集団のなかに包摂されて生存していた。そしてその集団は数個の小家族からなる集団から、「クニ」(のちの郡)レベルの集団に至るまで、幾つかの層をなして、上位の集団は下位の集団を包み込む形で、重層的に存在していたと考えられるが、下位の集団の構成の原理として機能していたのは、キンドレッド(親類)の関係であったと想定される。すなわち、ある個人を中心にして、双系的に、また婚姻を媒介として組織された人々の集団である。このような親類は、出自集団のような集団的規律を欠いた、ゆるやかな集団で、その集団への加入、集団からの流出も、容易におこりえたであろう。複数の竪穴住居からなる小家族の集合体は、おそらくそのような集団として存在していたと想定される。もっともそこではまだ一般には特定の一個人を中心に組織されるというよりも、構成員相互が親類の関係にあったと想定されるが、なかには『日本霊異記』に現われる「家長」のような有力者によって、積極的に組織された集団もあったと考えられる。

有力な家長の財産や地位が庶民から卓越し、その相続や継承が社会的な問題となる階層においては、その相続・継承の権利を有するものの範囲を特定するために、またその一族の地位を高めるために、特定祖先との系譜関係が――父系的に――形成されてくる。そのような一族が「ウヂ」であった。しかし「ウヂ」が「ウヂノカミ」という個人によって組織される集団であり、氏上の政治的・社会的地位の変動によって絶えず再編成されていたことからも知られるように(平野邦雄「〝甲子宣〟の意義」井上光貞博士還暦記念会編『古代史論叢』上巻、吉川弘文館、一九七八年〔『大化前代政治過程の研究』吉川弘文館、一九八五年〕)、そこにはなおキンドレッドの機能がはたらいていた。したがって ego-oriented な基層社会の上に、ancester-oriented な系譜関係が重層したのが、日本の古代社会の基本的な構造ではなかったろうか。

このような親族関係のあり方は、地縁関係のあり方とも深くかかわっていたと考えられる。小家族からなる集合体の場合、その紐帯をなしたのは基本的には双系的な血縁関係（出自）であったろうが、日本の古代の場合には、婚姻を媒介とする居住の原理が出自と同じような重さをもち、婚姻の際の居住方式が集団のメンバーシップ（成員権）の獲得と深くかかわっていたと考えられる（もちろん集団のメンバーシップそのものが流動的なものであった）。

日本古代には夫方居住・妻方居住・新処居住のいずれの居住規制も確立していなかったと想定されるので、男女とも婚姻によってその居住した側のいずれの集団に属することも可能な、きわめて可塑的な状態にあったと想定される。しかも古代には「黄泉戸喫（よもつへぐい）」の神話にみられるような、同じカマド（へ）で炊いた食物を「共食」することによって同族になるという観念が存在したと考えられ、共食に代表される「生活の共同」、さらには「生業（なりわい）の共同」も、集団構成の原理として強く機能していたと考えられる。

婚姻を媒介とする居住の原理に加えて、生活や生業を共同にするという居住の原理が強く機能すれば、小集団の構成はきわめて可塑的なものとなり、その構成員の数を容易に調節することができたであろう。古代の日本のように、山や丘陵に区切られた小水系に依存することが多い水稲耕作社会では、特にそのような集団構成のシステムが適合的であったと考えられる。原始的な稲作社会では一般に男女間の性的分業が確立しない傾向があることも、双系的な日本の親族組織と関連していたと想定される。ただ所与の自然条件を人間の力によって変革できるようになると、しだいにその力を組織する指導者の地位が高まり、その首長を中心とした大きな集団が構成される。その一つの重要な画期となったのは、大陸の乾田農法が導入され、地下水位の低い台地が大規模な灌漑用水路の掘削によって水田化できるようになった五～六世紀であろう。鉄製のU字型のスキ・クワ先が出現してくるのも、まさにこの時期である。「乙女の胸鉏（むなすき）取らして」――乙女の胸のように広い鉄製のスキをもって――大地を切り取り、クニをつくった『出雲国風土記』の英雄は、そのような首長の事業を神話化したものであろう。そしてこのような偉大な「国主（くにぬし）」によって統轄されたクニは、一つの領域であり、地縁の原理による世界であった。

しかしそこでは同時に、祖神から首長に至る神話的な血縁系譜が形成されたと想定される。出自集団を基礎としない日本の首長制にとっては、首長の系譜関係が本質であり、系譜関係こそが日本の古代社会の骨格であった。そして出雲の国引きの英雄が男性であったように、古代の大土木事業や戦争を指導した首長が一般に男性であったことは、首長の系譜関係にも大きな影響を及ぼし、双系的な基層社会の上に、父系制的な系譜関係、支配者組織が形成されていった。

七 「イエ」の成立

津田左右吉が、古典的な単系出自集団の日本古代における存在を否定したとき、津田がそこに見出したのは、ウヂや部などの政治的組織と、家と村からなる民間の社会であった。たしかに津田が的確に見通していたように、「ウヂ」は支配層の組織であり、庶民のものではなかったが、しかし石母田正が批判したように、津田のいう「民間」の社会もまた、一貫して「王」または「大人」層、すなわち各級の首長(族長)層によって人格的に「代表」される社会であった(石母田『日本古代国家論』第二部、岩波書店、一九七三年)。石母田はその社会の典型を「クニ」として捉え、「クニ」は「クニヌシ」=首長によって「代表」される社会的・政治的集団であり、その領域、いわゆるchiefdomである(石母田前掲書、三二三頁)という。しかし石母田の首長制論は、生産関係論として構成されており、社会人類学者がchiefdomの原理とする血縁の問題にはほとんど触れていない。何故、石母田が「クニ」をchiefdomと規定しながら、血縁の問題を取り上げなかったのか、残念ながら私はまだその解答を見出していない。たしかに首長制には大別すると、(A)クランやリニッジが社会を網状に覆い、首長はそのなかの特定の地位を占めることによって首長である、という論理による首長制と、(B)支配―従属関係がクランやリニッジを直接には媒介せず、首長が首長であるのは、土地の開発者であり、征服者であるという認識が先行し、血縁関係は論理的にはその後にくる、すなわち、支配―従属関係が何らかの親族・血縁(もちろん擬制であってもよい)の関係のなかに飜訳され、それによって表現されるという首長制との、二つの類型があるといわれる(中林伸浩「東南アジア首長制の構造」『思想』五三五、一九六九年)。日本古代の首長制が後者に属することは申すまでもなく、また石母田は〝「国作り」という観念または神話の成立が、首長制またはそれによって代表される共同体のどのような発展によって可能になったか〟(石母田前掲書、三二四頁、傍点吉田)とも述べているので、あるいは前者の類型から後者への「発展」を想定していたのかも知れないが、その問題は将来の課題としたい。

津田学説の中核にあった「家」について、私は先に、古代においては「イヘ」は未だ一般にはそれ自体として継承の対象となる社会的な単位とはなっていなかった、という批判をした。それでは後世的な意味での継承される「イエ」は、どのようにして形成されてくるのか。たとえ如何に未熟な答えであっても、その問題を避けて通ることはできないと考えるので、最後に大雑把な見通しだけを述べて、ぜひご批判を仰ぎたいと思う。

古代社会において明確に継承されたのは「イヘ」ではなくて「ヤケ」であったが、ヤケは首長位の継承を象徴するシンボルでもあり、ウヂ的な集団と深いかかわりがあった。「イヘ」という語が「ウヂ」をさす場合があったように、古代の豪族のイヘは、ウヂと同じように首長を中心に組織される集団であり、イヘも一つの小首長制であった。ただ「ウヂ」が、始祖との血縁的(擬制を含む)つながりを重視し、神話的な系譜意識で結ばれた側面に焦点を合わせた語であるのに対して、「イヘ」は家長を中心とする日常的な生活の共同体としての側面に焦点を合わせた語であるという違いがあった。

ウヂ—イヘの核となったのはヤケであったが、ヤケの父系継承が確立するには、夫方居住ないし嫁入婚の成立が、その前提となったと想定される。院政期のころから女性の社会的地位が急速に低下していくのも、夫方居住の一般化と一連の現象と考えられる。残存する系図で父—子(男子)継承が一般化してくるのもほぼこの頃からであった。ウヂの紐帯であった神話的な血縁系譜の意識も、院政期の社会の脱呪術化のなかで、急速に消滅していったと想定される。

そしてこのような社会の転換を推進する原動力となった在地領主層においてまず、中世的な「イエ」が萌芽してきた。

中世的なイエは、古代のイヘとヤケを統合する形で成立してきたと想定される。もっとも中世の武士社会のイエも重層した存在で、中田薫が「中世の家督は上代の氏上に相当するもの」と明言したように(「中世の家督相続法」『法制史論集』第一巻、前掲所収)、夫妻を単位とするイエが家督によって結集せられた集団であった。ただ古代と異なるのは、中世の家督は本家の嫡子が相続するのが一般であり、氏上の継承と家長の継承とが別個に行われた古代のウヂ―イヘとは明らかに異なっていた。そして中世の中ごろから、惣領制が解体して長子単独相続法が発達してくると、近世的な家が形成されてくる。

いわゆる日本的な「イエ」制度のもっとも基礎的な特質は、その永続性への希求にあったといわれるが、村武精一は、「イエ」の永続性を希求する根底には、祖先崇拝の在り方と深く関連した「ヤシキ地」への執着保持とそれへの崇敬の観念が強く規制していたことを指摘している(村武『家族の社会人類学』弘文堂、一九七三年)。村武によれば「ヤシキ」は単なる居住や家庭的諸機能を充足する地域空間として存在するばかりでなく、あるいは家産の一部としての土地・家屋というばかりでなく、先祖そのものという呪的・霊的空間を構成していた。このような村武による「イエ」観念に内包された「ヤシキ」イデオロギーの発掘は、日本的な「イエ」が、古代の「イヘ」と「ヤケ」との統合のうえに成立するという前述の見通しを、強く支証するであろう。古代のヤカツ神も祖霊と何らかの関連があったと想定されるが、ヤカツ神はイエノ神を媒介として屋敷神につながっていった可能性がある。ところでヤシキの永続性はヤシキ地の固定化を前提とするが、ヤシキ地は集落のあり方とも密接に関連していた。歴史地理学の研究成果によれば、畿内では院政期のころから集村化が進み、中世・近世の集落の母胎が出来てくるといわれる。したがってヤシキの永続性を内包するイエの観念の成立にとって、院政期はここでもまた一つの重要な画期となっている。

古代には「ヤケ」が社会の中核にあり、「ヤケ」をもつことが首長の地位を示す標識でもあったが、「ヤカモチ」(家持)、「ヤカツグ」(宅嗣)、「ヤカモリ」(宅守)という人名は、その一つのあらわれであろう。しかし中世になると、「ヤケ(ヤカ)」という語は用いられなくなり、人名からも姿を消す。代りに「イエ」を含む人名――例えば、義家・頼家・家康など――が大量にあらわれてくる。このような「ヤケ」から「イエ」への移行は、「ヤケ」を中核とする共同体の変質ないし解体、それと並行する、社会の基礎的単位としての「イエ」の成長と、密接に関連していたと考えられる。

日本的なイエの重要な特質は、その永続性とともに単独継承性にあったが、一つのヤケは分割できないというヤケの単独継承の原理は、イエの単独継承の原理のなかに流れ込んでいる。また日本の社会の基底にあった双系的な社会組織は、婿養子によるイエの継承を容易とし、日本的なイエ制度をうみ出す基盤となった。

おわりに

本稿の草稿を書きはじめてから一週間ほど経った十二月初旬、私は奈良国立文化財研究所において、二日間にわたり、木簡学のすばらしい研究発表に接する機会を得た。中国古代の「居延の草書簡」にはじまり、「一九八一年の平城宮跡出土木簡」におわる七篇の発表は、いずれも充実したもので、私は〝事実の発見〟のもつ迫力に圧倒され、久しぶりに学問的興奮をおぼえた。帰途、本物の学問に接した充実感につつまれながらも、ふと、その会で発表できるような研究を何一つしていない自分の学問の空しさに気づき、とても淋しい思いにかられた。その夜、念頭を離れなかったのは、本稿のような空しい議論を「研究入門」として若い人たちに読んでいただく価値がどこにあるのか、という疑問であった。しかし本書の古代史の部分に、止むを得ない事情で生じた空白部分を埋めるという代役を引き受けた以上、今さら降りるわけにもゆかず、また幸いなことに、本書の第2部に石上英一が、木簡学の生成の過程を中心に、最近の古代史学発展の中核部分についての卓越した案内を書いているので(「古代史と史料」『新編日本史研究入門』東京大学出版会、一九八二年)、私は反面教師の役割を受け持つこととした。

石上が懇切に説明しているように、近年の古代史学のもっとも輝かしい成果は、考古学と文献史学との接点において、両者の協力のなかから生み出されたものであった。そしてそのことと同時に、若い学生諸君にぜひ注目していただきたいのは、木簡や金石文や遺跡の研究の第一線で活躍している先学が、伝統的な古代史学のもっとも正統的な継承者でもあるということである。例えば冒頭にあげた稲荷山古墳鉄剣の銘文の発見の際にも、あの表裏が重複したX線写真から釈文を確定するという作業は、古代文字学についての田中稔の永年にわたる蓄積がなければできることではなく、またあの難解な釈文のすばらしい解読は、岸俊男・狩野久の記紀や金石文や中国史書についての豊かな学識をもってしてはじめて可能であった。いささか突飛な類比かも知れないが、歴史学においても、個体発生(個々の研究者の成長の過程)は、系統発生(歴史学の発達の過程)を繰り返すという側面があるのではなかろうか。その意味では、『日本史研究入門』Ⅰ(東京大学出版会、一九五四年)の「古代社会」の項で井上光貞・青木和夫が、また『新日本史大系別巻　日本史研究法』(朝倉書店、一九五七年)の「古代史」の項で岸俊男が、それぞれの執筆時点までの古代史学の成果を的確に整理し、古代史の研究者として何が必読の文献であるかを簡潔に示したような作業を、現在の時点において行うことが、おそらく学生諸君にとってはもっとも有益であろう。しかし申訳ないことに現在の私にはそれを短期間に行うだけの蓄積と余裕がないので、ぜひ前記の入門書に立ち返り、できれば『日本史研究入門』のⅡ・Ⅲ・Ⅳ巻の該当部分、笹山晴生『日本古代史講義』(東京大学出版会、一九七七年)の各章末の参考文献などに眼を通して、古代史の基礎的な史料と研究書を、自らの手で見つけ出してほしい。そして古代史学を築いた先学の歩んできた道を、謙虚にたどっていただきたい。その内面的な営みこそが、研究者の成長にとって不可欠な作業であることを、石母田正は、「三先生のこと」(『社会科学の方法』五〇、一九七三年。石母田『戦後歴史学の思想』法政大学出版局、一九七七年、に再録)と題する短文のなかで、さりげなく説いている。石母田は、中田薫・柳田国男・津田左右吉との出会いを感慨深く語っているが、それ以上に自分から指導や接触をもとめるということは、考えたこともなかった、という。「それには、日本の史学史という山脈のなかで三千メートルを越える高峰をなしていたこれらの諸先生にたいする畏怖の念もあったと思う。同時に学者というものは、客観的に表現された業績を通してつながるほかはないという確信めいたものがあったことも事実である」。

中田・柳田・津田をはじめとする偉大な先学と、その著作を通じて対話できる幸せを、私もまた学生諸君とともに、分かち合いたいと思う。

祖名について

一　中田薫説への疑問

『続日本紀』の宣命や『万葉集』には、「祖名絶たず」とか「祖名を戴き持つ」とか「祖名も継ぎゆく」という表現がみえる。例えば『続日本紀』天平十五年（七四三）五月癸卯の詔には、

継坐牟天皇御世御世尓明浄心乎以而祖名乎戴持而天地与共尓長久遠久仕奉礼

とあり、同書の天平宝字八年（七六四）九月甲寅の詔には、

夫人止之天己我先祖乃名乎興継比呂米武止不レ念阿流方不レ在、是以天明久浄岐心以天仕奉乎方氏氏門方絶多末方須治賜

とみえる。また『万葉集』には、

大伴の　遠つ神祖の　その名をば　大来目主と　負ひ持ちて　仕へし官　海行かば　水浸く屍　山行かば　草生す屍　大君の　辺にこそ死なめ　顧みは　せじと言立て　大夫の　清きその名を　……　大伴と　佐伯の氏は　人の祖の　立つる言立　人の子は　祖名絶たず　大君に　奉仕ふものと　……　（巻十八、四〇九四）

という大伴家持の歌がみえる。そしてこれらの「祖名」については、中田薫の古典的な研究がある。

中田は「古法制三題考」の「一　祖名相続」（『法制史論集』第一巻、岩波書店、一九二六年）において、日本の古代の相続の中核にあったのは、「祭祀の承継」ではなくて「祖名の相続」であったことを明らかにし、さらに「祖名相続再考」（『法制史論集』第三巻、岩波書店、一九四三年）において、広く世界の諸民族の風習を調べ、「過去現在の諸民族の間に、父祖の名を子孫に命ずるものと、子孫をして父祖の名を語り継がしむるものと、両種の風習が存在せること」を

明らかにし、日本古代の祖名相続の特質を追究している。すなわち中田は、『続日本紀』の宣命や『万葉集』にみえる「祖の名を継ぐ」とか「祖の名を戴き持つ」という表現を、

物部の　八十伴緒も　己が負へる　己が名負ひて　大王の　任のまにまに　この川の　絶ゆることなく　此の山の　弥つぎつぎに　かくしこそ　仕へ奉らめ　いや遠永に

（『万葉集』巻十八、四〇九八）

という歌などにみえる「名を負ふ」という観念と結びつけて考えると、「祖の名を戴き持つ」というのは、祖の名を受け継いで己が身に負い持つ、という意味に解するのが自然である。ところが、奈良時代前後には、他の民族にみられるような、祖先の個人名を子孫の個人名として命名するという風習は見出されない。一方、「名」という言葉が「ウヂ」と同じ意味で用いられていたことは、『日本書紀』大化二年八月癸酉の詔に「卿大夫・臣連・伴造・氏氏人等、或本云、名名王民」とあるのを始め、多くの史料をあげることができる。また「祖名不絶」「祖名乎戴持」ということを、「先祖之門」「氏門」を「継ぎ」あるいは「不滅」と表現していることなどによって、中田は「祖名」は「ウヂ名」にほかならないと考えたのである。

このように中田は、「祖名継紹は、祖先伝来の氏名継紹である」と断じたが、同時に「我太古には、未だ氏名は成立して居らなかつた」ことにも注目し、祖名＝氏名継紹よりも前に、他の民族にもみられる「子孫をして父祖の名を語り継がしむ」「祖名口伝」の段階があったと推定した。すなわち中田は、「人の子たる者は、父祖の系譜を継承して、父祖の名を後世に口伝すると同様に、先祖の名称の一部にしてその系統の代表名なる氏名を、父祖より継紹して自己の身に「負持」ち「戴持」ちて更にこれを自己の子孫に伝へ、以て父祖の名を永久に不滅ならしめねばならぬと云ふ、思想が発生したのであらう」と推論したのである。

たしかに中田が指摘したように、父祖の系譜を継承して、父祖の名を後世に口伝する「祖名口伝」の風習が、日本古代にも存在していたことは間違いないであろうし、また奈良時代前後に、祖名の継承がウヂ名の継承を意味した事例も存在したであろう。しかし、祖名を負い、祖名を戴き持つという観念は、祖名口伝よりも後れて発生してきたも

のであろうか。また、中田は「祖名」をウヂ名にひきつけて考えたが、冒頭に引用した家持の歌でも、「大伴の　遠つ神祖の　その名をば　大来目主と　負ひ持ちて」と歌われた祖名＝大来目主は、「大伴」というウヂ名と直接には結びついていないではないか。

中田説に対するこのような疑問をつきつめて行くと、「祖名を戴き持つ」とか「名を負ふ」という言葉についての中田の受け取り方——具体的には、「名」という言葉を呼称としての名前に狭く解していたのではないか、また「戴き持つ」とか「負ふ」という言葉を、名前を付けるという行為、すなわち「命名」に引きつけすぎて解していたのではないか、という疑問に逢着する。

「名」とか「戴き持つ」「負ふ」という言葉をこのように狭く解したために、中田は、「祖名を戴き持つ」の「祖名」をウヂ名と結びつけて解釈せざるを得なくなったのではなかろうか。日本古代には、祖先の名を子孫の個人名として命名するという風習は一般には存在していなかったので、「戴き持ち」「負ふ」（中田の理解では、呼称の継承）の対象となるのは、ウヂ名にほかならないことになる。しかし祖名をこのようにウヂ名に引きつけてしまうと、家持が神祖の大来目主の名を負い持つことが、よく理解できなくなってしまう。私たちは、「名」という言葉や、「戴き持つ」とか「負ふ」という言葉の意味を、中田説の呪縛を断ち切って、もう一度自由に考え直してみたい。

二　祖名とウヂ名

古代の氏族系譜における名の研究に、新しい展望を開いたのは、溝口睦子『日本古代氏族系譜の成立』（学習院学術研究叢書、一九八二年）であり、溝口は氏族系譜に出てくる名前が、応神・仁徳のころを境にして大きく変化していることを指摘している。すなわち氏族系譜には、応神・仁徳のころを境とする時代区分の意識が共通してあり、応神・仁徳以前は広義の神話時代に属し、その名はほとんどの場合、「個人名」というよりは「族長の称号」ではないか、という仮説を出している。例えば稲荷山古墳の鉄剣銘にみえる八代の系譜(①オホヒコ——②(タ)カリスクネ——③テヨカリワケ——④タカハシワケ——⑤タサキワケ——⑥ハテヒ——⑦カサハヨ——⑧ヲワケ臣)のうち、①オホヒコから⑤タサキワケに至る五代の名は、ヒコ・スクネ・ワケという他の氏族系譜とも共通する類型的な尊称をもった「首長の称号的な名」であるのに対して、⑥ハテヒから⑧ヲワケ臣に至る三代は「個人的な名」であり、他の氏族系譜とも共通する特色をもっている。そして首長の称号的な名である④タカハシ－ワケ、⑤タサキ－ワケは、「地名プラス尊号」に属する称号と推定され、オホヒコを祖とするという伝承をもつ高橋氏や佐々貴山氏のウヂ名のおこりとなった可能性も指摘している。既に中田も、先祖の名称の一部と、ウヂ名との関連を指摘しているが、折口信夫も語部の物語に現れる神名・人名について、「人は替つても、名は常に一定した聖職の称号で一貫した。その位置を継ぐ人は交替しても、同じ名によつてその位置を継ぐのだ」(「大倭宮廷の剏業期」『折口信夫全集』第十六巻、中央公論社、一九五六年)と指摘しており、溝口説は折口説を発展させたものともいえる。溝口が明確に提示したこのような観点から、先の大伴家持の歌をみると、「人の子は　祖名絶たず」と歌われた「祖名」は、中田説のように「ウヂ名」と解さなくても、そのまま素直に、遠つ神祖の大来目主の名と解してよい。大来目主——偉大なクメのヌシ——という名は、まさに溝口のいう「族長の称号」にあたるものである。もちろん「祖名」が「大伴と佐伯の氏」というウヂ名を同時に指すと考えてもよいが、ウヂの本質は始祖との関係にあったのだから、大来目主という神祖の名を、絶たず、負い持つことが、「祖名を戴き持つ」という言葉の本来の意味と考えられる。

稲荷山古墳の鉄剣銘は、ウヂ名の起源を必ず説明する後の氏族系譜とは異なり、ヲワケ臣のウヂ名はどこにも記していない。おそらくヲワケ臣の時代(すなわちワカタケル大王の時代)には、まだウヂ名は一般には成立していなかった可能性が強い。ただし、ウヂ名は成立していなくても、ウヂの本質である始祖からの系譜は成立していたので、ウヂは成立していたと考えてよい。氏族外婚制(clan exogamy)のない日本の古代社会には、タイやビルマなどの双系的社会と同じように、本来「クラン名称」に相当する親族集団の名称は一般には存在していなかったと推定される。

したがって支配層のウヂの組織も、始祖との系譜を骨格として成立し、ウヂ名は大和朝廷の組織が整ってきた六世紀以降に、大王との関係を示す政治的標識として、大王から与えられたものと考えられる。

ウヂの本質は、始祖が天皇の祖先に仕えたように、始祖の名を負う自分たちも永遠に天皇に仕えるという理念にあった。そこには、始祖の霊威（たま・mana）が永遠に再生し続けるという循環的・神話的な時間意識が生きていた。ウヂの中核にあったのは、ウヂ名ではなくて、まさに始祖の名であった。中田がウヂ名の継承を、祖名の口伝よりも後から発生したものと考えたのは正しかったが、「祖名を負ふ」ことを、「祖名の口伝」と矮小化してしまったために、祖名がウヂの中核をなすというウヂの本質を、中田は正しく捉えることができなかったのではなかろうか。

祖名をウヂ名と直結しないで、そのまま始祖の名として素直に読んだとき、大化改新の難解な詔の読み方にも、新しい光があてられるように思われる。『日本書紀』の大化二年（六四六）八月癸酉条と翌三年四月壬午条には、いわゆる品部廃止の詔とよばれている二つの詔をのせる。この二つの詔については、数多くの研究が積み重ねられているが、その内容をもっとも的確に捉えたのは、関晃「いわゆる品部廃止の詔について」（『続日本古代史論集』上巻、吉川弘文館、一九七二年〔『関晃著作集』第二巻、吉川弘文館、一九九六年〕）であろう。関は、前詔（大化二年八月詔）の主題は「律令的官僚制の採用を前提とする世襲職廃止の方針を宣明する点」にあり、後詔（大化三年四月詔）の主題は「新しい官僚制の実現に至るまでのあいだ皇子・群臣以下に庸調を与えることを定める点」にある、とその内容を的確に捉え、前者は「世襲職廃止の詔」、後者は「庸調支給制の詔」と仮称した。関の論文の主眼は、前詔の「品部」の語をいわゆる職業部と解した通説を批判し、ここの品部は職業部だけでなく御名代の部をふくんでおり、両詔ではむしろ御名代の部をとくに問題にしていることを明らかにしようとしたのであった。例えば前詔のなかの

而始二王之名名一、臣連・伴造・国造、分二其品部一、別二彼名名一。復以二其民品部一、交雑使レ居二国県一。

について、関は「王の名（名号・宮号）を付した部（御名代の部）を始めとする各種の品部を、臣連・伴造・国造らがそれ

ぞれ分掌して、その名称ごとに別々に管理しており、またその管理している各種の品部を国県に雑居させている」と正しく解している。[1] しかし関はこの詔の品部を御名代の部に引きつけて解釈しすぎたために、無理な解釈に陥った部分がある。例えば前詔の

其仮㆓借王名㆒為㆓伴造㆒、其襲㆓拠祖名㆒為㆓臣連㆒、斯等深不㆑悟㆑情、忽聞㆓若是所㆑宣、当㆑思㆓祖名所㆑借名滅㆒。由㆑是預宣、使㆑聴㆓知朕所㆑懐。王者之児相続御寓、信知、時帝与㆓祖皇㆒名、不㆑可㆑見㆑忘㆓於世㆒。而以㆓王名㆒、軽掛㆓川野㆒、呼㆓名百姓㆒、誠可㆑畏焉。凡王者之号、将㆘随㆓日月㆒遠流㆖、祖子之名、可㆘共㆓天地㆒長往㆖。

について、関は、「ここは、品部の廃止に対して臣連・伴造らが抱くと予想される危惧の念について、予め政府の考えを述べて、かれらを説得しようと試みている部分である。すなわち、御名代の場合の如く、王名や祖名（祖皇の名）を帯びて氏となっている臣連や伴造らは、その名を帯びている部の廃止によって、自己の存立の根拠を失ってしまうのではないかと惧れるかもしれないが、天皇の子孫が代々天下を治めてゆくのであるから、王名を帯びた部を存続させなくても、天皇や祖皇の名が忘れられる心配はない。にもかかわらず王名を川野や百姓に付けて、軽々しくこれを扱っているのは、誠に畏れ多いことであって、王者やその子孫の名は、それとして永久に伝えられてゆくべきものである、という旨を述べている」（傍点吉田）と解している。しかし関が祖名を「祖皇の名」と解したのは、品部を御名代の部に引き付けて解しすぎたために生じた無理な解釈ではなかろうか。『日本古典文学大系　日本書紀』下巻（岩波書店、一九六五年）の頭注が「其の王の名を仮借りて伴造とし」を御名代のこととし、「其の祖の名に襲拠りて臣・連とす」を「たとえば吉備津彦命の後が吉備臣、阿直岐の後が阿直岐史と称するの類をいう」と注するように、ここの祖名は臣・連のウヂの始祖の名と、素直に解する方がよいと思う（なおこの頭注が祖名とウヂ名を直接に結びつけている点については後述する）。したがって関がこの詔を御名代だけに引きつけて解釈したのは行き過ぎで、むしろ御名代に限らない方が、この詔を「世襲職廃止の詔」とよんだ関の主張にも適うのではなかろうか。[2]

このような関の解釈の難点は、後詔（大化三年四月の詔）にもみられる。後詔のなかの

既而頃者、始㆓於神名・天皇名名㆒、或別為㆓臣連之氏㆒、或別為㆓造等之色㆒。由㆑是率土民心、固執㆓彼此㆒、深生㆓我汝㆒、各守㆓名名㆒。

について、関は、「神名王名が豪族の氏称や部民の族称となっている場合に関することであるが、そのようなことがとくに一般的だったのは……御名代のトモと部の場合だけであって、その他の場合にはあまり考えられないことである」というが、溝口睦子『日本古代氏族系譜の成立』（前掲）が的確に批判しているように、「神名を氏の名としている御名代はない」。この「始㆓於神名・天皇名名㆒、或別為㆓臣連之氏㆒、或別為㆓造等之色㆒」の部分は、前詔の「其仮㆓借王名㆒為㆓伴造㆒、其襲㆓拠祖名㆒、為㆓臣連㆒」と対応しており、前詔の「祖名」に対応するのが後詔の「神名・天皇名名」にほかならないことは、溝口が明快に説明しているとおりで、ウヂウヂは神や天皇に始まり、その子孫が臣や連になっているのである。

ところで前詔の「其の祖（おや）の名に襲拠（よ）りて臣・連とす」についての『日本古典文学大系　日本書紀』の先掲の頭注でも、また後詔の「神の名、天皇の名名より始めて、或いは別れて臣・連の氏と為れり。或いは別れて造等の色と為れり」についての同書の頭注「（書紀）集解はこれについて、大久米命の後を久米直という類いという」においても、祖名や神名・天皇名名をそのままウヂ名と結びつけて解釈している。しかし溝口が指摘しているように、神名・王名などの祖名がウヂ名となるのは、それほど一般的なことではないので、そのような観点からは、二つの詔の「其襲㆓拠祖名㆒、為㆓臣連㆒」「始㆓於神名・天皇名名㆒、或別為㆓臣連之氏㆒」という部分、さらに後詔の

又拙弱臣連・伴造・国造、以㆓彼為㆑姓神名王名㆒、逐㆓自心之所㆑帰、妄付㆓前々処々㆒。前々、猶㆑謂㆓人々㆒也。

の「彼為㆑姓神名王名」という表現が十分に理解できなくなってしまう。やはり溝口が指摘するように、これらの「名」はウヂ名を直接に指すのではなく、ウヂ名もふくめた「出自」(descent)を意味すると解するのが、もっとも自然な解釈ではなかろうか（なお溝口は「家筋」という言葉も使っているが、不適切な表現なので、ここでは「出自」を用いる）。前詔には、「奉仕卿大夫・臣連・伴造・氏氏人等、或本云、名名王民」の「名名王民」という言葉がみえ、

また『古事記』の允恭天皇の段の「天皇愁二天下氏氏名名人等之氏姓忤過一」にも「氏氏名名人等」という言葉がみえるが、これらの「名名」も、後詔の「各守二名名一」と同じように、出自の原理、すなわち始祖の別を意味したのではないだろうか。

このように考えてくると、何故、出自が「名」とよばれたか、という難しい問題を解く手懸りが得られそうである。明確に論証することは難しいが、出自を意味する「名」は、始祖の名、すなわち「祖名」の「名」に淵源するものではなかろうか。

三　名を負ふ

中田薫が祖名をウヂ名と解したのは、先ほど言及したように、「名」を呼称とし、「名を負ふ」ことを何らかの命名に引きつけて解釈しようとした帰結であった。もちろん「名」のもっとも一般的な用例は、呼称としての名にあったが、「名」という言葉は、呼称に限らない豊かな内容をふくんでいたのではなかったか。

既に本居宣長は『続紀歴朝詔詞解』において、天平十五年五月癸卯の詔に

継坐牟天皇御世御世尓明浄心乎以而祖名乎戴持而天地与共尓長久遠久仕奉礼

とある「祖名」について、「祖名は、氏々の、各先祖より仕奉リ来たる職業（ワザ）也」と断じており、もちろん中田もこの宣長説を十分に念頭に置いて立論している。中田は「祖名相続」(前掲)において、「我上代諸氏の多くは、その職業を以て氏名となし、又各氏その職を世襲するの制なりしが故に、名の相続は事実に於て職業の相続なりしこともとより疑なし」と宣長の指摘した事実の一面を認めているが、「然かれども此事実に依て直ちに、名の本義は業にして、名の承継は業の相続なりと解するは、明らかに観念の混同にして、又彼の御子代部の主旨を度外したる謬論と云はざる可らず」と宣長説を痛烈に批判している。中田が御子代部の主旨というのは、御子代の設置をめぐる『日本書紀』の記

述、例えば「朕、継嗣無し。何を以てか名を伝へむ。……小泊瀬舎人を置きて、代の号(な)として、万歳に忘れ難からしめよ」(武烈六年条)とか、春日皇女の「妾が名、随ひて絶えむ」との嘆きに対して、「匝布(さほ)屯倉を賜ひて、妃の名を万代に表せ」(継体八年条)というような例をさすが、これらの記述が史実かどうかは問題があるとしても、先掲の大化二年詔にも「祖の名、借れる名、滅(き)えぬ」という臣連伴造らの心配を記しており、名そのものの永続に対する古代の人々の熱い思いが、名の承継の中核にあったとする中田の指摘は、正鵠を射ている。ただ中田は、宣長が祖名を職業(ワザ)とみ、名を呼称から切り離したことの意味を十分に理解しなかったと考えられる。この点は、後述するように、石井良助・滋賀秀三による宣長説の再評価として発展されるが、ここでは中田説のもう一つの問題点を洗い出しておきたい。それは名と霊の問題である。

本稿の冒頭にも指摘したように、中田の研究の出発点は、日本古代の相続の中核にあったのは「祭祀の承継」ではなく「祖名の相続」である、という点にあった。そしてこの中田の指摘は、古代社会の特質の一つを、鋭く浮かび上らせたものであった。ただ中田は両者の区別を厳密にしすぎたきらいがあり、「祖名相続再考」(前掲)において、折角、世界の諸民族における祖名と祖霊との一体化を指摘し、諸民族の間に、父祖の名を子孫に命ずるものと、子孫をして父祖の名を語り継がしむるものと、両種の風習あるも、「何れも名の永続に因て霊の不滅を得べしとなす、宗教的信仰に基づける同一思想の、二形式である」という結論に達しながら、何故か、日本古代の名を問題とする際には、霊の問題には全くふれていない。しかし石母田正「古代の身分秩序」(『日本古代国家論』第一部、岩波書店、一九七三年)が強調したように、名のもつマギッシュな性質は、日本古代においてもおそらく同様であった。石母田は、応神紀に引く一書に、天皇がツヌカの笥飯大神と「名」を交換して、大神の本来の名であるホムタワケを称したという所伝は、名のもつ神授的でマギッシュな性質を物語っているという例を引き、また名代・子代についても、「たとえば孔王部が安康天皇の名代であったとすれば、それはマギッシュな性格をもつ天皇の名を附することによって、祖霊を復活させること」(傍点吉田)ではなかったかという。『続日本紀』の宣命にも、

体方灰止共尓地仁埋利奴礼止
名波烟止共尓天尓昇止云利

という興味深い表現がみられる（神護景雲三年十月朔詔）。もちろんこの表現はおそらく火葬が始まったのちのもので、漢籍・仏典などの影響も想定されるが、柿本人麻呂が日並皇子の殯宮で作った挽歌と、一脈あい通ずるところがある。

天照らす　日女の尊……天雲の　八重かき別きて　神下し　座せまつりし　高照らす　日の皇子は……天の原
石門を開き　神上り　上り座しぬ……　　　（『万葉集』巻二、一六七）

この人麻呂の挽歌は殯宮での歌であって、先の宣命の句が火葬にかかわるのとは異なるが、宣命にみえる〝「名」が天に昇る〟という観念が生れ（または受容され）る背景には、日の皇子の霊が天に昇るという伝統的・神話的な観念があったのではなかろうか。また『続日本紀』の宣命には、

天日嗣高御座乃業止坐事波進弖波挂畏天皇大御名乎受賜利退弖波婆婆大御祖乃御名乎蒙弖之食国天下乎婆撫賜恵賜夫止奈
母神奈我良母念坐須

という興味深い表現もみえる（天平勝宝元年四月甲午朔詔）。ここに、

進弖波挂畏天皇大御名乎受賜利
退弖波婆婆大御祖乃御名乎蒙弖之

と対比された大御名・御名について、宣長は、「名とは、職業をいひて、天皇の大御名は、即天下を治め給ふ御業也」、婆婆大御祖の「御名乎蒙とは、子を養育し成長す、これ母の職業なれば、其を蒙り給へるよし也」というように、名を一貫して職業の意に解している（『続紀歴朝詔詞解』巻二）。この宣命の婆婆大御祖は聖武天皇の母、藤原宮子をさすので、挂畏天皇は聖武の父、文武天皇をさす可能性が強いが、「天日嗣高御座乃業」を継ぐことを「大御名乎受賜利」と表現することはあるとしても、母の養育を受けることを「御名乎蒙」と表現したと解するのは、やはり言葉の方が重すぎて不自然な表現ではなかろうか。中田はもちろんこの宣長説を採らず、「「父母の御名を受蒙る」と云ふのは、

これを文字通りに解すれば、「父母の御名を命名されて」と云ふ意味にも釈かれる。しかし聖武天皇が父母の御名を負ひ給うたと云う事実は無い」ので、疑問は残るがやはり父母の名を「後代に語り伝ふと云ふ意味であると解するの外、途はないのであらう」と結論する。しかしほんとうに、他に途はないのであろうか。

名の内容をあれこれと分析することをしばらくやめ、また名を受け賜い、蒙ることを命名と決めつけないで、古代の言葉のまま素直に読む途はないであろうか。挂けまくも畏き天皇が大御名を「受賜利」とは、天皇の大御名を受け賜ったのであり、そのことが、「天日嗣高御座乃業」を受け継ぐことでもあり、おそらく天皇の霊威を受け継ぐことでもあったのではないか。また、「婆婆大御祖乃御名乎蒙」とは、母の御名を蒙り受けたのであり、そのことが、母の養育を受けることでもあり、おそらく母の霊威を受け継ぐことでもあったのではなかろうか。

おわりに

中田説の再検討から出発した本稿の最後に、中田説を批判的に発展させた石井良助・滋賀秀三の学説に言及しておきたい。石井良助『長子相続制』(『法律学大系 法学理論篇』日本評論社、一九五〇年)、同『日本法制史概説』(創文社、一九四八年)は、中田が採らなかった宣長の説を重視し、古代の相続の中心は「職(わざ)」の相続であった、という。滋賀秀三『中国家族法の原理』(創文社、一九六七年)は、石井説を要約して、「上代における氏上の地位の相続の実質は……上代後期においては各氏が朝廷に対して奉仕する「職(わざ)」(または「行事(わざ)」とも書かれる)の相続であった。各氏の氏名はかような職の名からとられることが多かった。すなわち職は実、氏名はその賓であって、両者は不可分の一体であった。中田博士が説かれた祖名相続なる観念は、この賓たる名の面が強調された現象として理解さるべきである」という。たしかに石井は中田説の弱点を宣長説によって補うことによって、古代の祖名の相続から中世以降の家名の相続への展開を、一貫した視点から捉えることに成功した。しかし古代史研究者の立場からみると、石井説にもなおいくつかの問題が含まれている。

一つは、石井説というよりはその前提となった宣長説の問題であるが、宣長が「祖名は、氏々の、各先祖より仕奉り来たる職業也」といったとき、宣長の念頭にあったのは、おそらく「天日嗣高御座乃業」というような言葉であったろうが、祖名の場合にはむしろ「つかさ」という言葉の方が相応しいと思われる。『万葉集』に「隠さはぬ　赤き心を　皇辺に　極め尽して　仕へ来る　祖の都可佐と　言立てて　授け給へる……清きその名そ……虚言も　祖の名断つな……」（巻二十、四四六五）とか「大伴の　遠つ神祖の　その名をば　大来目主と　負ひ持ちて　仕へし官……人の子は　祖名絶たず　大君に　奉仕ふものと　言ひ継げる　言の都可左そ……」（巻十八、四〇九四）と歌われた「つかさ」である。「わざ」という言葉が王権と直接には結びつかない言葉であるのに対して、「つかさ」は王権、朝廷と結びついた言葉であり、「負ひて仕へ奉るべき姓名賜ふ」（『続日本紀』神亀元年二月甲午詔）という言葉とも対応する。天皇がカバネナを賜うという、古代の名の基本的な特質とも対応するのである。滋賀秀三が日本の家業の観念を「古代的な氏族の名による奉仕を家の名による奉仕に再生せしめた」ものとして捉え（前掲書）、佐藤進一が特定氏族による特定官司の業務の世襲請負いに中世的な家業の観念の萌芽を見出したように（『日本の中世国家』岩波書店、一九八三年）、古代のウヂから中世のイエへの転換の底流をなしたのは、朝廷への奉仕であった。

第二の問題は、石井は「職が実で、名は賓である」と捉えたが、そこには中田が名の継承のなかに見出した古代人の熱き思いが見失われているのではないか、という点である。もっとも先に批判したように、中田も古代の名がもつマギッシュな性格を十分には捉えていないが、石井もその点では中田と同じ誤りに陥っているのではなかろうか。祖名を負うことは、始祖の霊威（たま・mana）を始祖から受け継ぎ、始祖が天皇の祖先に仕えたように、祖名を負う子孫も、永遠に天皇に仕え奉ることであった。そこには、始祖の霊威が再生し続けるという、神話的・循環的な時間意識が生きており、天皇が「負ひて仕へ奉るべきカバネナを賜ふ」という王権と名のマギッシュな関係も、そのような観念を背景とするものであったと考えられる。

しかし中世以降の家の名には、そのような神話的・呪術的な観念はほとんど消えている。古代のウヂは王権の神話と不可分の関係にあったが、中世のイエにはそのような神話的・呪術的な観念は稀薄となっている。古代のウヂの原理である始祖との系譜意識には、始祖の再生という観念が基礎にあったが、中世のイエの原理は父—子の関係にあり、「養子の法、子無きの人、家業を継がむがため、収養する所なり」(『法曹至要抄』)という養子の観念は、ウヂにはない。家名は養子によっても継承されるが、祖名を継承するための養子という観念は存在しなかった。祖名の観念は、古代のウヂのあり方を探る重要な手懸りとなるのではなかろうか。

(1) 関が臣連・伴造・国造らと、品部とを分離し、前者が後者を管理していると解したことには問題があり、「部」は朝廷に出仕する「トモ」とそれを資養する「べ」との全体をさすと考えられるが、その問題はここでの主題から脱れるので、深入りしないことにしたい。狩野久「部民制」(『講座日本史』一、東京大学出版会、一九七〇年〔『日本古代の国家と都城』東京大学出版会、一九九〇年〕)、武光誠『研究史　部民制』吉川弘文館、一九八一年、参照。

(2) なお前掲の詔の

王者之号、将下随二日月一遠流上、
祖子之名、可下共二天地一長往上。

という対句の部分の「祖子之名」を、通説のように「祖子(みこ)の名」とよみ、『日本古典文学大系　日本書紀』の頭注などの「祖皇に対し皇子皇孫をいう」と解してよいかどうか疑問が生ずる。「祖子」という言葉は、『続日本紀』天平十五年五月癸卯の宣命に「君臣祖子(キミオミオヤコ)乃理遠忘事無久」とあるように、「祖と子(オヤコ)」の意味か、あるいは「祖の子(オヤコ)」の意味に解するのが自然で、この大化二年詔の「祖子」だけを「みこ」と読むのは無理ではなかろうか。横田健一「古代における〝名〟尊重伝世の思想」(『日本書紀研究』第一〇冊、塙書房、一九七七年〔『日本書紀成立論序説』塙書房、一九八四年〕)も、この詔を引用して「祖子」に「おやこ」とルビをふっている。もっともこの大化二年詔では、「祖子之名、可共天地長往」の次に、

如是思故宣之。始二於祖子一、奉仕卿大夫・臣連・伴造・氏々人等、或本云、名々王民。咸可二聴聞一。

とあり、この詔の呼びかけの対象として出てくる「祖子」は、後の詔の「皇子等・王等・百官人等・天下公民」(『続日本紀』文武元年八月庚辰詔)の「皇子等」に相当するともみられるので、「祖子」を「みこ」とするのが相応しいようにも思われる。ただ詔の首部の呼びかけの対象のなかに「みこ」がふくまれるのは、この大化二年八月の詔以外には、先掲の文武元年の詔まで見当らないらしいので、やはり「みこ」とよむことにも疑問が残る。

〔あとがき〕　土田〔直鎮〕先生のお勧めによって、私は史学会第八〇回大会において「日本古代の家をめぐって」と題する報告をしたが〔一九八二年〕、その際、祖名について言及しながら、自分の考えをまとめるには至らなかった。本稿はその時の宿題を、自分なりにまとめたものである。なお拙稿「ウヂとイヘ」(『新編日本史研究入門』東京大学出版会、一九八二年〈本書所収〉)においては、中田説にほぼ全面的に依拠していたが、本稿のように訂正したい。

〔補記〕　本稿の校正中に、熊谷公男「令制下のカバネと氏族系譜」(『東北学院大学論集』歴史学・地理学第一四号、一九八四年三月)に接し啓発されるところ多大であった。本稿が主題とした「祖名」についても、「「祖の名」とは、第一義的にはやはり「祖先の名」と解すべきであろう」と明確に指摘されており、拙稿の主旨と一致している。ただし熊谷氏が「この場合の「名」とは……高名、名声といった意味であると思われる」と限定される点には、若干疑問が残る。たしかに熊谷氏が引用された大伴家持の「大夫は　名をし立つべし　後の代に　聞き継ぐ人も　語り続ぐがね」(『万葉集』巻十九、四一六五)と歌われた「名を立つ」は、高名・名声をあげ、功績を立てることであった。家持は、憶良の「士やも　空しかるべき　万代に　語り続ぐべき　名は立てずして」(巻六、九七八)に「追和」してこの歌をつくったのだが、憶良の「名を立つ」も同じ意味であろう。また、熊谷氏がいわれるように、「祖名を戴き持つ」「祖名も継ぎ往く」「先祖の名を興し継ぎひろめ」「祖の名絶つな」という「名」が、祖先の高名・名声を指すことも間違いないであろう。しかし「祖名」とは本来、高名・名声――当時の人の言葉では「清き名」――であるのではなかろうか。およそ「祖名」が問題とされるのは、天皇の祖先に仕えて功績をあげたという神話や伝承をもつ祖先の名であるからで、だからこそ、その「祖名」を戴き持ち、その祖先を始祖とする系譜(『新撰姓氏録』でいう「出自」)をつくりあげたのではなかろうか。したがって「祖名」が名声であり、功績をふくむことは、「祖名」の当然の属性であり、宣長が「名」を「ワザ」と解したのも、祖先の功績を前提としていたのであろう。
とはいえ、熊谷氏が明確に指摘されているように、祖先の高名は、それ自体として存続するものではなく、子孫が祖先と同じように天皇に仕えることによって、継ぎ往くことができ、さらに興しひろめることができた。もし子孫が祖先のように仕えなければ、「祖先の名を屈き」「清き祖名を絶つ」ことになってしまう。祖名は子孫が「負ひ」「戴き持つ」ことによって存続し得たのである。そして「負ふ」とか「戴き持つ」という言葉は、「語り継ぐ」ことをも当然ふくんでいたであろうが、それだけではない、より重い内容をふくんでいたのではないだろうか。祖名が始祖の名であることを、そのまま素直に認めれば、本稿で先述したように、祖名の「名」は「出自」(始祖の別)を意味すると解するのが、もっとも自然な解釈ではなかろうか。先に引用した大化二年八月詔において、王名と祖名とが並列されているのは、いずれも清き名(高名・名声)であることは当然だが、そのことよりも始祖の名であることそのこと(すなわち「出自」)が問題とされているのではなかろうか。

しかし本稿の「おわりに」で、「祖名を負うことは、始祖の霊威(たま・mana)を始祖から受け継ぎ、始祖が天皇の祖先に仕えたように、祖名を負う子孫も、永遠に天皇に仕え奉ることであった」と書いた点は、十分に実証されていない見通しにすぎない。とくに「たま」をポリネシアの「マナ」と類似するものとした点は、ほとんど論証されていないので(拙著『律令国家と古代の社会』岩波書店、一九八三年、Ⅲ章注(16)も同じ)、その問題は今後の課題としたい。「たま」と「マナ」の類似と相違を明らかにすることは、日本古代の「ウヂ」とポリネシアの「ラメージ」の類似と相違を明らかにすることにつながると考えられる。

律令国家と荘園——律令制と庄

はじめに

「律令国家と荘園」という課題を与えられて、まず問題となるのは、本稿の対象とする九世紀以前の史料には、「荘園」という語がほとんど用いられていないことである。[1] したがって史料にみえる「荘園」という語を手懸りとして問題を考えていくという、もっとも簡明な方法は成り立たない。しかし「荘園」という語は見出されないが、「荘」——その草体を簡略化した「庄」——という語は史料にたくさんあらわれ、のちの荘園と同じではないが、つながる面もあるので、この「庄」を手懸りとして出発することにしたい。その際、二つのことに留意したい。一つは、「庄」という語が用いられていなくても、実体として類似したものはふくめて考察すること、もう一つは、のちの荘園の主流となる貴族・寺社など権門勢家の領有地（広義）につらなりそうなものにも留意することである。ただし、荘園と結び付けられやすい「私地私民」とか「不輸不入」という概念は、この際、一度カッコに入れ、史料の語る事実に即して問題を考えていきたい。なお古代の史料では一般に「庄」の字体が用いられているので、本稿でも「庄」と表示することにする。

※編集部注——以下本稿は初出時、「律令国家と荘園」の第一章「律令制と庄」として、小口雅史氏執筆の第二章「初期庄園の諸様相」とあわせて掲載された。著者によれば「第一章は、六国史・律令格式・資財帳などを主な史料とし、律令国家の形成と展開が、庄のあり方とどのような関係にあったかを、主として制度の面から概観し、第二章は、庄園関係文書（木簡などを含む）を主な史料として、庄の具体的な様相と、庄をめぐる人々のあり方を描く（「はじめに」と第一章は吉田、第二

書紀』白雉元年二月条)という表現からは、溝や垣根で区画されたナリトコロに白雀が飛んできて、そのなかの屋や倉にとまっている、という景観が眼に浮かんでくる。そして、三宅(ミヤケ)の語が、経営の拠点となったヤケだけでなく、そこを拠点として経営された田畠をふくむ語に変化していったように、タトコロ・ナリトコロも、そこを拠点として経営された田畠をもふくむ言葉にその意味を拡大していったと推定される。[2]

表1 四天王寺に施入された守屋の田地

国	郡	地
河内	渋川	弓削
〃	〃	鞍作
〃	安宿	祖父間
〃	〃	衣摺
〃	〃	蛇草
〃	〃	足代
〃	〃	御立
〃	〃	葦原
摂津	東生	於勢
〃	〃	(摸江)
〃	住吉・西成	鵄田
〃	西成	熊凝
〃	〃	伏見

話を守屋滅亡の事件に戻すと、四天王寺の古い資財帳をもとにして平安中期に偽作されたと考えられる「四天王寺御朱印縁起」によれば、[3]守屋の宅を施入して成立した四天王寺の田庄の田園十八万六千八百九十代(約三百七十四町)は、右表のように分布していたという(表1)。もちろん史料の性格を考慮すると、この記事の細部まで事実と見ることはできないが、少なくとも守屋の田畠がのちの河内・摂津の範囲に分布していたことはほぼ間違いないだろう。そしてこの物部守屋の田畠の分布といちじるしい対照を示すのが、物部氏の部民(部曲)といわれる「物部」の分布である。

大化前代における物部の分布を正確に捉えることは難しいが、ここではその手懸りとして『和名類聚抄』の物部郷と『延喜式』神名帳の物部の名をもつ神社とを拾いあげてみよう(表2)。これらの物部郷・物部神社の分布が、そのまま大化前代の「物部」の分布を示すものではなく、また物部の分布を推定させる史料はこの他にもあるが、物部が大和朝廷の勢力が及んだ広い範囲に分布していたことが推察される。それに対して、物部氏の族長であった守屋が直接経営していた田畠が——守屋の田のうち一万代は守屋を射殺した迹見赤檮(とみのいちひ)に賜っており、四天王寺に施入されたものが全てではなかったが——おもに河内・摂津という限られた地域に分布していたことに注目したい。この相違は、「物部」が基本的には大和朝廷の制度であり、物部氏は大王を中心とする大和朝廷を媒介として地方に物部を設定したのに対して、物部守屋が直接経営をする田畠は、ほぼ畿内の範囲にとどまっていたことによる。大和王権は、畿内の豪族層が大王を盟主として一つの統一体（大和朝廷）を結成し、その統一体を媒介とすることによって地方の豪族層を支配する体制であった。したがって、大和朝廷を構成する個々の豪族の直接の基盤は意外に小さなもので、守屋が直接経営する田畠の分布が限られているのも、そのことを示している。それに対して、大和朝廷という統一体を媒介とする地方豪族への支配は、はるかに広い範囲に及ぶことができた。「物部」が大和朝廷の勢力範囲に広く分布していたこともそのあらわれである。「部」（部曲）は内つ国の豪族が大和朝廷を媒介として外つ国の豪族を支配する体制であった。

　このように物部氏の族長である大連の守屋の勢力は、㈠直接に支配経営する奴と宅（田畠も付属）と、㈡朝廷を媒介とする「物部」、の二重の構成となっていたが、守屋が滅ぼされたとき没収されたのは㈠の奴と宅で、㈡の「物部」はそのまま存続したと推定されることにも注目しておきたい。「物部」はいわゆる部曲の一つで、教科書的には豪族私有民とされ、たしかに私有民化される傾向にはあったが、基本的には、物部氏が大王に奉仕するための資として朝廷によって設定された部の一種である(4)。したがって物部氏の本宗家である守屋が滅ぼされても、物部氏そのものが存続する限り、物部は存続したと想定される。

　このように大和朝廷の大連であった物部守屋ですら、その直接経営する田畠の分

表2　物部郷・物部神社の分布

国	郡	郷	神　社
伊勢	飯高		物部神社
〃	壱志		物部神社
尾張	春部		物部神社
〃	愛智	物部郷	物部神社
駿河	益頭	物部郷	
甲斐	山梨		物部神社
武蔵	入間		物部天神社
下総	千葉	物部郷	
近江	栗太	物部郷	
美濃	多芸	物部郷	
〃	安八	物部郷	
〃	本巣	物部郷	
〃	厚見		物部神社
下野	芳賀	物部郷	
越中	射水		物部神社
越後	頸城	物部郷	物部神社
〃	三嶋		物部神社
佐渡	雑太		物部神社
丹波	船井		嶋物部神社
〃	何鹿	物部郷	
丹後	与謝	物部郷	物部神社
但馬	城崎		物部神社
石見	安濃		物部神社
備前	磐梨	物部郷	
淡路	津名	物部郷	
土佐	香美	物部郷	
筑後	生葉	物部郷	
肥前	三根	物部郷	
日向	那珂	物部郷	
壱岐	石田	物部郷	物部布都神社

表3　法隆寺の水田・陸地(薗地・山林岳嶋等)・海・池・庄の分布

国	郡			国	郡		
近江	栗太	水田	21町7段余	摂津	西成	庄	1処
	〃	薗地	4段		川辺	庄	1処
	〃	庄	1処		武庫	庄	1処
大和	平群	水田	46町9段余	播磨	揖保	水田	219町1段余
	〃	薗地	15町		〃	薗地	12町2段
	〃	山林・岳	2地		〃	岳	5地
	〃	池	寺辺3塘		〃	池	1塘
	〃	庄	1処		〃	庄	1処
	添上	水田	2町1段余		印南・餝磨	山・嶋・林	16地
	添下	栗林	1地		〃	海	2渚
	〃	庄	1処		明石	庄	1処
河内	志貴	水田	1町		賀古	庄	1処
	〃	庄	1処	備後	深津	庄	1処
	渋川	水田	46町2段余	讃岐	大内	庄	1処
	〃	薗地	6町		三木	庄	2処
	〃	庄	1処		山田	庄	1処
	更浦	水田	40町		阿野	庄	2処
	〃	庄	1処		鵜足	庄	2処
	和泉	水田	45町9段		那珂	庄	3処
	〃	薗地	2段		多度	庄	1処
	〃	池	1塘		三野	庄	1処
	〃	庄	1処	伊予	神野	庄	1処
	日根	山	1地		和気	庄	2処
	大懸	庄	1処		風速	庄	2処
摂津	菟原	水田	31町6段余		温泉	庄	3処
	〃	池	1塘		伊余	庄	4処
	雄伴	岳	1地		浮穴	庄	1処
	〃	庄	2処		骨奈嶋	庄	1処

布はほぼ畿内に限られていたと推定されるが、大化前代の大寺院の寺田の分布も、畿内とその周辺に限られていた可能性が強い。大化前代の寺田の分布を直接示す資料は残存しないので、天平十九年(七四七)の「法隆寺伽藍縁起幷流記資財帳」を素材として推定してみよう。同帳は法隆寺の資財を列記した終わりの方に、水田・陸地(薗地・山林岳嶋等)・海・池・庄、の内訳を記すが、その分布を地域ごとに再編成して表示すると上のようである(表3)。

この表から明らかなように、法隆寺の水田・薗地は、大和・河内・摂津の畿内三カ国と、近隣の近江・播磨に分布している。そして水田・薗地の存在する九カ所(郡単位)のうち七カ所には庄も存在し、庄が水田・薗地の耕営の拠点であったことを推測させる。しかし庄は全体で四十六処もあり、水田・薗地の存在しない地域の方がむしろ多数を占める。とくに備後・讃岐・伊予の瀬戸内海沿岸にたくさん分布している(全体で四十六処の庄には倉八十四、屋百十一があった。一庄平均、倉一・八、屋二・四)。これらの庄がどのような機能をもっていたのかは明白でないが、朝廷の三宅(ミヤケ)や貴族の宅が交易など農業経営以外の機能ももっていたように、交易・出挙などの拠点になっていた可能性が強い[5]。

二　律令制の成立と庄

大化二年(六四六)正月のいわゆる大化改新詔の第一条は、

昔在(むかし)の天皇等の立てたまへる子代(こしろ)の民、処処の屯倉(みやけ)、及び、別(こと)には臣・連・伴造・国造・村首の所有(たもて)る部曲の民、処々の田荘を罷(や)めよ。

という有名な文章で始まる。この詔文が果たして大化二年正月に出された詔の文かどうかは、激しい議論の対象となっており、ここではその問題にはふれないことにしたい。ただ長期的に大勢をとらえれば、子代・部曲の民は編戸の民(公民)として国司の管理下におかれ、太政官―国司の機構によって徴収された封戸物(租調庸など)が、律令制のもとで高い位階や官職を得た貴族たちに支給されることになった。またかつての屯倉・田荘に属した田は、やはり国司の管理下におかれて班田収授の対象とされ、律令制のもとで高い位階や官職を得た貴族たちには位田・職分田などが支給された。ただし、部(部曲)が本来朝廷の制度であり、全体として公民へ移行したと考えられるのに対して、田庄は畿内の豪族によって直接に経営されていたので、付属する田は収公されたとしても、その拠点としての狭義のタトコロ(ナリトコロ)まで収公されたかどうかは疑問である。

このような疑問は、貴族層に班給された位田・賜田などが、どのように経営されたのか、という問題と深くかかわっている。たしかに国司・郡司の主導による条里制開発や灌漑施設の新設・維持が、奈良時代の水田経営に果たした役割は大きかった。すべての水田を班田収授の対象に組み込むというラディカルな改革が曲がりなりにも行なえたのは、国―郡の機構による大規模な条里制開発、灌漑施設の新設・維持にあったことは間違いないだろう。しかし、貴族層の位田等は、果たして国―郡の機構を通じて経営されたのであろうか。国郡の機構を利用することはあっても、基本的には独自の経営機構をもっていたのではないか。この問題に迫る重要な手懸りは、天平元年(七二九)の班田収授である。

律令に規定された田制が現実に施行されていく過程で、天平元年の班田は画期的な意味をもっていた。この年の三月、冬から始まる班田収授に備えて、

口分田を班つに、令に依りて収め授くること、事におきて便あらず。請はくは、悉く収めて更に班たむことを。

という官奏が裁許された(『続日本紀』)。田令によって収授するのが不便だというのは、おそらく班田収授が死亡等による退田と、受田年齢に達したことによる新規受田とについてだけ行なわれていたために、同一戸の口分田の散在が激しくなったことによると推測される[6]。そこですべての田を一旦収公し、全面的に班給し直そうというのである。しかしこのような大規模な再編成をすれば、王臣家等の有力者が上田(収穫量の多い上質な田)を独占してしまうことが当然予想されるので[7]、同年十一月に京畿の班田司を任命した際に、「親王及び五位以上の諸王臣等の位田・功田・賜田、幷せて寺家・神家の地は、改め易ふべからず。便ち本の地に給へ」(『続日本紀』天平元年十一月条)という厳しい制限を設ける。ただし位田については「如し上を以て上に易へむことを情願ふあらば、本田の数を計りて任に給ふことを聴さむ」と例外を認めた。収穫量に変更のない上田と上田との間の割り換えの目的は、位田の経営のための一円化(一カ所にまとめること)にあったと考えるのが自然だろう[8]。この天平元年の班田の全面割り換えが、同一戸の口分田の散在を防ぐことにあったと推測されることも、このような想定を支証する。とすれば、位田等の経営の拠点としてのタトコロの存在を想定するのが自然ではなかろうか。大伴氏の竹田庄・跡見庄を手懸りにして具体的に考えてみよう。

『万葉集』には大伴坂上郎女が「竹田庄」で作った、

然とあらぬ　五百代小田を　刈り乱り　田廬に居れば　京師し思ほゆ　（巻八、一五九二）

という歌がみえる。五百代とは一町にあたるが、わずか五百代ほどの田を刈り乱して田の小屋にいると、都のことが恋しく思われる、という歌だが、「田廬」とはもちろん平城京の邸宅と比べての誇張であろう。竹田庄は大和国十市郡にあり、耳成山の東北のあたりで、現在も竹田の地名が残っている。この歌が作られたのは、天平十一年（七三九）の九月で、坂上郎女はこの年、八月から九月にかけて竹田庄にいた（巻八、一六二〇）。おそらく稲刈りの指揮のためだろう。ヲヒにあたる家持も八月には竹田庄をおとずれ、彼女と歌を贈答している（巻八、一六一九）。大伴氏の庄としては、城上郡にも「跡見庄」があり（巻四、七二三、巻八、一五四九）、現在の桜井市外山の辺と推定されている。跡見庄は「跡見田庄」ともみえ（巻八、一五六〇）、やはり坂上郎女がそこで歌を作っている。彼女は竹田庄や跡見庄の経営をとりしきっていたのであろう。

大伴氏は申すまでもなく、物部氏と並ぶ大和朝廷の大豪族であり、全国にひろく大伴部をもっていたが、同時に、先述した物部守屋と同じように、畿内には多くの宅や奴婢をもっていたと推定される。守屋は五百人前後の奴婢をもっていた可能性があるが(9)、物部氏や大伴氏の全体では、それよりも多くの家人・奴婢を従えていたであろう。ヤケとかタトコロと呼ばれた施設も、大伴氏全体ではたくさんあり、竹田庄・跡見庄はその一部であった可能性が強い。

坂上郎女が竹田庄でうたったのは天平十一年の秋で、天平十五年の墾田永年私財法よりも前である。竹田庄や跡見庄は、新しい開墾田を主体とする庄ではなく、古くからの大伴氏の田庄であろう。律令制の形成の過程で、大伴氏の田庄に属していた水田も、国郡司の管理下におかれて班田収授の制度のなかに組み込まれて行くことになるが、一方、律令制のもとで大伴氏の一族に班給されるはずの田も相当な面積になった。一族のなかの五位以上の有位者に与えられる位田、氏人やたくさんの家人・奴婢に班給される口分田、さらに功田・賜田など、律令制のもとで大伴氏の一族に班給されるはずの田に、古くからの竹田庄・跡見庄などの水田をふり向けたと推測するのが自然ではなかろうか。

班田収授を実際に行なう地元の郡司や豪族には、大伴氏の息のかかった連中が多かったはずであり、班田司も大伴氏の意向を尊重したであろう。

大伴氏の竹田庄・跡見庄は、大伴氏一族に班給された位田・賜田・口分田等の経営の拠点であった可能性が強い。もちろん開墾と荒廃がたえず繰り返される時代であるから、開墾田もふくまれていただろう。「庄」は農業経営の拠点であるから、その機能を果たす施設・組織(広義)は——規模やあり方は多様だが——いつの時代にも存在した。「庄」の出現を律令制の解体と関連させて理解するのは正しくない。そもそも「庄」という語自体、律令のなかに出て来る用語である。軍防令東辺条には、東辺・北辺・西辺の郡では、城堡の内に人居を安置し、「其れ営田の所には、唯し庄舎を置け。農の時に至りて、営作に堪へたらば、出でて庄田に就け」と規定している。

このように「庄」は律令制のもとでも機能していたが、残存する史料のなかでは、墾田を耕営するための庄が、八世紀の中頃から急速に多くなってくる。荘園についての概説が一般に、八世紀中葉からその歴史を記述するのも、そのような史料によって知られる事実を素材としているからである。そしてそのような通説的な理解が生まれてくる背景には、二つの重要な問題が潜んでいる。一つは、史料の残存の仕方であり、もう一つは、日本の律令田制の構造的な特質である。まず前者の問題から考えてみよう。

いわゆる初期庄園の文書として残存するものの大部分は東大寺に伝来した文書で、他の文書もほとんど寺院に伝来したものである。ところが『類聚三代格』をみると、「神寺王臣諸家庄」(元慶三年七月官符)とある例を除くと、他はいずれも「親王及王臣庄」(延暦十六年八月官符)とか「諸院諸宮王臣家」の「庄家」(延喜二年三月官符)というように、問題となっているのはほとんど王臣家の庄である。それにも拘わらず、大伴氏についても藤原氏についても、その庄についての史料はほとんど残されていない(10)。また寺領に関する文書といっても、法隆寺・元興寺・大安寺など七世紀からの大寺院の文書はほとんどなく、八世紀中葉に創建された東大寺の文書がほとんどであるが、東大寺の水田も、大きく分けると二つに分かれる。

一つは、熟田(既墾田)が勅施入されたもので、律令の田令に規定された狭義の「寺田」にあたる。天平勝宝元年(七四九)閏五月に諸大寺とともに東大寺にも墾田地一百町が施入されたのがそれにあたる(『続日本紀』)。天平勝宝三年に近江国に命じて正税を用いて水田百町を開墾させ(水沼村三十町、覇流村七十町)、東大寺に施入したのも、おなじ性格のものであろう。(11)

もう一つは天平勝宝元年七月に、諸寺の墾田地の限を定めた時、大倭国国分金光明寺(東大寺)に四千町を許したものである(『続日本紀』)。この諸寺の墾田地占定の限度額は、天平十五年の墾田永年私財法に品位階による墾田地占定の限度額を定めた規定と対応するもので、東大寺はこれによって越前国丹生郡・坂井郡・足羽郡・越中国礪波郡・射水郡・新川郡等に広大な墾田地を占定する。(12)この開墾予定地の占定は、国司の協力を得て行なわれ、開墾にも国郡司の協力を得るが、造東大寺司(のち東大寺三綱所)が主体となって少しずつ開墾していったものであり、先の勅施入田とは明らかに異なっている。

東大寺に伝来する八世紀の文書の大部分は、この後者の開墾田(および買得したり寄進された開墾田)に関するものである。したがって、これらの庄が開墾田を主体とするのは当然であり、その経営方式も、大伴氏の竹田庄や、法隆寺など古くからの官大寺の庄とは、かなり異なっていた可能性が強い。

庄が墾田永年私財法以後の墾田と結びつけて考えられてきた背景には、このような史料の残存形態の偶然性によるところが大きい。しかし、多くの庄が墾田を主体とすることは、やはり否定できない事実であり、その背後には、日本の律令田制の構造的な特質があった。(13)

日本の律令の班田制は、中国の均田制を手本としたものであるが、両者の間には構造的な違いがあった。唐の均田制における成年男子の「応受田額」(受田すべき田積)一百畝は、井田法に淵源する理想額で、「已受田額」(実際に受田した田積)はその半分程度と推定されている。したがって開墾しても一般には応受田額を超えることはなく、開墾田は開墾主の已受田のなかにそのまま編入された(すべての土地は王土なので、自分で開墾した田も受田である)。唐の均田制は日本の墾田永年私財法に相当する内容を実質的にはふくんでいたのである。日本の律令田制は、このような唐の田制の重層的な構造を単純化し、熟田（既墾田）だけを収授する制度としてつくられた。口分田の男は二段、女はその三分の二、という班給額も、唐令のような理想額ではなく、実際にその面積の熟田を班給しようとする制度であった。天平十二年の「遠江国浜名郡輸租帳」にみられるように、班給された口分田のなかに多くの荒廃田が生じてくる一つの原因は、班給面積を確保するために、荒廃しやすい田を無理に口分田として班給したことにあるのではないかと推測される。

日本で班田制の施行後間もなく三世一身法や墾田永年私財法が制定され、「墾田」が位田や口分田と並ぶ一つの地種として制度化されてくるのは、墾田を自動的に包摂する仕組みを欠いた日本の班田制の構造的な特質と深く関連していた。そして農業経営の拠点としての庄が墾田を核にして展開して行く背景にも――開墾と荒廃を繰り返す農業技術の段階とともに――このような日本の班田制の構造があった。

三　王臣家の庄の展開

大宝律令の施行後間もない慶雲三年（七〇六）三月の詔には、このごろ王公諸臣が多く山沢を占め、耕種をしないで、百姓が柴草を採るのを妨げている（『類聚三代格』）とあり、和銅四年（七一一）十二月の詔も同じ主旨を繰り返したあと、「但し墾開すべき空閑地あらば、国司に経れて、然る後に官の処分を聴くべし」（『類聚三代格』）とする。空閑地の占定には太政官の許可を必要としたのである。ところが天平十五年（七四三）の墾田永年私財法では、

但し人、田を開かむため地を占めむには、先づ国に就きて申請し、然る後これを開け。（『類聚三代格』）

と定め、国司に墾田地占定の許可権をあたえている。そしてこの国司の権限を利用して、中央の王臣家による墾田地の占定が急速にひろまっていく。その様子を東大寺の墾田地占定の関係史料から探ってみよう。

越中国では天平勝宝元年(七四九)五月ごろ、国守の大伴家持が東大寺から派遣されてきた僧平栄らと協力して礪波郡に伊加流伎野一百町を占定したが、それから十年後の天平宝字三年(七五九)の東大寺開田地図(『大日本古文書』東大寺文書之四)によれば、この伊加流伎野の北には橘奈良麻呂の墾田地約百十町が、西には大原麻呂の墾田地が占定されていた。橘奈良麻呂と大原麻呂の墾田地が占定されたのは、越中守の大伴家持の在任中、おそらくは天平勝宝元—三年の間であった可能性が強い。家持が橘氏と親密な間柄にあったことは著名な事実であり、特に越中国の「守(かみ)」家持の部下には、後に橘奈良麻呂の乱に参加する「掾(じょう)」大伴池主もいたので、越中国司と奈良麻呂が親密な関係にあったことは間違いない。大原麻呂と越中国司との関係は直接には証明できないが、麻呂の近親と推測される大原今城が、家持や池主と親交が深く、また家持の妻の兄弟でもあったことが注目される。

越中国の隣の越前国では、国司の目(さかん)であった上毛野公奥麻呂の戸口(おそらく妻)田辺来女の墾田地が占定されている。墾田永年私財法では国司在任中の墾田は任期終了とともに収公する規定だったので[14]、収公を逃れるために戸口の名で立券したのであろうか。大伴家持が任国の隣の越前国に墾田一百余町をもっていたのも(『本朝文粋』第二)、同じようなケースかもしれない。越中国では任期が終わると収公されるおそれがあるので、越中国の掾(じょう)から越前国の掾に転任した大伴池主に依頼したのであろうか。墾田地が占定された加賀郡は、家持の任国(越中)に隣接している。

越前・越中両国は、都に近いわりには奈良時代にも未開拓な地が広く残っていたので、墾田地の占定がとくに活発に行なわれた、という傾向はあったかもしれない。しかし程度の差はあれ、国司を媒介とする王臣家の墾田地占定は、ひろく諸国で進行していたと推定される。そしてそのような動きが活発となるのは、墾田永年私財法が出された天平時代(広義)であった。

日本の律令制は、都から派遣された国司が、在地の首長層を代表する郡司を監督し、地域社会における彼らの権威と権力に依存して施行された。班田制も条里制も、彼ら在地首長層に依存することによって実現したのである。ところが天平時代になると、郡司に依存しながら支配する体制から、太政官—国司が地域社会のなかに直接踏み入って支配する体制へと転換し始める。律令制(広義)が地方の地域社会のなかに本格的に浸透し始めるのである。[15] 墾田永年私財法や王臣家の墾田地占定も、そのような律令制の地域社会への浸透の一環であった。

王臣家の庄が国司制を媒介として遠国にまで拡大していった具体的な様相を語る貴重な史料として、寛平二年(八九〇)の上総国藻原庄・田代庄の施入帳がある。[16] 藻原庄は、南家の藤原黒麻呂が上総守在任中に占定した牧で、その後、原野を開墾して治田としながら、子孫の春継—良尚—菅根に伝領される。また、黒麻呂から子の春継の代に、上総国内で買得していった田地をもとに田代庄が成立する。黒麻呂の子の春継も上総国の隣の常陸国の介に任ぜられるが、その後、都には帰らず、上総国の藻原庄に住み着き、その子良尚に藻原庄中に墳墓をつくることを遺言して没する。しかしその子孫は上総国に土着せず、良尚は「文徳天皇近習之臣」に登用され(ある時期には上総介も兼任)、菅根も文人貴族として都で活躍した。菅根が弟ら一族と連署して藻原庄・田代庄を興福寺に施入したこの文書は、施入帳の模範文として『朝野群載』巻十七に収録され、国司制を媒介とする王臣家の庄の成立の一端を、私たちに垣間見させてくれる。この二つの庄は、藻原庄が広い原野を牧として占定し、その一部を開墾して治田としながら成立したのに対して、田代庄は二代にわたり百姓の田畠を買得していって成立したという、庄の成立の二つのタイプを示している点でも興味深い。

それでは、このような王臣家の庄の展開に対して、律令国家はどのような政策をとったのだろうか。まず注目されるのは、臣家の稲を諸国に貯えて百姓に出挙するのを禁じた天平九年(七三七)九月の勅(『類聚三代格』)である。稲を貯えていたのは、諸国にあった王臣家の宅や庄であろう。その弊害として、返済できない百姓が他所に逃亡することをあげているのも見逃せない。私出挙の弊害はこの後、繰り返し強調されるが、百姓の宅地を質とし、そのために百姓が住居を失って浮逃することも大きな問題となっている。

天平十五年の墾田永年私財法を契機として開墾が活発となるが、勢力ある家が開墾のために百姓を駆使するので、百姓の生業を妨げることが天平神護元年(七六五)三月の官符(『類聚三代格』)で指摘され、その後も繰り返し強調される。

とくに国司の営田によって百姓の生業が妨げられることが問題とされ(延暦三年十一月官符、『類聚三代格』)、国司が他人の名を借りて墾田を買ったり、王臣家に託して田地を占定したりすることを禁じている(弘仁三年五月官符、『類聚三代格』)。

王臣家の庄には、浮浪逃亡した百姓が寄住し、彼らは王臣家の威勢を仮りて調庸を納めない。そこで延暦十六年(七九七)八月の太政官符(『類聚三代格』)は、王臣家の庄に寄住する浮浪人を、浮浪人帳に登録して調庸を徴収することを国司に命ずる。「庄長」が浮浪人を一人でもごまかしたら、拘禁して違勅の罪を科せよ、という厳しい態度を示す。同じ日に出された太政官符(『類聚三代格』)は、王臣家の「庄長」が私田を営むことを禁ずる。王臣家の威勢を仮りて百姓を害するというのである。この二つの官符にあらわれる「庄長」は、「力田之輩」とか「殷富之輩」とも呼ばれた新興の在地の富豪層で、王臣家は彼らを庄長に取り立てて、諸国に庄を増やしてゆく。

九世紀にはこのような動きが地方の社会に拡がってゆく。殷富の百姓が王臣家の庄にひきつけられていけば、国司による調庸・出挙の徴収が妨げられる。そこで寛平八年(八九六)四月の太政官符(『類聚三代格』)は、諸宮王臣家及び五位以上に対して、「庄田・品位職田」を除く私営田を禁ずる。ここで「庄田」というのは、庄家によって経営される田の全体をさすのではなく、正規の占定手続を経た墾田地や賜田などをさすのであろう。それではこの官符はどのような私営田を禁じようとするのか、官符は次のようにいう。

権貴の家、勢に乗じ威を挟み、庄家の側辺と称して、則ち平民の田地を妨ぐ。或は売買和ずして、三四十町を点領し、或は事を負累(負債)に寄せて、五六載券(五、六年分の耕作権の売券)を責め取る。

そしてその結果、「租を収むるに至るに、拒捍して輸さず、賦税之に由りて入らず」——これが律令政府の最大の関心事であった。

この寛平八年の官符も、王臣家に対する禁制のあとに、「庄預」が王臣家の威勢を仮りて違犯するのを処罰する規定をおくが、「庄預」など在地の富豪層の主体的な動きが、王臣家の庄の展開にしだいに大きな役割を果たすようになる。延喜二年（九〇二）三月の太政官符（『類聚三代格』）は次のようにいう。

諸国の姦濫百姓、課役を遁れむがため、動（やや）もすれば京師（京都）に赴き、好んで高家に属し、或は田地を以て詐りて寄進と称し、或は舎宅を以て巧みに売与と号し、遂に使（王臣家の使）を請ひ、牒（王臣家の牒）を取り、封を加え（私宅を王臣家の庄家として封印し）、牓を立つ（私田を庄田として境界に標識を立てる）。……茲（これ）に因（よ）りて出挙の日、事を権門に託して正税を請けず、収納の時、穀を私宅に蓄（たくは）へて、官倉に運ばず。

一方、王臣家の方も、「民の私宅を借りて、稲穀等の物を積聚し、号（なづ）けて庄家と称し、好んで官物を妨ぐ」（延喜二年三月官符、『類聚三代格』）。王臣家と新興の富豪層は、結託して国司の徴税に対抗する。律令政府や国司にとって、問題は「庄家」そのものではなく、「国務」（具体的には租調庸、出挙の利の徴収）であった。延喜二年三月の一連の太政官符も「但し元来実に庄家にして国務に妨げなくは、制する限りにあらず」と結んでいる。

奈良時代には、国―郡の機構を利用して王臣家や寺社の墾田地が地方に占定されるが、それらの墾田地の経営は、平安時代になるとしだいに停滞ないし衰退し、それと入れ換わるように、在地の富豪層が主体的に王臣家と結び付いて成立する庄が、しだいに増加しはじめる。

（1）「荘園」という語の史料上の初見は、『類聚国史』巻八三（正税）、弘仁十三年（八二二）十二月甲寅条の中納言良岑安世の上疏のなかの「河内国諸家庄園、往々而在、土人数少、京戸過多、伏望不レ論二京戸土人一、営二田一町一者、出二挙正税卅束一」であるが、その後も九世紀にはほとんど用いられず、「荘園」という語が一般的に用いられるようになるのは、十一世紀に入ってからである。竹内理三「荘園（一）」『神奈川県史研究』三六、一九七八年、中野栄夫『中世荘園史研究の歩み』新人物往来社、一九八二年。

（2）吉田孝「イヘとヤケ」『律令国家と古代の社会』岩波書店、一九八三年、同「トコロ覚書」『日本古代の政治と文化』吉川弘文館、一九八七年〔本書所収〕。

(3) 赤松俊秀「大化前代の田制について」西田先生頌寿記念『日本古代史論叢』吉川弘文館、一九六〇年、後に同『古代中世社会経済史研究』平楽寺書店、一九七二年、に再録。

(4) 狩野久「部民制」『講座日本史』1、東京大学出版会、一九七〇年(『日本古代の国家と都城』東京大学出版会、一九九〇年)、鎌田元一「王権と部民制」『講座日本歴史』1、東京大学出版会、一九八四年(『律令公民制の研究』塙書房、二〇〇一年)。

(5) 彌永貞三「大化以前の大土地所有」『日本経済史大系』Ⅰ、東京大学出版会、一九六六年、後に同『日本古代社会経済史研究』岩波書店、一九八〇年、に再録。なお鬼頭清明「法隆寺の庄倉と軒瓦の分布」『古代研究』一一、一九七七年、参照。

(6) 虎尾俊哉『班田収授法の研究』(吉川弘文館、一九六一年)は、戸の口分田の散在の不便と、大宝田令の「初班死、三班収授」制の不便との、二つの可能性を想定し、後者と結論したが、口分田散在の不便と推定する宮本救「律令制的土地制度」(『体系日本史叢書6　土地制度史1』山川出版社、一九七三年(『律令田制と班田図』吉川弘文館、一九九八年))の説を支持する。班田制の施行後、しばらくすると戸内の口分田の散在が激しくなるのは、日本の班田制の構造と深くかかわっている。唐の均田制における「応受田額」は理想額であり、「已受田額」よりはるかに大きかったので、戸内の退田・受田が戸の「応受田額」の枠内で処理される場合が多かったと推定される。それに対して日本の班田制における口分田の班給額は、実際に班給する建前であったので、死亡等による退田、受田年齢に達したことによる受田が、そのまま実際に収授されることになる。同一戸内の口分田の散在がしだいに激しくなるのは、このような日本の班田制の構造が制度的に生み出したものである(本文後述および注(13)参照)。なお河内祥輔「大宝令班田収授制度考」(『史学雑誌』八六―三、一九七七年)は、大宝令では班田と収授とは別の概念であり、天平元年三月官奏の「不便」は、戸によって収授年が異なる(収授年が二種に分れる)不便をさすと推論した。天平元年の班田を班田収授制の本格化とみる河内の構想には賛成だが、収授年の分化という河内の仮説には疑問がある。

(7) 「王臣家、国郡司、及殷富百姓等、或以下田相易上田、或以便相換不便、如比之類、触処而在」(『続日本紀』延暦十年五月条)というのが、当時の一般的な状況であった。

(8) 延喜民部式上には「凡位田者、各為㆓二分㆒、一分給㆓畿内㆒、一分給㆓外国㆒。其一処所㆑置、不㆑得㆑過㆓十町㆒」とある。二分の一を外国に給する規定は、外国の屯田や公田(乗田)を位田として支給したものと推測され、後者の一処に十町以内という規定は、位田を一円化しようとする動きが広く存在したことを推定させる。延喜民部式上には、「凡但馬・紀伊・阿波等国、不㆑得㆑置㆓位田㆒」という規定もあるが、実際には「延暦二年九月一日勅、但馬・紀伊・阿波三国、公田数少、不㆑足㆓班給㆒、而王臣家、競受㆓位田㆒、妨㆓民要地㆒、……」(『類聚国史』巻一五九)という状況であった。なお位田を阿波国におかないという制度は、神護景雲元年十二月に制定されたもので(『続日本紀』)、先述の位田は一処に十町以内という規定も、どこまで遡るか明白でない。

(9) 物部守屋の奴の半は四天王寺に施入されたが(『日本書紀』)、そのことを『四天王寺御朱印縁起』は「子孫従類二百七十三人為㆓寺永奴婢㆒」と記す。二百七十三人のうちに「子孫」はそれほど多くはなかったであろうから、もし『日本書紀』の「奴の半」と『四天王寺御朱印縁起』の「子孫従類二百七十三人」がほぼ史実を伝えていると仮定すると、守屋は五百人前後の「従類」(ヤケヒト・ヤツコなど)をもっていた可能性がある。国造クラスの豪族が五十九人の奴婢をもっていた例もあるので(御野国肩県郡肩々里の国造大庭)、大連の守屋が五百人前後の奴婢をもっていても不自然ではない。

(10) 近年発掘された宮所庄の木簡や長屋王家の木簡は、王臣家の庄の研究にとって、大きな可能性を秘めている。これらの木簡については第二章3〔小口雅史氏執筆〕参照。

(11) 彌永貞三『奈良時代の貴族と農民』至文堂、一九五六年、八五頁以下。

(12) 竹内理三『日本上代寺院経済史の研究』大岡山書店、一九三四年。

(13) 吉田孝『律令国家と古代の社会』注(2)前掲。

(14) ただし実際にはどこまで励行されたか、問題がある。例えば越前国史生の安都雄足が在任中に開墾した墾田地について、任期終了後、収公されていないと推定される史料がある。小口雅史「安都雄足の私田経営」『史学雑誌』九六—六、一九八七年。

(15) ここで広義の律令制というのは、氏族制的な原理によってではなく、制定法と機構によって支配する体制をいう。中国の律令制の歴史を概観しても明白なように、口分田の収授や丁男に対する課役の制は、律令制の多様なあり方の一つにすぎない。

(16) 戸田芳実「九世紀東国荘園とその交通形態——上総国藻原荘をめぐって」『政治経済史学』一一〇、一九七五年(『初期中世社会史の研究』東京大学出版会、一九九一年)。

トコロ覚書

一

「トコロ」という言葉は、基本的な日本語として、多様な意味で用いられてきたが、「何らかの機能をもつ場所ないし機関」の意味にも用いられ、古代から中世にかけて、とくに大きな意味を持っていた。有名な例としては、蔵人所・検非違使所がまず思い浮かぶが、それ以前にも、多様なトコロが広く存在していた。管見の範囲での確実な初見史料としては、藤原宮木簡の、

造木画処　大初位下□(阿カ)×　（『木簡研究』第二号、一六頁）

があげられ、位階名や同時出土の木簡の年紀・官司名などから、大宝令施行後、和銅のころの木簡である可能性が強いと推定されている。木画は正倉院の工芸品等にあるモザイク装飾のことと推定され、造木画処は、木画をつくる処で、いわゆる「所」の一つとみられる。しかし平城宮木簡の、

作門所　（『平城宮木簡』三、三一七八）

造曹司所　（『木簡研究』第五号、一四頁）

水精玉所　（『木簡研究』第七号、一七頁）

長岡京木簡の、

造大臣曹司所　（『長岡京木簡』一、一）

作官曹司所　（同、三）

さらには下野国府跡出土の木簡の、

造瓦倉所　（『木簡研究』第六号、七四頁）

をはじめ、正倉院文書に多量にみられる「○○所」が例外なく「所」の字を用いているのに対して、先の藤原宮木簡の「造木画処」が「処」の字を用いていることが注目される。これと関連して思いおこされるのは、同じ藤原宮木簡のなかに「薗官」と「薗職」の二様の表記がみられることで（なお「薗司」とも読める木簡も発掘されている）、浄御原令の官司呼称が官と職の二つを主要なものとし、しかもその二つが必ずしも上下の関係にあるのではない、未整備な状態を反映するものと考えられるが、[1]同時に官も職もともに和訓は「つかさ」であったことが注目されている。すなわち「ツカサ」という言葉が先にあり、文字よりも言葉が意識の中心にあったために、文字による区別がまだそれほど重視されず、官とも職とも表記されたのではないかと想定される。そして同じことが「処」と「所」についてもあったのではないか。すなわち、「トコロ」という言葉が先にあり、強く意識されていたから、処とも所とも表記されたのではないか。

このような想定を支証する確かな史料はほとんどないが、『日本書紀』の天武十四年（六八五）十一月甲辰条にみえる「周芳総令所」や、同じく『日本書紀』の古訓にみえる「タドコロ」（田荘）「ナリドコロ」（田家・田荘・別業）の語は、「トコロ」という言葉が大宝令施行以前にも「何らかの機能をもつ場所ないし機関」の意味で用いられていた可能性を示している。もっとも前者の史料「儲用鉄一万斤、送二於周芳総令所一」を『日本古典文学大系』（岩波書店）では「周芳総令の所（もと）に送す（つかはす）」と訓読しており、「周芳総令所」という語とみることは難しいかも知れないが、官職名に所を付する事例は木簡や正倉院文書にもみられるので、周芳総令所で「周芳総令の役所」をさした可能性は残っている。

後者のナリドコロ・タドコロの史料としては、

臣・連・伴造・国造・村首所レ有部曲之民、処々田荘（たどころ）　（大化二年正月朔条）

白雀見二于一寺田荘（なりどころ）一。国人僉曰、休祥。　（白雉元年二月戊寅条）

幸二飛鳥皇女田荘（なりどころ）一　（持統六年八月己卯条）

近江国高嶋郡三尾之別業（なりどころ）　（継体即位前紀）

大連聞之、即退二於阿都一〈阿都、大連之別業所（なりどころ）レ在地名也〉　（用明二年四月丙午条）

摩理勢臣壊二墓所之盧一　退二蘇我田家（なりどころ）一而不レ仕　（舒明即位前紀）

これらのナリドコロ・タドコロの訓がどこまで古い言葉を伝えるのか、問題は残るが、ナリドコロのナリはナリハヒの義で、ナリドコロ・タドコロが農業経営の拠点としての施設をさすことはほぼ間違いないだろう。そしてその実体を垣間見させてくれるのが、崇峻即位前紀の、

分二大連奴半与レ宅、為二大寺奴・田荘（たどころ）一

である。大連とは滅された物部守屋を、大寺とは四天王寺をさし、守屋の奴（やっこ）の半と宅（やけ）とを四天王寺の奴と田荘（たどころ）としたという。やけは一般に堀や溝や垣根に囲まれた一区画に、ヤ(屋)やクラ(倉)が建てられた施設をさすと推定されるが、(2) そのような宅(ヤケ)が、そのまま田荘(タドコロ)とされたことが注目される。先に引用した「白雀、一寺（あるてら）の田荘（なりどころ）に見ゆ。国人僉（みな）曰く「休祥なり」といふ」とあるのは、高句麗での見聞と推定されるが、もし日本の状況にひきあてれば、白雀が寺領の田地にいたと解するよりは、溝や垣根で区画されたナリドコロのなかに白雀が飛んで来て、ヤ(屋)やクラ(倉)などにとまっていた、という状況の方がふさわしいのではなかろうか。

二

農業経営の拠点となる宅(ヤケ)は、このように田荘(ナリドコロ・タドコロ)とも呼ばれたが、そのことを支証するのは、正倉院文書(東南院文書をふくむ)にみえる「三宅」と「産業所」である。天平宝字元年(七五七)九月十五日、東大寺は、越前国坂井郡の桑原庄所の天平勝宝八・九歳の公文を――安都雄足と生江東人が署名していないという理由

で——還却したが、それをうけて十一月十二日には安都雄足と生江東人が署名した四巻の公文（一巻七歳所進、二巻以九月所還却、一巻今勘定収納帳）が進上され、十二月八日にはそれらの公文を受領した旨の造東大寺司の牒が阿刀（安都）宿禰所に充てて書かれている（東南院文書三櫃十一巻・十二巻）。すなわち、

造東大寺司　牒越前国史生阿刀宿禰所
進上産業帳肆巻（一巻天平勝宝七歳　一巻八歳　二巻九歳之中一巻名云天平宝字元年）
右在彼国産業所帳、依数領納如件。
（下略）
天平宝字元年十二月八日主典　美努連「奥万呂」
判官　河内恵師
（大日本古文書『東南院文書之二』一五九頁）

この四巻の産業帳（文書のなかでは産業所帳とも記す）のうちの一巻は、東南院文書三櫃十一巻（『東南院文書之二』一四九～一五四頁）の、

越前国使解　申勘定桑原庄所雑物幷治開田事

で始まる文書を指すと推定されるので、「庄所」は「産業所」とも呼ばれたことが知られる。産業所については松原弘宣「越前国東大寺領荘園における「所」——産業所を中心として」（『日本史研究』一六六、一九七六年（『日本古代の支配構造』塙書房、二〇一四年））に詳しく、上記の史料の他にも、「上下産業所」（『大日本古文書』編年四巻三六五頁。以下、四—三六五、と略す）、「生江臣古万呂御産業所」（二五—二六九）、「寺家之産業所」（四—三四二）などがみえる。「寺家之産業所」という表記は、産業所が寺家に限らず広く存在していたことを暗示している。(3)『類聚名義抄』によれば「産」も「業」もともに「ナリハヒ」の訓をもつので、「産業所」もあえて訓読すれば「ナリドコロ」とか「ナリハヒドコロ」と訓まれた可能性があり、先掲の『日本書紀』の田荘・田家・別業と同じ実体を、別の漢字で表記した可能性が強い。

ところで桑原庄については、産業帳（産業所帳）を進上した天平宝字元年の暮に、

越前国使等解　申請司裁事

合坂井郡桑原三宅収納稲事

以前　今年秋節雨風頻起、所レ佃之田悉皆萎枯。（下略）

天平宝字元年十二月廿三日、越前史生安都宿禰「雄足」

という文書（『東南院文書之二』一五七頁）が上申されており、ここでは、先の文書の「桑原庄所」が「桑原三宅」と書かれており、東大寺の庄所や産業所が三宅（ミヤケ）とも呼ばれたことが知られる。また正倉院文書には、

謹解　申稲直請銭事

合肆伯文　代可レ進稲伍拾束

右、限二来十月卅日一足羽郡草原三宅進上、仍事状注、以謹解

天平宝字二年七月十五日　田使秦忌寸「広人」

という「草原三宅」もみえる(4)（続修二十五巻、四―二七五）。

奈良時代の東大寺の墾田地図（開田地図）のなかにも庄・庄所という記載とともに三宅・三宅所という記載がみえる。これらの墾田地図のなかで「〇〇庄」と記されているのは、越前国足羽郡道守村開田地図（天平神護二年）のなかに、屋や倉が並ぶ一画に「東大寺道守庄」と書かれているのが唯一の例で、開田（墾田）地図の開田地（墾田地）の全体を指して「〇〇庄」と記したものはなく、開田（墾田）地図に標題のように記された「石栗庄」「大藪庄」「糞置庄」「俣田庄」「高串庄」「成戸庄」「□□庄（三島カ）」は、いずれも平安後期の追筆である(5)。奈良時代には一般に庄家（屋や倉のある施設）をさして「庄」と呼んでおり、例えば天平十九年（七四七）の『法隆寺伽藍縁起幷流記資財帳』は、

水田、陸地（薗地・山林）、海、池、庄

の順に内訳を並記しており、同じく天平十九年の『大安寺伽藍縁起幷流記資財帳』にも、

墾田地、水田、今請墾田地、薗地、庄

の順に内訳を並記しており、これらの「庄」がいわゆる庄家をさすことは明白である。また、宝亀十一年(七八〇)の『西大寺資財流記帳』の「官符」の項にも、

二巻　献入庄家幷墾田 神護景雲元年
一巻 (中略)
一巻　越前国坂井郡 在内印 並白紙及表、檜軸
九巻　献入庄家墾田山林奴婢等 神護景雲二年
二巻　献入庄家幷墾田 在内印 在越前国坂井郡
一巻　庄家幷墾田 在内印 在越前国坂井郡
(下略)

とあり、「庄家」と「墾田」とをはっきり区別しているが、同じ『西大寺資財流記帳』の「田薗山野図」の項は、

越前国九巻
一巻　坂井郡子見庄 白紙内印
二巻　同郡高屋庄 一布、内印 一紙 在国印
三巻　同郡赤江庄 一布 在国印、一白絁 二副、无(ママ)印、一布白
一巻　同郡馬立綾部合三庄図 白絁在内印
一巻　同郡牛立庄 白絁在内印
(下略)

とある「○○庄」の図の総てがいわゆる庄家だけの図と考えるのは却って不自然で、これらの庄図は、先の官符にみえる「庄家幷墾田」の全体をさすと考えるのが妥当であろう。すなわち『法隆寺伽藍縁起幷流記資財帳』や『大安寺伽藍縁起幷流記資財帳』が「庄」と記したものを『西大寺資財流記帳』は、「庄家」と記し、庄家と墾田等をふくめ

て全体を「庄」と記したと推定される[6]。

東大寺の開田(墾田)地図に戻ると、先述したように越前国足羽郡道守村開田地図(天平神護二年)では、庄家にあたる部分に「東大寺道守庄」と記しているが、他の図では――作成時には――「〇〇庄」という記載がみられない。それでは、いわゆる庄家にあたる部分が他の図ではどのように表記されていたのだろうか、左に列証しよう[7]。

庄所　越中国新川郡丈部開田地図(天平宝字三年)
庄所　越中国新川郡大荊村墾田地図(神護景雲元年)
三宅　三宅所　越中国射水郡鳴戸開田地図(天平宝字三年)
三宅所　越中国射水郡鳴戸村墾田地図(神護景雲元年)
三宅所　越中国射水郡鹿田村墾田地図(神護景雲元年)
三宅所　越中国礪波郡杵名蛭村墾田地図(神護景雲元年)

このうち「三宅」は、同じ鳴戸村の神護景雲元年(七六七)の図では「三宅所」と記されている[8]。「三宅」(ミヤケ)が「堀や溝や垣根に囲まれ、屋や倉が並ぶ一区画の施設」をさす語から、そのヤケを拠点として経営される田地などを含む語に拡大していったことを背景として、「三宅所」という表記がなされたのではなかろうか。すなわち、庄・三宅の意味の拡大を背景として、庄家・庄所・三宅所という表記が生まれてきたと考えられる。そして庄家の「家」が「イヘ」よりも「ヤケ」という言葉と対応しており、庄家が庄所とも表記されたことは、ヤケとトコロが近似した景観・機能を表す言葉であったことを想定させる。もっとも、三宅所(ミヤケトコロ)という語は、ヤケとトコロが重複しているから、三宅所の「所」は――庄所の「所」とともに――単に庄家の所在する場所(開田図での条里坪の位置)を示す語にすぎないのではないか、という疑問も当然おこってくる。しかし三宅所の「所」が単に条里坪の位置を示すものでないことは、鳴戸開田地図(天平宝字三年)の欄外(図では大塩下里四行五・六坪の位置に書かれているが、その坪の位置とは無関係)に書かれた次の記載から明らかになる。

三宅所、四段、直稲三百束、在櫛田郷塩野村、主、射水郡古江郷戸阿努君具足、

すなわちこの三宅所は、射水郡古江郷の戸（おそらく戸主）阿努君具足が同郡の櫛田郷にもっていた四段を直稲三百束で東大寺が購入したものだが、藤井一二「荘所の構造と機能」（『初期荘園史の研究』塙書房、一九八六年）が指摘するように、「この場合の段当り価格は七五束となるが、当時、越前の糞置・鳴野・道守庄に分布した百姓墾田を東大寺が買得したさいの段当り価格二四束に比べるとかなり高い数値を示すこととなる。それに越前ばかりではなく近江の場合に比べても同様のことが言えるのである。そうした時、鳴戸庄の三宅所四段にたいする買得価格をどのように理解すればよいのであろうか。……買得の対象となった墾田の地理的・質的条件だけではなく土地に付属した施設群（屋・倉など。吉田注）への算定がなされた結果ではないか」と推測されている。売却した阿努君具足のおそらく一族であろう安努君広嶋は同じ射水郡の大領として『万葉集』にみえる。すなわち越中守から少納言に遷任した大伴家持が、天平勝宝三年八月五日の早朝、越中国から都へ向って出発するとき、射水郡の大領、安努君広嶋が、門前の林の中に、かねて餞饌の宴を設けていた（『万葉集』巻十九、四二五一）。和名抄には射水郡の最初に阿努郷をあげており、安努君はおそらくその地名を負う郡領氏族で、阿努君具足も——確証はないが——その一族であろう。家持はこれより先、天平感宝元年には東大寺の占墾地使の僧平栄らを饗しており（『万葉集』巻十八、四〇八五）、東大寺の墾田地占定に協力したと推定されるが、阿努君の一族も、東大寺の墾田地の経営に深くかかわっていたのであろう。阿努君具足の本貫は古江郷であったが、具足が本貫の地から離れた櫛田郷塩野村に持っていた四段の別業（田荘）を、東大寺は鳴戸村の墾田地の経営のために購入したのであろう。それが三宅所と呼ばれたのは、おそらく三宅（ミヤケ）の語が、狭義のミヤケだけでなく、そのミヤケを拠点として経営された田をもふくむ語として用いられるようになっていたことを背景とするのであろう。すなわち、広義のミヤケのなかでナリドコロに当る部分をミヤケトコロ（三宅所）と表記したのではないか。同じように、庄が田をもふくむ語に拡大して用いられるのを背景として、「庄所」の表記が生まれてきたのであろう。「寺家庄所使」（五―五五三）という表記がみえるのはそのことを明瞭に語っているが、天平神護二年（七六六）

十月八日付の、

　坂井郡溝江庄所使解　申請溝所事

と、翌九日付の、

　坂井郡子見庄使解　申可堀溝地事

とが、全く同じ用件で、ほぼ同時に同じ越前国坂井郡の二つの庄から出されているのを見ると（『東南院文書之二』二五四〜二五五頁）、奈良時代後半に「庄」と「庄所」との使い分けが流動的な状況にあったことが知られる。

三

東大寺の越中国新川郡丈部開田地図（天平宝字三年）の右下隅には、左上図のような溝と推定される二本の線に囲まれた一画が描かれ、「庄所三町」、「味当村古郡所」、「味当社」、と記されている。このうち味当村古郡所（「古」ノ字ハ、重ネ書ナリ）の実体は明らかではないが、「郡」は、『日本書紀』の難波の大郡・小郡、伊場木簡の「駅評」と同じように、律令制の国—郡の郡ではない、何らかの施設を指すと想定され、「味当社」は味当村郡所に附属する味当村の社であろうと想定されるが、それら既存の施設とその機能を利用して、東大寺の庄所が設けられたと推測される。[9] この庄所は溝で囲まれていたが、越前国の桑原庄所（桑原三宅）は長さ百五十丈（約四五〇米）の梠垣で囲まれており（『東大寺文書之九』二六六頁）、そのなかに八間の倉と屋が建てられていた。このような庄所の構成は、古くからのヤケと類似する点があると想定されるが、有名な筑紫君磐井の墓墳に附置された衙頭—政所も類似した構成をもっていた。

『釈日本紀』に引く『筑後国風土記』逸文には磐井の墓墳について詳しく記され、その一節に、

当二東北角一、有二一別区一、号曰二衙頭一〈衙頭、政所也〉。其中有二一石人一、縦容立レ地、号曰二解部一。前有二一人一、躶形伏レ地、号曰二偸人一〈生為レ偸レ猪、仍擬レ決レ罪〉。側有二石猪四頭一、号二贓物一〈贓物、盗物也〉。彼処亦有二石馬三

疋・石殿三間・石蔵二間。

という興味深い記述があり、墓墳の東北角に衙頭とよばれる一別区があり、そこには石で造った三間の殿と二間の蔵が建っていたという。殿は土壇の上に建つような立派な建物を指す語と推定されるが[10]、殿・蔵とは美称で他の文書によくみえる屋・倉をさすのだろう。そしてこの一区の衙頭が「政所」(マツリゴトトコロ)と説明されていることが注目される。この磐井の墓墳は福岡県八女市吉田にある岩戸山古墳と推定されており、主軸の長さ約一七〇米の前方後円墳であるが、後円部の北東には平坦な地域があり、一辺四三米の台地をなしている。これが風土記の伝える衙頭、すなわち政所と推定されるが、周囲から区別されたこの「一別区」は、トコロの源流を推測する上で、きわめて興味深い資料となる。

トコロの語源については諸説あり、国語学に暗い私には、どの説が妥当か判断する能力はもちろんないが、「一区画が高く平らになっている場所が原義」とする『岩波古語辞典』の解説が注目される。この説は、『類聚名義抄』が盛り土を意味する「壥」、祭りのため土を高く盛り固めた場所を意味する「壇」を、ともに「トコロ」と訓んでいること(法中・六四・六七)によっても支証されるが、トコロは「転じて、周囲よりも際立っている区域、特に区別すべき箇所の意」で広く用いられるようになる。

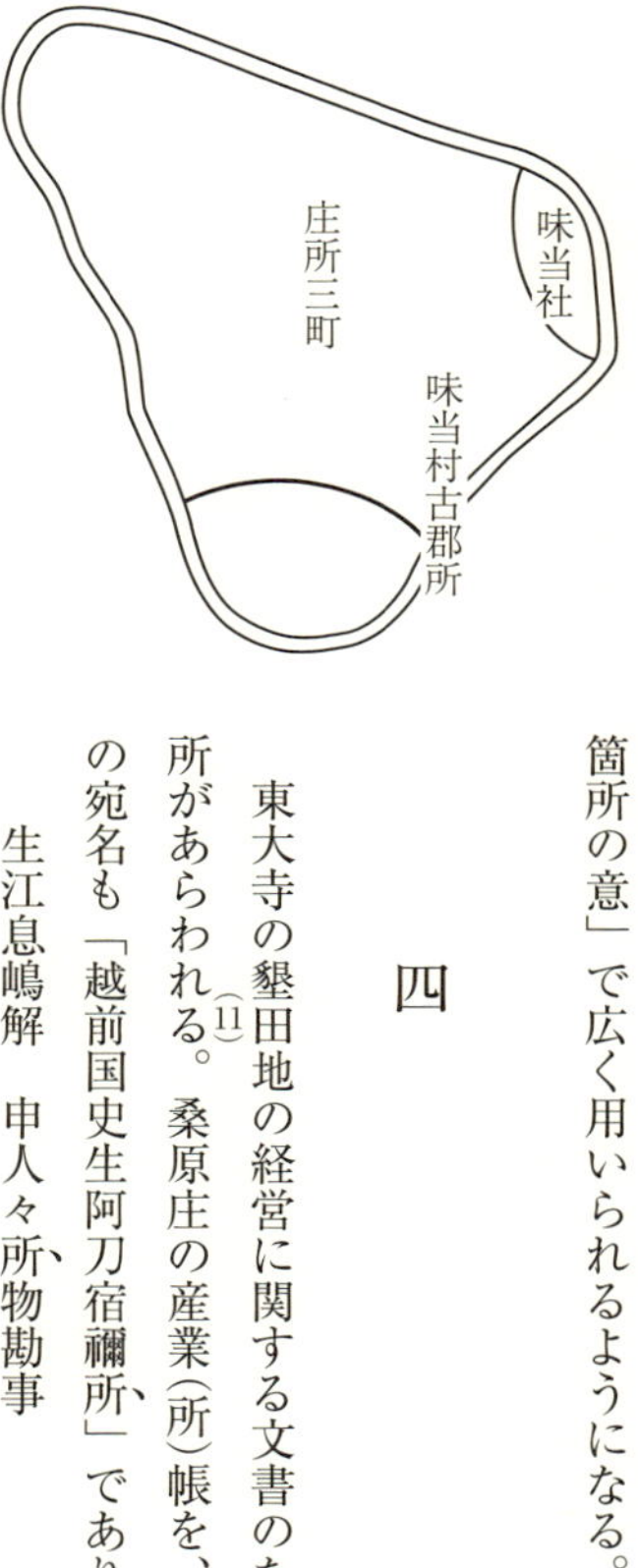

四

東大寺の墾田地の経営に関する文書のなかには、産業所の他にも、さまざまな所があらわれる[11]。桑原庄の産業(所)帳を、受領した旨を造東大寺司が牒したときの宛名も「越前国史生阿刀宿禰所」であり(前掲)、他の例としては、

生江息嶋解　中人々所物勘事

一　秦広人所勘物参仟参伯柒拾束壱把肆分
　　見受稲参仟参伯参拾参束
　　代物板屋一間長一丈三尺 広七尺　直稲弐拾束
　　　碓弐要直稲八束 要加四束　樋壱隻長一丈四尺 広二尺五寸　直稲玖束壱把肆分
　　　（中略）
一　倭画師池守所物勘受稲弐仟壱伯壱拾壱束、見受
　　（下略）
　　　　　　　天平宝字三年四月八日　生江臣息嶋

という文書（四―三五九）には「秦広人所」「倭画師池守所」がみえる。これらの「所」の実態は明確でなく、先の「阿刀宿禰所」（安都宿禰雄足所）は単なる宛名と解されないこともない。正倉院文書のなかには、このような単なる宛名に付した「所」の例も数多く見出されるが、安都雄足の越前国の宅は、稲を蓄積しており、また田の経営の拠点でもあったので、[12]「阿刀宿禰所」が実質的には越前の雄足宅をさしていた可能性はある。後者の「秦広人所」「倭画師池守所」は稲を集積しており、とくに「秦広人所」には、板屋・碓・樋などをふくんでいた可能性が強い。

正倉院文書のなかには、このような個人名に「所」を付した所のほかに、造東大寺司の下の造仏所・鋳所・木工所・造瓦所、写経所などたくさんの所があったが、越前国におかれた産業所もこれらの所と質的な違いはなかったと考えられる。そして写経所の下に政所があるように、所は重層しても存在していた。正倉院文書のなかには、造東大寺司だけでなく、皇后宮職の下の掃部所・勇女所・染所などたくさんの所がみえる。[13]残存する正倉院文書の大部分は、造東大寺司の写経所の政所に置かれていた、写経所の経営に関する文書なので、所の多くは造東大寺司や、東大寺と関係の深い皇后宮職などの所であるが、一般の官司の下にも、また官司とは別にも、必要に応じて所がたくさん置かれたと推定される。これらの所は、正式の官司ではなく、四等官制・官位相当制もなく、その職員は一般に他の官司

（令制の官司だけでなく、四等官制・官位相当制をともなった令外官――たとえば造東大寺司――を含む）の官人があてられた[14]。たとえば造東大寺司の写経所の別当には、造東大寺司主典の安都宿禰雄足があてられた。このような所の基本的な性格は、平安時代の蔵人所についても共通しており、蔵人所の下には、御厨子所、作物所、楽所などたくさんの所が置かれたことは周知のところである[15]。そして蔵人所のような重要な所の別当は宣旨によって任命されたが、このような準官司的な所を一方の極とすれば、他方の極には文書の宛名の個人名に付された所や、前述の秦広人所のような個人の宅に近い所が存在した。そのような所と、西河原森ノ内遺跡（滋賀県野洲郡中主町）出土木簡に、

・自舟人率而可行也其稲在処者衣知評平留五十戸旦波博士家
・椋□□之我□□（持往カ）稲者□□（馬不カ）得故我者反来之故是汝卜部

（『木簡研究』第八号）

とある「其ノ稲ノ在ル処ハ、衣知評平留五十戸ノ但波博士ノ家」にみえる特定の場所を示す処（トコロ）とは、それほど異質な用語法ではないだろう。そして「蔵人所」からそのような「個人名プラス所」の間には、さまざまな所が存在したが、その間に質的な差はなかったところに所の大きな特色がある。そして所が重層して存在し得た点も、ヤケが重層して存在したことと共通する特色であろう。

イヘが家族と結びついた言葉であるのに対して、ヤケは一区画の施設をさす語で、家族とは直接の結びつきはなくミヤケ・オホヤケなど古代の社会で重要な機能をになった言葉であった[16]が、ヤケは奈良時代には既に雅語になりつつあった可能性が強い。たしかに三宅という言葉は官大寺の庄所の意味で墨書土器にも用いられていた[17]が、ヤケのつく言葉の大部分は、三宅・大宅など郷名やウヂ名などで、ヤケは日常語としてはしだいに用いられなくなりつつあったと考えられる。大伴家持（ヤカモチ）、石上宅嗣（ヤカツグ）という名前自体、伝統を重んずる意識から付けられた可能性がある。それに対して、同じように家族とは直接に結びつかず、また景観的にも機能的にもヤケに類似したトコロの語は、奈良～平安時代にはさかんに用いられ、荘園の本所・預所、鎌倉幕府の公文所・侍所・問注所など中世にもさかんに用いられている。

いわゆる中世的な「イエ」は、古代の「イヘ」とともに、古代の「ヤケ」の機能を吸収しつつ成立してくるが[18]、トコロの問題を視野のなかに含めると、いわゆる日本的な「家」が形成されてくる過程が、より具体的に捉えられるように思われる。

古文書学の通説では平安中期以後、貴族の家に政所を設け、政所から下文を出させるようになると説かれる[19]。たしかに政所下文が重要な機能を果たすのは平安中期以降かも知れないが、貴族の家の政所そのものの淵源は古い。正倉院文書のなかにも、

造東大寺司　牒藤原夫人家務所（四―一三八）

という文書がみえ、この文書は天平勝宝七年頃と推定されている。ここに「務所」とあるのは「政所」とほとんど同じ意味で用いられている。例えば、

造東大寺司牒上　僧綱政所
奉返瑜珈（ママ）論五巻二帙第十一、十二、十三、十四、十五巻者
右、依奉写訖奉返如件
今奉請五巻同帙第十六　十七　十八　十九　廿巻者
右、依常例、且奉請如件、「以牒上」
天平勝宝二年二月廿日　主典正八位下葛井連
「賀茂書手」

造東大寺司牒上　僧綱務所
奉返瑜伽論五巻二帙第十六　十七　十八　十九　廿巻者
右五巻、奉写已訖、仍奉返如件

今奉請[第]三帙十巻

右、依常例、且奉請如件、以牒上

天平勝宝二年三月十一日　主典従八位下美努連

「賀茂書手」

（一一―七五・七六）

前の文書は、二月廿日に造東大寺司が瑜伽論の二帙第十六・十七・十八・十九・廿巻を、僧綱政所から借用するときの文書で、後者は造東大寺司が三月十一日に同じ五巻を僧綱務所に返却するときの文書であるから、政所と務所が区別なく使われていたことが知られる。『類聚名義抄』には「政」も「務」もいずれも「マツリコト」の訓があるので（僧中・五四、僧上・八三）、政所も務所もいずれも「マツリゴトトコロ」であった。先の文書の「藤原夫人家務所」も政所と同じであり、正倉院文書には、政所ほど一般的ではないが、務所という語もたくさん用いられている。このような政所・務所をもつ「家」としてまず思い浮かぶのは、家令職員令に規定する三位以上の「家」であるが、四・五位の「宅」の下にも所がおかれていた。例えば、

京職宅写経所　牒上東大寺務所

（中略）

天平宝字八年八月廿九日　内蔵吉麻呂

別当　猪名部造

（一六―五五八）

この京職宅は従四位下で左右京尹であった藤原久須麻呂の宅をさし、写経所別当の猪名部造常人は、久須麻呂の父、仲麻呂の家の大従であった。家・宅の下には、一般の官司と同じように、各種の所がおかれたと推定され、このような家・宅こそ、経営体としての、日本の伝統的な家の源流となったのではないか。たしかに東国の在地首長層の家が、中世以降の家の主流となっていくが、源頼朝が公卿に列せられたとき、それまでの公文所を政所に改めたように、公卿の家こそが、家の正統性の根源であった。中国の家の理念型が士大夫の家であり、朝鮮の家の理念型が両班の家で

あったように、日本の家の伝統的なモデルの源流は、家令職員令に淵源する平安貴族の家だったのではないか。その家が「イヘ」と訓まれたとしても、「家」という文字とその字音こそが、おそらく人々の意識のなかで大きな位置を占めるようになってゆく。「左大臣家」は「サダイジンケ」であり、「御家人」は「ゴケニン」として意識された。言葉から文字（漢字およびその字音）へと、日本の社会組織をあらわす媒体が変化していった。しかしその変化は大河の底流のようにゆるやかであり、「トコロ」という言葉も、そのになう意味をさまざまに変化させながら生きつづけた。「中世には近江国菅浦（すがうら）の一三四六年の惣置文は「ところおきふみ」、一三六一年の置文も「ところしやう（所状）」といわれ、「所により罪科に処される」などの用例から見て、所は菅浦の場合、大門によって仕切られ、湖辺に在家の集中した区域をさすとともに、そこに形成された自治組織を意味していた」、「『塵芥集』の「在所（ざいしょ）」は門・垣をめぐらし、竹木で囲まれた家・屋敷でアジール的機能をもつと解しうる」（平凡社『大百科事典』「ところ」網野善彦執筆）[20]といわれる「ところ」「所（しょ）」には、トコロの語義の源に近い用法が生きつづけたことがうかがわれる。

もちろん「トコロ」という言葉は多様な幅をもった言葉で、古代にも、これまで取り上げてきたような「何らかの機能をもつ場所ないし機関」というよりは、広く一般的な場所を意味する用法があった。例えば「摂津国河辺郡猪名所地図」（写）（天平勝宝八歳）の「猪名所地」四十六町六段二百二十五歩は、「宮宅所」八段二十歩と「田地」四十五町八段二百五歩（うち「墾田」三十七町六段二百十二歩）とからなっており、ここでは広義の庄にあたるものが「所」とよばれている。阿波国名方郡大豆処図（『東南院文書之二』五三五号）の「大豆処」も同じような用法であり、それは田券などによくあらわれる所、例えば、

墾田柒町弐伯陸拾陸歩
一所壱町捌段参伯肆拾歩
九条四里（内訳略）
一所壱町捌段壱伯肆拾弐歩

八条四里（内訳略）
八条五里（内訳略）
九条　　（内訳略）
（下略）
（『東南院文書之二』八六～八七頁）

とある、一まとまりの場所を示す「所」と同じ用法である。言葉はつねに幅をもった用い方をされるが、本稿で取り上げたのは、トコロという言葉が、その原義「一区画が高く平らになっている場所」を核として、古代～中世を通じ様々なヴァリエーションを示しつつ、日本の社会のなかで重要な役割を果たしたことである。

五

最後に、トコロと並んで、もう一つの基本的な言葉「ヒト」の問題を取り上げておきたい[21]。大化前代の官制において「〇〇人」が重要な位置を占めたことは、直木孝次郎「人制の研究」（『日本古代国家の構造』青木書店、一九五八年）に詳しく、その見通しが正しかったことは、稲荷山古墳出土鉄剣銘の「杖刀人」、江田船山古墳出土の鉄刀銘の「典曹人」によっても支証されている。本稿の最初に例示した蔵人所についても、直木孝次郎「奈良時代の蔵人」（『奈良時代史の諸問題』塙書房、一九六八年）は、造東大寺司の蔵（倉）には蔵人（倉人）が置かれ、蔵（倉）の物品の出納・管理にあたっていたことを明らかにし、他の官司の蔵（倉）にも蔵人（倉人）が置かれていたと想定している。蔵人（倉人）は正式の官職ではなく、おそらく蔵（倉）ごとに出納・管理者が適宜に定められていたと推定され、造東大寺司の正式な官職でなかったことは、「所」の別当・案主と同じであったと考えられる（蔵人・倉人はそれよりも下級であったが[22]）。同じく直木孝次郎「浄人について」（前掲書）が検出した「浄人」や、正倉院文書にみえる「政人」（七―三六、二四―五五一）も、おそらく正規の官職ではなく適宜に定められたものであり、このように何らかの職務・仕事を担当する人を「〇〇〇人」として適宜に定めることは、奈良時代に広くおこなわれたと考えられる。

もっとも、人制の淵源は新羅の制にあったと推定されており、[23]「〇〇人」という場合には「ヒト」という言葉よりも「人」という漢字が強く意識されていたと考えられるが、蔵人所の蔵人がクラウド（クラヒトの音便形）と訓でよばれたのは、「ヒト」という言葉がなお大きな比重を占めていたことを暗示している。蔵人所は、「ヒト」と「トコロ」という二つの基本的な言葉をふくんでいる点で、いわゆる令外官の代表としてふさわしい。

「所」と並んで「人」に注目したとき、もう一つの重要な語である武家の「御家人」が当然問題となる。坂本太郎「家人の系譜」（『日本古代史の基礎的研究』下、制度篇、東京大学出版会、一九六四年）は、中世の武家の家人の系譜は、㈠平安時代の「大臣家之人」「王臣家之人」のような貴族の「家の人」にあったこと、㈡「家の人」という概念そのものが、律令などにおける、良人である「家人」の概念を媒介にして成立したことを明快に論証している。私も㈠については全く同感であるが、㈡については若干の補足を加えねばならない。それは、律令以前からヤケ（家）の従属民をヤケヒトと呼ぶ用法があり、王臣家の「家」は――直接的には家令職員令に淵源するとしても――古くからのヤケ（家）と無関係ではないと考えるからである。しかし坂本説の基本は、賤民としての家人――家人・奴婢の家人――ではなく、王臣家の「家の人」から「家人」の語が生まれてきたという点にあり、これに別の面から光をあてると、蔵人と家人はともに「人」の制度化の系譜として捉えることも出来る。本稿で問題とした言葉と文字の歴史的展開については、坂本が既に三十数年前に公表された「家人の系譜」（前掲）のなかで、次のように明快に説明している。

いったいわが国の言語は表意表音両様の機能をもつ漢字によって表現されるのであるから、元来、表意文字として用いられた場合でも一面その漢字の固有する表音性によって、その言語には新たな音声が与えられる。かくて本来の音声と漢字音による新たな音声とが相並んでその言語を表現し、時には後者が前者を圧倒することもある。（中略）この場合も、大臣家之人（だいじんけのひと）、王臣家之人（おうしんけのひと）というような言葉が原語であると仮定しても、それを大臣家人、王臣家人と書表わせば、漢字に即して「だいじんけにん」「おうしんけにん」と訓み、やがて「けにん」という言葉の成立することは、ごく容易にあり得ることであると考えられる。

「ヒト」に比べると本稿の主題とした「トコロ」は——「ソ」「シヨ」という漢字音と併存しつつも——(官制をもふくめた広義の)社会組織をあらわす言葉として、根強く生きつづけた。

(1) 直木孝次郎「大宝令前官制についての二、三の考察」『古代史論叢』中巻、吉川弘文館、一九七八年(『飛鳥奈良時代の考察』高科書店、一九九六年)。

(2) 吉田孝『律令国家と古代の社会』Ⅱ章、岩波書店、一九八三年。

(3) 小口雅史「増訂初期庄園史料集成」(越前編)、『史学論叢』一一、一九八五年。

(4) なお弘福寺領讃岐国山田郡田地図(七—四八)にも庄所にあたる部分を「三宅」と表記し、また、東大寺領横江庄遺跡からも「三宅」と記した墨書土器が発掘されている(松任市教育委員会『東大寺領横江庄遺跡』一九六三年)。

(5) 石粟庄　越中国礪波郡石粟村官施入田地図(天平宝字三年)
大藪庄　越中国新川郡大荊村墾田地図(神護景雲元年)
糞置庄　越前国足羽郡糞置村開田地図(天平神護二年)
俣田庄　越中国射水郡鳴戸村墾田地図(年次未詳)
高串庄　越前国坂井郡高串村東大寺大修多羅供分田地図(天平神護二年)
成戸庄　越中国射水郡鳴戸開田地図(天平宝字三年)
□□(三嶋カ)庄　近江国水沼村墾田地図(天平勝宝三年)
はいずれも平安時代後期の追筆であって、開田図(墾田図)が書かれたときの記載ではない(『大日本古文書』家わけ第十八、東南院文書之四)。

(6) 正倉院文書(一三—二〇四)に
天平勝宝八歳九月十九日始
十九日下丹参両弐分

右、作₌所々庄図₋料下如レ件、付上楯万呂

判官紀朝臣「池主」

とある庄図も、庄所だけでなく、広義の庄の図をさした可能性が強い。

（7） 左に列記したほかに、後代の模写ではあるが、摂津国河辺郡猪名所地図（天平勝宝八歳）に「宮宅所」「宮宅地」という興味深い記載がある。「宮宅」はミヤケの表記であろう。

（8） 庄所が「三宅所」だけでなく単に「三宅」とも表記されたことは、前掲注（4）の「弘福寺領讃岐国山田郡田地図」（天平七年）参照。

（9） 吉村武彦「初期庄園にみる労働力編成について」『原始古代社会研究』Ⅰ、校倉書房、一九七四年（『日本古代の社会と国家』岩波書店、一九九六年）。

（10） 木村徳国『古代建築のイメージ』NHKブックス、一九七九年。

（11） これらの所については、松原弘宣「越前国東大寺領荘園における「所」」（前掲）、藤井一二「荘所の構造と機能」（前掲）、松任市教育委員会『東大寺領横江庄遺跡』（前掲注（4））参照。

（12） 吉田孝『律令国家と古代の社会』（前掲）三二四頁。

（13） 鬼頭清明「皇后宮職論」奈良国立文化財研究所『研究論集』Ⅱ、一九七四年（『古代木簡と都城の研究』塙書房、二〇〇〇年）。

（14） 今江広道「「令外官」の一考察」『続日本古代史論集』下巻、吉川弘文館、一九七二年。

（15） 菊地（所）京子「「所」の成立と展開」『史窗』二六、一九六八年（『平安朝「所・後院・俗別当」の研究』勉誠出版、二〇〇四年）。

（16） 吉田孝『律令国家と古代の社会』（前掲）Ⅱ章。

（17） 松任市教育委員会『東大寺領横江庄遺跡』（前掲）。

（18） 吉田孝『律令国家と古代の社会』（前掲）Ⅱ章。

（19） 相田二郎『日本の古文書』岩波書店、一九四九年。

(20) なお網野善彦『無縁・公界・楽』(平凡社、一九七八年)参照。

(21) 「ヒト」をも視野に含めて考えることについては、吉川真司氏の示唆による。

(22) なお直木前掲論文(「奈良時代の蔵人」)は、下道主について、「蔵人から領」または「領から蔵人」というコースを想定したが、一人の人間が複数の所の別当を兼ねることもあったように、一人の人間が異なる所や蔵の、領や蔵人を兼ねることもあり得たと想定されるので、無理に昇任のコースを推定する必要はないと思われる。

(23) 直木孝次郎「官人制の展開」『東アジア世界における日本古代史講座』第5巻、学生社、一九八一年(前掲『飛鳥奈良時代の考察』)。

Ⅲ　律令と格

律令と格

律令とは何か

「律令」は日本の古代国家の基本的な法典であった。「令は教喩を以て宗と為し、律は懲正を以て本と為す」（『令集解』巻一官位令。なお池田温「律令官制の形成」『岩波講座世界歴史』5、一九七〇年、二八六頁注(7)参照）というのが、当時の法家（法律家）の与えた説明である。これを近代法の体系と比較すれば、律は刑事法、令は刑事法以外の公法にほぼ該当することになろうか。しかしこのような比較が律令の本質を誤解させるおそれの多いことについては、のちに説明することにしよう。

「律令」は本来は中国の法典であった。中国でまず発達したのは律であり、漢代において律は基本法典、令は追加法令であった。律令が前述のような性格を持った法典として並立したのは晋の泰始律令からで、隋唐に至って律令は体系的な法典として完成した。日本はすでに大化前代から、朝鮮半島の諸国を経由して中国法の影響を受けていたが、中国法の大規模な直接的継受が始まったのは大化改新以後であった。天智朝に制定されたといわれる「近江令」については、体系的な法典としての存在を疑う説が有力であり、日本で最初に体系的な法典として制定されたのは浄御原令であった。しかし浄御原律については完成しなかった可能性が強く、唐律を準用したとする有力な仮説がある（石尾芳久『日本古代法の研究』法律文化社、一九五九年、青木和夫「律令論」『日本史の問題点』吉川弘文館、一九六五年（『日本律令国家論攷』岩波書店、一九九二年））。中国では律がまず発達したのに対して、日本では逆に令がまず編纂された。中国では漢代から清代までほぼ二千年にわたって律が基本法典であったが、日本の古代国家では、逆に令が基本的な法典として重視された。このような差異はどのようにして生じたのだろうか、その理由は次のように考えられる。

百済・高句麗の滅亡をピークとする東アジアの動乱のなかで、急速に中央集権的な軍事体制を確立する必要に迫られた日本の支配者層は、まずなによりも強力な国家機構を確立することに専心し、国家機構の基本を規定する「令」をまず編纂した。その際、刑罰については、当時の日本の支配者層の当面する要求にも十分答えうるような高度な完成を示している唐律を準用すれば、国家権力に直接かかわる犯罪は十分処置できたし、また一般社会の犯罪については、さしあたっては慣習法に任せておけばよかったのであろう(青木和夫『奈良の都』中央公論社、一九六五年)。

日本において律令の両者が体系的な法典として制定されたのは、大宝律令が最初であった。後述するように、弘仁格の編纂者も、大宝元年(七〇一)を起点として格を編集し、それ以前の法令は無視している。慶雲四年(七〇七)の威奈真人大村の墓誌銘に、「大宝元年を以て律令初めて定まる」と刻まれているのは、当時の人々の実感であろうか。この後、養老年間に律令の改定が行なわれるが、その多くは字句の改正であり、完成の年も明確でなく、また三十年以上も施行されないまま放置されたことからも推察されるように、大宝律令の編纂の際の意気込みはもはやみられなかった。したがって強い目的意識に支えられ、形式的にも完備した日本の律令は、大宝律令だけといえよう。しかし残念なことに、大宝律令は浄御原令と同じく完全に湮滅してしまった。

律令のテキスト

現在われわれが手にする律令のテキストは養老律令である。律は十二編のうち、名例律(前半〔図1〕)、衛禁律(後半)、職制律、賊盗律、闘訟律(一部分)しか残存しない。これに対して令は、養老令そのものこそ残存しないが、令に公定の注釈を加えた『令義解』、令の諸注釈を集めた『令集解』によって、三十編のうち、倉庫令・医疾令を除く二十八編を見ることができる〔表1〕。このような日本の律令の残存の仕方は、中国とはまったく逆である。すなわち中国では唐律(開元二十五年律)が完全に残存するのに対して、唐令はほとんど散逸してしまっている。一見偶然ともみえるこのような残存形態の差異は、先述した中国と日本における律令のあり方の違いをそのまま反映しているのではなかろうか（池田温「律令官制の形成」前掲）。

ともあれ、開元二十五年律の全文と、養老令のほとんどが残存したのは、後世の研究者にとって幸いであった。一方では養老令を参照して唐令の復元作業が進められ（仁井田陞『唐令拾遺』東方文化学院、一九三三年）、他方では開元二十五年律を参照して養老律欠失部分の復元作業が進められた（石原正明『律逸』、その他）。養老律令の復元の作業は、

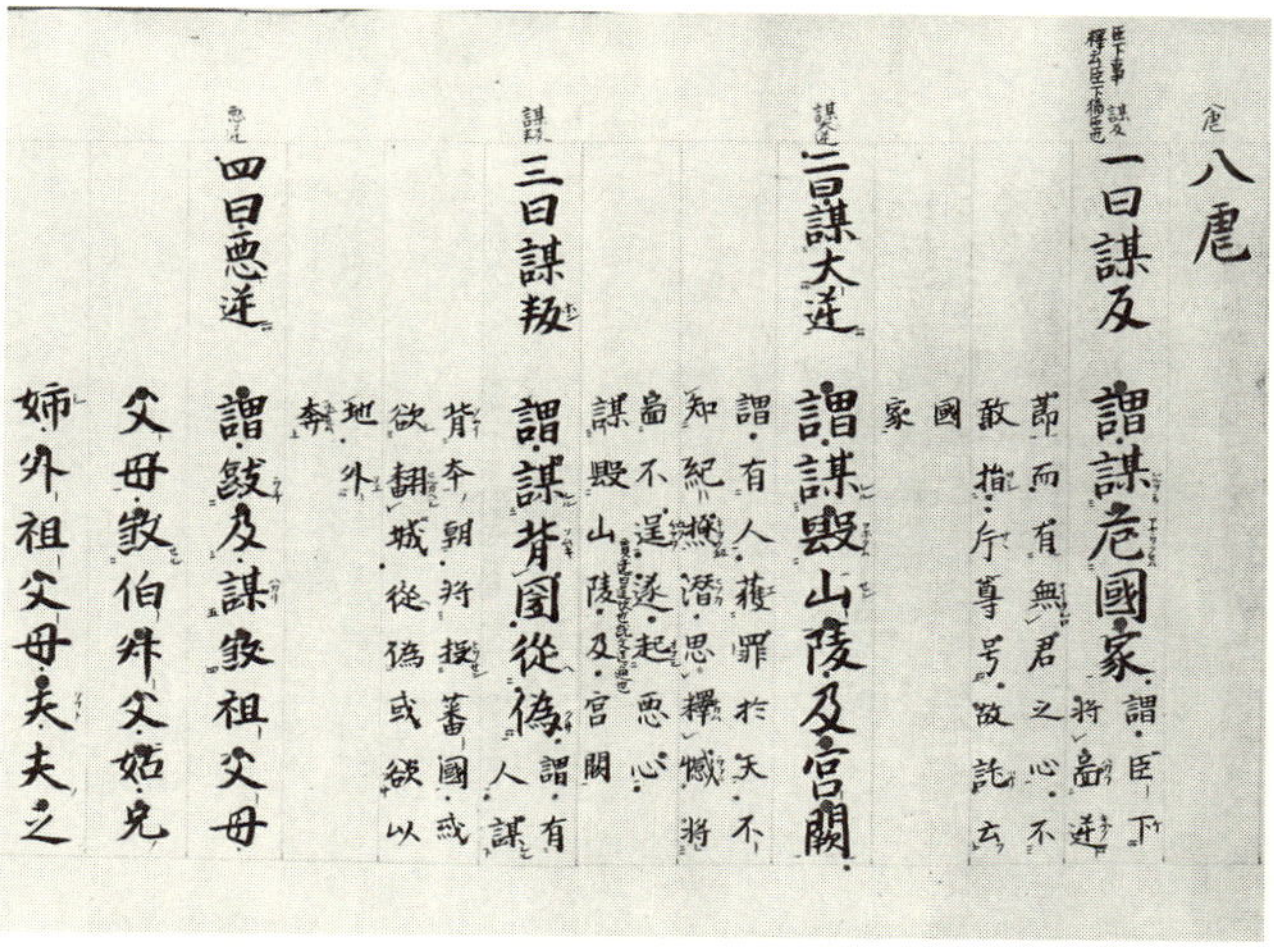

図1 「名例律」八虐の部分（内閣文庫蔵，『内閣文庫所蔵史籍叢刊 古代中世篇1 律・令集解（一）』汲古書院，2014より）

表1 律と令の編目

律	
1	名例（みょうれい）
2	衛禁（えごん）
3	職制（しきせい）
4	戸婚（ここん）
5	厩庫（くこ）
6	擅興（せんこう）
7	賊盗（ぞくとう）
8	闘訟（とうしょう）
9	詐偽（さぎ）
10	雑（ぞう）
11	捕亡（ほもう）
12	断獄（だんごく）

令	
1	官位（かんい）
2	職員（しきいん）
3	後宮（ごぐう）職員
4	東宮（とうぐう）職員
5	家令（けりょう）職員
6	神祇（じんぎ）
7	僧尼（そうに）
8	戸（こ）
9	田（でん）
10	賦役（ぶやく）
11	学（がく）
12	選叙（せんじょ）
13	継嗣（けいし）
14	考課（こうか）
15	禄（ろく）
16	宮衛（くえい）
17	軍防（ぐんぼう）
18	儀制（ぎせい）
19	衣服（いふく）
20	営繕（ようぜん）
21	公式（くしき）
22	倉庫（そうこ）
23	厩牧（くもく）
24	医疾（いしつ）
25	仮寧（けにょう）
26	喪葬（そうそう）
27	関市（けんし）
28	捕亡（ほもう）
29	獄（ごく）
30	雑（ぞう）

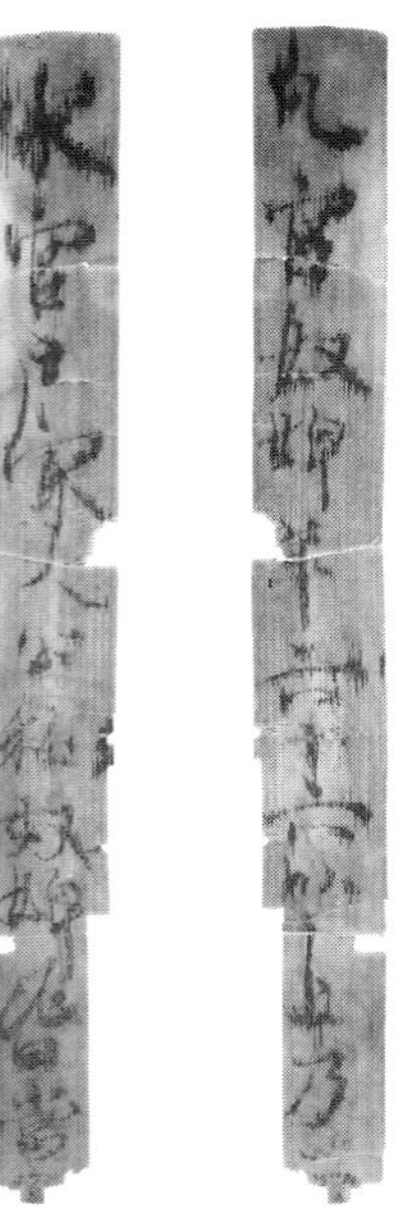

図2　令文の木簡（平城宮跡出土，「凡官奴婢……，家（ママ）官戸家人……」，『日本古代木簡選』岩波書店，1990より）

瀧川政次郎『律令の研究』（刀江書院、一九三一年）に継承され、それに補足を加えた『新訂増補国史大系　律・令義解』が、われわれの容易に利用できる最も便利なテキストである。ただしその後の研究によって訂正された誤りや、新たに復元された条文も多数あるので、国史大系本を補正する必要がある。その際、利光三津夫「律令条文復旧史の研究」（『律令制とその周辺』（慶応義塾大学法学研究会、一九六七年））は便利な手引きとなろう。

大宝律令は先述したようにまったく残存していない。ただ最近、平城宮跡から大宝令文の断簡らしい木簡が発見されているのが唯一の例外である（『奈良国立文化財研究所年報・一九六八』一九七〇年（図2））。大宝律令の復元作業の成果は、律については利光三津夫『律の研究』（明治書院、一九六一年）にこれまでの研究がほぼ集成されているが、令については瀧川政次郎『律令の研究』を基礎にしてその後の研究を個々に探すよりしかたがない。

浄御原令の復元の試みは坂本太郎「飛鳥浄御原律令考」（『日本古代史の基礎的研究』下、制度篇（東京大学出版会、一九六四年））に代表されるが、確かな条文はまだ一条も復元できない状況にある。ただ近年、藤原宮跡から発見された木簡によって浄御原令の施行状況が明らかになりつつあり（奈良県教育委員会編『藤原宮』一九六八年）、今後の調査の進展に大きな期待がよせられている。

律令の性格

本稿の冒頭に、「律令は日本の古代国家の基本的な法典であった」と記した。しかし律令はいかなる意味で「国家の基本的な法典」であったのだろうか。

国家の基本法といえばわれわれはまず近代国家の「憲法」を思い浮かべるが、律令は近代憲法とはまったく異質なものであった。近代憲法は、王権(ないしは国家権力)のあり方にある一定の枠をはめる、という基本的な性格をもっている。しかし律令の本質は、王の権力を拘束することではなかった。天子は律令を自由に改廃でき、律令の規定に拘束されない、というのが律令の原則である。もちろん律令は天子の民に対する約束という側面をもっているので、天子が律令の規定を守ることは、王権の安定のためにも望ましいことであったが、最終的には律令は天子を拘束するものではなかった。このような中国律令の基本的な性格は、そのまま日本の律令に受け継がれたが、日本の古代国家において、律令が現実にどのように機能していたかは、また別個の問題である。一つの著名な事件をとりあげてこの問題を考えてみよう。

聖武天皇の母藤原宮子は不比等の女で、文武天皇元年に夫人となり、神亀元年(七二四)二月、所生の聖武天皇が皇位に即くと、特に尊んで「大夫人」の称を授けられたが、間もなく大宝令との矛盾が問題となった。すなわち「大夫人」の称を授けられた翌三月、左大臣長屋王らは、

伏して二月四日の勅を見るに、「藤原夫人は天下みな大夫人と称せよ」と云へり。臣等謹んで公式令を検するに皇太夫人と云へり。勅号に依らんとすれば、皇の字を失すべし。令文を須ゐんとすれば、恐らくは違勅とならむ。定むる所を知らず、伏して進止を聴かむ。

と奏したので、結局先勅を撤回して、

文には則ち皇太夫人、語には則ち大御祖とし、先勅を追収して後号を頒ち下すべし。

と裁断された。令文に則って大夫人と改めただけでなく、口頭では大御祖と称せよと条件を付けたのは、令制以前の大御祖の制との関連が注目されるが(橋本義彦「中宮の意義と沿革」『書陵部紀要』二二、一九七〇年〔『平安貴族社会の研究』吉川弘文館、一九七六年〕)、ここでの問題は、勅と令との矛盾が臣下によって指摘され、その結果勅を撤回したという注目すべき事実である。

たしかに、天子の勅断が律令に抵触しないように臣下が天子を諫めた例は中国にも多々あるが、それは律の規定に反して死刑を強行しようとしたような極限的状況のばあいである。日本でも律の規定どおりに刑罰が行なわれなかった例はたくさんあるが、天皇が群臣の反対を押し切り、律の規定に反して死刑を強行しようとしたような例はない。この皇太夫人称号問題のように、緊張関係の比較的少ない問題について、しかもいったん施行した勅を撤回して改めるというのは、天子は律令に拘束されないという中国律令の原則が日本では稀薄であったと考えざるをえないだろう。

現実に機能していた国制においては、天皇も律令によって制約されていたのである。というよりは、太政官に集約された貴族層の意向が、律令を利用して天皇の権力を制約した、といったほうが正確かもしれない。唐の三省（中書・門下・尚書）の分立は、天子の絶対権力をむしろ保証したのに対して、唐の三省を一元化した太政官は、逆に天皇の権力を制約する傾向にあった（石尾芳久『日本古代天皇制の研究』法律文化社、一九六九年）。このような国家機構の相違は、王権と律令との関係とも密接に関連していたと推察される。

律令と国制との関係

先述したように、天子は律令に拘束されないという中国律令の原則は、日本の律令にもそのまま形式的には継承されている。したがって律令には、国制のうち最も中核的な天皇の権力の範囲や性格についての直接的な規定はない。このことからも、律令は国家の基本法とはいえ、国制の中核的な部分のすべてにわたっていないことがわかる。しかも日本のばあいには、中国律令の枠組をほぼそのまま継承しているので、現実に存在した国制と律令との食い違いが、継受法という性格によって倍加されている。

このような日本の律令の性格を、いま仮に図式化してみれば、ほぼ次のようになろう（図3）。誤解のないようにお断りしておきたいが、この図式で言いたいのは、㈠、律令の規定する範囲（Ⓐ）は、現実に存在した国制の骨格（Ⓑ）より小さいこと、㈡、律令の規定（Ⓐ）のうち、現実に存在した国制の骨格（Ⓑ）として機能していない部分（すなわちⒶ

とBとが重複しない部分）が相当に大きかったこと、㈢、㈡のAとBとが重複しない部分では、律のほうが令よりもはるかに大きな割合を占めたこと、の三点であり、それに尽きる。それ以上の事実をこの図から読み取らないでいただきたい。さて㈠は中国と日本を通じて律令が本来持っている性格である。㈡も同様であるが、AとBとの食い違いの度合いは、継受法という日本の律令の性格によって増幅されているに違いない。これに対して㈢はおそらく日本の律令の特色であろう。

律令が規定していない国制の骨格として、われわれが見落としてならない大きな問題は、中国の国制では「礼」によって規定された部分が大きな比率を占めていたことである。律令は礼の秩序の上に、礼と重複しながら存在していたのである。ところが日本では礼はほとんど継受されず、日本の「儀式」は礼とはまったく異質なものであった（坂本太郎「儀式と唐礼」前掲『日本古代史の基礎的研究』下）。それは当時の日本の社会構造やイデオロギーが中国とはまったく異質なものであったことを思えば当然のことであるが、「礼」の欠如が日本の律令のあり方にどのように影響しているかは、まだ掘り下げた研究がなされていない。

律令が国制の一部分しか占めていなかったことは、中国とは発展段階も社会構造も異にする周辺諸民族が律令を継受する際に、むしろ有利な条件であったかもしれない。井上光貞氏が指摘されたように、日本の律令国家は「律令制」と「氏族制」との二元的国家であった（井上光貞「律令国家群の形成」『岩波講座世界歴史』6、岩波書店、一九七一年）。七世紀後半の急迫した国際情勢に対処するために、政治制度として卓越した隋唐の律令制を、その時点の日本の社会構造に即して最も能率的に取り入れて日本律令国家をつくりあげることができたのは、律令の普遍的な性格によるところが大きかったが、同時に、律令が国制の一部分——主として行政制度と刑罰体系——しか占めていなかったために、固有法的な国制と重層することができたという特色によるところも大きかった。

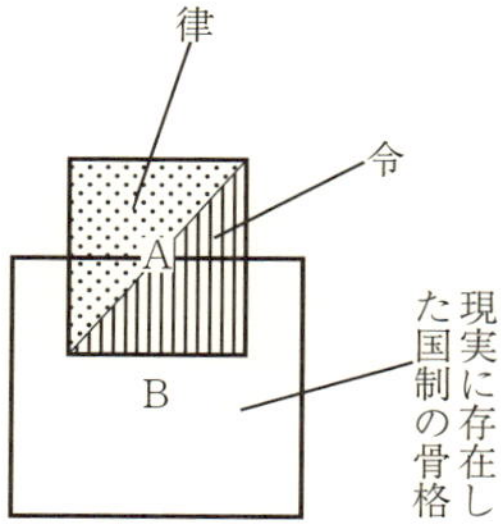

律
令
A
B
現実に存在した国制の骨格

図3

律令がある特定の生産様式と必然的に対応するものであるかどうかは難解な問題である。石母田正氏は、日本の律令制国家は、二つの生産関係――すなわち第一に国家と公民との生産関係と、第二に在地における首長層と人民との間に存在する人格的な支配＝隷属として存在する生産関係――の上に成立していると説かれる。第一の生産関係を代表するものは国司ことに国衙機構であり、第二の生産関係を制度的に代表するものが郡司である。ところで国家対公民の支配＝収取関係は、それが律令制国家として圧倒的に社会を支配した段階においても、第二次的、派生的な生産関係であり、首長層と人民との間の生産関係が第一次的、基本的であった(石母田正『日本の古代国家』岩波書店、一九七一年)。この石母田氏の構想と本稿の課題を関連させて考えると、律令は主として第二次的な国家と公民との関係にしかかわっていないといえよう。とすれば、最も本質的な「首長層と人民との間の生産関係」と「律令」とは、どのような内的・必然的な連関があったのだろうか、それとも内的・必然的な連関はなかったのだろうか、残念ながら私はまだ明確な解答を見いだしていない。

律令編纂の作業

ここで視点を変えて、日本の律令の制定者の具体的な作業に少し立ち入って考えてみよう。律令を制定する具体的な目的は、ごく大ざっぱには次の三つのばあいに分けられる。

(a) 律令制定以前の国制には、その制度が存在しておらず、新しくそのような制度を作ろうとしたばあい。

(b) 律令制定以前の国制にその制度(または類似の制度)がすでに存在していたばあい。このばあいには、既存の制度(すでに成文化されていたものも含む)をそのまま律令に規定しようとしたばあいと、おもに中国律令に倣って変更しようとしたばあいとがある。

(c) 中国律令に規定された制度が、既存の国制にもなく、また新しく作ろうとする意志もまったくないばあい。

これらの目的をもって、日本の律令制定者が中国律令を手本にして律令を制定した際、個々の編目や条文は、形式的にほぼ次のようなばあいに分けられる。

(イ) 中国律令の編目・条文と同文、または部分的に技術的な修正を加えただけのばあい。

(ロ) 中国律令の編目・条文を大幅に改定したばあい。

(ハ) 中国律令に対応する編目・条文がなく、日本で新たに制定したばあい。

(ニ) 中国律令の編目・条文を削除したばあい。

表2　律令制定の形式と目的

目的＼形式	(イ) 中国律令と全くまたはほぼ同じ	(ロ) 中国律令を改定	(ハ) 中国律令になく日本で新たに作成	(ニ) 中国律令を削除
(a) その制度を新しく作ろうとした場合	◎	◎	○	
(b) その制度がすでに存在していた場合	○	◎	◎	
(c) 新しくその制度を作る意志がない場合				◎

さて前記の目的(a)・(b)・(c)と、その結果制定された律令の形式(イ)・(ロ)・(ハ)・(ニ)との関係を表示すれば、だいたい上の表のようになる(表2)。これを律と令とに分けて考えれば、律は「a—イ」のばあいが最も多く、「b—ハ」のばあいは非常に少ない。これは中国の律に規定されているような国制が日本にはほとんど形成されておらず、高度に完成された中国律の体系をほとんどそのまま継受したことを示している。それに対して令のほうは、逆に「b—ハ」が相当に大きな比重を占め、「a—ロ」「b—ロ」が多く、「a—イ」はそれほど多くない。

このような律と令との違いは、律令のうち国制として機能していない部分の比率の差異(二三七ページの図3の説明(三))とも対応している。律令を全体としてみれば国制として機能している部分に最も多かったのは「b—ハ」であり、機能していない部分(二三六ページの図3の説明(二))に最も多かったのは「a—イ」であったと推測される。一つの条文のなかでも、国制として機能している部分と、単に中国律令を模倣しただけで国制として機能をしていない部分とが混在しているばあいが多く、特に「a—ロ」「b—ロ」のばあいにはその傾向が強い。したがって律令の個々の条文が現実の国制とどのような関係にあったかを、律令の全体について明らかにすることが、律令の史料批判の大きな課題となっている。

格の性格

「律は懲粛を以て宗と為し、令は勧誡を以て本と為す。格は則ち時を量りて制を立て、式は則ち闕を補ひ遺を拾ふ」——、「弘仁格式序」の筆者は、「格」についてこのように説明した。律令があるべき姿を示すのに対して、格は「時を量りて」すなわち現実に即応して「制を立て」たもので、律令の規定を修正し、また律令の規定以外に必要な制度を制定した。律令を改定して新しい律令を制定する際に、前の律令を修正した格でなお有効なものがあっても、新しい律令の条文は前の律令のままとしたばあいが多いのは、律令の持つこのような理念的な性格によるものである。

事実、大宝~養老間の格によって大宝律令の条文が修正されていても、養老律令はほとんど大宝律令のままである。そのなかには田令田長条の「段の租稲二束二把」(不成斤)のように、実情に合せて慶雲三年(七〇六)格の「一束五把」(成斤)と改めても、律令の理念とはなんら抵触しないように思われるものもあるが、養老令文は大宝令文のままで改正していない。あるいは成斤の度量衡をいずれは度地法に合わせて不成斤に改正するのが養老律令制定者の理念であったのだろうか、それとも単に律令を固定的なものとして把えた結果にすぎないのだろうか。礼楽を主とし、法(律令)を従とする儒教的な観念が欠如していたため、日本の律令は中国の律令よりも理念的・固定的な性格を強めていたのである。しかし日本の律令の理念的性格は、中国の礼や法が担っていたある種の自然法的な観念とはまったく異質なものであった。

ところで個々の詔・勅・官符などのうち、どれが格とせられたのだろうか、「弘仁格」編纂以前には明確でない。ただ弘仁格の編纂以後には、弘仁・貞観・延喜の三代の格に編纂されるかどうかで、その法令の効力に影響したらしい。たとえば、天長三年(八二六)五月三日の官符によって堤防修築による新開地を耕作するものに一定の割合で堤防を修理させることにしたが、「件の符徒らに出でて格条に載せず」、すなわちこの官符が貞観格に載せられなかったため、「国宰怠りて勤めず、頑民棄てて顧みず、堤防の害これに由らざるは無し」という状態になってしまった。そこで元慶三年(八七九)七月九日に先の官符を補強した官符を改めて出すことになり、やがてこの官符は延喜格に収録された(『類聚三代格』二十巻本巻十六)。

弘仁・貞観・延喜の三代の格式の編纂は、日本の古代法の歴史にとって新しい段階を画するできごとであった。というのは、隋唐では律令と格式は同時に編纂され、二重構造をなしていた。ところが日本では、律令が編纂された段階では格式はまだ編纂されず、格式が編纂されるときには律令はもはや編纂されなくなってしまったからである。もちろん唐においても開元以後は格式に重点が移ってゆき、律令と格式を同時に編纂するという原則も崩れる。したがってこの点だけに注目すれば、日本の律令は成立の時点からすでに中国の開元二十五年律令と同じ状況にあったともいえよう。しかし、より本質的な問題は、日本の律令が自然法的な理念との緊張関係を欠如していたことである。だからこそ日本の律令国家は、律令の規定をそのまま現実に適用しようとする強い意欲をもったのであり、それが不可能となれば、もはや律令を編纂する意欲も消失し、格式の編纂だけに専心することになったのである。

『類聚三代格』の史料批判

弘仁・貞観・延喜の三代の格は、官司ごとに編纂されていたが(後出二八七頁「類聚三代格」表1参照)、弘仁格の目録(新訂増補国史大系『弘仁格抄』)を除きすべて散逸し、現在われわれが見られるのは、諸書に引用された三代の格の逸文と、三代の格を合わせて編纂し直した『類聚三代格』である。

われわれが格を調べるときにまず利用するのは『類聚三代格』であるが、その史料的性格については従来あまり注意されていない重要な問題がある。

まず具体例についてそのことを考えてみよう。『類聚三代格』の二十巻本の巻十五には、有名な天平十五年(七四三)五月二十七日勅――いわゆる墾田永年私財法――が収められている。

> 勅すらく、(A)墾田は養老七年の格に拠るに、限に満たむ後、例に依りて収授す。是に由りて農夫怠り倦みて、開ける地復た荒る。今より以後、任に私財を為して、三世一身を論ずること無く、悉く咸な永年取ること莫れ。(B)其れ国司任に在るの日の墾田は、一ら前格に依れ。(C)但し人、田を開き地を占めんとせば、先づ国に就きて申し請ひ、然る後に之を開け。茲に因つて百姓妨げ有るの地を占請することを得ざれ。若し地を受くるの後、三年に至るも本主開かざれば、他人の開墾するを聴せ。

とある。

すなわち(A)養老七年格の改正、(B)国司の在任中の墾田の取扱い、(C)開墾の手続・効力、の三つの部分から成っている。ところが『続日本紀』に収める同じ勅には、(A)と(B)との間に、

> 其れ親王の一品及び一位には五百町、二品及び二位には四百町、三品四品及び三位には三百町、四位には二百町、五位には百町、六位已下八位已上には五十町、初位已下庶人に至るまでは十町。但し郡司には大領少領に三十町、主政主帳に十町、若し先より給へる地茲の限に過多せるもの有らば、便即ち公に還せ。奸り作り隠し欺らば、罪を科すこと法の如くせむ。

という重要な事項を記している。なぜこのような重要な部分を『類聚三代格』に収める格は載せていないのだろうか。あるいは写本を写し継ぐ間の脱落かとも一応は疑いたくなるが、『令集解』が弘仁格から直接引用した勅も、この『類聚三代格』所収の勅と同じなので、その可能性はない。とすれば、この部分が載せられていないのは、弘仁格の編纂者が意識的に削除したためと考えざるをえないが(吉田孝「墾田永世私財法の変質」『日本社会経済史研究』古代中世篇、吉川弘文館、一九六七年〔『律令国家と古代の社会』岩波書店、一九八三年〕)、なぜ弘仁格の編者は、この重要な部分を削除したのだろうか。

弘仁・貞観・延喜の三代の格の編纂の際には、個々の詔・勅・官符などの署名部分をまず一括して削り、官符のばあいには充所も削り、また格の主旨に直接関係のない部分を削って格文を簡潔にすることもあったが(たとえば『政

事要略』巻五一と『類聚三代格』巻八に収録する寛平二年九月十五日官符を比較されたい）、格の骨子に関係のある部分は原則としてその格が出された時のままであろう、というのが従来一般に漠然と考えられていた三代の格の編纂方針である。しかし格の編纂は過去の歴史を明らかにするのが目的ではなく、編纂時点における有効法を明示するのが目的であることは申すまでもない。弘仁格式の序に「若し屢々改張有りて向背各々異ならば、前を略し後を存し、以て重出を省く」とあるのも、そのような格の編纂の基本的な性格の一端をはっきり示している。したがって、格の編纂時にすでに無効となっている詔・勅・官符などを収録しないのは当然であるが、一つの格のなかでも、編纂時に有効法として存続している部分とすでに無効となっている部分とが併存しているようなばあいには、すでに無効となっている部分を削除し、関連する個所を書き変えているのである（詳しくは、吉田孝「類聚三代格」坂本太郎・黒板昌夫編『国史大系書目解題』上、吉川弘文館、一九七一年（本書所収）参照）。

先の天平十五年勅のばあいも、弘仁格の編纂者が、位階などによる墾田額制限の規定はすでに無効になっているとして、意識的に削除したのである。したがってわれわれは『類聚三代格』所収の格によっては墾田永年私財法の内容を考えることはできない。このばあいにはたまたま『続日本紀』（およびそれから引用した『令集解』書入れ）の記述によって弘仁格の削除した部分が知られるのであるが、厳密にいえばこのばあいでも、『続日本紀』にも収録されず、また弘仁格の編纂者によっても削除された重要な事項が他にないとは断言できないのである。

もし『続日本紀』などの他の史料によって弘仁格の削除・改正した部分が知りえないばあいには、弘仁格の個々の格をそれぞれに付された日付のものとして読むことは、大きな危険を伴い、史料の扱い方としては明らかにまちがっている。このことは貞観格・延喜格についてもまったく同じである。撰格式所の起請によって多くの格が作られていることからも推察されるように、三代の格の編纂は、つきつめて言えば一種の立法作業であった。したがって弘仁・貞観・延喜の三代の格は、弘仁式・貞観式・延喜式の個々の条と同じように、日付も削除した形にしたほうが、その本来の性格には則していたのである。

『類聚三代格』として史料が与えられているわれわれは、個々の詔・勅・官符などを、もう一度弘仁格・貞観格・延喜格に還元し、基本的にはそれぞれの編纂時の法であること、もし個々の詔・勅・官符をその日付の時点と関連させて読むばあいには、制定時のままではない可能性があること、などを常に留意して利用しなければならない。なお一般に流通している国史大系本『類聚三代格』の巻次・編目の構成は非常に混乱しているので、推定復元した結果だけを表〔本書二八九頁表2〕として掲げておいた(詳しくは拙稿「類聚三代格」〔本書所収〕参照)。

庶民と律令

律令や格式を作ったのはいうまでもなく古代の官人たちであった。そのなかには帰化系の官人もたくさん含まれていたし、唐に留学してきた人々も多い。彼らは古代の日本ではごく少数の選ばれた国際的知識人であった。われわれが歴史研究の資料として律令を繙(ひもと)くときには、とかくそれらの官人の立場から読むことになりやすい。しかし当時の地方の豪族や農民たちは、律令をどのように受け取っていたのだろうか。

『続日本紀』の大宝二年(七〇二)十月条には、「律令を天下諸国に頒(わか)ち下(くだ)す」と記されているので、新しくできあがった大宝律令が、一部ずつ地方の国衙(こくが)に配置されたことはまちがいない。しかし郡衙(ぐんが)ごとに律令が配置されていたかどうかは明らかでない。たしかに郡司には笞(ち)罪を専決する権利が与えられていたので(獄令郡決条)、笞罪に該当する犯罪の範囲を一応は国司から教えられていたに違いない。しかし郡司が常に律を参照しながら笞をふるったとはとても考えられない。笞罪以下は慣習法的な世界に委(ゆだ)ねられていたのであろう。

律令はなによりも都から赴任してきたミコトモチ(国司)の権威を支える、尊きスメラミコトの法(のり)であった。たとえば儀制(ぎせい)令によると、郡司は自分より官位の低い国司の前で、下馬の礼を取らねばならなかった。もしそれに反すれば、国司は彼を国衙に引っぱってきて雑(ぞう)律の違令(いりょう)条を目の前に突き付けたことだろう。違令罪は笞五十であった。

国司が郡司に対して律令の権威を振りかざしたのと同じようなことを、郡司は農民に対して行なうこともできたはずである。ただ郡司が律令をどのように理解し、どのように利用しようとしたか、残念ながらいちばん大事なところがよくわからない。一般の庶民は文字の読める者がほとんどいなかったので、律令を直接読むことはおそらく皆無であった。彼らにとっては、律令と一般の詔・勅・官符との区別さえなかっただろう。律令は彼らにとっては、荘厳な甍(いらか)に覆(おお)われた国分寺に安置されている金光明最勝王経(こんこうみょうさいしょうおうきょう)とほとんど同じものだった。違うところは、一方はスメラミコトの法(のり)であったのに対して、他方はミホトケの法であったことだけである。彼らには律令を読み上げる国司の声が、最勝王経を転読(てんどく)(飛ばし読み)する僧侶の声と重なって聞こえたかもしれない。およそ法が呪術に支えられたのは、前近代の法の一般的な姿であった。律令の権威は「急々如律令(きゅうきゅうにょりつりょう)」という山伏の呪文(じゅもん)として、民衆の意識下(サブ・コンシャス)に永く生きつづけた。

〔テキスト〕

『律』(『新訂増補国史大系』)吉川弘文館

『令義解』(『新訂増補国史大系』)吉川弘文館

『令集解』(『新訂増補国史大系』)吉川弘文館

『類聚三代格』(『新訂増補国史大系』)吉川弘文館

『弘仁格抄』(『新訂増補国史大系』)吉川弘文館

〔参考文献〕(本文中にあげたものは省略した)

瀧川政次郎『法制史論叢』全四冊、角川書店、一九六七年

利光三津夫『律令及び令制の研究』明治書院、一九五九年

律令における雑徭の規定とその解釈

序　研究視角の限定

本稿で追求しようとしたのは「統治技術の法的体系」としての「律令制」における一つの「法制的範疇」としての「雑徭」であって、地方官によって差発される所謂徭役労働一般ではない。[1]私がこのように研究視角を限定した理由は、雑徭に関する史料がほとんど全て律令格式等の法制史料に限定されているためで、[2]法制史料から無媒介に雑徭の実態を把握しようという性急な方法を取るよりも、むしろ法制的範疇としての雑徭に限定してその変化を追求し、律令制の構造の中での雑徭の地位の変化を確定した上でその法制的変化の動因を追求した方が、雑徭の実態の把握のためにも、また所謂徭役労働制の解明のためにも、より有効な方法であると考えたからである。

雑徭に関するこれまでの通説的な理解は、平安初期の史料――就中賦役令雑徭条の義解の解釈――から伝統的に形成されてきたもので、[3]――勿論このような通説的な理解は覆されつつあるが[4]――そのイメージが奈良時代の雑徭に、果ては中国の雑徭にまで――まさに歴史的経過とは逆に――投影されがちであった。[5]たしかに雑徭に関する残存史料は、中国の場合が最も少なく、日本の奈良時代がそれに次ぎ、平安初期が最も多い。しかしこの事実は、単に史料の残存形態の偶然性のみによるものではなく、[6]雑徭の存在形態の差異とも関係があるのではないか、という疑問がこの論文の出発点となった。

なお本稿では、賦役令集解雑徭条を手懸りとして、雑徭に関する規定を養老律令から大宝律令へ、さらには浄御原令へと遡及して追求するという方法をとった。敢えて歴史的経過とは逆な叙述をした目的は、養老律令における雑徭とは異質的なものを大宝律令や浄御原令において検出したかったからである。

(1) 地方官によって差発される——歳役以外の——全ての力役を雑徭とする立場からの研究——例えば曾我部静雄『均田法とその税役制度』(大日本雄弁会講談社、一九五三年)、北山茂夫『奈良朝の政治と民衆』(高桐書院、一九四八年)も所謂徭役労働史の研究としては大きな先駆的意義があり、またそのような研究を批判するのが本稿の主目的ではない。本稿の主目的は、あくまでも法制的範疇としての雑徭の法制的研究である。

(2) 六国史の雑徭関係史料も、たとえ詔勅官符等の形式はとっていなくても、それは六国史の編者が省略したためであって、原形は詔勅官符等であったと推定されるものばかりである。例えば続紀霊亀三年十一月甲辰条は法令の形式にはなっていないが、賦役令集解外蕃還条にも引用されている同年月日の官符の省略されたものと推定され、続紀宝亀十一年十月丙辰条も法令の形式は備えていないが、同年月日の三代格所引の官符の省略されたものとみられる。このような詔勅官符類の法制史料以外には、正倉院文書の中に僅かに二通の文書があるだけである。一通は天平五年右京計帳手実であり、もう一通は天平六年出雲国計会帳である。前者によっては天平時代の左右京における徭銭の徴収方法や雑徭負担者の貴重な実態が解明されるが(第二節参照)、後者によっては「健児正身田租免幷雑徭減半状」という民部省符が移送された事実が知られるのみで、しかもこの省符の内容は続紀にもみえており(天平六年四月甲寅紀)、省符として移送されたこと以外には何ら新しい事実を加えるものではない。従って僅か一通の計帳手実断簡が極めて貴重な史料となるのである。

(3) 例えば澤田吾一『奈良朝時代民政経済の数的研究』(冨山房、一九二七年、六三二頁)、瀧川政次郎『律令時代の農民生活』(刀江書院、一九四四年、二三〇頁)、北山茂夫「奈良前期における負担体系の解体」(『奈良朝の政治と民衆』所収、五六頁)などは令義解の解釈を超歴史的に適用している。

(4) 賦役令集解雑徭条には令義解の解釈とは全く異なった古記の説が長々と引用されており、この古記と令釈・義解等の対立に言及した研究としては、曾我部静雄『均田法とその税役制度』(二一六頁以下)、平野邦雄「古代国家に於ける税制と国衙」(『九州工業大学研究報告』一号、一九五三年、一四頁)、などがあるが、この問題を本格的に取りあげられたのは、青木和夫「天平時代の雑徭に就いて」(東京大学卒業論文「雇役制の成立」の副論文、未発表)、弥永貞三『奈良時代の貴族と農民』(至文堂、一九五六年、七三頁以下)、長山泰孝「歳役制の一考察」(『ヒストリア』二七号、一九六〇年、五三頁以下(『律令負担体系の研究』塙書房、一九七六年))などである。本稿も弥永氏と青木氏の懇切なる御指導の下に両氏の研究視角を継承して企てたものにすぎず、第二節の徭銭についての記述と、第三節の古記の「令条外」の解釈についての分析は、青木氏の論文「天平時代の雑徭に就いて」に負うところが多く、また青木氏の論文を修正した部分も、青木氏から示唆された分析視角に従って私が作業した成果にすぎないので、本来ならば青木氏の論文として発表すべきであるが、特におゆるしを得て本稿の中にくみ入れさせていただくこととした。なお青木氏の「天平時代の雑徭に就いて」の一部は改稿の上、「計帳と徭銭」の題で『続日本紀研究』(九巻三号、一九六二年)に投稿されたと承っている。

なお、狩野久「品部雑戸制の再検討」(『史林』四三巻六号、一九六〇年(『日本古代の国家と都城』東京大学出版会、一九九〇年))の注(9)(四五頁)には、本稿の一部分と相似た着想が示されているが、重複すると思われる点も、狩野氏とは別個に研究した成果なので、一応このまま発表させていただくことをお恕しいただきたい。

(5) 曽て曾我部氏が概歎された如く、中国史家の間では、一部の先駆者——例えば濱口重國氏——を除き、一般に雑徭にはあまり関心がはらわれていなかった。この風潮に抗して曾我部氏が雑徭の存在をクローズ・アップされたのは大きな功績であったが、同時にその際、日本の平安初期の雑徭関係史料を使って多くの論証がなされたことも忘れてはならない。

(6) 日本の場合だけを考えても、類聚三代格は弘仁・貞観・延喜の各時点における有効法をあつめたものであるから、それらの時点の直前の史料が多数あつまる可能性は当然予想されるところである。また六国史もそれぞれ編纂態度が異なり、雑徭関係史料の取捨基準も異なっていたと考えねばならない。例えば本朝法家文書目録の雑部(宮内庁書陵部谷森本による)には「官曹事類目録一部卅巻」をあげ、その目録の中に、

第廿四 兵器部十五条、兵士防人部五十条、衛士仕丁部卅四条、「雑」器部廿七条、雑徭部廿三条、雑戸部九条、(イ)

を載せているが、官曹事類は天武天皇元年より桓武天皇延暦十年までにおける雑例を分類して編纂したもので、続日本紀編修の際同書に収めなかったものを採録するのを原則としたのであるから(和田英松『本朝書籍目録考証』明治書院、一九三六年、二〇七頁以下)、奈良時代に雑徭関係史料の少ない原因の一端は官曹事類の失われたことにあるのかも知れない。しかし以上の諸事情を考慮に入れても、なお且つ本文に述べたような傾向は否定できないし、さらに史料の内容をも考慮に入

れれば、奈良時代の史料はほとんどが復除に関するものであるから、その多様性においては圧倒的な格差が存在するのである。

一　「令条外」についての明法家の解釈

令集解の賦役令雑徭条は（国史大系本、四三六頁）、

凡令条之（マヽ）外雑徭者、毎レ人均使、惣不レ得レ過二六十日一

との養老令文を載せ、令条外雑徭の次に、義解・令釈・穴記・跡記・朱・古記の注釈を引用している。即ちまず義解は令条外の意味を、

其正丁次丁歳役日数、在二於玉条一、皆立二明文一、即至二雑徭一、不レ入二此限一、故称レ外而起之、凡調庸之外、国中諸事、不レ論二大小一、総為二雑徭一

と説明し、令釈・跡記も義解と同様に歳役条以外と解釈しているが、穴記は令条外には全くふれず、朱も疑問を投げかけているのみで、その後に古記の説が長々と引用されている。

ところで天平年間に古記が成立してから約半世紀後の延暦年間に、（7）令釈は、

或説「修二理堤防一営二造官舎一、如レ斯之類、載在二令条一、依レ文称レ外、明知非レ徭」者非、何者若レ此之類、不レ入二雑徭一、々々之文、属在二何事一、所謂酷吏深文、豈唯刑獄乎、（賦役令集解雑徭条）

というように「或説」を痛烈に非難したが、この「或説」こそ天平時代に成立した古記ではないだろうか。（8）しかし成立後約半世紀を経た延暦年間においても令釈が声を大にして罵倒しなければならなかったほど雑徭条の古記の説は後世まで有力であったのだろうか。然り。穴記は賦役令集解車牛人力条で、

但徭折不之状、合レ案二下雑徭条古私記一也、

と古私記を典拠にして解釈しているが、穴記が引用した古私記は古記であるから、[9]穴記は——令条外雑徭の解釈に関しては——古記の説を継承していたのである。[10]古記・義解と並んで雑徭について最も多くの発言をしている令釈・跡記・穴記は、いずれも延暦年間、ほとんど同時期に成立しているが（注(7)参照）、明法家の対立を孕んだこの時代から令義解の制定によって統一される天長年間に至る期間は、雑徭に関する明法家の解釈の歴史の上で、最も注目すべき時期であることを記憶に留め、まずここでは古記説の内容を具体的に検討することから始めよう。

古記はまず最初に「毎人均使」の解釈を示した後、「問、令条外、未㆑知、外字之意」と設問し、答として大宝令文を十四条列挙し、「以上諸条、皆此令条之内、不㆑在㆓雑徭之限㆒」と断定するが、

但臨時将㆑有㆑事、仮令、作㆓新池隄及倉庫他界路橋㆒、御贄獦贄送、公使上下逓送従馬等類、皆是充㆓雑徭㆒也、

と但書を付け、さらに「又有㆘令条内充㆓雑徭㆒役処㆖也」として以下に令文八条と格一条を掲げ、「以上諸条、並是充㆓雑徭㆒耳」と結んでいる。ここでは便宜上、古記が「不㆑在㆓雑徭之限㆒」とする令条内の力役十四条を、古記が掲げる順序にA_1〜A_{14}とし、之に対して「充㆓雑徭㆒」とする令条内の力役八条と格十条とを一括して、B_1〜B_9とする。[11]また臨時の差役で古記が雑徭を充てるとする令条に規定されていない力役群を一括してC類とする。なおここで一言確認しておきたいのは、古記はA類について「不㆑在㆓雑徭之限㆒」とは言うが、「不㆑在㆓雑徭㆒」とはどこにも言っていないという点である。

ところで古記は一説として、

一云、除㆓十日役㆒以外、皆充㆓雑徭㆒、[此為㆑長][12]但運㆓調庸舂米㆒、并須㆑修㆓治渠堰㆒者、先役㆓用㆑水之処㆒者等、並不㆑在㆓雑徭之限㆒也、

という古記とも異なるが義解・令釈等とも修治渠堰の点で異なる中間的な説を紹介しているが、古記自身は残存する集解全体にわたって雑徭条の分類を——唯一の例外である営繕令京内大橋条を除いては——貫いており、[13]雑徭条で列挙したB類以外には令条内で雑徭を充てて役するものはない、というのが古記の一貫した考え方であるように思われ

る。A類B類の該当条で古記が雑徭を充てるかどうかを問題にしているのは、A類では集解又はその逸文の残っている八例中二例にすぎない（しかもその中一例A_9はA類と矛盾する）のに対して、B類では六例中四例（しかも残りの二例中一例B_6は内容的にほとんど同じ前の条で注釈しているのでほぼ五例）に達しているのは、古記の関心が、私達が現在懐いている、そして平安初期の明法家達が懐いていた関心「皆此令条之内、不レ在二雑徭之限一」（即ちA類）とは逆に、「令条内充二雑徭一役処」（即ちB類）にあったのではないか、と想像される[14]（青木「天平時代の雑徭に就いて」）。「令条外」という用語は禄令の最終条に「凡令条之外、若有二特封及増一者、並依二別勅一」とあるが、この場合は明白に禄令の特定の一条を指さず、食封条・功封条・寺封条等、まさに、令条に規定のある場合以外、を指しているのであり、また慶雲元年六月丁巳勅（続紀）に「諸国兵士、国別分為二十番一、毎レ番十日、教二習武芸一、必使二斉整一、令条以外、不レ得二雑使一」とあるのも、令条に数多くある兵士を使役する規定以外、としか解釈のしようがない（曾我部『均田法とその税役制度』二二八頁以下）。従って、古記がA類の諸条を列挙したあとで「以上の諸条は皆此れ令条内だから雑徭の限りではない」と断定したのは至極当然のことと言えるが、しかし同時に「また令条内ではあるが雑徭を充てて役する処がある」と特に例外を設けてB類を列挙しなければならなかった複雑さは、一体何に起因するのだろうか。それを追求する際にまず明らかにしておくべきことは、雑徭に関する大宝律令と養老律令の諸規定と、両律令の間の差異の有無であり、また奈良時代における雑徭の行事であろう。そこで次節では雑徭に関係する諸規定とその行事を概説的に検討しておきたい。

（7） 古記・令釈・跡記・穴記の成立年代については、岸俊男「班田図と条里制」（魚澄先生古稀記念『国史学論叢』一九五九年〔『日本古代籍帳の研究』塙書房、一九七三年〕）、黛弘道「令釈・跡記・穴記の成立年代について」（『史学雑誌』六三編七号、一九五四年）に一応従う。いまその結論を紹介すれば、古記（天平十年正月～三月）、令釈（延暦六年六月～延暦十四年八月）、跡記（延暦十年三月～延暦十四年八月）、穴記（延暦十二年三月～延暦十七年三月）であるが、跡記の成立年代の上限を跡記が刪定令を引用すること（禄令集解皇親条）から同令の施行時に求められたのは、同条集解の誤写（国書刊行会本）によるものであるから、跡記の上限は令釈の成立年代の上限まで引き上げることとする（東京の続紀研究会の方々の御教示による）。勿論以上の成立年代は一応の目安であって、ある程度の誤差は当然予想しておかねばならないと思う。

（8） たとえ令釈の非難する「或説」が古記ではないとしても、後述する如く古記もこの「或説」とほとんど同じ説であるから、古記も「或説」と同様に非難されることは間違いない。

（9） 瀧川政次郎氏は『律令の研究』（刀江書院、一九三一年）の中で、稲葉通邦、伴信友、佐藤誠實等の説を紹介した後、禄令集解食封条の古私記が同条の古記と、田令集解為水侵食条の古私記が同条の古記と、それぞれ同意であることを示し、これらの諸条の古私記が古記と同一物であることは疑がない、と断定されたが、「然し古私記は、古記の如く直接令集解に引かれることなく、『穴云』、『師云』、『私案』等の中に間接に引かれてゐる。令集解には、先私記なるものがあつて、これまた古私記と同じやうに、間接にのみ引用されてゐるから、古私記は先私記と同じやうに、単に古人先達の令私記の意味であつて、必ずしも古令の私記の意味ではないのではなからうか。若しさうであるとすれば、古私記は古記であるときもあるが、またさうでないときもあると考へねばならない。」（前掲書、一六八頁）と慎重な態度をとっていられる。

　ところで私が令集解に眼を通したところ、——見落しもあるとは思うが——当面の課題たる賦役令車牛人力条を除いて二十八例の古私記がみつかった。即ち、(イ)職員令左大弁条（国史大系本五一頁、以下同）、(ロ)同式部省条（七八頁）、(ハ)同玄蕃寮条（九一頁）、(ニ)同刑部省条（一〇六頁）、(ホ)同織部司条（一一七頁）、(ヘ)田令為水侵食条（三六九頁）、(ト)賦役令春季条（四〇五頁）、(チ)学令大学生条（四四四頁）、(リ)選叙令任両官条（四六八頁）、(ヌ)同本主亡条（四九三頁）、(ル)同職事官患解条（四九八頁）、(ヲ)同秀才出身条（五〇五頁）、(ワ)考課令内外官条（五三四頁）、(カ)同官人景迹条（五四九頁）、(ヨ)同条（五五三頁）、(タ)同大納言之最条（五六一頁）、(レ)同一最以上条（五七九頁）、(ソ)同内外初位条（六一七頁）、(ツ)同任二官条（六二二頁）、(ネ)禄令食封条（六六四頁）、(ナ)宮衛令未宣行条（六八〇頁）、(ラ)儀制令祥瑞条（七一二頁）、(ム)公式令詔書条（七七九頁）、(ウ)同計会式条（八二八頁）、(ヰ)同給駅伝馬条（八五五頁）、(ノ)同駅使在路条（八六四頁）、(オ)喪葬令京官三位条（九五八頁）、(ク)同遊部条（九六七頁）、の諸条である。そしてまずこれらの二十八例の引用関係をみると、唯一の例外である(イ)を除く他は、全て穴記が引用している。瀧川氏が言われるように、「師云」や「私案」が引用しているようにみえる場合——例えば(ト)(ノ)など——でも注意深く読むと全て穴記が引用していることが解る。ところで、唯一の例外(イ)は讃記が引くが、讃記は一般に先行する説をふんだんに自分の文章の中にとり入れる傾向があり、事実この(イ)職員令左大弁条の中の他の箇所では、「問…、答、穴案……」というように穴記を自分の問答の中にとり入れているほどである。従って讃記が引く古私記も穴記からの孫引きである可能性が強く、古私記は穴記にのみ引用されていた可能性は否定できない。

次にその古私記の内容を調べた結果、古記と全く同じ文章であるか、又はほとんど確実に古記であることが論証されるものとして、(ハ)(ヘ)(ル)(タ)(レ)(ツ)(ネ)(ナ)の八例があり、古記と推定されるか、又は古記であるとした方が文意が明瞭となるものとして、(ト)(ヌ)(ワ)(ヨ)(ソ)(ウ)(キ)(ク)の八例がある。残りの十二例は、古記であると推定はできないが、少なくとも、古記と矛盾する場合は一例もない。

また、穴記は種々の明法家の説を引用する——例えば(ツ)(ク)では、古私記と並列して令釈を引くので、古私記が令釈でないことが証明される——が、穴記が「古記」として古記説を引用する場合はほとんどない。戸令七出条(三〇五頁)の穴記は「古記」を二ヶ所で引くが「古説」と書く写本もあり、事実穴記は古説ならば沢山引いている。ところで同じ戸令の殴妻祖父母条(三一〇頁)でも穴記は「古記」を引くがこの場合には異本はないらしい。しかしこの場合にも古説の誤写である可能性は残っている。さらに先きの引用文の中で瀧川氏が紹介されている「先私記」も全て穴記に引用されているらしいが、特に同じ一節の中で古私記と先私記を使いわけている場合があるのだから(五四九頁)、古私記と先私記が別の注釈書であることが確認され、古私記や先私記が——瀧川氏が言われるように——単に「古人の私記」「先達の私記」という普通名詞ではなく、穴記は特定の注釈書をそれぞれ指してこれらの言葉を使用していたと思われる。なお穴記の引く「古答」「古説」「私記」などと古私記との関係も調査する必要があるが、今回は果せなかった。ただ、古答は古記ではない、という利光三津夫氏の研究(『律の研究』明治書院、一九六一年、三頁以下)は、ここでの論証にとって有利な傍証となることだけを付記する。

さて以上の考察の結果、古私記はほとんど全て穴記に引用されていること、穴記は古私記や先私記を特定の明法家の注釈書を指す言葉として使用していること、穴記に引用された古私記の過半数は古記と推定する根拠があること、穴記は「古記」として古記説を引用する場合がほとんどないこと、がほぼ明らかになった。従って少なくとも次のことだけは確実に言えるであろう。即ち「穴記の引用した古私記は古記である」。これ以上の問題は再考を期したい。

（10）　賦役令集解雑徭条で、古記・令釈・跡記・義解などの有名な明法家（及び公定注釈書）が皆令条外の解釈をしているのに、穴記だけが沈黙を守っているのは、――編者直本が削った可能性も無視できないが――或は車牛人力条で自分の態度を明らかにしたので重複を避けたのかも知れない。しかし、穴記は雑徭条古記を案じたのであってそのまま従ったのではない、との反論があるかも知れないので、穴記が雑徭条古記の分類に従っているかどうかを一応調べてみよう。

まず古記が令条内ではあるが雑徭の限りに在らずとする諸条のうち、田令の舂米運京については古記と穴記のみが明確に「不レ用ニ雑徭一」と注釈しているのが注目される。ところが軍防令の城隍崩頽の修理には徭夫を役するとし（営繕令集解近大水条）、営繕令の堤防修理にも徭夫を使役するとして古記の分類に反するが、古記と異なるのはこの二ヶ条だけである。次に令条内であるから雑徭を充てて役するとする諸条では、田令の官田耕作に古記と同じ意見を述べているが、このグループの諸条については古記も令釈・義解等も同じ意見であるから古記と一致してもあまり意味はない。古記が雑徭条集解に列挙しなかった諸条では、田令在外諸司条の公力を令釈・義解共に雑徭とするのに対して、穴記は「問、（中略）給ニ新人一之時、可レ折ニ公力之代一哉、答、須レ折ニ所レ用官物之代一耳」として古記と同意見であるのが注目される。以上の僅かな例からではあるが、穴記が雑徭条古記の分類にそのまま従ったとは言えないにしても平安初期の明法家の中では――少なくとも雑徭の範囲については――最も古記説に近かったことは確かである。

（11）　これらの条文の配列順序は、一ヶ所を除く他は全て養老令と同じである。その一ヶ所とは医疾令と営繕令の前後関係で、養老令ではB_6（営繕令）$B_4$$B_5$（共に医疾令）の順となる。勿論これだけの史料から、大宝令と養老令との差異を結論することは出来ないが、唐六典（巻六）に引く開元七年令の目次も――少なくとも医疾令と営繕令との前後関係に関する限りは――養老令と逆になっているので、大宝令の編目の順序が養老令とは異なっていた可能性もある。

（12）　諸写本みな「此為長」と大書しているらしいが、これは恐らく後人の割注小書での追記が混入したものであって（青木「天平時代の雑徭に就いて」）、古記の説でないことは次注で論証する如く他の集解諸条の古記の注釈によって確かめられる。

（13）　残存する令集解全体にわたって雑徭条の古記の分類が貫徹しているかどうかを検証するのは、非常に繁雑な考証となるが、古記の分類の史料的性格を確定するためには不可避の手続であるから、以下にその考証過程を羅列する。

まず古記が「不在雑徭之限」とするA類十四条であるが、A_1〔田令2〕の舂米運京については、「問、運丁雑徭免不、答、

不レ免」（田令集解田租条）とはっきり断言しており、穴記も同様な解釈をしている。義解も「輸レ租之家、均出二脚力一、送二大炊寮一、猶如レ運二送調庸一也」（同前）と言っているので、A_1に雑徭を充てるとする明法家はいない。A_2（賦役令3）の調庸運脚については諸家いずれも雑徭には触れず、古記は「毎レ人均出レ物、運レ調功食充レ之」（賦役令集解調庸物条）と説明しており、義解・令釈等も同様で問題ない。A_3〜A_6（軍防令39・53・64・65）は軍防令集解が残存しないのでよく解らないが、A_3 A_5はA_7と共に兵士のみを役する規定なので、徭役（歳役と雑徭）を免除されているはずの兵士――と言っても養老令では賦役令舎人史生条に明確な規定があるが、大宝令では、天平十二年越前国江沼郡山背郷計帳（大日本古文書二巻、二七三頁）に兵士は半輸と記載されていることから養老令と同一と推定するより仕方がないが、恐らくは大宝令でも徭役を免除されていた兵士――を使役するのに何故雑徭之限でないとことわらねばならなかったのかよく解らない。或は兵士役が雑徭とまぎらわしかったので特に取りあげて雑徭之限でないことを明記したのだろうか（青木「天平時代の雑徭に就いて」）。

A_8（営繕令9）の京内婦人の使役については、古記自身、雑徭負担者について「正丁六十日、次丁卅日、少丁十五日合レ使」（雑徭条集解）と注釈していて女子には雑徭負担がないのを前提としているのだから、これも念のため加えたものだろう。むしろ額記が、「免二其戸雑徭一也、役馬如レ折二充徭一也」（営繕令集解須女功条）と説明しているのがその実態をよく説明しているように思われる。次にA_9（営繕令11）の京内の橋（大橋や宮門に当る橋を除く）の修理に充てられる人夫について古記は、営繕令集解京内大橋条では「役二京内人夫一、謂雑徭是也」と雑徭条の分類とは相反する解釈をしている。長山泰孝氏は、雑徭条集解で古記がとりあげたA_9は「京内大橋及当宮門橋者、並木工修営」の場合を指し、営繕令集解で古記が注釈したのは、「自余役二京内人夫一」（京職が徴発）の場合であるとして、木工寮と京職との管轄の差異によると説明することによって、この矛盾を巧妙に切り抜けていられるが（長山氏前掲論文、五三頁）、雑徭条集解で古記が引用したA_9には「自余役二京内人夫一」までが引かれているのだから――そして文章の構造に制約されてこの部分を引くためにはどうしても木工寮の部分も引かざるをえないのだから――長山氏のような解釈は不可能であり、どうしても古記は矛盾した解釈を行っていると考えざるをえない。このように古記の解釈が矛盾しているのは、後述する如く天平年間の左右京で徭銭が徴収されていたことと関係があるのではないかと思う（第二節参照）。この営繕令京内大橋条についても令釈や義解は勿論「以二雑徭一役」（同条集解）と注釈している。次にA_{10}（営繕令12）の津橋道路の修理については該当条集解の古記は発言せず、朱が「此条役二雑徭一也」と説明しているだけである。A_{11}（同16）の堤防修理についても古記は発言せず、令釈・跡記・穴記・義解等が「以二雑徭一役」（営繕令集解近大水条）と自説を繰返している。$A_{12}$$A_{13}$$A_{14}$については集解が残存しないが、$A_{12}$（捕亡令1）の逃亡者の訪捉については、戸令戸逃走条の古記に、「問、令二五保追訪一、未レ知、追訪之間、免二徭役一不、答、已職掌事、不レ免二徭役一也」と言っているのを準用すれば、雑徭之限でないことになる（青木「天平時代の雑徭に就いて」）。A_{13}（同2）も内容から考えてそれに準ずるものであろう。尤も義解も戸令戸逃走条では、「此五保職掌、故其追訪之人、不レ在二折レ徭限一也」（釈与二義解一无レ別）と言っているのだから、この両条に関しては古記と義解等との差はなかったらしい。A_{14}（雑令12）の渠堰の修理についても集解がないのでよくわからないが、雑徭条集解の古記所引一云が、全体としては令釈や義解に近いのに、この点については古記と同意見なのが注目される。

次にB類であるが、B類はもともと古記・古記所引一云・令釈・跡記・義解等みな一致すると思われるのでたいして問題はない。B_1（田令37）の屯田耕作について古記は「充二雑徭一駈使也」（田令集解役丁条）と自説を確認し、令釈・穴記・義解も同様の説明をしている。B_2（賦役令29）の供京藁藍等についても古記は「臨時充二雑徭一令レ採」（賦役令集解藁藍条）と自説を確認し、令釈・義解も同様である。B_3（同34）については古記は発言せず、$B_4$$B_5$（医疾令21・22）の医疾令は集解が散逸しているが、営繕令集解在京営造条の古記に「若典薬寮、為レ合レ薬所レ用細辛不レ足、申二太政官一依二薬所一出散下、充二雑徭一令レ採」とあるのはB_4の補足的説明と思われる。B_6（営繕令15）についても古記は発言していないが、内容は営繕令有官船条と同一のことを異なった側面から言ったにすぎないから、同条集解古記の「即役二雑徭一也」というのが古記の考えであったろう。B_7（厩牧令12）の校印牧馬についても古記は「取二白丁一充、折二雑徭一也」（厩牧令集解須校印条）と自説を確認し、義解も同様の見解を述べている。B_8（喪葬令11）の送葬夫についても古記は「若有レ差二発百姓一者、充二雑徭一也」（喪葬令集解皇親及五位以上条）と自説を確認している。

このように雑徭条古記の分類は、ほぼ該当条集解の古記によって支証されるが、さらにA類B類以外の諸条の集解も調べてみたい。

まず先述した如く、戸令戸逃走条の古記はA_{12}を媒介として間接的に雑徭条古記の分類を支証するであろう。次に田令在外諸司条の闕官田の耕作には、古記所引一云・令釈・義解がいずれも、雑徭を役すとしているのに対して、古記は「文称

レ用二公力一、不レ称レ役二人夫一、則知以二官物一作也」と雑徭を充てず、穴記も同様な解釈をしているのが注目される。また厩牧令闌遺物条の贓畜の飼養についても、義解・令釈・跡記が、「付二京職一養、充二雑徭一」としているのに古記のみは「付二京職一、謂飼不レ便故付令レ養也」とのみ注釈して雑徭を充てるとは言っていない。雑令要路津済条でも、「差二人夫一充二其度子一」との令文につき、令釈・義解・朱が雑徭を充てているのに、古記のみは「人夫充二其度子一、謂量二戸内一免二雑徭一也」と戸内の雑徭を免除している。田令置官田条の屯田耕作の牛の飼養や、厩牧令置駅家条の伝馬の飼養についても、古記は——尤もこの両条については令釈・穴記・義解・朱等も同じ意見だが——「戸内免二雑徭一」と表現して雑徭を充てるとは表現しない。さらに、戸令鰥寡条の「如在レ路病患、不レ能二自勝一者、当界郡司、収付二村里一安養」という条文について古記は「充二供侍一人、免二雑徭一也」と表現し、雑徭を充てるとは言わない。（なお「免雑徭」と「充雑徭」との差異については注(16)参照)。

以上のような諸条をみてくると、雑徭条で列挙したB類以外には雑徭を充てる令条内の力役は存在しない、というのが古記の考え方であるように思われるが、古記はB類の八条以外にも令条内で雑徭を充てる力役を五条にわたって注記している。即ち、(イ)営繕令有所営造条・在京営造条、(ロ)営繕令有官船条、(ハ)公式令朝集使条・厩牧令公使乗駅条、の五条である。繁雑ではあるが古記の分類の史料的価値に影響するところが大きいので一条ずつ検討しなければならない。

(イ)　まず営繕令有所営造条の古記に「有レ所二営造一、謂充二雑徭一応レ役之処、及買応レ作之物也」とあるのはB類以外にも令条内で雑徭を充てる条文があると考えざるを得ないが、古記は先に引用した部分に続いて「並是臨時之事、當(常カ)例者非」と断っているので、むしろC類に近いことを指摘しておきたい。また同令在京営造条の古記に、「科備、謂即是雑徭也」とあるのもB類の例外と一応は認めざるを得ないが、ただこの条で古記が問題としている力役は、「貯備雑物、謂賦役令供レ京藁藍雑用之属、毎レ年民部預於二畿内一斟量科下、如レ此之類皆是、唯此条広及二於外国一也」と賦役令藁藍条(B_2)をも含む広範な内容の力役であり、また、「若典薬寮、為レ合レ薬所レ用細辛不レ足、申二太政官一依二薬所レ出散下、充二雑徭一令レ採、此是年常支料供用不レ足也」とB_4を補うような臨時的な場合を指している。このようにB類の個々の力役をも含むような場合についての規定なので雑徭条の分類にはB類としてあげなかったものと思う。先の有所営造条もこれと全く同じ性格の規定であるためにB類に列挙されなかったのであろう。

(ロ) 営繕令有官船条は、B6の官船行用条と、少なくともここで問題とすべき力役については実質的な差異を見出しえないから、古記は相並ぶ二条の中、前条のみに注釈を加え、後条のみを雑徭条のB類に列挙したのであろう。

(ハ) 公式令朝集使条の、朝集使が駅馬以外の馬に乗る場合について古記に、「問、百姓之馬、当二雑徭之分一不以、答、充二雑徭一人一日一相替耳」とあるのは、「当二雑徭之分一」のであり馬の労働と百姓の雑徭とを相替するのであるから、B類の「充雑徭」とは性質を異にしている。また厩牧令公使乗驛条の、公使が駅伝馬に乗るべきところを駅伝馬が足りないので私馬に乗る場合について、古記は、「其私馬因二公使一致レ死、謂以二理非理一並同、充二雑徭一雖レ乗亦酬、何者、和与二功直一借得乗往、非理致レ死、亦合レ償故也」と雑徭を充てる場合をあげているが、古記が「充二雑徭一雖レ乗」と言う如く、そうでない場合もあったのだから、この条をB類に数えることは出来ない。またたとえ雑徭を充てたとしても先の朝集使条と同じような取扱いを受けたであろうから、特に問題とする必要はない。

結局(イ)(ロ)(ハ)いずれもB類の諸条とは等置できないものばかりであることが不充分ながら論証されたと思う。では最後に雑徭条の分類と密接に関係する賦役令斐陀国条をとりあげよう。この条の古記は非常に難解であるが、「運二調庸春税一之類」と「作二新池堤及倉他(庫脱カ)処路橋一之類」とを区別し、後者に雑徭を充てていることだけは確かである。そしてこの用語、特に後者が雑徭条古記のC類と酷似しているのは、雑徭条古記の分類が雑徭条以外にも貫かれている最大の支証となろう。[14] この条文は禄令集解功封条古記によって大宝令にも存在したことが確認される。尤も功封条の古記によっては「令条之外」の部分は復元できないが、内容から推論すれば存在したと考えてよい。

二 養老・大宝律令の規定とその運用

まず賦役令雑徭条自体の大宝令文の復元が問題となるが、養老令と同文であったと断定しても大過ないだろう。[15] 従って第一節で検討した「令条外」の解釈についての明法家間の対立は、大宝令文と養老令文の差異によるものではないと考えざるをえない。また古記の分類が天平時代の行事であったことを直接に立証する史料はなく、ただ天平元年

（七二九）、長屋王の事件に縁って徴発された百姓に対して雑徭を免除しているのが（天平元年二月壬午紀）、先の古記の分類で雑徭之限にあらずとされたA13「有二盗賊一、率二随近兵士及夫一、登共追捕」の場合と近似しているので、古記の分類を間接的に支証する唯一の史料となる[16]（青木「天平時代の雑徭に就いて」）。

次に「毎人均使」について古記は、「問、毎レ人均使、未レ知、課不課皆使不、答、正丁六十日、次丁卅日、少丁十五日合レ使」と説明しているが、これは単なる机上の解釈ではなく天平時代の行事でもあったことが、天平五年右京計帳手実の徭銭の記載によって立証される[17]（岸俊男『図説日本文化史大系』3巻、小学館、一九五六年、一〇三頁図版解説、及び「郷里制廃止の前後（上）」『日本歴史』一〇六号、一九五七年、五頁〔『日本古代政治史研究』塙書房、一九六六年〕、青木和夫前掲稿、及び「平城京」『日本歴史講座』1巻、東京大学出版会、一九五六年、二五五頁）。また、「六十日」の限度は大宝令施行期間中には変更されなかった。

では次に雑徭条以外の雑徭に関係する諸規定をみてみよう。まず養老賦役令には雑徭の復除に関する舎人史生条、除名未叙条、免期年徭役条が存在し、職員令集解に引用されている別記にも雑徭の復除に関する規定が存在するが、大宝令との関係には微妙な問題が伏在している。[18]また養老戸婚律応受復除不給条の逸文は雑徭復除の施行に関する規定を含んでおり、日唐の雑徭制度の比較の決め手ともなる貴重な逸文であるが（詳しくは拙稿「日唐律令における雑徭の比較」『歴史学研究』二六四号、一九六二年、二〇頁参照）、大宝律文は全く復元出来ない。

ところで養老令の通例では「徭役」は「歳役（庸）と雑徭」を意味し、「課役」は「調と歳役（庸）と雑徭」を意味した。[19]大宝令で「徭役」が「歳役の庸と雑徭」を意味した確証はないが、養老令と同一であったと考えても残存史料の間に矛盾は生じない。ところが「課役」は——大宝令では——雑徭を含む場合と含まない場合があった（青木和夫「雇役制の成立(一)」『史学雑誌』六七編三号、一九五八年、六頁以下〔『日本律令国家論攷』岩波書店、一九九二年〕）。この問題は拙稿（「律令制と雑徭」、本稿はその第一章に当る）の全体の論旨とも関係するので、以下青木氏の研究の大筋をたどってみよう。賦役令集解人在狭郷条の古記は「復」の字の意味を説明して次のように述べている。

問、復与二免課役一、若為其別、答、復者不レ限二課役一、雑徭悉免也、免二課役一者、或免二雑徭一、或不レ免二雑徭一、无二定例一、仮令、三位以上父祖兄弟子孫、及五位以上父子、並免二課役一、如レ此之類、无二雑徭一、又孝子等同籍悉免二課役一、斐陀国課役倶免、如レ此之類、並合二雑徭一也、

さてこの中で古記の引用する「斐陀国課役倶免」は養老賦役令斐陀国条では「斐陀国庸調倶免」となっているが、大宝令では明らかに「課役倶免」となっていたことは、この人在狭郷条古記のほかに、斐陀国条古記に「斐陀国免課役」とあることによっても傍証される。従って養老令では「課役」を「庸調」と改正したことが確認されるが、何故そのような改正をする必要があったかと言えば、「課役倶免」では養老令の通例に従って雑徭まで免除しなければならないが、斐陀国全体の雑徭を免除してはいけない、と養老令撰修者が考えたからであろう（何故そう考えたかは第四節で検討する）。大宝令施行時代の課役に雑徭が含まれなかった場合があった例としては、続紀養老五年三月癸丑勅「今減二課役一、用助二産業一、其左右両京及畿内五国、並免二今歳之調一、自余七道諸国、亦停二当年之役一」をあげることが出来、ここで「調と役（庸）」に分解されている課役に雑徭が含まれなかったことは明白であろう。このように、大宝令では課役に含まれたり含まれなかったりする副次的な存在にすぎなかった雑徭が、養老令では調庸と並んで課役の一構成単位となったが――この古令と新令との間の微妙な差異こそが、実は律令制と雑徭との関係を解明する貴重な鍵となるのである（詳細は拙稿「日唐律令における雑徭の比較」にゆずる）。（なお雑徭は奈良中期からしだいに「徭」と省略される傾向にあり、徭役はその内容を多様に変化させながら、平安時代には雑徭と同義語に転化する[20]）。

次に雑徭徴発の方式であるが、周知の如く雑徭徴発の責任者は国司であり、その命によって郡司・里長が催駈にあたった[21]。と言ってもそれは養老令の規定であって、大宝令では意外にも史料が全くと言ってよいほどない[22]。ただ一般的に養老令と同じ規定が存在したと仮定した方が残存史料を解釈する上で自然であることと、養老元年（七一七）の格に国司が雑徭を使役することを前提としているような規定があることから（養老元年十一月二十二日勅、三代格）、養老令と大差なかったものと、ここでは一応考えておく。但し、「徭役者専任二国司之自為一、実非三公家所二考覈一」とか

「国内之徭、国司所レ行」という史料が、雑徭の運営が専ら国司に委ねられていた根拠としてこれまでの研究に屢々引用されてきたが[23]、いずれも承和～貞観年間の史料であり、しかも史料の全文をよく読むと、実はそのような原則を変更せざるを得ない——又は既に変更されている——事情を詳しく説明しているのである[24]。だから結果的には、奈良時代にそのような原則が存在していたことを暗示する史料ともなるのだが、事実古記と共に今行事に深い関心を持っていた穴記が、営繕令集解近大水条の「若暴水汎溢、毀二壊隄防一、交為二人患一者、先即修営、不レ拘二時限一、応レ役二五百人以上一者、且役且申」という条文について、

問、此条、徭夫而申由何、答、為二役人員多一所レ申是、（中略）問、軍防令城隍条、役訖申レ官、此条亦申、未レ知、申二徭夫一由何、答、此是為二人数多事及城隍事等一申耳、本意、不レ謂レ為レ徭、凡天下徭夫、除二両条所レ云之外、皆不レ申レ官也

と執拗に「徭夫而申由」を追求し、官に申さないのが原則であると断言しているのは、延暦年間にも雑徭に関する国司の自由裁量権が広範に存在し、雑徭徴発の結果を中央に報告する義務が存在しなかったことを物語っている。そして恐らくはこのような原則は大宝令施行期にまで遡及できるのであろう。ではこのように延暦年間には未だ存在していた国司の自由裁量権は、何時崩壊し、承和～貞観年間におけるような中央政府の強い干渉下に置かれる状態に至ったのだろうか。この問題は本稿の範囲からは外れる（詳細は別稿「雑徭の変質過程」（『古代学』一一巻四号、一九六四年）にゆずる）が、簡単にその見通しだけを提示すれば、大同三年（八〇八）の徭帳の造進こそ、その転機であったと思われる。即ち日本後紀の大同三年八月乙卯条には、

令三諸国進二徭帳一、為二諸国雑徭差役各殊一也、

とあり、諸国の雑徭の差役が国によって各々殊なっているのを理由に徭帳を造進せしめたのであり、穴記の言うような、凡そ天下の徭夫は——特殊な例外を除いては——皆官に申さず、との原則は、徭帳の成立によって崩壊したのである。ところでここで造進を命ぜられた「徭帳」の内容を物語る史料は残存しないが、平安時代には計帳によって雑

徭の徴発が行われていたのであるから(承和五年八月二十九日官符、貞観交替式)、徭帳は計帳によって行われた雑徭徴発の結果をまとめたものであろう。そして計帳を雑徭徴発に利用したのは平安時代だけではなく奈良時代も同様であった。その史料は天平五年(七三三)右京計帳手実である。

天平五年右京計帳手実の各戸の記載は、次の三つの部分から成る[25]。第一は各戸の戸口を記した所謂計帳歴名の部分であり、第二は(恐らくは提出の)年月日と文進者名と坊令の署名の部分であり、第三は、

(イ)「正丁一　百廿　紙二　勘守部小床」
(ロ)「正丁一 少丁四　二百四十　紙四　勘金月足　」
(ハ)「　紙二　勘他田東人」
(ニ)「正丁一　(東人カ)」
(ホ)「正丁四　已身役申　紙四枚　勘他田東人」
(ヘ)『依身役申銭不輸　紙四　勘以已　』(朱筆)
(ト)「正丁三　役身申　紙二　勘守部小床」

という書込みである。そしてこの第三部分にメモされた「百廿」「二百四十」こそ、岸俊男・青木和夫両氏が発見されたように、いずれも徭銭の記載であった(岸「図説日本文化史大系」、青木「平城京」いずれも前掲)。即ち徭銭は正丁百二十文・次丁六十文・少丁三十文――一日二文の割合――で徴収され、已に身役したか又はこれから身役する場合には徭銭を輸さなかった。なお(ハ)の戸に徭銭の記載がないのは「母服」のためであり、賦役令免期年徭役条の適用例と考えられる。この手実が提出されたのは六月から七月にかけてであるが[26]、手実を進める際・またはその後に、京職の下級官吏である他田東人等が徭銭と(恐らくは戸籍を作るための)紙とを徴収したのであろう(以上の計帳手実と徭銭に関する叙述は、青木和夫「計帳と徭銭」(前掲)の結論を要約したものである)。ところでこの計帳手実が作成された翌年、即ち天平六年の五月戊子の太政官奏(続紀)には、

左右京百姓、夏輸二徭銭一、甚不レ堪レ弁、宜其正丁次丁、自二九月一始令レ輸之、少丁勿レ輸、

とあり、夏期の徭銭徴収を禁止し、少丁の負担を免除しているが[27]、この官奏の内容は、計帳手実に記載された徭銭徴収の実情を裏付けている。さてさらに三年後の天平九年十月壬寅（続紀）には、「令二左右京職停レ収二徭銭一」と徭銭徴収が禁止されたが、時まさに諸兄政権成立の直後であり、この徭銭徴収の禁止も郷里制廃止に連なる負担軽減・行政簡素化政策の一環をなすものであろう（岸「郷里制廃止の前後」前掲五頁以下）。当時正丁一人につき調銭は九文であったのに比べて徭銭百二十文は極めて重い負担であるが、これは恐らく令文の「惣不レ得レ過二六十日一」という規定の真意が誤解――若しくは悪用――されたためであろう。ともあれ一般公民は合計百二十九文の調徭銭を納めねばならなかったわけで、そのためには生産物を東西市で売るか、雇役か和雇かで賃銭を受けとる以外に方法はなかったであろう（青木「平城京」前掲二五五頁）。また古記が京内の橋の修理について雑徭条集解と営繕令集解とで矛盾した解釈を行った原因は、雑徭条では或る論理的要請に従って分類したのに対して、京内大橋条では、徭銭によって雇役した労働力を用いて京内の橋を修理するという当時の慣行――そのような慣行が存在したという証拠はないが――に引きずられたためではないか、と推測される[28]。ところで天平九年に徭銭が禁止された後は、雑徭は全て実役で徴収されることになったらしい。再び徭銭徴収が始まるのは天平神護年間であるが、その分析は別稿（「雑徭の変質過程」）にゆずる。

さて、徭銭の制度は左右京のみの特殊な制度であったが、これよりさき諸国においても雑徭の制度に大きな変化――より正確に言えばその萌芽――があらわれていた。養老元年（七一七）十一月二十二日勅（三代格）は、調庸の絹絁布等の尺度等を改め安穏の条例を作ると共に、正丁の調副物と中男の正調を免除し、その代りに

其応レ供二官主一用料等物、所司宜支二度年別用度一、並随二郷土所出一、附レ国役二中男一進、若有レ不レ足二中男之功一者、

即以折二役人夫之雑徭一、

というように中男を役して官の必要とするものを作らせ、中男だけで足りない場合には正丁の雑徭を役することにしたのである。では何故このような改革をしたかを推測するに、恐らく調やその副物としてだけでは官の必要とするも

のが充分に徴収できなかったためではないかと思われる。既に和銅四年、諸国に挑文師を遣して錦綾の織り方を教習させたという有名な事実を想起されたい[29]（和銅四年閏六月丁巳紀）。そして私がここで特に注目したいのは中男のみならず正丁の雑徭もそれに充当され得たことで、この萌芽が大きく成長して延喜式では諸国輸調の両面・羅・綾等は徭夫を使役して織り成し（主計式上）、調絲の練染にも徭夫が使役される規定となり（民部式上）、雑徭が経常的な国衙の調生産に充当されるようになってゆくのである（別稿「雑徭の変質過程」で再説する）。

このように徭銭や国衙生産の場合には、既に中央政府は国司の雑徭徴発に一部関与しているが、しかし奈良時代には徭帳らしきものが作成された痕跡もなく、穴記の主張した「凡天下徭夫、除㆓両条（営繕令近大水条・軍防令城隍条）所㆒云之外、皆不㆑申㆑官也」という原則は奈良時代を通じての原則であったらしい。勿論残存史料に見えないからと言って徭帳が造進されなかったとは言えないが、古記の解釈が六十日以上不確定日数の差発を国司に許容しているのは、雑徭が未だ国司の広範な自由裁量下にあったことを推測させるのである。しかも古記が雑徭条で異例に長大な注釈を行ったのは、当時の行事として雑徭が六十日またはそれ以上使役される可能性を古記が想定していたためである、と考えなければ古記の解釈の有効性が薄れるであろう[30]。そこで何を基準に古記があのような分類を行ったのかを、次節で詳細に検討してみたい。

（15） 雑徭条集解古記によって「惣不得過」以外の部分は復元でき、この部分も同様であったと考えた方が自然である。なお大宝令文と養老令文とが異なっていたのではないかと疑いうる唯一の根拠は、古記が令文を掲げて注釈する順序――即ち「毎人均使」と「令条外」の順序――が養老令文と異なっている点であるが、「令条外」の注釈は長々と続いているのであるから、簡単に解答できる「毎人均使」をまず先に片付けたにすぎない、と説明できそうである。

（16） このような論証方法に対しては、雑徭を充てるのと雑徭を免除するのと一体どこが違うのか、という反論が出るかも知れない。たしかに大した差はないようにみえるが、この微妙な差異が実は極めて重要な問題と関連しているのである。即ち、ある力役に充てられたために雑徭を免除される場合にはその力役は原則として、第一に雑徭日数の制限をうけない。第二にその力役従事者は正規の雑徭負担者ではなくて——例えば女子でも、場合によっては馬でも——よい。勿論その場合には多くは戸の雑徭が免除されることになる（営繕令集解須女工条額参照）。第三にその力役の徴発者は、雑徭徴発の場合のように国郡司でなく、中央政府が直接に徴発してもよい。ところがこれに対して雑徭を充てた場合は——原則として——全てその逆である。勿論以上に列挙した区別は我々が論理的に考えたものにすぎないが、しかし古記が「量₂戸内₁免₂雑徭₁」とする度子について、令釈や義解は「充₂雑徭₁」としているのであるから（雑令集解逸文）、あながち我々の空論とばかりは言えない。むしろ我々はこの微妙な差異を手懸りとして、雑徭の変質過程を立証しようとしているのである。

(17)　正丁百二十文、少丁三十文の徭銭が徴収されているが、これは正丁六十日、少丁十五日に対応する徭銭と考えられる。ところで穴記は「中男四人同₂一正丁₁、但格中男出₂作物₁者、然則調及雑徭並无」（雑徭条集解）というように中男の雑徭負担が格によって免除されたと主張するが、その格とは恐らく養老元年十一月二十二日勅（三代格）であろう。ところが天平六年に徭銭は「少丁勿ㇾ輸」（天平六年五月戊子官奏、続紀）と改正されたので、天平五年右京計帳手実に記載された少丁からの徭銭徴収を合法的なものとすれば、養老元年には——少なくとも左右京では——中男の雑徭は免除されず、天平六年に至って初めて免除されたことになる。しかしこのような解釈も決め手になるような史料は存在しない。なお中男・老丁の年齢は橘奈良麻呂の変の前後にそれぞれ一年ずつ上下され（天平勝宝九歳四月四日勅、三代格、天平宝字二年七月三日勅、三代格）、老丁の雑徭は天長五年に免除された（天長五年七月二十九日官符、三代格）。

(18)　舎人史生条の全体の構成はほぼ同じであったと推定されるが細部では異なっていた部分がある（野村忠夫「律令官人構成についての序章」『書陵部紀要』四号、一九五四年、二二頁）。除名未叙条は選叙令除名応叙条と共に大宝令にはなく、慶雲三年二月の制七条事（慶雲三年二月庚寅紀）によって作られた可能性が強い（青木和夫氏の御教示による）。免期年徭役条は大宝令も同一らしい。別記については青木和夫「雇役制の成立(一)」（前掲一四頁以下）、狩野久「品部雑戸制の再検討」（前掲三七頁以下）、新井喜久夫「官員令別記について」（『日本歴史』一六五号、一九六二年）に詳細な分析があるが、別記と大宝・養老両令との関係については青木氏の説に従う。

(19)　賦役令舎人史生条は「免課役」「免徭役」「免雑徭」の三段階に分けてそれぞれ免除さるべき該当者を列挙しているが、

里長は「免徭役」であるのに坊長が「免雑徭」であるのは、京畿には歳役(庸)が免除されていたためと考えられるのでこの史料から「徭役」が「歳役(庸)と雑徭」を意味したことが確認される。「課役」が「調と歳役(庸)と雑徭」とを意味したことは、この舎人史生条及び水旱条の注釈から推定した。なお徭役の内容は職員令左京職・摂津職・大宰府・大国の諸条の比較によっても傍証される。

(20) 「雑徭」という概念の内容が如何に変化するかを追求するのが本稿の主題である以上、雑徭に関係する用語の意味を確定しておくことが極めて重要な前提的作業となるので、繁雑ではあるが以下に「徭」「徭役」の用語例についての考証を行う。

(イ)「徭」

「徭」の史料上の初見は——別記及び熟語(例えば徭役、賦徭など)として用いられた場合を一応除外すれば——続紀の天平七年五月戊寅条である。この条の徭が雑徭と同義に用いられたことは容易に想像されるが、少なくとも続紀の撰修者が同義に用いていたことは、この史料で力婦について「准㆓仕丁例㆒、免㆓其房徭㆒」とする前例が「向京衛士仕丁、免㆓其房雑徭㆒」(養老二年四月二十八日格、賦役令集解仕丁条)を指すのであろうことから確認されるが、さらにこの事実は、雑徭と徭の用いられている史料を編年的に整理することによっても傍証される。即ち六国史・三代格・集解所引格・交替式・政事要略等に引かれた史料を編年的に列べた結果、天平宝字以前で徭が用いられるのは先に引用した一例しかなく他はみな雑徭であるが、神護景雲以後大同まではほぼ半々になり、弘仁以後は圧倒的に徭が多くなる。集解所引の明法家の地の文でも、古記は全て雑徭を用いて徭は一ヶ所も用いていないのに、令釈は二ヶ所で徭を用い、跡記・穴記・義解に至っては数多くの徭を用いている。以上の考察は勿論現存写本に依るものであり、史料の多くは編集の際節略されてはいるが、大体の傾向は推察できよう。なお延喜式では徭の用例の方がはるかに多く、要略所引の勘解由使勘判抄は全て徭を用いている。このような雑徭と徭の使用頻度の交替は、恐らく雑徭の変質過程とも関係があろうが、用語法だけからは確定できない問題である。

(ロ)「徭役」

「徭役」の初見は書紀の朱鳥元年七月壬寅条であるが、元来徭役という言葉は中国の正史には古くから所謂徭役労働の意味で使用されていた。例えば漢書巻二四上食貨志上の「薄賦斂、省繇役、以寛民力」(商務印書館、縮印百衲本二十四史、一四六二頁)、というように賦斂と対比されているし、その復除例を後漢書一光武帝紀に求めれば、建武五年十二月「詔、復済陽二年徭役」をはじめ、建武六年正月丙辰・同二十年是歳条・同三十年七月丁酉にそれぞれ徭役の復除の記載がある。従って先の朱鳥元年の史料も、必ずしも養老令の通例である「歳役(庸)と雑徭」を意味したと考える必要はない。なお養老令では、賦役令舎人史生条に残疾の徭役が免除されていることと、戸令戸逃走条に逃走戸の租調の代輸規定はあるが徭役の代輸規定はないことによって、「徭役」が物納に対する実役をも意味したことがわかる。六国史や官符類にあらわれる徭役は、庸(歳役)と雑徭とを意味すると思われる場合(養老元年十一月甲辰、続紀、天平八年正月二十日格、賦役令集解舎人史生条)がほとんどだが、百姓の解には所謂徭役労働を意味する場合もあった(宝亀四年二月十四日官符、九条家本延喜式裏文書、大日本古文書二一巻、二七四頁)。後者の用法も既に令の徭役にその萌芽を含んでいたのである。さらに平安時代になると、徭役を雑徭と同義に用いた史料が沢山あらわれ、両者を同義に用いるのが一般的となった。即ち政事要略に収める寛平三年十一月十九日官符によれば、同年十月八日に下した詔書に「半二減今年徭役一」とあるのを或る国司は「庸之与レ徭各可二半減一」かどうかを問い合わせてきた。そこで太政官は「徭役両字雖下分為二庸徭一之由非上レ無二旧説一」と認めながらも、「而独考二雑徭之意一、已有二成文一、須下専拠二嘉祥元年恩詔之例一、只免中半徭上」と回答している。ここに嘉祥元年の例とは続日本後紀、嘉祥元年六月庚子の改元詔の「復二徭役十日一」を指すのであろう。事実、嘉祥以後で雑徭のみを意味することが確認できる徭役の復除例としては、天安元年二月己丑(文徳実録)、元慶元年四月丁亥(三代実録)をあげることが出来、少なくとも嘉祥以後の徭役免除は、全て雑徭免除を意味したのであろう。このように徭役が雑徭のみを意味するようになったのは、徭役が本来実役を意味する言葉であったのに、徭役の一部を構成する歳役が実際には庸としてのみ徴収されたことと関係があるだろう。但し延喜式には再び庸と雑徭との両者を含む意味で徭役が使用された例があり(民部上、諸国健児条)、雑徭のみを意味したことが確認される例は全くない。従って延喜式では養老令の徭役の意味を忠実に継承したと思われるが、このことは延喜式の理念的性格を示すに過ぎないのであろう。

(21) 雑徭の差発に関する養老令の関係条文は、(イ)、職員令左京職条・摂津職条・大宰府条・大国条、(ロ)、戸令為里条・置坊長条である。(イ)に、雑徭と徭役、(ロ)に、賦徭と賦役、というようにそれぞれ二様の表現が存在するのは、前者が京畿に属するので庸を免除されていたためにほかならない。これらの規定から雑徭の差発は、(イ)、国司の責任の下に、(ロ)、里長によって行なわれたことが解るが、郡司と雑徭の関係を示す令文は存在しない。しかし律令制地方行政組織の一般的構造から推定しても、また例えば続紀天平宝字元年八月甲午の勅には郡司も国司と共に雑徭徴発の責任を追求されていることからしても、郡司の職掌の中には雑徭徴発の職務も含まれていたと考えてよいだろう。

(22) 前注(21)にあげた職員令・戸令の該当条の集解を調べても、古記は雑徭に関係する部分には一言もふれていない。

(23) 例えば、平野邦雄「古代国家に於ける税制と国衙」(前掲、一二頁)、青木和夫「雇役制の成立(一)」(前掲、五頁)参照。

(24) まず検討すべき史料を列挙すれば、(イ)承和八年十月十九日(貞観交替式)、(ロ)貞観六年正月九日官符(三代格)、(ハ)貞観十年十一月十六日民部省符(政事要略)の三史料である。

(イ) 前司の時の破損雑物の修理についての式で、前司の時の少破は後司が雑徭を充てて使役する規定であったが、後司がなかなか少破を修理せず、正税を用いて修理できる中破以上になるまで放置する傾向を責めたもので、「国内之徭、国司所レ行」ではあるが「而偏棄二前時之事一、還取二当時之煩一、論二乎吏道一、甚乖二公平一」ので「宜二甲時破損、乙即修竟一」と雑徭による少破の修理の励行を命じたのである。

(ロ) 雑徭日数を三十日から二十日に減少するという同月七日の詔を施行した官符で、詔旨を伝えた部分に続けて但書を付し「徭役者専任二国司之自為一、実非三公家所二考覈二」との原則を認めながらも、「而或牧宰等偏称二徭民不一レ足、好用二功粮一、論二之政途一、豈云二良吏一」ときめつけて「宜乃眷二公事一、務廻二方略一(中略)国政少二用レ税之費一」と雑徭の使役方法について干渉している。なおここに徭役とあるのは勿論雑徭を意味する(前注(20)参照)。

(ハ) この省符は、貞観六年に雑徭日数が三十日から二十日に減少されたので、衛士・仕丁・事力の副丁(雑徭日数相当分の資助を出す丁)の数を増加してほしい、という出雲国解を次のように引用している。即ち「夫百姓之徭、国吏所レ行」という原則は一応認められているが、「而被レ拘二式文一、不レ得二輙加一」というのが実情であり、国司には雑徭の自由裁量権がないので、「望請、加二増副丁一将レ省二民弊一」というように、官裁を仰いだのである。

(25) この文書の一般的性格については竹内理三他「戸令・戸籍・計帳(中)」(『日本歴史』一五二号、一九六一年、八二頁以下)に依る。

(26) (イ)七月十二日、(ロ)記載ナシ、(ハ)六月九日、(ニ)七月十一日、(ホ)七月八日、(ヘ)七月十日、(ト)七月四日。

(27)「少丁匆輸」とは徭銭で徴収することだけを禁止したのであって身役までも免除したのではない、との解釈も可能である。とすると前注(17)で検討した少丁の雑徭負担の問題は別の解釈もできそうだが、明確な答は出なかった。

(28) 尤も古記の成立を天平十年一月〜三月とすれば(前注(7)参照)、その前年の天平九年十月には徭銭徴収が禁止されているから、古記の成立時には徭銭は存在しなかったことになるが、そもそも古記の全巻が僅か三ヶ月間に完成したと考えるのは不自然であり、これまでの古記成立年代の考証も、せいぜい或る巻の成立年代の上限或は下限を推定できたにすぎないのだから、ここで問題になるような数ヶ月の差を論ずることは不可能である。またたとえ古記成立時には徭銭が廃止されていたとしても、その間僅か数ヶ月であるから、古記が徭銭による雇役を念頭に浮べていたとしても不自然ではない。

(29) 養老賦役令調絹絁条と延喜主計式上の調の記載とを比較すれば、――令と式とを直接比較するのは危険な方法ではあるが――その間の手工業の発展の様子がはっきりと浮び上ってくる。そしてこのような発展も、本文で叙述したような中央政府の介入によって始めて可能となった、と私は考えている。

(30) 何故解釈の有効性が薄れるのかと言えば、古記の分類したA類とB類との間には実質的な労働形態(例えば、給粮の有無とか労働時間とか道具の所有関係など)の一般的な差異はないと思われるので、若しA類とB類の労働日数の合計が六十日を越える可能性が無いとすれば、古記の分類には全く意味がなくなる。尤もこのような解釈の有効性を集解に引かれた明法家達に期待するのはナンセンスな場合が多いことは当然だが、私は古記だからこそ、しかも古記が異常に熱心に注釈した条文であるからこそ、このような読み方を試みたのである。

三　古記の分類と大宝令施行との関係

第一節で賦役令集解雑徭条の古記の分類を紹介したが、その分類は如何なる基準でなされていたのだろうか。[31] まず「令条内」[32]であって雑徭の限にあらずとするA類であるが、(イ)、A_1の舂米運京が雑徭日数内に入るかどうかは微妙な問題である。ところがA_2の調庸運脚にはまず雑徭を充てるとする史料はない。(ロ)、次に兵士のみを対象とする

$A_3A_5A_7$、治安に関する$A_{12}A_{13}$、婦人のみを使役するA_8、にそれぞれ雑徭を充てないのは極めて自然な解釈であろう（前注(13)参照）。特にA_{13}について当時の行事との関係が或る程度推測されることは先述した（第二節参照）。(ハ)、残る$A_4A_6A_9A_{10}A_{11}A_{14}$の津橋道路や堤防渠堰の修理に関する令文を含んだ諸条こそ、古記と令釈・義解等が明確に対立するところで、令釈が古記説を痛烈に批判したのもこれらの諸条の解釈の仕方であるが、古記がこれらの諸条をA類とした根拠を直接明示した史料は存在しない。ただこれらの諸条を読んでまず気がつくのは(イ)(ハ)には経常的に使役される力役が多い、ということである。

　ところで古記が雑徭を充てるとするC類は令条に規定のない臨時的な力役であって、「仮令」としてあげた力役の中にA類と類似したものがあっても新しく臨時に事を起すときには雑徭を充てたのである。また令条内ではあるが雑徭を充てるとするB類の中にも臨時的な力役が多い。例えばB_2の供京藁藍について古記は該当条で「臨時充二雑徭一令ㇾ採」と注釈し、B_3の車牛人力条も令文に「皆臨時聴ㇾ勅」とあり、B_8の送葬夫も令文に「並臨時量給二送葬夫一」と明示されている。さらにB類以外に古記が雑徭を充てるとする営繕令有所営造条でも「並是臨時之事、當（常カ）例者非」とわざわざ断っており、営繕令在京営造条でも例としてあげた採薬について「此是年常支料供用不ㇾ足也」というように「年常」でないことを特につけ加えている。こう見てくると、古記が雑徭を充てるのは臨時の力役の場合である、と言えそうだが、実は非常に重要な反証がある。即ちB_1の屯田耕作であり、これはどうみても臨時の力役とは言えない。そう言えばB_6の官船修理程度の臨時的な力役ならばA類にいくらでもみつけられるから、臨時的という尺度だけではA類とB類とを区別できないことが明らかになった。そこで視点を変えて、今度はA類・B類の力役が国司の管轄下に入ってきた時期を調べてみよう。

　まず気がつくのは、B類には和銅五年〔五月十六日〕の格によって制度化された力役〔B_9〕が含まれていることで、そう言えばB類の力役は——A類の力役が古くからの慣行と思われる調庸運脚や渠堰堤防の修理を含んでいるのに比べて——あまり古くからの慣行と思われるものは、B_1の屯田耕作以外には、存在しない。ところが実はB_1の屯田についても、大宝令の施行を境として大きな変化のあったことが、黛弘道氏の研究によって明らかになった（「国司制の成立」大阪歴史学会編『律令国家の基礎構造』吉川弘文館、一九六〇年〔『律令国家成立史の研究』吉川弘文館、一九八二年〕）。

続紀によれば、大宝元年（七〇一）三月甲午、新令によって官名位号を改制したのが大宝令施行の序曲となり、四月戊午には「罷二田領一、委二国司巡検一」と改制するが、田領は国内の公地（又は屯田）を管理していたと思われるから、[33]公地（又は屯田）の管理権が大宝令施行に伴って国司に移ったと推定される。そしてこれと同時に古くからの系譜をひく令制の畿内屯田の管理にも国司が直接に関与することとなり、「其上役之日、国司仍准二役月閑要一、量レ事配遣」というB_1の大宝令文の形ができ上ったのであろう。

さらに六月己酉には新令の一般的施行と大租の国司移管とを七道に宣告し「新印様」を頒付するが、翌大宝二年二月乙丑には、これまで税司の主鑰が管理していた正倉の鑰を国司に賜わり、先の公地管理権と共に正倉管理権をも国司に与え、国司の権限が大幅に拡大される。一方慶雲元年（七〇四）四月甲子には鍛冶司をして諸国印を鋳造せしめているが、同四年三月甲子に「給二鉄印于摂津伊勢等廿三国一、使レ印二牧駒犢一」とあるのは、厩牧令牧駒犢校印条の施行を示すもので、同条が大宝令で成立したことを推定させるが、B_7の校印牧馬条はその施行に関する補助規定だから、本条である牧駒犢校印条より先に成立したとはまず考えられない。従ってB_7も大宝令によって成立したと推定される。

さて以上の如く、B_1の屯田耕作に国司が関与するのは大宝令制定以後においてであり、B_7の校印牧馬条も大宝令で成立したものであり、さらに大宝令施行以後の和銅五年格もB類に包まれており、また他のB類の諸条も大宝令施行以前に国司が関与したことを示す史料は全くない[34]、等々の理由に基づき、B類の諸条は大宝令で成立若しくは改正された条文又は大宝令以後の格であって、いずれも大宝令施行後に新しく国司の管轄下に入ってきた力役群である、と推論される。

これに対してA類の諸条には既に天武持統朝に国司の管轄下にあったと思われる条文が多数ある。即ちA_2の調の運脚（天武五年五月庚午紀、同十三年十一月庚戌紀）、A_5の蕃使の逓送（持統三年正月壬戌紀）、A_7の器仗の修理（天武十四年十一月丙午紀[35])等の諸条であり、[36] A類に多く出てくる兵士については、その点定や訓練に国司が関与したことは申すまでもないだろう[37](持統三年七月丙寅紀・同年閏八月庚申紀)。従ってA類は大宝令施行以前に国司の管轄下にあった力役の条文であると推定される。しかしA類を全てこの基準だけで単純に割り切ることは少し無理なようである。何故なら既に第一節で論証したように、古記の関心はA類よりもむしろB類にあったと思われるのであるから、B類の諸条は特定の基準に従って限定的に列挙されていると思われるが、A類の諸条の中には、B類と対比される条文と共に単なる確認のための条文(例えばA_8の女功の規定等)も列挙された可能性がある。[38] 従って、より正確に言えば、A類は、大宝令施行以前に国司の管轄下にあった力役の条文、又は他の理由によって明らかに雑徭之限ではないが念のために例示された条文、ということになる。

以上の分析は、青木和夫氏の着想を私なりに展開させたものであるが[39]、私はその結果を次のような仮説にまとめてみたい。即ち「A類(古記が「不在雑徭之限」とする令条)は――単なる確認のために例示された諸条を除けば――大宝令施行以前に国司の管轄下にあった力役の規定であるのに対して、B類(古記が「充雑徭」とする令条や格)は、大宝令で成立若しくは改正された条文又は大宝令施行以後の格で、いずれも大宝令施行後に新しく国司の管轄下に入ってきた力役の規定である」。そしてこの仮説によれば、古記が令条内で雑徭を充てるとした諸条は、浄御原令には存在しなかったか、又は存在しても国司の管轄下にはなかったことになる。従って浄御原令施行期の雑徭は大宝令施行期の雑徭とは相当異なっていたと思われるが、この推定を次節の検討で裏づけることにしよう。

(31) 以下この節で行う古記説の分析は、青木和夫「天平時代の雑徭に就いて」によるところが多く、青木氏の御指導の下に、氏の着想を継承して私なりに展開させたものである。なお古記の分類の具体的内容については、第一節及び前注(13)を参照されたい。

(32) 大同五年二月十七日官符(三代格)の引用する神護景雲二年二月二十日官符によれば、春米諸国の百姓は「運㆓春米㆒者、元来差」徭」と上申しているが、この百姓の申立てにどれだけの法的根拠があるのか、また何時まで遡及しうるのか、は微妙な問題である。但し延喜式の段階まで下れば、舂米は雑徭（又は雇役）によって運京する規定がある。

(33) 田領を屯倉の管理者とする黛氏の説（「国司制の成立」前掲）と、公地の管理者とする関晃氏の説（『律令国家の基礎構造』書評、『歴史学研究』二五四号、一九六一年）と、そのいずれが正しいか、簡単には決められないので、ここでは以下の私の論証に不利な関氏の説を一応とっておく。黛氏の説をとればさらに私の解釈が補強されることは申すまでもない。

(34) B_8の喪葬夫の規定は大化二年三月甲申詔（書紀）に類似しているが、大化の制は唐令の営墓夫の制を直接継受したもので（『唐令拾遺』八三一頁）、B_8とは異なった規定である。たとえ一歩ゆずってB_8が大化の制をそのまま引くとしても、大宝令施行以前に国司が関与した史料は存在せず、B_1の屯田耕作の如く大宝令によって国司の管轄下には入ってきたと考えることも不可能ではない。

(35) 但しこの詔は国司を直接の対象としたものではないが、当然国司の管理権が想定されねばならない、とする黛氏の説に従う（「国司制の成立」前掲一二五頁）。

(36) ここに列挙した史料の中には浄御原令施行以前の史料もあるが——少なくとも国司の管轄権については——浄御原令施行によって縮少したとは考えられないので、これらの管轄権は浄御原令施行後にも存在していたと推定される。なお国司の職掌に関する部分は殆んど黛氏の研究によっている（「国司制の成立」前掲一二五頁以下）。

(37) 一般に兵制が整備されたのは天武朝から持統期にかけてであり（岸俊男「防人考」『万葉集大成』一一巻、平凡社、一九五五年〔『日本古代政治史研究』塙書房、一九六六年〕）、浄御原令にどの程度の規定が存在したかという点については消極的に評価する見解もあるが（高橋崇「天武・持統朝の兵制」『芸林』六巻六号、一九五五年）、地方の軍団制がほぼ成立する時期は、天武朝から持統朝初年にかけての時期であり、軍団に関しても浄御原令にある程度の規定が存在したと考えられる（後藤四郎「郡司制の一考察」『書陵部紀要』四号、一九五四年）。

(38) A類の諸条のうち調庸運脚や兵士のみを使役する規定が、大宝令施行以前に国司の管轄下にあったために列挙されたのか、それとも単なる確認のために列挙されたのかは、いずれとも断定できない。またA類にはもっと別の基準であげられたものがあるかも知れないが、ここでの論証の中心はB類にあるのだから、B類が特定の基準に従って限定的に列挙されたことを論証できればよい。

(39) 青木氏の最初の着想は「近江・浄御原のいづれかの令で『雑徭』の制度が採用された時、古くから慣行があり既に令に制度化されてゐたエダチやミユキは、当然『雑徭』には含まれず、日数の限定を受けなかつた。古記のA類はそれである。之に反して、その後、令や格で制度化された身役がB類で、それは『雑徭』に入るのである」(「天平時代の雑徭に就いて」)という仮説であった。この着想を黛氏の研究に啓発されて整理しなおしたのが本文で提示した仮説である。勿論青木氏もその後の御研究によって最初の着想を深化していられることは申すまでもない。

なお長山泰孝氏もこの古記の分類について検討された結果、A類の諸条のうち特に古記と令釈・義解等が明確に対立する諸条は、共同体の存在を背景としている労役であろう、との注目すべき見解を発表されている(前掲論文、五三頁)。私もこの着想には非常に心ひかれるが、どのような方法によって実証できるのか、氏のより詳細な御発表を望んでいる。

四　浄御原令における雑徭の性格

浄御原令施行期の雑徭に関する史料は次の三条であり、いずれも復除に関するものである。[40]

(イ) 持統六年五月庚午、御二阿胡行宮一時、進レ贄者、紀伊国牟婁郡人阿古志海部河瀬麻呂等兄弟三戸、服二十年調役雑徭一、復免二挟杪八人今年調役一、(書紀)

(ロ) 持統八年三月己亥、詔曰、(中略)醴泉涌二於近江国益須郡都賀山一、(中略)原二除益須郡今年調役雑徭一、国司頭至レ目、進二位一階一、(下略)(書紀)

(ハ) 文武元年八月庚辰(受禅即位の詔、略)、仍免二今年田租雑徭并庸之半一、又始レ自二今年一三箇年、不レ収二大税之利一(下略)(続紀)

これらの三史料を読んでその復除の対象を調べると、(イ)は贄を進めた特定の三戸であるが、(ロ)は一郡全体、(ハ)は全国と推定される。しかも(ロ)(ハ)は一年間の雑徭を免除しているが、国中諸事全て雑徭となす、と考える平安初期の明法家の解釈に従えば、一郡又は全国――(ハ)については「雑徭之半」であるかも知れない、という懸念を持たれる方があるかも知れないから、一歩譲って(ハ)は除外し、(ロ)の一郡だけとしてもよいが、とにかく一郡以上の行政地域――に対して雑徭を全て一年間免除してしまうことは、とても考えられない出来事ではないか。また平安初期まで下らなくても、先に引用した賦役令斐陀国条で古記がわざわざ斐陀国の課役は免除するが雑徭は免除しないと断わり、養老令の立法者が意識してこの条の課役を庸調と書き換えたのも、斐陀国と言えども国務の遂行のためには雑徭を免除してはいけない、と考えたからではないだろうか（青木「雇役制の成立(一)」前掲、六頁）。このような想定の下に雑徭の復除例を編年的に整理してみると、次の表の如くになり（表1）、その結果は予想したように大宝令施行と共に一郡以上の行政地域に対する雑徭の復除は全く姿を消すが、しかし意外なことにそのような一郡以上の行政地域に対する雑徭復除は弘仁十三年（八二二）になると再びあらわれ、以後屢々行われるようになる。[41] では何故弘仁十三年以後には一郡以上の行政地域に対する雑徭復除が可能であったのか、という問題をまず解明しておこう。この問に答えてくれるのが弘仁十三年閏九月二十日官符（三代格）である。

即ちこの官符によれば、同年七月二十八日の詔で「免二天下百姓徭一」[42]と雑徭を全免したが、これは大宝令施行以後始めて行われた一郡以上の行政地域に対する雑徭復除であり、再び浄御原令施行期に於けるような状態に帰った。しかし復活した雑徭復除は、これまで雑徭として行われてきた実役の全てを免除したのではなく、「事不レ得レ已可レ従二公役一者給レ食」と制定し、同時に公粮を支給する徭丁の範囲と数とを詳細に公定したにすぎなかったのである。そして弘仁十三年以後屢々行われた雑徭復除に際しては、この官符が臨時格として適用されたのであろう。[43]

ではこのような形の雑徭復除を浄御原令施行期にも想定できるだろうか。たしかに力役負担者に公粮を支給することは古くから行われていたであろう。[44] しかし公粮支給の一般的な展開過程や当時の正税の管理方式等を考えると、浄御原令施行期に弘仁十三年の場合のような対策を講じて雑徭復除を行ったとはとても考えられない。とすれば浄御原

表1　雑徭・徭役復除表

年　月　日	内　容	種類	出　典	備　考
朱鳥　元・七・壬寅	(徭　役)	(◬)	書　紀	
持統　五・十・乙巳	(徭　役)	(○)	〃	…浄御原令施行(持統三・六・庚戌)
〃　六・五・庚午	雑　徭	○	〃	
〃　八・三・己亥	雑　徭	◬	〃	
文武　元・八・庚辰	雑　徭	◬	続　紀	
和銅　二・八・辛亥	雑　徭	○	〃	…大宝令施行(大宝元・六・己酉)
養老　元・十一・八	徭　役	○	(集　解 続　紀	
〃　二・四・癸酉	雑　徭	○	続　紀	
〃　二・四・二十八	雑　徭	○	集　解	
〃　四・三・十七	雑　徭	○	〃	
神亀　四・二・壬子	雑　徭	○	続　紀	
天平　元・二・壬午	雑　徭	○	〃	
〃　六・四・甲寅	雑　徭	○	〃	
〃　七・五・戊寅	徭	○	〃	
〃　八・正・二十	徭　役	○	集　解	
天平宝字　六・二・辛酉	雑　徭	○	続　紀	
宝亀　二・閏三・壬寅	雑　徭	○	〃	
〃　三・三・丙申	徭	○	〃	
〃　三・十二・壬子	徭	○	〃	
延暦　二・六・辛亥	徭	○	続　紀	
大同　元・八・甲子	徭	○	後　紀	
弘仁十三・七・二十八	徭	◬	三代格	…弘仁十三・閏九・二十格
承和　三・十一・庚辰	雑　徭	○	続後紀	
〃　八・三・己亥	雑　徭	△	〃	
嘉祥　元・六・庚子	徭*　役	△	〃	
〃　四・正・十六	徭	○	三代格	
仁寿　三・四・丙戌	徭	△	文　実	
〃　三・十・癸酉	徭　役	◬	〃	
斉衡　元・十一・辛亥	徭	◬	〃	
天安　元・二・己丑	徭*役，徭	△	〃	
〃　二・十一・甲子	徭	△	三　実	
貞観　六・九・十四	徭	○	要　略	
〃　十六・十・戊寅	徭	◬	三　実	
元慶　元・二・丙丑	徭	△	〃	
〃　元・四・丁亥	徭*　役	△	〃	
寛平　三・十一・八	徭*　役	△	要　略	
延喜十五・十一・癸丑	徭	△	紀　略	
康保　二・十一・辛卯	徭	△	〃	

(凡例)○特定の個人又は戸に対する復除.
◬一郡以上の行政地域に対する全面的復除.
△一郡以上の行政地域に対する部分的(雑徭日数の一部の)復除.
備考㋑雑徭日数の制度的変化及び丁中制の変化は除いた.
㋺徭＝雑徭については注(20)参照.
㋩＊印は徭役＝雑徭を確認しうるもの，なお徭役の意味の変化については注(20)参照.

令施行期の雑徭は、一郡以上の行政地域に対する一年間の雑徭復除を行っても地方行政には、原則として、差支えがないような性格のものではなかったろうか。斐陀国の場合に養老令撰修者や古記がはらったような考慮を——尤も一年間の復除と永続的な制度とを同一には論じられないが、しかし質的には同じような考慮を——はらう必要のないような制度ではなかったろうか。ここでもう一度、先述した古記の分類に関する仮説を想起していただきたいが、この仮説に従えば、浄御原令施行期には令条内に規定されているような重要な力役は全て雑徭の限りでないこととなる。そしてこのことこそ、浄御原令施行期において一郡以上の行政地域に対する雑徭復除が可能であった理由ではなかろうか。かくして雑徭日数に入る範囲は浄御原令施行期に一応定まり——あたかも慶雲三年格の「令前租法」が実質的には「浄御原令前租法」を指す如く[45]、「令条外雑徭」も実質的には「浄御原令条外雑徭」を意味し——大宝令施行に伴って新しく国司の管轄下に入ってきた力役は雑徭日数内とされたのではなかろうか。それは同時に大宝令施行に伴う国司の権限の拡大とも密接に関連し、大宝令施行によって中央政府による一郡以上の行政地域に対する雑徭の復除は不可能となり、ここに国司の自為にして公家の考覈するところにあらざる雑徭の制度が成立する。だからこそ中央政府の主たる関心は、中央政府が直接必要として組織した力役負担者及びその戸、または直接徴発した人夫等を、国司の雑徭徴発から除外すること（表の○印）に集中されて行ったのである（狩野氏前掲論文、四五頁注(9)）。

では浄御原令以前にも雑徭は存在したのだろうか。たしかに朱鳥元年七月壬寅条（書紀）には「半二減天下之調一、仍悉免二徭役一」とあるが、「徭役」という言葉は古くから中国の正史等に所謂徭役労働の意味で多く使われているから、養老令の通例に従って「歳役と雑徭」という限定的な意味で使用されたと考える必要は必ずしもない（前注(20)参照）。また壬申の乱の頃には未だ十分に分化していなかったと推測される兵士役と歳役が浄御原令の成立によって明確に分化したと推定されることは[46]——歳役より先に雑徭が法制化されたとはとても考えられないから——雑徭の制度が浄御原令以前には成立していなかった可能性を暗示している。また雑徭の初見が浄御原令施行後の持統六年五月庚午紀（前掲）であることも、雑徭の浄御原令成立説を支持するであろう[47]。さらにもう一つ付け加えたいのは、浄御原令に至って始めて体系的な法典としての令が成立したことで、このとき唐令の雑徭に関する規定を継受して浄御原令に規定したことによって日本における雑徭の制度が成立したのではないか、と推測されるのである[48]（拙稿「日唐律令における雑徭の比較」前掲参照）。

とする。

(40) これ以外に、浄御原令施行期の持統五年十月乙巳紀と浄御原令施行前の朱鳥元年七月壬寅紀に「徭役」の復除の記載があるが、大宝令施行以前の徭役の内容は明確でないので、以下の論証過程に直接影響がある場合にその都度とりあげることとする。

(41) この表では雑徭(及び徭)と徭役の復除例を編年的にあつめた。その理由は、課役には先述の如く雑徭の含まれる場合と含まれない場合とがあるから、その重点が調庸にあることは明白だし、また「復」には雑徭が含まれるというのが古記の解釈であるが、その重点が雑徭にあるかどうかは不明確だからである。以上のような方針で史料をあつめたので、この表から読みとられる事実には当然多くの限定が設けられねばならない。まず特定の個人又は戸に対する復除(○印)では、賦役令舎人史生条によって復除された所謂色役人等はほとんど含まれず、その後の補足的な規定に関する史料が中心で、しかも「免課役」を除いているので、雑徭を免除された個人又は戸の全てを取りだしたとは言えない。また、偶々畿内に居るために「免課役」が「免課徭」となり且つその内容も当面の課題と無関係なものは除外した〔例えば、延暦十六年五月廿八日勅(三代格)、元慶四年十月廿七日条(三代実録)〕。ただこの表を通覧して明白な如く——大勢論としては——特定の個人又は戸に対する復除例が奈良時代には数多くみられるが、平安時代には非常に少なくなることは確かである。そしてこの事実は色役の雑徭化と表裏の関係にあると推定される(別稿「雑徭の変質過程」にて詳論)。

次に一郡以上の行政地域に対する復除が、浄御原令施行時代には存在するが、大宝令施行以後姿を消し、弘仁十三年に復活し以後屢々行われた、という事実について検討してみよう。確かにこのような復除は六国史に記載されるのが通例と思われるが、残念なことに日本後紀の欠逸のために、その期間については類聚国史に依らざるをえない。しかしその頼りとすべき類聚国史自体にも欠逸が多く、浄御原令施行以後六国史に記載された一郡以上の行政地域に対する雑徭復除例十二例のうち、残存する類聚国史にもその復除について記載されているものは僅か三例(承和八年三月己亥、仁寿三年四月丙戌、元慶元年四月丁亥)にすぎないことは、日本後紀の欠逸によって復除例が脱落しているのではないか、という不安の念を一層深めるが致し方ない。さらにもう一つ検討しておくべきことがある。それは大宝令施行以後弘仁十三年以前にあらわれる一郡以上の行政地域を対象とする「免課役」「復何年」という史料には、雑徭が免除された場合があるかも知れない、という疑いである。即ち次の十三例がそれである。(イ)慶雲元年十月丁巳(続紀)、(ロ)養老五年三月癸丑(続紀)、(ハ)宝亀六年三月丙辰

(続紀)［以上(イ)〜(ハ)は「免課役」］、(ニ)大宝元年八月丁未(続紀)、(ホ)大宝二年四月乙巳(続紀)、(ヘ)大宝二年六月壬寅(続紀)、(ト)慶雲二年九月癸卯(続紀)、(チ)天平勝宝八歳五月丙子(続紀)、(リ)天平宝字元年八月甲午(続紀)、(ヌ)延暦元年五月甲午(続紀)、(ル)延暦二年六月丙午(続紀)、(ヲ)弘仁二年閏十二月己酉(後紀)、(ワ)弘仁十二年十月丁亥(類史)［以上(ニ)〜(ワ)は「復何年」］。

　さて以上の十三例の中、(イ)(ロ)は大宝令施行期における免課役であるから雑徭が含まれなかった可能性が強く、特に(ロ)の課役に雑徭が含まれないのは明白である(第二節参照)。次に(ハ)(ヌ)(ル)(ヲ)の四例は戦乱の陸奥出羽国における復除であるから、(ヲ)の如く「労二軍役一」するのが常であるとすれば、雑徭の復除の有無を問題にすること自体にもあまり意味がなく、特に(ル)の出羽国は「不レ堪レ備二進調庸一、望請、蒙レ給二優復一」と言上して復三年を給わっているのであるから、問題になっているのが調庸であることは明白である。次に(ニ)(ホ)(ト)(リ)の四例はいずれも祥瑞による復除であるが、祥瑞による復除例を調べあげると、大宝令施行以後嘉祥年間までは問題の(ニ)(ホ)(ト)(リ)以外は全て租調庸出挙の復除のみであるから、この四例も雑徭を含まないと解した方が自然であろう。嘉祥以後祥瑞によって雑徭が免ぜられるのは、弘仁十三年以後一郡以上の行政地域に対する雑徭復除が進展してゆく一過程と考えればよい。残るところは(ヘ)(チ)(ワ)であるが、(ヘ)は極めて簡単な文章で復除の理由も全く附していないので如何とも解し難いが、その時期はまさに大宝令施行直後であり、律令を天下に頒ち下したのがこの四ヶ月後の大宝二年十月であったことを思えば、たとえ雑徭が復除されたとしても大宝令施行後と言えるかどうか微妙な段階にあるのであまり追求しないことにする。(チ)は聖武帝の佐保山陵に侍した法栄の名を称えて「宜下復二禅師所生一郡一、遠年勿上レ役」と特別な待遇を与えた勅であるが、本朝高僧伝(巻七十二)の法栄伝(大日本仏教全書本、八九六頁)には「勅蠲二栄本貫郡租一」とあるので「復」は「免租」の意味かとも思われる。ところが師蛮が依った史料は彼自ら注している如く続紀であり、問題の「租」以外は全て続紀の内容から書きうる記事ばかりであるから、続紀の諸写本みな異同なく租を記していない以上、残念ながらあまり信用することは出来ない。最後に残った(ワ)は、弘仁十二年河内国の水害による復除であるが、害を被った郡には復三年を与えながら、その中でも「尤貧下者」には特に租税を免除しているのであるから、「復」に租税が含まれていなかったことは明白であり、恐らくは調(庸は畿内だから負担せず)を免除されたと考えた方が自然であろう。このように六国史の「復何年」にはその内容が明確でないものが多く、六国史撰修の際に免除すべき税目を省略した可能性も強いと思う。

なお以上の十三例の他に弘仁二年閏十二月辛丑(後紀)も該当する可能性があるが、戦乱の陸奥出羽国であることは確かなので、(ハ)(ヌ)(ル)(ヲ)と同質の史料が一通増加するのみである。結局大宝令施行以後弘仁十三年以前に一郡以上に対する雑徭復除が絶対なかったとは断言できないが、なかった可能性が濃厚であることは、以上の不手際な考証によっても、一応は納得していただけたと思う。なお狩野久氏も同じような問題を追求されているとの由であるが(「品部雑戸制の再検討」前掲四五頁注(9))、狩野氏とは別個に研究した結果同じような結論に達したので、このまま発表させていただくこととした。

(42) 国史大系本の類聚三代格(二八〇頁)は頭注に記していないが、この「免天下百姓徭」の「徭」は、原本(尊経閣所蔵の所謂享禄本、巻六はこの前田家本一本しか残っていない)では、「傜」となっている。しかし官符の全体から判断すると「徭」の誤写と判断せざるをえない。

(43) 前田家本の頭朱書に「貞臨」とあるによる。事実この官符は延喜二年十一月二十七日宣旨(政事要略)に引用され、延喜までその内容にある種の機能が与えられていたことがわかる。

(44) 例えば、斉明四年十一月壬午条(書紀)。しかしどのような場合に粮が支給されたのか、全ての場合を一律しうるような基準は発見できなかった。

(45) 虎尾俊哉『班田収授法の研究』(吉川弘文館、一九六一年、七一頁以下)。なお亀田隆之氏が書評(『史学雑誌』七〇編一〇号、一九六一年、七八頁)で行われた批判は、形式的には正しいが、実質的には同じことになると思う。

(46) このことは歳役制の面から直接に論証することは不可能で、前注(37)でとりあげた兵制の面からの推定である。なお長山泰孝「歳役制の一考察」(前掲五二頁)参照。

(47) 青木和夫「浄御原令と古代官僚制」(『古代学』三巻二号、一九五四年〔前掲『日本律令国家論攷』〕)。なお近江令の存在自体はここでは関係なく、近江令が体系的な法典でなかったことさえ言えればよい。

(48) このような表現の仕方は、日本の社会において雑徭の制度が成立する必然性を無視している、との批判を受けるかも知れない。しかし私はそのような必然性を全く無視するものではなく、ただ従来のように雑徭をあまりにも実体化して把握することに反対しているだけである。私の推測では、国造の持っていた徭役徴発権又はその慣行が、浄御原令によって制限され、国司の管轄下に入ってきた可能性が強く、またこのような国造と国司の関係が古記の分類を解く一つの鍵となるかも知れない。井上光貞・青木和夫両氏からもこの問題を追求するようにとの御指導をうけていたが、残存する史料と私の稚ない方法を以てしては解明することができなかった。

あとがき

本稿は「律令制と雑徭」と題する拙稿の第一章に相当する部分である。これにつづく第二章(「日唐律令における雑徭の比較」)では、母法たる唐の律令制における雑徭の規定を開元二十五年律令格式を中心に検討し、特に水部式の分析を通じて律令制的労働力編成の中で雑徭の占める位置と役割とを浮び上らせようと努力し、さらに日唐律令における雑徭の規定の比較から両者の間に異質なものへと分化する萌芽が既に潜在していたことを論証しようとした。また第三章(「雑徭の変質過程」)では、日本に継受された雑徭の制度が、延暦から天長にかけての時期を中心にして、急激な質的転換を遂げ、唐代の雑徭からは勿論のこと、奈良時代の雑徭からも大きく乖離してゆく過程を追求しようとした。

日本史の研究を志して東京大学文学部国史学科に進学し、最初に三代実録の読み方を坂本〔太郎〕先生に御教授いただいてから、既に長い年月を経たが、やっとここに最初の論文を書きあげることが出来た。一に坂本先生を始め諸先生・諸先輩の絶えざる御指導と御激励のたまものであるが、特に本稿執筆に際しては、弥永貞三氏と青木和夫氏の懇切なる御指導を受け、また早川庄八氏の友情にみちた御助力を得た。また本稿執筆に当り編集委員となられた諸先輩におかけした迷惑は計り知れない。このような多数の先学のあたたかい御指導にも拘らず、かくも拙い論文しか書けなかった怠惰と無能さとを深く恥じるが、この惨めな青春の遺産を、若し坂本先生がお受け取り下さるならば、これに過ぎる光栄はない。最後に坂本先生の御健康を祈って擱筆する。

〔校訂者注〕本稿の初出では史料引用などで一部旧字を用いているが、通用字体に統一した。また、一部分、条文番号を補った。

雑徭と古記

『古事類苑』政治部の「雑徭」の項を開くと、令集解の賦役令雑徭条の諸説が引用されているが、そのなかでもっとも私達の興味を惹くのは、古記の説である。卒業論文のテーマに雑徭を選んだ私は、この古記説の解明を志し、その後その結果を「律令における雑徭の規定とその解釈」（坂本太郎博士還暦記念会編『日本古代史論集』下巻、吉川弘文館、一九六二年〔本書所収〕）にまとめて発表した。ところが発表後間もなく、岸俊男氏は『日本古代史論集』の書評（『史学雑誌』七二編一〇号、一九六三年）において、拙稿に対する根本的な批判を投げかけられた。また最近長山泰孝氏は「雑徭制の成立」（『ヒストリア』五四号、一九六九年〔『律令負担体系の研究』塙書房、一九七六年〕）において、岸氏とは異なった視角から拙稿を全面的に批判され、新しい解釈を示された。両氏の御批判によって、雑徭条の古記の説に浄御原令と大宝令との差異が反映しているとする拙稿の仮説が、失考であったことは明確になったので、この紙面をお借りして私が両氏の御批判をどのように受けとめたかを記し、若干の補足を加えておきたい。なお念のため最初に雑徭条の古記の内容を簡単に説明しておくことにしよう。

令釈や義解が「凡令条外雑徭者、毎レ人均使、総不レ得レ過二六十日一」という令文の「令条外」を、歳役条以外と解したのに対して、古記は、(A)令条内の力役十四条（以下A_1～A_{14}と呼ぶ）を列挙して、これらの諸条は令条内だから雑徭の限りでないとし、次に(C)令条に規定されていない臨時の力役の例をあげ、これらの力役には雑徭を充てるとする。しかし(B)令条内にあっても雑徭を充てて役するものがあるとして、令八条と格一条の計九条（以下B_1～B_9と呼ぶ）をあげた。この特異な古記の分類について、私は大宝令施行に伴う国司の管轄権の拡大の点から説明を試みたが、岸氏は拙稿の論証の未熟な点を鋭く批判され、「律令体制下の豪族と農民」（『岩波講座日本歴史』3、岩波書店、一九六二年）でも説かれたように、「古記の行なったこの区別は現行の実態からするものと考えるよりも、多分に条文の法家的机上解釈によったもの」と解された。即ち古記は、歳役以外にも令条内に（力役負担の）主体の明確な力役があるが、それらはみな令条内であるから雑徭日数内には含まれない。しかし令条内にも条文上主体の明確でない力役が明らかに存するが、これらも「令条外」ではないが「雑徭」の字義からも雑徭に入ると述べたのではないか、と巧みに説明された。ところが私には未だ岸氏の御説明を十分に理解できない点がある。例えばA_4「城隍崩頽者、役二兵士一修理。若兵士少及无者、聴レ役二人夫一。所レ役人夫、皆不レ得レ過二十日一」と、B_7「須レ校二印牧馬一者、先尽二牧子一。不レ足国司量二須多少一、取二随近者一充」という二条は、力役負担の主体の明確さにおいて、果たしてどれだけの差があるのだろうか。古記がA類のなかで、雑徭を負担しない「兵士」や「婦人」を「人夫」等と同列に扱っていることや、C類の「但臨時将レ有レ事、仮令、作二新池隄及倉庫・他界路橋一、御贄獦贄送、公使上下逓送従馬等類、皆是充二雑徭一也」という負担主体に全く無関心な書きぶりなどをみると、どうも古記の主たる関心は労役の具体的な内容（仕事の種類）にあったように思われるが、如何であろうか。そう考えて古記が雑徭日数の限りでないとする諸条をみると、(一)舂米・調庸の運京（A_1・A_2）、(二)城隍・城堡の修理、軍団の倉庫・器仗の修理（A_3・A_4・A_6・A_7）、(三)蕃使・囚徒・軍物の護送、囚流人等の逃亡者や盗賊の追捕（A_5・A_{12}・A_{13}）、(四)津橋道路・堤防・渠堰の修理（A_9・A_{10}・A_{11}・A_{14}）、(五)朝廷の縫作・舂米など（A_8）、に大雑把に分けられる。これらの仕事には、たしかに長山氏の説かれるように、共同体的な作業が多いが、長山氏も注意されているように、その基準だけでは割り切れない。従ってここではもっとも素直に、古記はこれらの労役には雑徭を充てないと考えていたことを知るにとどめたい。

次に古記が令条内ではあるが雑徭を充てるとするB類は、(一)屯田の耕作（B_1）、(二)朝廷に納める薬の採取（B_4・B_5）、京への藁・藍等の供給（B_2）、(三)官船の修理・造替（B_6）、(四)牧馬の校印（B_7）、(五)送葬夫（B_8）、公事による車牛人力伝送（B_3）、国司の向下・遷代に要する馬夫等（B_9）である。拙稿では、これらの力役に雑徭が充てられたのは国司の管轄下に入ってきた時期と関係があると考えたが、長山氏が説かれるように、これらの力役は中央政府の直接的な必要から生じたものである点に特色があると考えた方が正しいだろう。このことは、雑徭がクサグサノミユキと呼ばれたこととも、うまく符合するのである。クサグサノミユキの「クサグサ」は、雑徭の「雑」という漢字の意味から付された訓で、問題は次の「ミユキ」にあるが、かつて薗田香融氏が指摘されたように(「律令財政成立史序説」『古代史講座』5、学生社、一九六二年(『日本古代財政史の研究』塙書房、一九八一年))、ミユキはおそらく御行であり天皇やそのミコトモチの御行に伴う労役にその起源があるだろう(詳しくは拙稿「ミユキと雑徭」『山梨大学教育学部研究報告』二〇号、一九七〇年を参照されたい)。おそらく雑徭は、国造や評造等が独自に徴発する地域的な労役とは別系統のもので、天皇やそのミコトモチの地方への御行に伴って徴発される労役、即ちミユキの系譜に属するものであろう。雑徭のなかにミユキの性格がどのように残存しているかは、別稿「ミユキと雑徭」でも論じたところだが、長山氏の指摘された古記のB類の特色は、この仮説を別の面から支証して下さることになった。例えばB_1の屯田の耕作は、田領を媒介とすることによって、雑徭を充てられた意味がよく理解できるようになった。なお長山氏は言及されなかったが、狩野久氏が「律令制収奪と人民」(『日本史研究』九七号、一九六八年(『日本古代の国家と都城』東京大学出版会、一九九〇年))で指摘されたように、古記が臨時に雑徭を充てて徴発するとするC類に、「作……他界路橋」と記していることは重要で、当界でなく他界の路橋を作るときにだけ雑徭を充てるとするのは、長山氏の構想を強く支証することになろう。

ただ長山氏が、古記の説は大宝令以前の制度にひかれたものである、と言われる点については、若干の限定を附しておかねばならない。たしかに、雑徭がミユキの系譜に属するものでその性格が天平期に成立した古記にまで影響している、という意味では長山氏の説かれる通りである。しかし古記のあげた令条のなかには、どうみても大宝令以前には溯りえないものが存在する。それはB_7の校印牧馬の規定である。大宝二年の戸籍のうち古い様式をもつ美濃の戸籍には国印がなく、慶雲元年以後に提出されたと推定される西海道戸籍に国印が捺されていることを想起すると、慶雲元年の諸国印の鋳造や、同四年の(牧の駒犢に捺す)鉄印の頒布は、単に大宝令施行に伴って印を造りかえたというものではなく、この時始めて諸国に国印や鉄印が配布されたと考えられる。従ってB_7の校印牧馬は大宝令以前には溯りえないのである。とすると、やはり古記の説は、古記の成立した天平十年前後の時点においてどのような意味を持っていたかを考えるのが、もっとも素直な読み方だろう。古記が令条外で臨時に雑徭を充てて役するとした「作……他界路橋」と、同じ古記の「殊功、謂笠大夫作二伎蘇（きそ）道一、増二封戸一。須芳（すは）郡主帳作二須芳山嶺道一、授二正八位一之類也」（考課令集解殊功異行条）——美濃と信濃とを結ぶ山道を作る——とを読み比べてみると、また古記がB類の末にわざわざ令文でない和銅五年格を加えているのをみると、古記は雑徭について相当具体的なイメージを持っていたと思われる。おそらく古記は、ある論理的な基準によってではなく、ある具体的なイメージに従って、令条のなかから雑徭日数に入るものと入らないものとを選び出したのだろう。それが当時の行事であったかどうかは、まだ殆ど論証されていないが、たとえ天平期の行事に近いものであったとしても、私には決して不自然なこととは思われないのだが、如何であろうか。

類聚三代格

一　三代の格

『類聚三代格』は、三代の格（即ち『弘仁格』『貞観格』『延喜格』）を類聚（即ち三代の格が官司ごとに配列されていたのを、内容により神社事・国分寺事などの類に聚めて再編成）したものである。まず最初に三代の格の編目等を表示すれば次頁の表のようになる〔表1〕。

『弘仁格』『貞観格』『延喜格』はいずれも今に伝わらないので、その詳細は知り難いが、幸い『弘仁格抄』によって『弘仁格』の配列の仕方が知られる（詳しくは、『弘仁格抄』の項参照）。個々の格については『政事要略』などにも「弘民格」「貞神格」等として逸文が引かれているが、『類聚三代格』の編纂の際には原則として三代の格の総てが類聚されたと推定されるので（『弘仁格抄』と『類聚三代格』との比較からの推定。但し『類聚三代格』に欠失部分のあることは後述する）、『類聚三代格』の鼇頭に「貞京」「延臨」などとあるのを手懸りとして三代の格の個々の条文を知ることが出来る。[1]

以下単に頁数を記したものは新訂増補国史大系『類聚三代格』の頁数を示し、「民上20」などと記すのは同じく新訂増補国史大系『弘仁格抄』の民部上の第20番目の格を指す事とする。また弘仁・貞観・延喜の三代の格を指すときには「三代の格」、それらが類聚されたものを指すときには『三代格』と略称することにする。

ところで三代の格の類聚は単に機械的に配置を変えただけではなかった。例えば三代の格は執務の便宜上同一の格を二つの官司の項に収めることがあるが、類聚する際にはその一方だけを採っている場合が多い。[2]また逆に、一つの

表1

		弘仁格	貞観格	延喜格
	巻数	十巻	十二巻	十二巻
編目	巻一	神祇・中務	神祇・中務	神祇・中務
	二	式部上	式部上	式部上
	三	式部下	式部中	式部下
	四	治部	式部下	治部上
	五	民部上	治部上	治部下
	六	民部中	治部下	民部上
	七	民部下	民部上	民部下
	八	兵部	民部下	兵部
	九	刑部大蔵宮内弾正京職	兵部刑部大蔵宮内弾正京職	刑部大蔵宮内弾正京職
	十	雑	雑	雑
	十一		臨時上	臨時上
	十二		臨時下	臨時下
対象とする期間		大宝元年〜弘仁十年 百十九年間	弘仁十一年〜貞観十年 四十九年間	貞観十一年〜延喜七年 三十九年間
撰進年月日		弘仁十一年四月二十一日[3]	貞観十一年四月十三日	延喜七年十一月十五日
施行年月日		天長七年十一月十七日[3]	貞観十一年九月七日	延喜八年十二月二十七日[4]

格が二つの類に関係する場合には重複して両方に収めたり、一つの格に二項以上あるとき、関係のない項を除いてそれぞれ関係する類に収めている場合も多い[5]。さらに重要なことは、三代の格を類聚する際に若干書き替えを行なった形跡もある。例えば『弘仁格抄』兵24には大同四年五月九日付の「応㆑補㆓任所管諸司史生㆒事」という格を収めているが、この格は明らかに『類聚三代格』(一七〇頁)所収の同年月日の「応㆑補㆓任兵部省所管諸司史生㆒事」に当るものと考えられる。ところで両者の事書の相違は一見しただけでは『弘仁格抄』の誤写(脱落)ともとれるが、実はそうではない。というのは、『弘仁格』に収録する前の官符には「太政官符　兵部省」と充所があったはずだから、次の事書の中に「兵部省」などと入れる必要はなかったであろう。またこの官符を『弘仁格』に収録する際には充所はとられたが、兵部格に収められている以上、事書の意味するところは明白である。ところがこの格を『三代格』の「加㆓減諸司官員㆒并廃置事」の類にそのまま収めてしまうと意味が不明確となってしまう。そこで「兵

部省」の三字を事書の中に書き加えたのであろう。三代の格を類聚する際の書き替えは大部分は形式的なものであるが、[6]十分留意すべきことである。

二　『類聚三代格』の構成

『類聚三代格』は前述のように三代の格を併せ内容によって再分類したものだが、国史大系本の巻の編成には多くの疑点がある。それは『類聚三代格』の完全な写本が現存せず、巻の編成を異にする異系統の写本が数巻ずつ部分的に残存することに起因するもので、国史大系本がその巻の編成を採用した前田家本も、いくつかの異系統の写本の取り合せ本である。[7]そこでまず『類聚三代格』の巻の編成の原形を復原する作業からはじめねばならないが、復原の結果をあらかじめ表示すれば次のようになる〔表2〕。

さて左表の復原の過程を大筋だけ簡単に説明しておこう。[8]『類聚三代格』の最初の版本である植松蔵版の所謂「印本」は、弘化年間に尾張藩の官庫所蔵本を底本として巻一・三・五・七・八・十二の計六巻が刊行され、のち嘉永年間に斎部親成の入手した古本、巻四・十四・十五・十六・二十の都合五巻のうち、巻四・十五・十六の計三巻を追刻したものである。古本のうち巻十四・二十の二巻を追刻しなかったのは、古本の巻十四は既刊の巻八の後半に、巻二十は既刊の巻十二の後半に既に含まれていたからである。即ちこの間の事情を表示すれば、

弘化刻本	1		3	5	7	8			12
嘉永追刻本		4				(14)—8	15	16	(20)—12

となる。弘化刻の尾張藩本は明らかに金沢文庫本の系統に属するもので、そのうち巻五・十二の二巻は金沢文庫本そのものも残存している（東山御文庫蔵）。ところで金沢文庫本『類聚三代格』は本来は何巻から成っていたのであろう

表 2

12巻本	20巻本	大系本 前田家本	類目
1	1 2	1	序事　神社事　神封并租地子事　祭并幣事　神叙位并託宣事 斎王事　神宮司神主禰宜事　科祓事　神郡雑務事　神社公文事
2	3 4	2	造仏々名事　経論并法会請僧事　修法灌頂事 年分度者事
3	5	3	国分寺事　定額寺事　僧綱員位階并僧位階事　諸国購読師事　僧尼禁忌事　家人事
4	6	10 4	釈奠事　国忌事　供御事 廃置諸司事　加減諸司官員并廃置事
5	7 8	5	分置諸国事　加減諸国官員并廃置事　＊定官員并官位事 定内外五位等級事　定秩限事　交替并解由事
6	9 10	6	［　　　　　　］ ⑥位禄季禄時服馬断事　⑦要劇月断事　⑧公廨事　⑨事力并交替丁事　⑩公粮事　⑪賻物事
7	11 12	7 12	公卿意見事　牧宰事　郡司事 諸使并公文事　隠首括出浪人事　正倉官舎事
8	13 14	(13)8 14	農桑事　調庸事　封戸事　不動々用事 出挙事　借貸事　雑米事　義倉事　塡納事　鋳銭事
9	15 16	15 16	校班田事　②損田并租地子事　③易田并公営田事　④墾田并佃事　⑤寺田事　⑥諸司田事 ⑦職田位田公廨田事 閑廃地事　⑨道橋事　⑩船瀬并浮橋布施屋事　⑪山野藪沢江河池沼事　⑫堤堰溝渠事
10	17	17	［　　　　　　］ ［(⑥諸王事ヵ)］　⑦国諱追号并改姓名事　⑧蠲免事　⑨赦除事　⑩募賞事　文書并印事
11	18	18	軍毅兵士鎮兵事　統領選士衛卒衛士仕丁事　健児事　器仗事　関并烽候事 夷俘并外蕃人事　相撲事　国飼并牧馬牛事　駅伝事　材木事
12	19 20	19 20	禁制事 断罪贖銅事

＊12巻本巻5の「定官員并官位事」の類が20巻本の巻7・8のいずれに属するかは不明．いま仮りに東山御文庫本巻5の上下二軸の分け方に従う．

か。『本朝書籍目録』には「類聚三代格　三十巻」とあるが、『弘仁格抄』と『類聚三代格』の残存部分とを比較してみると、『弘仁格抄』所収格の約四割四分[9]の格が弘化刻本(金沢文庫本の系統)六巻の中に含まれているので、金沢文庫本が三十巻本であったとはとても考えられず、もし十二巻を越えていたとしても数巻であろう。『本朝書籍目録』の「類聚三代格　三十巻」は弘仁・貞観・延喜の三代の格の合計巻数(臨時格を除く)をそのまま記した架空の数字かも知れない[10]。『本朝法家文書目録』にみえる『官曹事類』や『天長格抄』等の編目を参照して残存する三代の格(『弘仁格抄』所収格を含む)の類聚された配列を想定してみると、金沢文庫本は十二巻から成っていた可能性が濃厚である。[11] ところで、嘉永追刻本の現存する最終巻である巻二十は、金沢文庫本の最後の部分即ち巻十二の後半にあたるので、金沢文庫本が十二巻本であったとすれば、嘉永追刻本は二十巻本であったことになる。そこで若干循環論法のきらいはあるが、以下金沢文庫本十二巻説に立って、金沢文庫本(弘化刻本)と巻の編成を同じくするものを十二巻本、嘉永追刻本と巻の編成を同じくするものを二十巻本と呼ぶことにしよう。

『類聚三代格』の現存する写本としては、文永三年(一二六六)北条実時の奥書[12]のある金沢文庫本(東山御文庫蔵)が最も古いが、それに次ぐものは貞応三年(一二二四)の写本を中原職宗が文永五年に書写した東寺観智院所蔵本である。東寺本は金沢文庫本と直接の関係はないが、東寺本の残存する唯一の巻である巻三が弘化刻本の巻三と一致することから、同じく十二巻本であったと推定される。十二巻本は既に平安中期に存在していたらしいが、そのことについては五節で再説しよう。

嘉永追刻の二十巻本の系譜についてはよく判らないが、『本朝法家文書目録』にみえる『類聚三代格』の目録を示せば次の如くである。

『類聚三代格目録』(『本朝法家文書目録』所載)

第一　神事上　序事　神社事　神封并租地子事　祭并幣帛事　神叙位并託宣事
第二　神事下　斎王事　神主禰宜事　科祓事　神郡雑務事　神社公文事(在諸国四度使事　勘畢数事)
第三　仏事上　造仏名事　経論并法会請僧事　修法灌頂事
第四　度者事
第五　仏事下　国分寺事　定額寺事　僧綱員位階并僧位階事　諸国講師事　僧尼禁忌事　家人事
第六　国忌事　供御事　廃置諸司事　加減諸司官員

（以下欠）

これを嘉永追刻の二十巻本と比較すると、嘉永追刻本の巻四「度者事」が目録の巻四と一致することが注目される。ただ残念なことにこの目録は巻六までそれ以下が欠除しているので、果して何巻まであったか確認できない。しかしこの目録の巻四が二十巻本と一致することと、目録の巻一と巻二の内容を併せたものが十二巻本の巻一と一致し、目録の巻五の内容が十二巻本の巻三と一致することから、この目録は二十巻本の目録であった可能性が濃厚である。即ちその間の関係を表示すれば次のようになる。

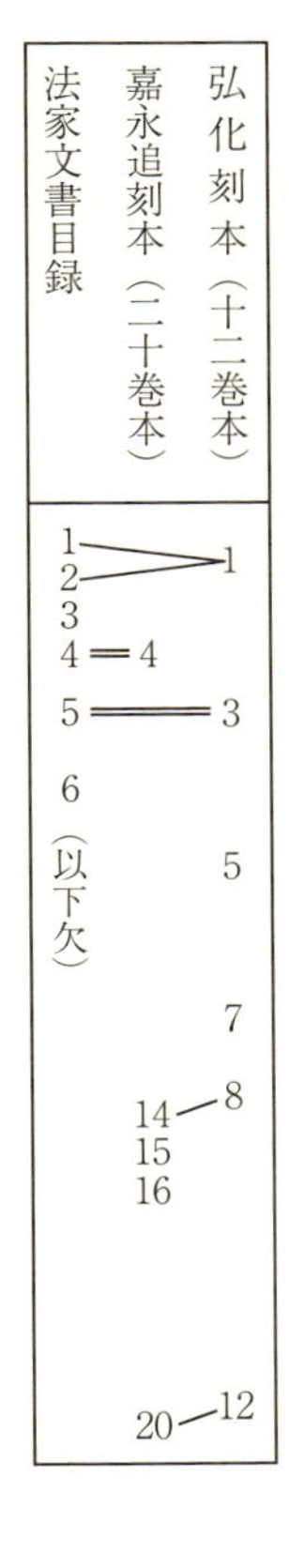

＝は両方の内容が一致するもの、―は一方が他方の半分に一致するもの

ところで『類聚三代格』にはもう一つの重要な写本がある。即ち巻一（二軸）・二（二軸）・三・四・五（二軸）・六・七・八（十三とあるのを傍書により八とす。追記参照）・十・十二・十四・十五・十六・十七・十八・十九・二十の十七巻（二十軸）（及び残簡一巻）からなる前田家本（巻数は国史大系本の採用したものによる）で、そのうち巻一の後半、四・七・十の四巻は大永年間の具注暦の裏を反して享禄年間に三条西公条が伏見宮蔵本を書写したものなので「享禄本」とも呼ばれている。前田家本のうち巻二の前半・四・六・十・十七・十八の計六巻は印本にない部分なので、明治十七年に前田侯爵家から『享禄本類聚三代格』(13)として刊行された。前田家本は前述したように異系統の写本の取り合せ本だが残存する『類聚三代格』の総ての部分を含んでいるので、国史大系本もその巻の編成にほぼそのまま従っている。ところが前田家本には十二巻本と二十巻本の少なくとも二つの系統の写本が混存していることが十二巻本・二十巻本との比較から明らかとなる。即ち、巻一・三・五の三巻は十二巻本と一致し、巻二も二十巻本の巻三・四の二巻を合

せたものと一致するので十二巻本と推定される。次に巻十四・十五・十六・二十の計四巻は二十巻本と一致し、巻十二は十二巻本の巻七の後半と一致し、巻十九は十二巻本の巻十二の前半と一致することから、いずれも二十巻本と推定される。巻十五の六つの類目には②〜⑦の頭朱書が（①にあたる部分は欠）、巻十六の四つの類目には⑨〜⑫の頭朱書があるので（⑧にあたる「閑廃地事」には頭朱書なし）、両者は連続し（前掲復原表参照）、巻十五・十六の二巻で十二巻本の巻九に相当すると推定される（追記参照）。巻十七の奥題に（内題は欠）巻十と傍朱書のあるのは恐らく十二巻本との対応関係を示したものであろうから、巻十七は十二巻本の巻十に対応し、従って巻十八は十二巻本の巻十一に対応する二十巻本と推定される。以上の結果を表示すると次のようになる。

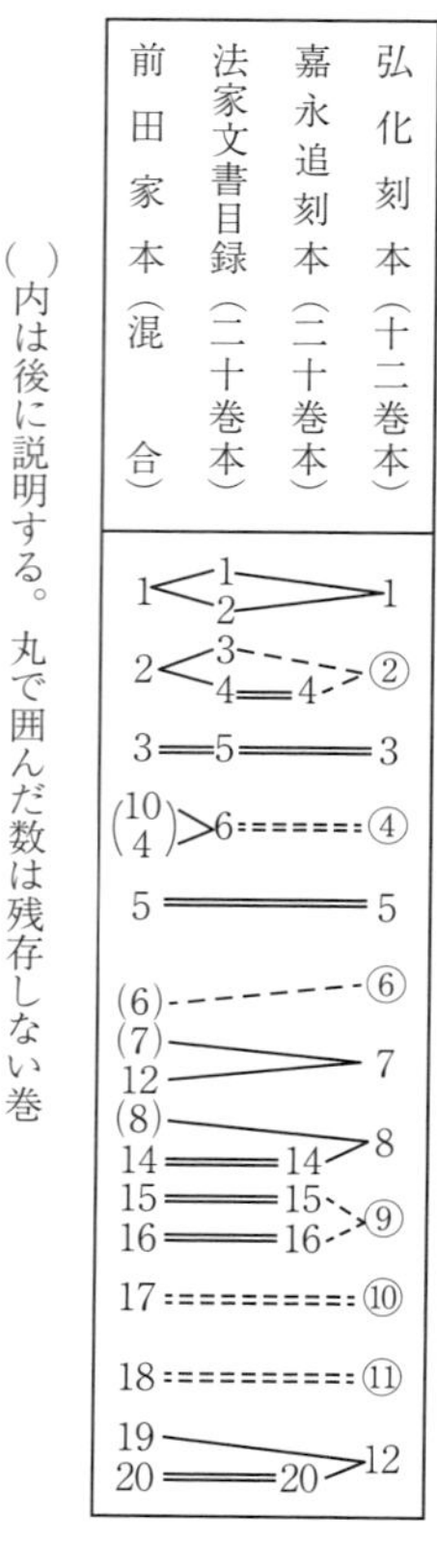

（　）内は後に説明する。丸で囲んだ数は残存しない巻

さて前田家本の残りの巻四・六・七・八（本来は巻十三、傍書が巻八）・十の五巻（右表のカッコ内）であるが、まず巻四と巻十は、巻十・四の二巻で『本朝法家文書目録』（二十巻本）の巻六と一致するので[14]、十二巻本の巻四にあたると推定される。巻十と巻四は享禄元年（一五二八）に三条西公条が具注暦の裏を反して書写した本来の「享禄本」であるが、彼が書写した伏見宮本は既に著しく虫損しており、「件本以外虫損、仍如形摸之、蠹食之分闕如之、以他本可書加之」と巻十の奥書にも記しているほどである[15]。ところで巻十には内題はあるが奥題はなく、逆に巻四には内題はなく奥題があるが、これは両巻が本来は同じ巻であった傍証となり、恐らく内題の「巻第十」は虫損のために「巻第四」を読み違えたのであろう[16]。前田家本の巻十と巻四は本来巻四であったものが誤って二つの巻にされたのである[17]。『本

朝法家文書目録』所収の『官曹事類』や『天長格抄』の目録では、「仏寺部」「斎会部」(十二巻本『類聚三代格』の巻二・三にほぼあたる)の次に「釈奠部」「国忌部」「供御部」(前田家本巻十にあたる)などが置かれているのも、前田家本巻十は十二巻本巻四の前半にあたるとする本稿の推定の傍証となるだろう。

次に巻六であるが、内題には「巻十」奥題には「巻六」とある、いずれが正しいのであろうか。各類の題目をみると、最初の「六(朱書) 位禄季禄時服馬料事」以下最後の「十一(朱書) 賻物事」まで六〜十一の番号が朱でふってあり、しかも最初の「六 位禄季禄時服馬料事」には「当廿巻之格第十」との注記がある。即ちこの巻は全部で十一の類からなっていたが、そのうち六〜十一の類は二十巻本の巻十に当るというのであるから、一〜五の類は二十巻本の巻九に当ることになる。即ち十二巻本の巻六は二十巻本の巻九・十の二巻に当ることになる。恐らく十二巻本の巻六は上下二軸に分かれており、[18]下の部分だけが残ったのであろう。これを二十巻本で数えると巻十に当るので、本来なかった内題を巻十とつけたのであろう。なお十二巻本の巻六の前半(即ち二十巻本の巻九)は、前田家本残簡のなかに「類聚三代格巻第六九」という内題の破片が残っているが(国史大系本は未収)、本文の失われたことが、非常に惜しまれる。この十二巻本の巻六の前半(即ち二十巻本の巻九)には、五つの類が含まれていたことは確かだが、その内容はどの写本にも残存しない(追記—その二—参照)。

次に巻七は十二巻本の巻七の前半と一致する。恐らく十二巻本の巻七も上下二軸に分れていて、上のみが残ったのであろう。この巻には内題のみあって奥題のないのもその傍証となる。[19]十二巻本の巻七の後半は二十巻本の巻十二として残存しているので、この部分は二十巻本の巻十一に当ることになる。

次に巻八は本来の内題は巻十三であるが(奥題はなし)、前田家本の整理者及び国史大系本の校訂者が「巻十二」と誤読したために(追記参照)、巻十二は別に存在するので内題の傍書をとって巻八としたものであろう。この巻の内容は十二巻本の巻八の前半と一致するので二十巻本と推定されるが、十二巻本巻八の後半は二十巻本巻十四と一致するので、内題の巻十三は二十巻本の巻数を示すものであろう。

さて以上の繁雑な考証によって前田家本が十二巻本と二十巻本との取り合せ本であることはほぼ諒解いただけたことと思う。考証の結果を総合して十二巻本と二十巻本の巻の編成を復原すれば前掲の表のようになる。

この結果、二十巻本の巻九(五つの類が含まれている)は現在に伝わらず、二十巻本の巻十七(十二巻本の巻十)は前の方の五つ半の類が欠失していることが明らかになった。なお十二巻本の巻四は伏見宮本と享禄本との二重の虫損のために欠失部分が多く、国史大系本の断簡の配列にも誤りが多い[20]。そこで次には失われた部分の内容の推定とその復原について考察してみよう。

三　欠失部分の復原

『類聚三代格』の欠失部分にどのような類が含まれていたかは、『弘仁格抄』と『類聚三代格』の現存部分との比較からある程度は推測できる(この問題については既に瀧川政次郎「九条家弘仁格抄の研究」〈『法制史論叢』第一冊所収〉にも詳説されているが、若干私見と異なる点もあるので、以下に私見の要点を略述する)。即ち『弘仁格抄』に収録されているが『類聚三代格』の残存部分に収められていない格八十三条は、(イ)廃置諸司に関するもの、(ロ)学制に関するもの、(ハ)選叙考課に関するもの、(ニ)勘籍に関するもの、(ホ)帳内資人事業等に関するもの、(ヘ)儀制衣服等に関するもの、にほぼ分類される[21]。このうち(イ)の格が十二巻本巻四の廃置諸司事の欠損部分に入ることはほぼ確実であるが、残る(ロ)〜(ヘ)の格が欠失部分のどこに当るかは確定できない。ところが、最近飯田瑞穂氏は、前田育徳会の蔵弆の中に「巻子本類聚三代格調書」と書かれた包紙に入った十六点の新史料を発見され、その中にいまは失われた巻に関する記載が含まれていることを論証された(追記参照。飯田瑞穂「『類聚三代格』の欠佚巻に関する一史料について」『日本歴史』二七〇)。その結果(ロ)(ハ)が同一巻に属することはほぼ確実となり、また(ロ)(ハ)(ヘ)については、個々の格の配列もある程度確定または推測できるようになった。この飯田氏の新研究と『類聚三代格』の全体の構成とを考え併せると、(ロ)(ハ)

は二十巻本の巻九に当り、(ニ)(ホ)(ヘ)は二十巻本の巻十七(十二巻本の巻十)の前半の欠失部分に当る可能性が強い(ただ(ロ)〜(ヘ)の格がどのような名称の類に分けられていたかは解らない)。なお『弘仁格抄』との比較は『弘仁格』のうち『類聚三代格』の残存部分に収められていないものを知ることができるに止まり、『貞観格』『延喜格』については問題が残るが、『類聚三代格』の欠失部分の内容は、上記の推定と大差はないであろう。(22)

次に個々の格文については、『政事要略』に「弘雑格云」などとして引用されているものが三代の格の確実な逸文であり、また『令集解』のなかで多分編者によって引用されたと推定される格文は『弘仁格』の中から該当令文に関係する格を引用したものなので、『弘仁格』の重要な逸文である。(23)『政事要略』『令集解』に引かれた三代の格文のなかには、残存する『類聚三代格』に欠失したものも多く、また『類聚三代格』の残存部分の校正にも重要な役割を果している。(24)なお『政事要略』『令集解』以外の諸書にも大宝〜延喜の間の詔勅官符等が数多く引用されているが(塙保己一『格逸』、黒川春村『格逸々』〈共に『続々群書類従』法制部所収〉参照)、それらが三代の格(又は『類聚三代格』)の逸文であるかどうかは慎重な吟味が必要である。

次に六国史(及び『類聚国史』『日本紀略』)も『類聚三代格』の欠文の補充や校正に重要な役割を果してきた。しかし六国史所載の格は、弘仁・貞観・延喜の三代の格から引用したものではなく、三代の格に編纂される前の詔勅官符やその材料となった史料を図書寮の目録などから引用したものなので、三代の格とは史料の系譜としては兄弟・従兄弟などの関係に当り、しかも詔勅・官符等を六国史に載せる際に極めて不正確な省略や書き替えを行なっている例が多いので(坂本太郎「史料としての六国史」『日本古代史の基礎的研究 上』所収)、『三代格』の欠文の補充や校正に利用する際には細心の注意が必要である。それでは六国史が正確に格文を引用している場合には問題はないかというと、実はその場合にも大きな問題が残っている。復原作業の一例をあげて具体的にその問題を検討してみよう。

十二巻本の巻四に収録する大同三年(八〇八)正月二十日詔(一五七頁)は官司の大規模な統合廃止等に関する重要な格だが、享禄本の虫損のため欠失部分が多いので国史大系本は『令集解』や『類聚国史』を利用して次のように復原している。

詔Ⓐ、観レ時改レ制、論レ代立レ規、往古相沿、来今莫レ革、故虞夏分レ職、損益非レ同、求二之変通一、何常準之有也、思下欲省レ司合レ吏、少Ⓑレ牧多レ羊、致二人務於清閑一、期中官僚於簡要上、其画①工漆部②二司併二内匠寮一、喪③儀司併二鼓吹司一、内④礼司併二弾正台一、縫部⑤采女⑥二司併二縫殿寮一、鍛⑦冶司併二木工寮一、官⑧奴司併二主殿寮一、贓⑨贖司併二刑部省一、筥⑩陶司併二大膳職一、其⑪内兵庫併二左右兵庫一、減⑫二内舎人一定二四十員一、主⑬醤主菓餅及刑部⑭解部宜レ従二省廃一、主者施行、

大同三年正月廿日　（□欠損の空白のあるもの、□欠損の空白のないもの）

さて右の復原の方法を検討する前に、まず復原の材料となった『令集解』所引の格について説明しておこう。この弘仁式部格は、②漆部司（新訂増補国史大系『令集解』一一六頁、以下同じ）、③喪儀司（九二頁）、④内礼司（七六頁）、⑤縫部司（一一六頁）、⑦鍛冶司（一三二頁）、⑧官奴司（一三二頁）、⑨贓贖司（一〇八頁）、⑩筥陶司（一三六頁）、⑭刑部解部（一〇四頁）、（⑪内兵庫（一四八頁）については後述）関係条に、それぞれ関係のない部分を除いて収載されている。さて欠失部分の復原であるが、まず格の主旨を述べた部分（ⒶⒷ）はどの条に引用された格文にもあり、国史大系本の復原には全く問題がない。次に②漆部司⑭刑部解部の部分も『令集解』所引格によって問題はない。①画工司の部分は『令集解』には引用されていないが、[25]『類聚国史』巻一〇七（五九頁）に「大同三年正月壬寅（廿）、詔曰云々、其画工漆部二司、併二内匠寮一云々」とあるのによればその復原に特に問題はない。ところで以上に列挙した復原箇所は写本をみるとそれぞれほぼ欠失字数に相応した欠失のスペース（□の部分）があるが、「采女二」「部」「其内兵庫併二左右兵庫一」の三か所（□の部分）は明らかに欠失のスペースがない（例えば「采女二」の上の「縫部」と下の「司」とは写本では明らかに連続している）。この巻は先述したように享禄本しか残存せず、三条西公条が書写した伏見宮本には既に著しい虫損があったのだから、転写の際に生じた脱落も十分予想され、[26]事実「刑省」の如きは明らかに「刑部省」の誤写である。

では「采女二」「其内兵庫併二左右兵庫一」の二か所は、『三代格』の原文に本来なかったのか、それとも転写の際に脱落したのか、どちらであろうか、叙述の便宜上まず内兵庫の方から検討してみよう。国史大系の校訂者が「其内兵

庫并二左右兵庫一」を補ったのは、『令集解』の職員令内兵庫条（一四八頁）にこの格が引用されているからだが、他の条に引用された格文と比較すると、ただ一か所日付が「大同三年正月廿五日」となっている点だけが異なる。当然『令集解』の誤写と考えたいところだが（国史大系本も誤写説）、『弘仁格抄』の兵21には「詔　大同三年正月廿五日」とあり、『弘仁格抄』の配列順からみるとこの格が『令集解』内兵庫条所引格を指すことはまず間違いない。とすると『令集解』の編纂者の見た『弘仁格』には、大同三年正月二十五日詔として「其内兵庫并二左右兵庫一」の格が兵部に収載されていたことは疑いなく、(27)『類聚三代格』にも正月二十日詔とは別の格として巻四に収録されていたのが、虫損のために欠失したのであろう。従って正月二十日詔の中に「其内兵庫并二左右兵庫一」に相当する欠失のスペースがないのは当然である。

次に「采女二」の三字であるが、国史大系本が「采女二」を補ったのは『類聚国史』巻一〇七（五八頁・七四頁）に「大同三年正月壬寅（廿）、詔曰云々、縫部采女二司、併二縫殿寮一」とあるのによったもので、大同三年正月二十日に発布された詔の原文に采女司を縫殿寮に併合する旨が記載されていたことは疑いない。そして采女司の縫殿寮への併合は、当然式部格に記されていたであろうから、内兵庫の例のように、正月二十日詔と別条をなしていたとはとても考えられない。それなのに何故享禄本の正月二十日詔には、「采女二」の記載がないばかりか欠失のスペースさえもないのだろうか。伏見宮本で既に虫損していたのを享禄本に書写する際に虫損部分を詰めてしまった、という可能性もなくはないが、果してそうであろうか。私の結論を先に言えば、正月二十日詔の原文には「采女二」の三字は勿論存在したが、『弘仁格』の編纂者が、この三字を不要のものとして意識的に削除したのである（従って享禄本に「采女二」の三字がなくその欠失のスペースもないのは当然である）(28)。では何故『弘仁格』の編纂者は「采女二」の三字を削除したのであろうか、その理由を次節で説明しよう。

四　三代の格の性格

弘仁・貞観・延喜の三代の格の編纂に際しては、個々の詔勅・官符・官奏等の署名部分をまず一括して削り、官符の場合には充所も削り、また格の主旨に直接関係のない部分を削って格文を簡潔にすることもあったが(例、寛平二年(八九〇)九月十五日官符、『政事要略』二五五頁と『三代格』三四三頁とを比較されたい)、格の骨子に関係のある部分は原則としてその格が出された時のままであろう、というのが従来一般に漠然と考えられている三代の格の編纂方針である。しかし編纂の際に、果して格の骨子には全く変更が加えられなかったのだろうか。格の編纂は過去の歴史を明らかにするのが目的ではなく、編纂時における有効法を明示するのが目的であることは申すまでもなく、「弘仁格式序」に「若屢有改張向背各異者、略前存後以省重出」とあるのも、そのような格の編纂の基本的な性格の一端をはっきり示している。その点で、過去の歴史を明らかにするという使命をもった六国史とは、基本的性格を異にするのである。従って格の編纂時に既に無効となっている詔勅官符等を収録しないのは当然であるが、一つの格のなかでも、格の編纂時に有効法として存続している部分と既に無効となっている部分が併存しているような場合には、既に無効となっている部分を削除することがあったのではなかろうか。例えば、養老六年(七二二)八月二十九日官奏(五七九頁)は国司が公事によって京に向かうとき駅馬の乗用を許可する国の範囲を改定したものだが、『三代格』所収の格では「唯伊賀・近江・丹波等三国、不在給駅之例」としている。ところが『続日本紀』の同日条(九四頁)では「但伊賀・近江・丹波・紀伊等四国、不在茲限」と紀伊を含めた四か国を駅馬の乗用を許さない国としており、また延暦年間前半に成立したと推定される令釈もこの格を引いて「伊賀・近江・丹波・紀伊等四国、不在給駅之例」(『令集解』八六七頁)と『続日本紀』と同じなので、少なくとも延暦年間前半頃までは、紀伊の国司には駅馬の乗用が許されなかったと推測される。ところが『三代格』所収の『弘仁格』では駅馬の乗用を許さない四か国から紀伊を削除し（従って「四国」を「三国」と書き替え）ているのは何故だろうか。大同二年（八〇七）九月十六日官符（『三代格』五八四頁）は紀伊国の正税帳・大帳・朝集帳等の三使に駅馬の乗用を許したものだが、その理由を「此国（紀伊）去二奈良京一三日行程、今平安京更去二一日半一、惣四日半程」と述べている。奈良から平安への遷都によって、紀伊国は都から遠くなったので駅馬の乗用を許すことになったのである。そこで『弘仁格』の編纂者は、養老六年官奏のなかの駅馬の乗用を許さない四か国から紀伊を削って三か国に改め『弘仁格』に収録したのであろう。

格の編纂者が編纂時の有効法という立場から格の一部分を改正削除した例としては、この養老六年官奏の外にも和銅元年三月二十二日勅（二一八頁）、天平元年八月五日勅（五〇九頁）、天平十五年五月二十七日勅（四四一頁）、天平宝字四年八月七日勅（二六五頁）、元慶六年四月十一日官符（四五五頁）、などがあげられるが（詳しくは拙稿「墾田永世私財法の変質」『日本社会経済史研究』古代・中世篇、所収参照）、話を本題に戻せば、先の大同三年正月二十日詔もその一例と考えられる。即ち大同三年正月二十日詔で縫殿寮に併合された采女司は、弘仁三年（八一二）二月庚戌に復置され（『日本後紀』『類聚国史』巻一〇七）、『弘仁格』編纂時にもそのまま存続していたのである。従って『弘仁格』の編纂者は、大同三年正月二十日詔のうち既に無効となっている采女司併合の記事を削除して『弘仁格』に収録したのであろう[29]。このように格の編纂者は、編纂時の有効法という立場から格の内容にも改正削除の手を加えたが、格の編纂が編纂時における有効法という立場で厳密に一貫していたとは言いきれない。しかし撰格式所の起請によって多くの格がつくられていることからもうかがわれるように、三代の格の編纂は、つきつめて言えば、一種の立法作業であった[30]。三代の格の類聚は、編纂時点と切り離して読むことを許さないという三代の格の基本的性格を見失わせてしまう危険がある。

ところで三代の格は――それぞれの時点における有効法を編纂したものではあるが――先行の格に収録されているものは現行法でも再録しなかったらしい。例えば『貞観格』[31]は、『弘仁格』に収録されているものは現行法として生きているものも再録せず、原則として『弘仁格』編纂以後の格を貞観十年における現行法という立場で編纂したものであるから、『貞観格』は『弘仁格』を併用しなければ完結しない。『延喜格』も同様に弘仁・貞観の両格を前提として編纂されている。なお貞観・延喜の両格には、『弘仁格』にはなかった臨時格が上下二巻加えられている。格の一般的な性格についてはここでは詳説する余裕がないので、瀧川政次郎「九条家弘仁格抄の研究」(前掲)、岩橋小弥太「格式考」(『上代史籍の研究』第二集所収)、坂本太郎「律令の変質過程」(『日本古代史の基礎的研究 下』所収)、石母田正「古代法」(『岩波講座日本歴史』4所収)等を参照されたい。

五 『類聚三代格』の伝来

『類聚三代格』の編纂された時期・編纂者はいずれも明確でない。『西宮記』巻十における官吏必携書目に『類聚三代格』の名がみえていないこと、『政事要略』における多数の格の引用が『類聚三代格』からの引用ではなく、類聚される以前の「三代の格」からの引用であることから、その成立の上限は『政事要略』の部類が一応終了した長保四年(一〇〇二)以後と推測され、その下限は『後二条師通記』の寛治三年(一〇八九)四月五日条の裏書に「類聚三代格第二云」として貞観十一年五月七日官符(七六頁)の一部を引用していることから寛治三年以前と推測される(追記参照。渡辺寛「類聚三代格の成立年代」『皇学館論叢』二―三)。三代の格が官司別であるのを内容によって類聚したのは、政務の分掌が律令の二官八省制に従わなくなった政情を反映したものであろうか。『台記』の筆者藤原頼長は旅行の船中でメモを取りながら『類聚三代格』を読み(『台記』久安四年四月十六日条)、藤原俊憲の『貫首秘抄』には「予案、為二職事一之者、必可レ持之文」と推奨されている。『類聚三代格』の普及につれて弘仁・貞観・延喜の三代の格はしだいに読まれなくなり、その写本も僅かに『弘仁格抄』しか伝わらない。『弘仁格』の事書と日付を抜き書きして『弘仁格抄』が作られたのは、個々の格の内容は『類聚三代格』を見ればよいと考えたからであろう[32]。

『類聚三代格』には巻数を異にする種々の写本があったことは第二節で説明したが、流布したのは何巻本であろうか。先述した『後二条師通記』の裏書に「類聚三代格第二云」として引用された貞観十一年格は、十二巻本の巻二、二十巻本の巻四に収められているので、この裏書に引用されたのは十二巻本であったと推定される。第二節で説明した金沢文庫本(東山御文庫蔵)、東寺観智院本はともに十二巻本で、三条西公条が書写した伏見宮本も十二巻本であった可能性が強く、十二巻本が最も古くから流布していたらしい。慶長十九年(一六一四)、徳川家康は仙洞から借り出した『類聚三代格』六巻の書写を命じたが(『駿府政事録』『国師日記』)、それは巻一・三・五・七・八・十二の金沢文庫本(十二巻本)で、この六巻の写本が江戸時代に最もよく流布し、のちに弘化年間に尾張藩から版行された。『本朝書籍目録』には「類聚三代格　三十巻」と記すが、三十巻本の写本の存在した証拠はみつからない。『本朝法家文書目録』に載せる『類聚三代格』の目録は二十巻本の目録と推定されるが、この二十巻本の写本が江戸時代に端本として世に出、十二巻本の欠を補うものとして流布し、嘉永年間に尾張藩から刊行された。加賀松雲公前田綱紀は、三条西家から入手した写本(組み合せ本)を基に(注(7)参照)、処々から『類聚三代格』の端本を集めて残存部分を網羅したが(33)、尾張藩の版本に見えない部分が明治十七年に『享禄本類聚三代格』として前田侯爵家から刊行されたことは前述したところである。旧輯国史大系本は、前記の尾張藩版本と『享禄本類聚三代格』とを併せて底本とし、新訂増補国史大系本は、旧輯を基礎としたが金沢文庫本(東山御文庫蔵)・東寺観智院本の残存巻は尾張藩版本に換えて底本としている。

なお『類聚三代格』には『延喜式』を主な材料として作られた偽書があるが、荷田春満によってその偽作過程が明確に考証されている(34)。このような偽書が作られたのは、『類聚三代格』の写本が早く散逸して完本が伝来しなかったことと関係があるかも知れない。

(1)　なお国史大系本『類聚三代格』のなかには、転写の間に追筆されたものも含まれている。例えば、貞観十二年十二月二十五日官符(二四九・二七二・二七二・三三二・三四四頁)は前田家本にのみ見えるが、形式が他の格と異なること、このうちの一つが『政事要略』(四五九頁)に「格後」と注記されていることなどから、本来の『類聚三代格』にはなく追筆されたものと推定される。

（2） 例、延暦二十一年十月二十二日官符「応下弾正台所二弾移一諸司官人准レ犯貶降上事」（六二九頁）は『弘仁格抄』によると式部格（式上33）と刑部格（刑3）とに収録されているが、類聚する際には式部格だけを収録している。なお『弘仁格』の式下70と民上14は同一の格なのにどちらも『三代格』に収録されているが（三六九頁・三七三頁）、これは事書が異なっているために内容も異なると誤解して二つとも採ったのであろう。

（3） 『貞観格』序に「弘仁十一年四月廿一日、施行格十巻」とあるが、『弘仁格抄』の末尾に「弘仁十一年四月廿一日」とあるので弘仁十一年四月二十一日は施行の日ではなく撰進の日と推定される。施行時期については、虎尾俊哉『延喜式』（吉川弘文館、一九六四年）のように、格は撰進後間もなく施行されたとも考えられるが（同書三八頁以下）、天長七年十一月十七日に格式頒行の官符が出ていること（『三代格』『類聚国史』）や、天長七年暮から翌八年初にかけて格式の編纂関係者の叙位が行われていること（『類聚国史』）などから、天長七年施行と考えた方が自然である。なお『弘仁格式』は施行直後の天長七年閏十二月七日に「修撰之後、改張諸事」や「紕繆遺漏等」を上申するよう諸司に命じ、その結果承和七年四月二十三日に「改正遺漏紕繆格式」を頒行している（『三代格』五三三頁）。現存の『弘仁格抄』や『類聚三代格』所収の『弘仁格』はこの「改正遺漏紕繆格式」であろうと推測されるが確証はない。

（4） 坂本太郎「延喜格撰進施行の年時について」（『日本古代史の基礎的研究 下』所収）参照。

（5） 『弘仁格』雑20は「一聴レ運二九箇使料米一事／一聴レ運二位禄季禄料米一事」の二項からなるが、前者は「公粮事」の類に（二七六頁）、後者は「位禄季禄時服馬料事」「公粮事」の二つの類に重複して（二五四頁・二七八頁）収録されている。

（6） 例、注（5）に引用した『三代格』二五四頁の大同四年正月二十六日官符（一聴レ運二位禄季禄料米一事）の中の「大宰府解」「太政官去延暦十二年八月十四日符旨」は『弘仁格』に収録されていたときには「同前解」「同前符旨」とあったことが、二七八頁の格文との比較によって知られる。

（7） 前田家本（享禄本と通称される巻子本、前田家にはこの他に冊子本も数種所蔵されているが、以下単に前田家本というときにはこの巻子本を指す）が異系統の写本の取り合せ本であることは、写本を見れば、筆跡・紙質の多様なこと、巻によって分量が著しく不均衡なことから明白である。なお飯田瑞穂氏の御教示によれば、巻七・十七・十八（及びこの他に数巻）

は元禄十六年頃、三条西家の蔵であったことが尊経閣所蔵の『書札類稿』によって知られるので、前田家本の取り合せは、既に三条西家で行われ、取り合せ本として前田家に買い取られたものかも知れない。

(8) 宮内庁書陵部には徳川義直の蔵書印のある尾張徳川家旧蔵本が収蔵されている。弘化刻本とこの尾張徳川家旧蔵本との関係を明示する史料はないが、延暦十九年十一月三日官符(二四頁)について、書陵部蔵の尾張徳川家旧蔵本と弘化刻本とが共に「太政官符」の四字を落しているのに、金沢文庫本の忠実な転写本と考えられる鷹司本(宮内庁書陵部蔵)には「弘神太政官符」とあるのが注目される。

(9)『弘仁格抄』の神祇格の大部分が欠失しており(しかも十二巻本巻一は殆ど神祇格)、また前記のように一つの格が分割して類聚されたりしているので、正確な計算は難しいが、四割三分～四割五分の間であることは動かない。なお『弘仁格』の収録数が『三代格』の巻によって非常に差のあることは後述する。

(10)「類聚三代格　三十巻」という『書籍目録』の記載は、或は『西宮記』巻十、殿上人事の「奉行之輩、可設備文書」のなかの「三代格　各十巻、今案或有十二巻」と関係があるかも知れない(飯田瑞穂氏の御教示による)。

(11) 巻十二「禁制事、断罪贖銅事」の後に、三代の格の雑格や臨時格などを収めた巻があったのではないか、という疑問は当然起ってくるが、『弘仁格抄』巻十雑格の殆どが『三代格』の残存部分に収められており、残るものも巻十二迄の欠失部分に収録されていたと推定されること(後述)、貞観臨時格・延喜臨時格が巻十二迄に多数収録されていること、などからその可能性は非常に小さい。

(12) 宮内庁書陵部蔵の鷹司本は金沢文庫本の忠実な転写本と推定され、巻一・三・五・七・八の五巻には金沢文庫本の本奥書を収めている(巻十二は金沢文庫本自体に奥書なし)。このうち巻一・七・八の本奥書は流布本には全く見えず、巻三の本奥書は流布本の誤脱を補訂するもので、極めて貴重な史料である(宮内庁書陵部編『図書寮典籍解題』続歴史篇参照)。流布本が慶長年間に徳川家康が書き写させたものの系統であるのに対して、鷹司本はそれとは別の系統のもので、流布本の誤りを直しうる箇所も多い。

(13) 但し刊行された計六巻のうち亨禄年間の書写は巻四・十の二巻のみで、他は江戸時代の写本らしい。

(14)『本朝法家文書目録』は「釈奠事」を欠いているが、これは『本朝法家文書目録』の伝写の間の脱落であろう。

(15) 国史大系本では伏見宮本の時の虫損と享禄本に書写した後の虫損とを区別していないが、享禄本には伏見宮本の虫損部分をその字数分だけ空白としているところが非常に多い。例えば天平三年九月十二日格(三五七頁)の欠字部分は既に伏見宮本になかったものである。

(16) 巻初の方は外側となるため最も欠損し易い部分である。なお伏見宮本の巻四が上下の二軸に分れていたかどうかは確認できないが、たとえ一軸であったとしても虫損のためにいくつかの断簡に分かれていたのであろう。

(17) 巻四に目次があること、「加二減諸司官員一并廃置事」の上に「二」と朱書のあることは、本文の推定の妨げとなるが、本来の伏見宮本にはなかったのを、巻四として独立させたために後から加えた(目次は本文から作った)と考えれば説明がつく。なお三条西公条が伏見宮本を書写する際、巻十・四の順で続けて書写したことが奥書及び裏面の具注暦によって知られる。

(18) 前田家本の巻一・二・五は各々上下二軸に分かれており、また金沢文庫本(十二巻本)の現存巻である巻五・十二も本来は一軸であったらしいが、後に上下二軸に分けられている(橋本義彦氏の御教示による)。

(19) 目次が上巻分だけであることに若干問題が残るが、これも伏見宮本で既に目次部分が虫損していたので本文の各類の題目から目次をつくったと考えれば一応説明はつく。

(20) 享禄本の巻四は虫損が著しく、多くの断簡に分断されているが、幸いこの巻は大永二年八月～十二月、大永五年正月～二月の具注暦の裏を利用して書かれているので、具注暦の日付を手懸りとして多数の断簡を整理・配列することが出来る。この結果、巻四のなかでも前半の「廃置諸司事」が特に欠損が著しく約半分が失われていることがわかり(但し『令集解』などによって補える部分もあり)、また前田家本(及びそれに従った国史大系本)の配列に混乱のあることも確認される(国史大系本の配列の修正箇所を列挙すれば、(イ)「一四九頁五行目(「右……」以下)～一二行目」は一五八頁の二行目と三行目の間に移す。(ロ)「一五五頁一五行目～一五六頁一五行目」と「一五七頁一〇・一一行目」は一五〇頁の六行目と七行目の間に移す。(ハ)「一五七頁一四行目～一五八頁二行目」と「一五七頁一行目～八行目」は場所は確定できないが「廃置諸司事」の欠損部分に入るらしい)。特に異なった二つの格文が誤って一つの格にされている場合のあることは十分注意しなければならない(天長元年□月十日格〈一四九頁〉は中間の欠失部分を境として前後別々の格である〈前掲(イ)参照〉。また間違いの原因が既に伏見宮本の虫損にもあった例としては笹山晴生「中衛府設置に関する類聚三代格所載勅について」『続日本紀研究』二―九参照)。

(21) (イ)兵10 21(前田家本残簡〈六四九頁〉に兵10の一部分あり。兵21については本文で後述する)。(ロ)式上8 式下43 44 45 46 47 48 49 50 51。(ハ)式上62 63 64 67 70 71 72 73 77 78 81 82 85 86 88 89 90 式下54 55 56 57 58 59 60 61 62 64 66 67 兵30 32 33 34 35 36 37 38 39 40 42(式上64は(ヘ)にも、式上78は(ロ)にも入ったかも知れない。兵40は四項目のうち最初の一項は『三代格』残存部分にあり)。(ニ)式上23 24 25 26 式下23 民下25(式下23は(ホ)に入ったかも知れない)。(ホ)式下17 18 19 (20) (21) 22 24 25 26(式下17は(ハ)に入ったかも知れない)。(ヘ)式上35 36 83 兵8 9 11 12 13 27 弾4 5 雑1 2 3 4 5。

(22) なお『弘仁格抄』の全格数とそのうち『三代格』の残存部分に収められている格数との比率約八割四分(注(9)でも説明したように正確な計算は難しいが誤差は一分程度)が欠失部分から推定される比率約九割より若干低いことから十二巻本にも巻十三以下(二十巻本ならば巻二十一以下)があったのではないかとの疑いも一応は可能だが、(A)現存『三代格』にない格が欠失部分にうまく入りそうなこと、(B)『弘仁格』の収録率が巻によって著しく異なること(例、『弘仁格抄』の治部に脱落があるらしいことを考慮しても、十二巻本巻二は非常に少ない)、(C)特に数の多い選叙考課関係の格は、同一の格が式部格と兵部格に重複して収録されているものが多いらしいが(例、式下57と兵35、式上88と兵38、式上90と兵34)、類聚する際には一方だけが収録される可能性が強いこと等から、私はやはり十二巻(二十巻)で完結していたと考える。

(23) 『令集解』に引用された格は、(イ)令釈・古記などの諸説に引用されたもの、(ロ)諸説を編集したあとで(おそらく編者が)『弘仁格』から引載したもの、(ハ)『令集解』の成立後に追加されたもの、の三つに分かれるが、(ロ)は『弘仁格』の格文を――該当令文に関係のない部分だけを除いて――忠実に引用している。従って一つの格がその都度関係のない部分だけを除いて数か条に重複して引用されている場合も多い(なお『令集解』と『弘仁格抄』との関係については、東大大学院の『令集解』演習における鬼頭清明氏の報告から貴重な示唆を得た)。拙稿「墾田永世私財法の変質」(『日本社会経済史研究』古代中世篇所収)参照。なお鬼頭氏の御見解は「令集解所引格と弘仁格について」『大和文化研究』一三―三、一九六八年(『古代木簡の基礎的研究』塙書房、一九九三年)に発表されたので参照されたい(校正時追記)。

(24)『政事要略』や『令集解』に引用された格文は、厳密にいえば三代の格の逸文であって『類聚三代格』の逸文ではないが、その差異は形式的なものと推定されるので(第一節参照)、本文では問題にしなかった。

(25)⑫内舎人の人員に関する部分が『令集解』の該当条(六三頁)に引用されていないことからも知られるように、『令集解』の『弘仁格』の引用の仕方はそれほど画一的・規則的なものではないから、『令集解』画工司条(七四頁)にこの格が引用されていないことは、この部分の復原を否定する根拠にはならない。

(26)享禄本書写の際に伏見宮本の虫損部分を空白として示したところも多いが(注(15)参照)、誤って虫損部分をつめて書写した場合もあるので(笹山氏前掲論文〈注(20)所引〉参照)、欠失のスペースがないことだけでは『三代格』の原文になかったとは言えない。

(27)「其内兵庫併二左右兵庫一」という内容も、式部格(正月二十日詔)よりは兵部格(正月二十五日詔)にふさわしい。

(28)明治十七年刊の『享禄本類聚三代格』は采女司と内兵庫に関する部分は傍に注記するにとどめている。写本への忠実度において国史大系本が『享禄本類聚三代格』より後退している例が他にもあるのは残念なことである。

(29)なお『類聚国史』によれば、大同三年正月二十日詔には「隼人司併二衛門府一」という項もあったことが知られる。内容は兵部省関係なので、弘仁格に収録するとすれば「内兵庫併二左右兵庫一」と並んで兵21のなかに記すことになったであろうが、隼人司は大同三年八月庚戌に復置されたので(『日本後紀』)、『弘仁格』編纂の際には采女司と同様に削除されたと推定される。ただ残念なことに兵21の大同三年正月二十五日詔は現存の『類聚三代格』では欠失しているので確認出来ない。

(30)三代の格に収録されるかどうかがその詔勅・官符等の現実的な効力に影響したことは元慶三年七月九日官符(五〇五頁)参照。

(31)『貞観格』の序文では、『貞観格』は『弘仁格』編纂以後の弘仁十一年～貞観十年の格を収録したことになっているが、『類聚三代格』の弘仁五年五月八日詔(五一一頁)の鼇頭には「貞臨」とある。この詔は有名な嵯峨源氏の賜姓に関するもので、『日本紀略』や、『河海抄』に引かれた『日本後紀』の逸文にもみえ、年月日に間違いはない。とすると鼇頭の誤写でやはり『弘仁格』であろうか。ところがこの格は『弘仁格抄』にもみえない。『弘仁格抄』には巻首の欠失のほかにも処々に脱落があった可能性があるので、『弘仁格抄』にみえないことが『弘仁格』になかった確証とはならないが、この格の場合には『弘仁格』になかった可能性が濃い。恐らく『弘仁格』の編纂者は臨時的なものとして『弘仁格』には収めなかったのであろう。しかし『貞観格』編纂の際には、正規の格とするには弱いが先例としては大切なものなので、弘仁十年以前の詔ではあるが、敢えて臨時格として編入したのであろう。

(32)『弘仁格抄』には「可レ校二合類聚格一、委細之旨、不レ能二註載一、篇目許註之」という注記もみえる。瀧川氏前掲論文参照。

(33)『右文故事』には温古堂(和学講談所)に第二巻一冊が収貯されているとの記述があるが、恐らくは前田家本巻二と同系統の十二巻本であろう。

(34) 荷田春満『偽類聚三代格考』。なお布施弥平治「類聚三代格の一異本について」(『法制史研究』四、一九五四年)も同じ問題を扱っているが、春満の労作を参照されていないのは遺憾である。

(附記)

東山御文庫本と尊経閣文庫本の調査については橋本義彦氏と飯田瑞穂氏の御助力を得た。ここに記して感謝の微意を表したい。

索　引

日本史研究会史料部会『類聚三代格索引』一九五九年

参考文献

和田英松『本朝書籍目録考証』明治書院、一九三六年
笹山晴生「中衛府設置に関する類聚三代格所載勅について」『続日本紀研究』二―九、一九五五年(『日本古代衛府制度の研究』東京大学出版会、一九八五年)
岩橋小弥太「格式考」(『上代史籍の研究』第二集所収、吉川弘文館、一九五八年)
石母田正「古代法」(『岩波講座日本歴史』4所収、岩波書店、一九六二年)(『日本古代国家論 第一部』岩波書店、一九七三年)
坂本太郎「延喜格撰進施行の年時について」(『日本古代史の基礎的研究 下』所収、東京大学出版会、一九六四年)
同「律令の変質過程」(同右)

同　　　「史料としての六国史」（『日本古代史の基礎的研究　上』所収、東京大学出版会、一九六四年）
瀧川政次郎「九条家弘仁格抄の研究」（『法制史論叢　第一冊　律令格式の研究』所収、角川書店、一九六七年）
吉田孝「墾田永世私財法の変質」（寶月圭吾先生還暦記念会編『日本社会経済史研究　古代・中世篇』所収、吉川弘文館、一九六七年）（『律令国家と古代の社会』岩波書店、一九八三年）
渡辺寛「類聚三代格の基礎的研究」『芸林』二〇―三、一九六九年
渡辺寛「類聚三代格の成立年代」『皇学館論叢』二―三、一九六九年
飯田瑞穂「『類聚三代格』の欠佚巻に関する一史料について」『日本歴史』二七〇、一九七〇年〔『飯田瑞穂著作集3　古代史籍の研究　中』吉川弘文館、二〇〇〇年〕

（追記）

本稿成稿後、渡辺寛氏の「類聚三代格の基礎的研究」「類聚三代格の成立年代」と題する優れた論考に接し、本稿の不備な次の諸点を修正又は加筆した。㈠前田家本巻十六の類目に附された頭朱書の数字を私が見落していたため、この巻が十二巻本の巻九・十のいずれにあたるか確定できなかったが、渡辺氏の綿密な調査によって十二巻本の巻九に相当することが明らかになったので、その成果をそのまま利用させていただいた。㈡また前田家本の「巻第十三」は従来は「十二」と誤読されてきたが、これも渡辺氏の調査結果を利用させていただいた。ただ残念なことに、前田家本巻十の処理については渡辺氏と意見を異にするので、本来ならば拙稿第二節を総て削除し渡辺氏の結論だけを引用させていただけばよかったのだが、結論の相違の由来を明らかにするために、拙稿の推論の過程もそのまま残し、諸賢の御批判を仰ぐことにしたい。㈢『類聚三代格』の成立年代についての渡辺氏の御研究の成果もほぼそのまま引用させていただいたが、ただ『本朝法家文書目録』所収の「類聚三代格目録」が「延長のころ編纂に着手されるも全き形には完成せず未完のまゝになつてゐた『類聚三代格』の目録ではなからうか」（前掲論文、三七頁）との御推論には理解できない点がある。三代の格を類聚するという作業を具体的に想定してみると、未完の目録が現存の『類聚三代格』の類目に酷似するということは殆どありえないのではなかろうか。第七以下が欠失しているのはやはり伝写の間の脱落と考えた方が自然だと思う。実はこの目録の史料的性格の理解の相違が、先述の『類聚三代格』

の復原結果の違いともなっているので、『本朝法家文書目録』の史料学的研究が問題解決の鍵となるかも知れない。なお渡辺氏は『類聚三代格』について包括的な研究を行われたと伺っているので、今後の氏の研究成果の御発表によって、拙稿の誤りや不備な点が明らかになると思われる。渡辺氏の今後の御発表論文もぜひ参照されたい。

（昭和四十四年十月記）

（追記―その二―）

飯田瑞穂氏の最新の御研究「『類聚三代格』の欠佚巻に関する一史料について」によって、二十巻本の巻九と巻十七の前半の欠失部分の内容を推定する貴重な新事実が発見されたので、拙稿の「三　欠失部分の復原」の該当箇所を校正の際に訂正・加筆した。詳しくは飯田氏の御論考をぜひ参照されたい。

（昭和四十五年八月記）

［補記］（第二刷）

『国史大辞典』14巻（吉川弘文館、一九九三年）の「類聚三代格」（熊田亮介執筆）には、『国史大系書目解題』上巻刊行後の研究成果をふくめて、簡にして要を得たすぐれた解題が記されているので、ぜひ参照されたい。なお、その後に刊行された『神道大系、古典編十、類聚三代格』（関晃・熊谷公男校注、神道大系編纂会、一九九三年）は、巻一〜三と、巻四以降の宗教関係の格を収録し、的確な校注が付されている。また三代の格の研究も、鎌田元一「弘仁格式の撰進と施行について」（『古代国家の形成と展開』吉川弘文館、一九七六年）（『律令国家史の研究』塙書房、二〇〇八年）、川尻秋生「平安時代における格の特質」（『史学雑誌』一〇三編一号、一九九四年（『日本古代の格と資財帳』吉川弘文館、二〇〇三年）をはじめ、すぐれた研究がたくさん発表されている。

（平成十三年七月）

名例律継受の諸段階

一　問題の所在

残存する養老律写本の形式を、『宋刑統』や『故唐律疏議』から推定される唐の律・律疏の形式と比較しながら検討してみると、まず名例律冒頭の五罪・八虐・六議の部分に著しい特色があることに気がつく。第一に、五罪（笞罪・杖罪・徒罪・流罪・死罪。以下この五つを五罪と略称する）の部分の書式が、唐の律・律疏のいずれとも異なり、また養老律の他の部分とも著しく異なっていることである。養老律写本は——二節で詳説するように——一般には唐律の本文・本注に相当する部分を大字とし、唐律の疏に相当する部分を小字二行割としているが、五罪の部分については、唐律の本文に相当する部分の一部と、唐律の本注に相当する部分を小字二行割としている（唐律の疏に相当する部分はない）。即ち図1について、まず養老律の一般的書式に則っている八虐の部分をみると、

一曰。謀レ反。謂。謀レ危二国家一。　謂。臣下将レ図二逆節一。而有レ無レ君之心。不三敢指二斥尊号一。故託云二国家一。

というように、唐律の本文に相当する「一曰謀反」と、唐律の本注に相当する「謂謀危国家」とを大字とし、唐律の疏に相当する「謂臣下将図逆節……」を小字二行割としている。ところが

笞罪五　笞十贖銅一斤　笞廿贖銅二斤　笞卅贖銅三斤　笞卌贖銅四斤　笞五十贖銅五斤

の部分は、唐律の本文に相当する「笞罪五」は大字とするが、同じく唐律では本文に相当する「笞十」「笞廿」……「笞五十」は小字二行割とし、唐律の本注に相当する「贖銅一斤」「贖銅二斤」……「贖銅五斤」も小字二行割としている。養老律の一般的書式を、もしこの五罪の部分に適用すると、「笞十贖銅一斤」とか「絞斬二死贖銅各二百斤」

という重要な規定が、全て疏でしかないという不自然なことになってしまう。(1) 五罪の部分の書式だけが、何故このように他の部分と著しく異なっているのかが、まず第一の問題となる。五節で詳述するように、この五罪の部分の書式は、養老律令のなかでももっとも日本的な規定と推定される神祇令の仲春条～季冬条、即ち四時の公的諸祭を列挙した部分の書式に近似していることにも注目しておきたい。

第二に、養老律写本では、五罪・八虐・六議の規定の後に、

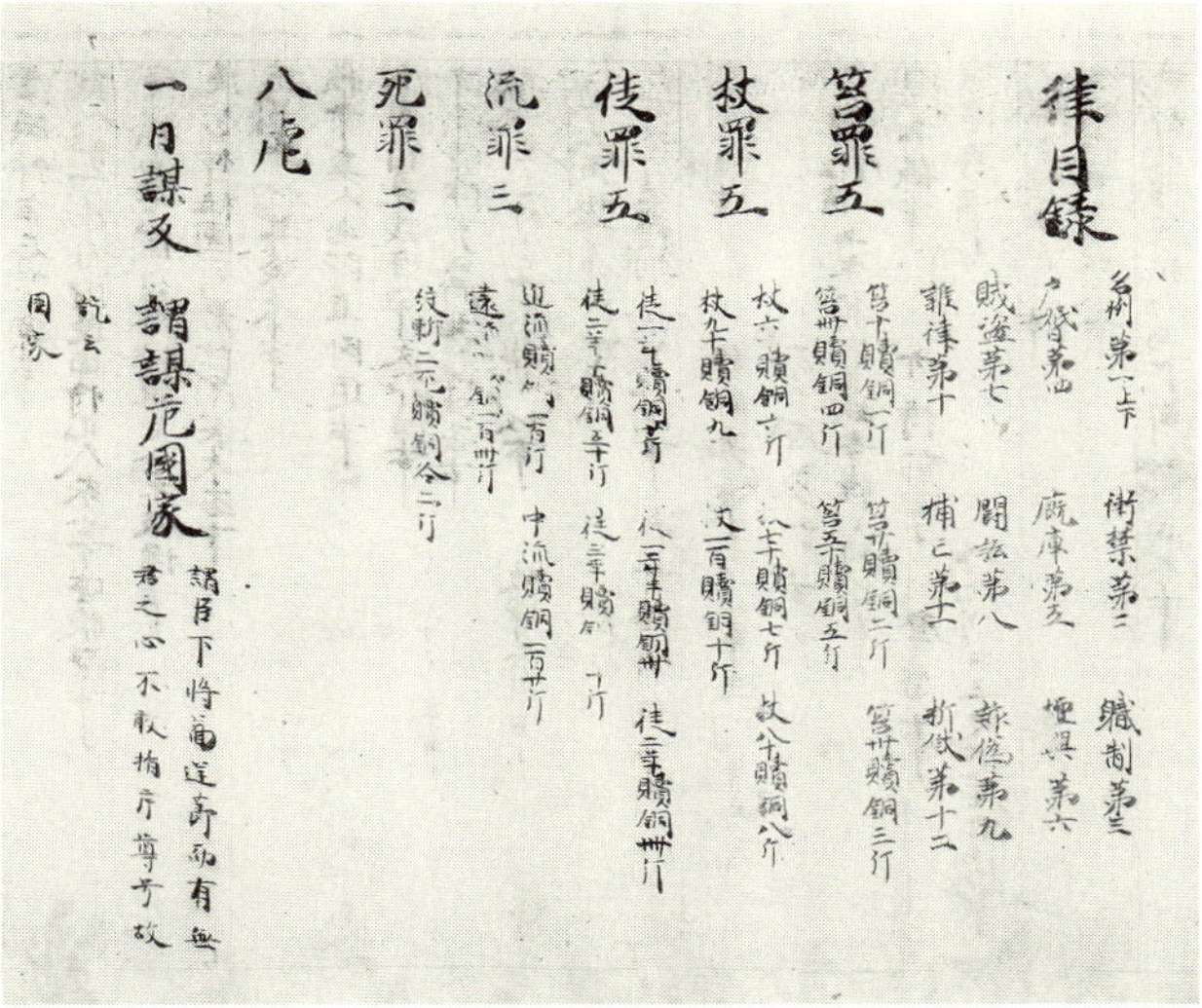

図1　谷森本名例律写本(宮内庁書陵部蔵)

名例律第一　凡弐拾伍条

とあり(図2参照)、次に議条以下の「名例上」(『本朝法家文書目録』によれば、養老律十巻の巻次は「第一名例上第二名例下」)に相当する丁度二十五条が列挙されている。したがって養老律では五罪・八虐・六議の部分は名例律の条文数から除かれていたと推定される。(2) ところが『故唐律疏議』の名例律篇目疏には「爰至二北斉一、併二刑名・法例一為二名例一」とか、「名者五刑之罪名、例者五刑之体例」とあるので、唐律では五刑(養老律の五罪にあたる)は、当然名例律の中に含まれたと推定される。右の名例律篇目疏は、滋賀秀三氏の注解によれば、㈠刑法の存在理由、㈡法官・法律の起源、㈢「律」の字義、㈣「疏」の字義、㈤刑法典、とくにその名例篇の沿革、㈥「名例第一」の字義、㈦律疏撰定の由来、の凡そ七段からなり、名例律だけでなく律疏全体の解題ともなっているが、㈥に「名例第一」の字義を、

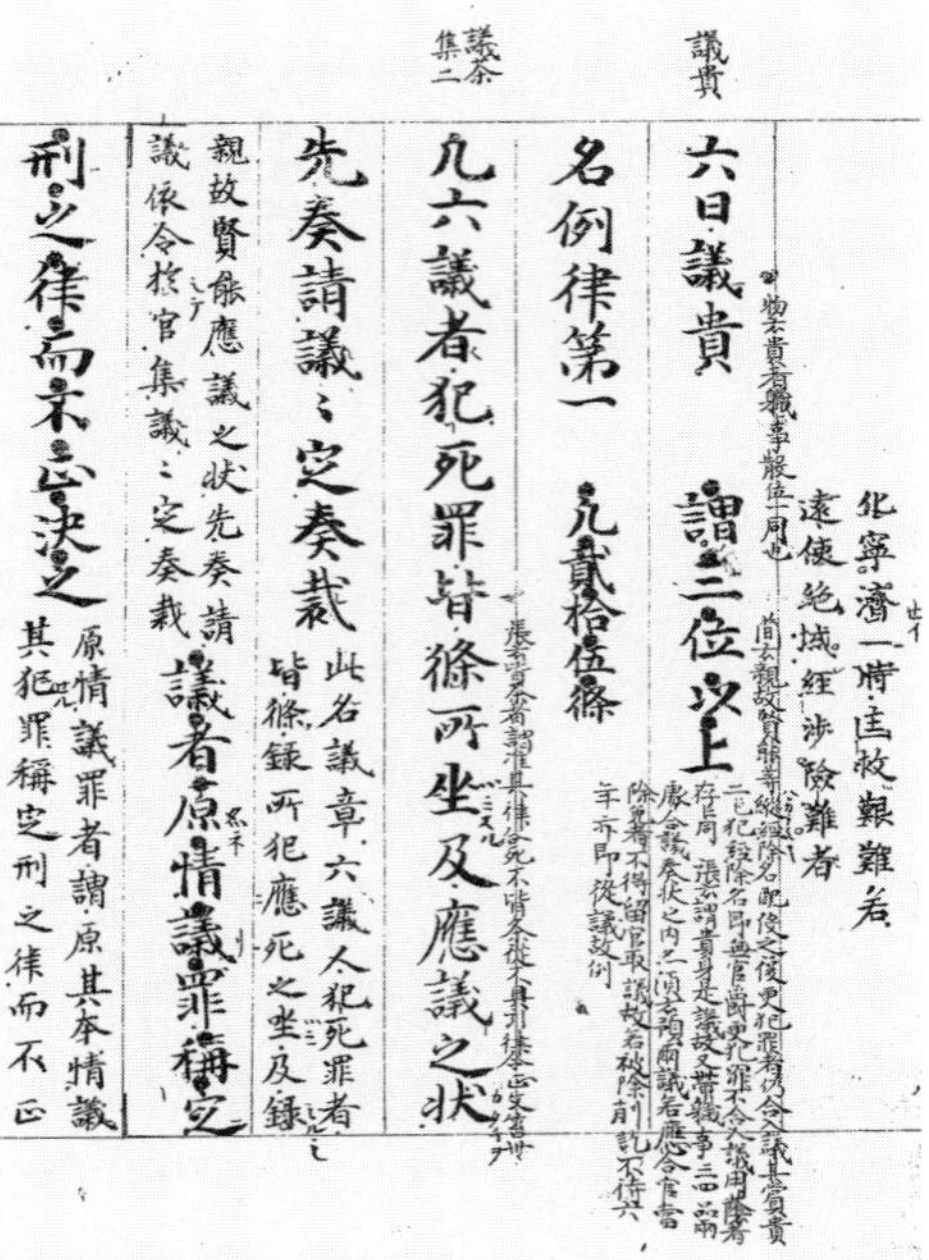
化寧濟一時匡救艱難若遠使絶域經涉險難者
議貴
六日議貴　謂三位以上
議叅集二
名例律第一　凡貳拾伍條
凡六議者犯死罪皆條所坐及應議之状先奏請議議定奏裁
此名議章六議人犯死罪者皆條録所犯應死之坐及録親故賢能應議之状先奏請議依令於官集議議定奏裁
議者原情議罪稱定刑之律而不正決之
原情議罪者謂原其本情議其犯罪稱定刑之律而不正

図2　田中本名例律影写本
（東京大学史料編纂所蔵）

名者五刑之罪名、例者五刑之体例。名訓為レ命、例訓為レ比。命二諸篇之刑名一、比二諸篇之法例一。但名因レ罪立、事由レ犯生。命レ名即刑応、比レ例即事表。故以二名例一為二首篇一。第者訓レ居訓レ次、則次第之義、可レ得レ言矣。一者太極之気、函レ三為レ一。黄鍾之一、数所レ生焉。名例冠二十二篇之首一、故云二名例第一一。

と説明している。したがって現在の『故唐律疏議』にはないが、開元二十五年「律疏」には名例律篇目疏の前に「名例第一」という首題があったと推定される（滋賀秀三「訳註唐律疏議(一)」『国家学会雑誌』七二巻一〇号、一九五八年）。残存する「律疏」の写本について、首題・奥題を調べてみると、北京図書館文書河字一七号の開元二十五年「律疏」の写本の末尾には「律疏巻第二名例」とあるが、前欠のため首題は不明である。そこで唐の律疏を手本とした養老律写本の首題と奥題をみると、

（首　題）	（奥　題）
名例律第一 凡弐拾伍条	律巻第一 名例
（衛禁律前欠）	律巻第三 衛禁（ママ） 職制
職制律第三 凡伍拾陸条	
賊盗律第七 凡伍拾参条	律巻第七

とある。またペリオ文書三六〇八・三二五二号の「律」写本(内藤乾吉「敦煌発見唐職制戸婚廐庫律断簡」『中国法制史考証』有斐閣、一九六三年所収、によれば、則天武后の時代に書写された永徽律——ただし垂拱の改正が若干加わっているかも知れない——の写本と推定される)の各篇の首に

戸婚律第四凡肆拾陸条

廐庫律第五凡弐拾捌条

とあるのを参照すると、先の北京図書館文書河字一七号の開元二十五年「律疏」の首題・奥題は

(首題)名例律第一凡某拾某条

(奥題)律疏巻第一名例

とあった可能性が強く、名例律篇目疏の前とその巻の末には

(首題)名例律第一凡某拾某条

(奥題)律疏巻第一名例

とあった可能性が強いと思われる。永徽「律疏」もおそらく同じであろう。ただ名例律篇目疏には「名例第一」とあるので、あるいは「名例律第一」の「律」字はなかったかも知れないが、「律」の字義については名例律篇目疏の前の方(滋賀氏の分類の㈢)で述べているので、㈥の部分では、字義を説明した「名」「例」「第」「一」だけをつなげて「名例第一」とした可能性もある。いずれにしろ唐の律・律疏では、五刑・十悪・八議の前に「名例(律)第一凡某拾某条」という首題があったことは、ほぼ間違いないと思われる。そしてその条数の中に、五刑・十悪・八議の条が——何箇条に数えられたかは問題であるとしても(3)——全く数えられなかったとはとても考えられない。このように唐律では当然名例律の条数のなかに数えられていたと推定される五罪・八虐・六議の部分を、何故養老律は条文数から除いているのかが第二の問題となる。五罪・八虐・六議の部分は、項目を列挙したものなので、「凡」ではじまる一般の諸条とは文体が異なるために条文数から除かれたのではないか、という疑いも一応は生ずる。しかし先にも一寸ふれ

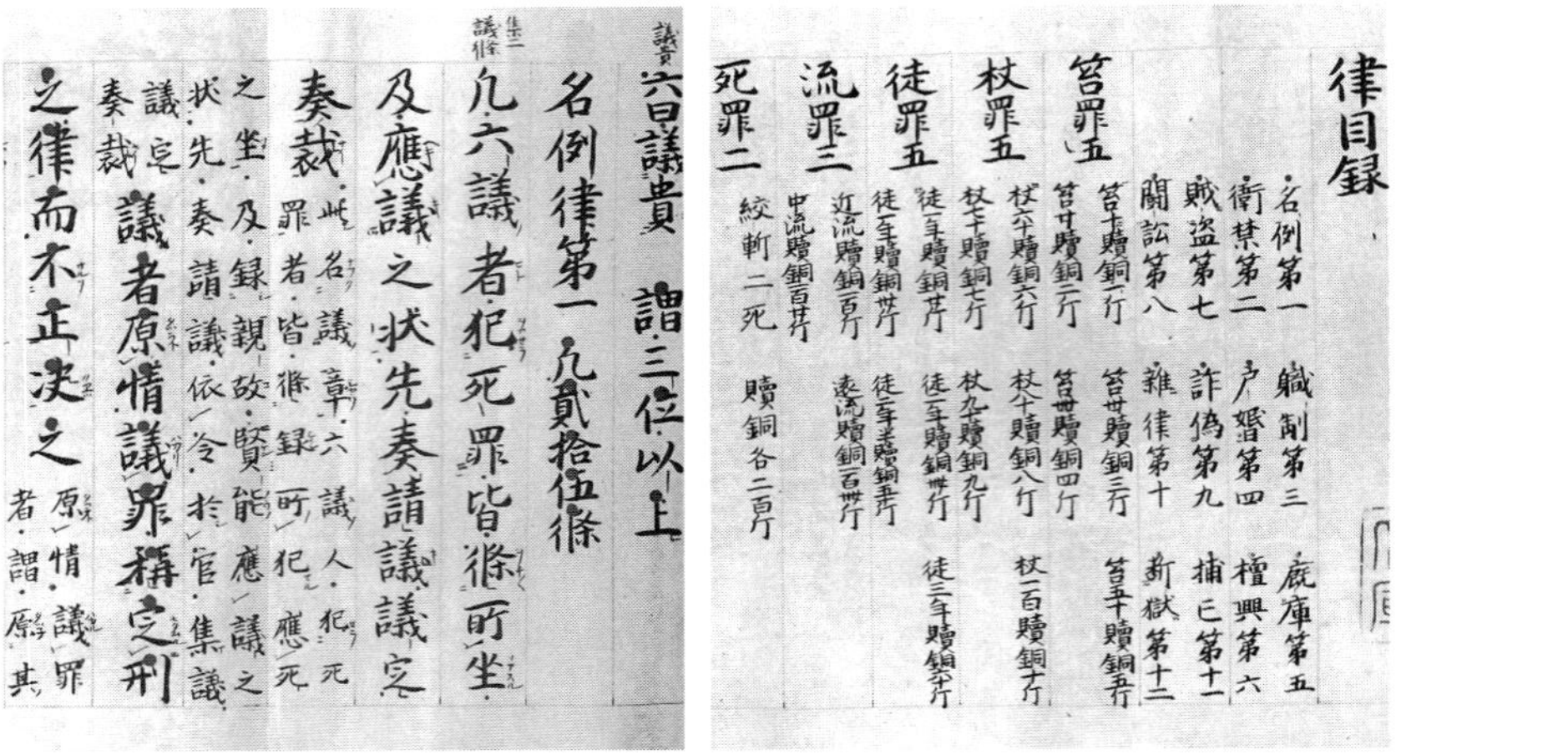
律目録
名例第一　職制第三　廐庫第五
衛禁第二　戸婚第四　擅興第六
賊盗第七　詐偽第九　捕亡第十一
闘訟第八　雑律第十　断獄第十二
笞罪五　笞十贖銅一斤　笞卅贖銅三斤　笞五十贖銅五斤
笞廿贖銅二斤　笞卌贖銅四斤
杖罪五　杖六十贖銅六斤　杖八十贖銅八斤　杖一百贖銅十斤
杖七十贖銅七斤　杖九十贖銅九斤
徒罪五　徒一年贖銅廿斤　徒二年贖銅卌斤　徒三年贖銅六十斤
徒一年半贖銅卅斤　徒二年半贖銅五十斤
流罪三　近流贖銅一百斤　遠流贖銅百卌斤
中流贖銅百廿斤
死罪二　絞斬二死　贖銅各二百斤
六曰議貴　謂三位以上
名例律第一　凡弐拾伍條
凡六議者犯死罪皆條所坐
及應議之状先奏請議議定
奏裁
議者原情議罪稱定刑
之律而不正決之

図３　紅葉山文庫本名例律写本（国立公文書館内閣文庫蔵，『内閣文庫所蔵史籍叢刊　古代中世篇１　律・令集解（一）』汲古書院，2014より）

たように、神祇令仲春条〜季冬条（2条〜9条）も形式的には五罪の諸条と近似しており、同様の例としては、考課令の善条（3条〜6条）、最条（7条〜49条）や、公式令平出条（23条〜37条）がある（日本思想大系『律令』岩波書店、一九七六年、神祇令頭注☆、考課令補☆b、公式令補23ａ参照）。これらの諸条はいずれも「凡」で始まる一般的な律令の条文とは異なり、むしろ五罪・八虐・六議の形式に類似しているにも拘らず、いずれも神祇令・考課令・公式令の条数のなかに数えられている。したがって、五罪・八虐・六議の部分が名例律の条数から除かれているのは、「凡」で始まる諸条との形式的な違いによるとは考え難いのである。

このように五罪・八虐・六議については、㈠五罪の部分の書式が著しく他と異なる、㈡五罪・八虐・六議の部分は名例律の条文数のなかに数えられていない、という二つの大きな特色があるが、この二点は、たまたま残存した写本の誤写等によるものではなく、養老律写本の本来の形式であったと推定されることを、次に確認しておきたい。まず㈠の根拠としてあげた図１の宮内庁書陵部蔵の谷森本名例律断簡は、『吉部秘訓抄』の紙背に伝えられたもので、律が書写されたのは鎌倉時代初期を降らない時期と想定されている。また㈡の根拠としてあげた図２

の田中光顕旧蔵名例律上は、原本は焼失したと伝えられ、現在は東京大学史料編纂所の影写本によってしか見られないが、末尾には、大治四年(一一二九)に明法博士となった小野有隣が、外祖父にあたる明法博士菅原有真のもっていた写本を忠実に書写した旨の奥書がある。写本の細部を検討してみると二つの写本は異系統と推定されるが、残念ながら谷森本は(二)に関する部分を、田中本は(一)に関する部分を欠いている。ところが、谷森本・田中本のいずれとも異系統と考えられる内閣文庫蔵旧紅葉山文庫本の名例律上には、(一)・(二)のいずれの部分も残存している(図3)。同書は江戸初期に金沢文庫本を臨摹したものであるが、その臨摹のしかたは親本にかなり忠実で、金沢文庫本のおもかげをよく伝えていると考えられている。そして、この紅葉山文庫本の該当箇所を先の谷森本・田中本と比較してみると(一)については、小字二行割の部分の配列の仕方が縦列式か千鳥式かという違いはあるが——この点については五節で詳説する——(一)にあげた特色は完全に一致しており、(二)についても全く同じである。このように(一)・(二)の特色は、それぞれ異系統の写本に共通するものであるから、養老律写本の本来の特色であったと推定される。では何故養老律写本の冒頭の部分は、このように他の部分との均整を欠いた、不自然な形をもっているのであろうか。以下、この疑問を少しずつ解明してゆきたいが、本論に入る前に、まず立論の前提となる唐の律令の書式や日本の律令の一般的な書式について概観しておきたい。

二　律令の一般的書式

ペリオ文書三六〇八・三二五二号の二断簡は、則天武后の時代に書写された永徽律の写本と考証されているが、この写本は律本文に対して本注の部分を小字二行割で記している(次頁図4)。またスタイン文書(Ch. 0045)の捕亡律16～18条の断簡も同じように本注を小字二行割とするので、おそらく「律」の書式は——永徽律だけでなく唐律一般に——本注を小字二行割とするものであったと推定される。またスタイン文書の職員令断簡も本注を小字二行割として

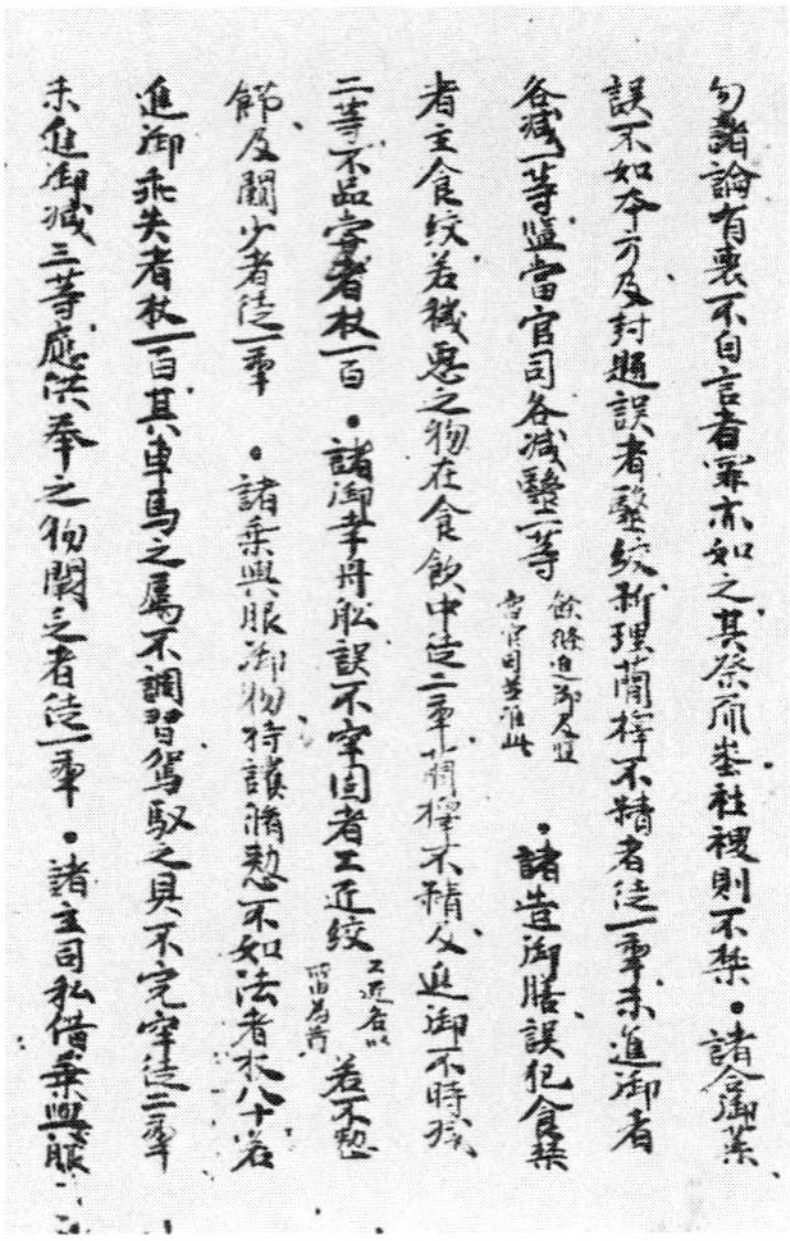

図4　(永徽)職制律
(ペリオ文書3608号)

いるので、唐の「令」も同じ書式であったと推測される。即ち、唐の「律」「令」は、ともに本文を大字とし、本注を小字二行割とする書式をとっていたと考えられる。

次に「律疏」の書式について。残存する律疏の写本には、異なった二つの書式のものが発見されている。いま仮にA型・B型と呼ぶと、A型はペリオ文書三六九〇号の職制律疏の断簡で、後掲の図5のように、㈠各条の最初の「諸」字を一字上げる。㈡本文と本注とを同じ大きさで書き、全く区別しない(「工匠各以二所由一為レ首」の部分は、前掲の職制律及び『宋刑統』『故唐律疏議』のいずれも注文とする)。㈢疏は小字二行割で書く、という三つの特色がある。B型はペリオ文書三五九三号の名例律疏巻一、北京図書館文書河字一七号の名例律疏巻二などで、㈠本文・本注・疏を同じ大きさで書くが、㈡本注の部分は「注云」、疏の部分は「議曰」と書き出して本文の部分と区別する、という特色がある。このA・B二つの書式のうち、B型に属する律疏は内容から開元二十五年律疏と推定されているが、A型の律疏は内容からその年次を明らかにすることができない。ただ左掲(図6)の養老律の写本をこのA型の文書(図5)と比較すると、㈠を除き㈡・㈢は全く同じであるから、少くとも日本に舶載され、日本律の手本となった永徽律疏が、A型かまたはそれに近いものであったことだけは間違いないと思われる。

さて以上のような唐の律・令及び律疏の書式を念頭において、日本の律令の書式を検討してみたい。まず「令」について。「令」そのものの写本は残されておらず、残存するのは令の注釈書である『令義解』『令集解』の写本だけである（平城宮跡から戸令の二条を習書した木簡が出土しているが〈『奈良国立文化財研究所年報・一九六八』〈木簡学会編『日本古代木簡選』岩波書店、一九九〇年、四四頁〉〉、残念ながら本注の部分は含まれていない）。しかし『延暦交替式』に引かれた倉庫令の倉貯積条では、明らかに本注の部分が小字二行割となっているので、[4]養老令は唐の律・令と同じ書式であったと推定される。大宝令も、戸令集解23応分条の古記に「妻家所得奴婢不レ在二分限一還二於本宗一」とあるので、やはり本注部分を小字二行割にしていたと推定される。

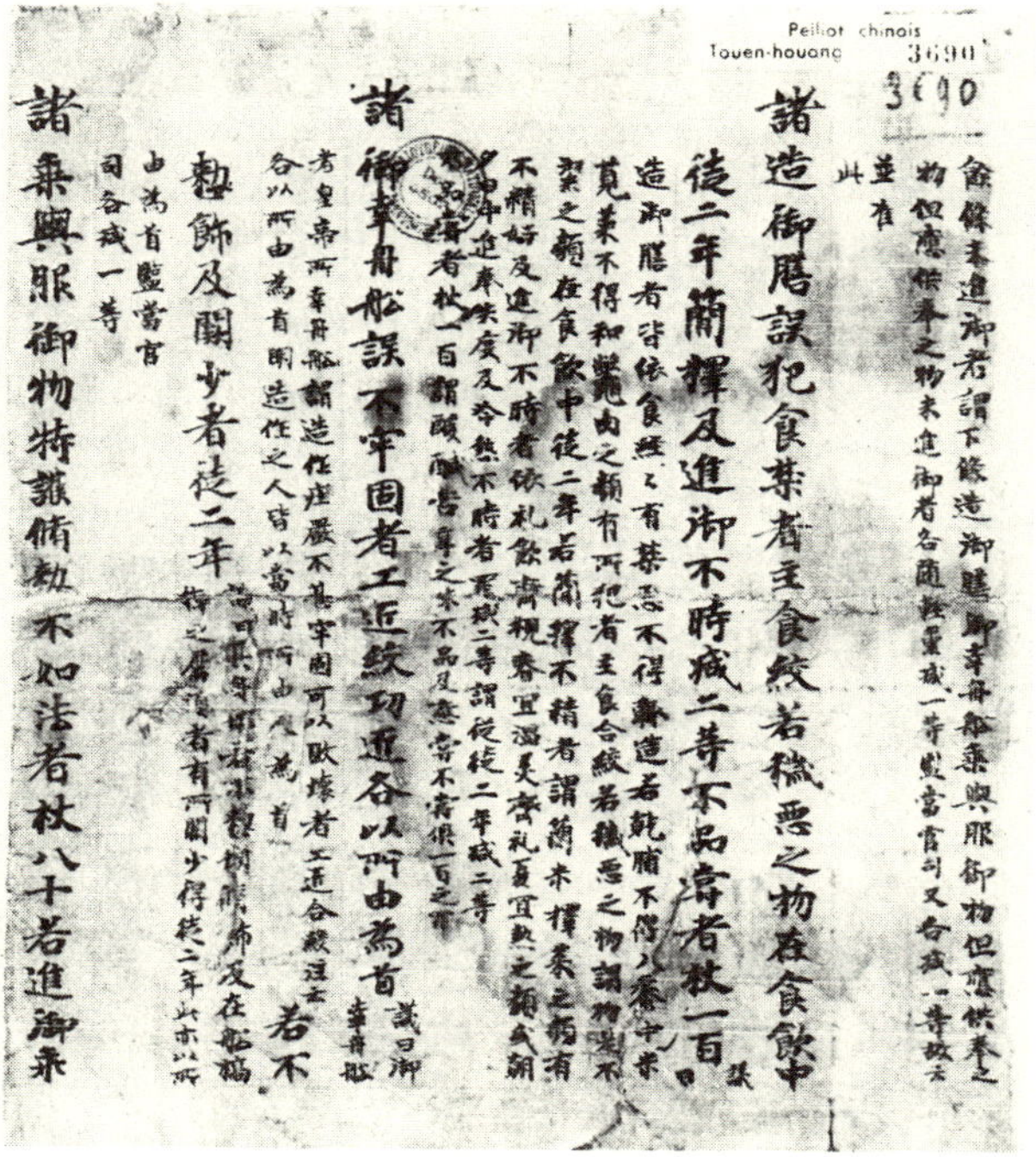

図5　（永徽？）職制律疏（ペリオ文書3690号）

次に「律」について。残存する養老律の写本はいずれも疏を含み、本文と本注を同じ大きさで書き、疏の部分を小字二行割としているので、先述したように明らかに唐の律疏のA型を藍本としている。A型の唐律疏は僅かにペリオ文書の職制律疏断簡しか発見されていないが、写真でみる限り、律の本文と本注を全く同じように書いていて、本文と本注を形式的には区別していない。おそらく唐の「律疏」は、「律」を前提として編纂されているので、本文と本注との区別は「律」にゆだね、「律」（本文・本注）の部分と疏の部分とを区別することに主眼がおかれていたのであろう。

では「本文と本注を区別しない永徽律疏」

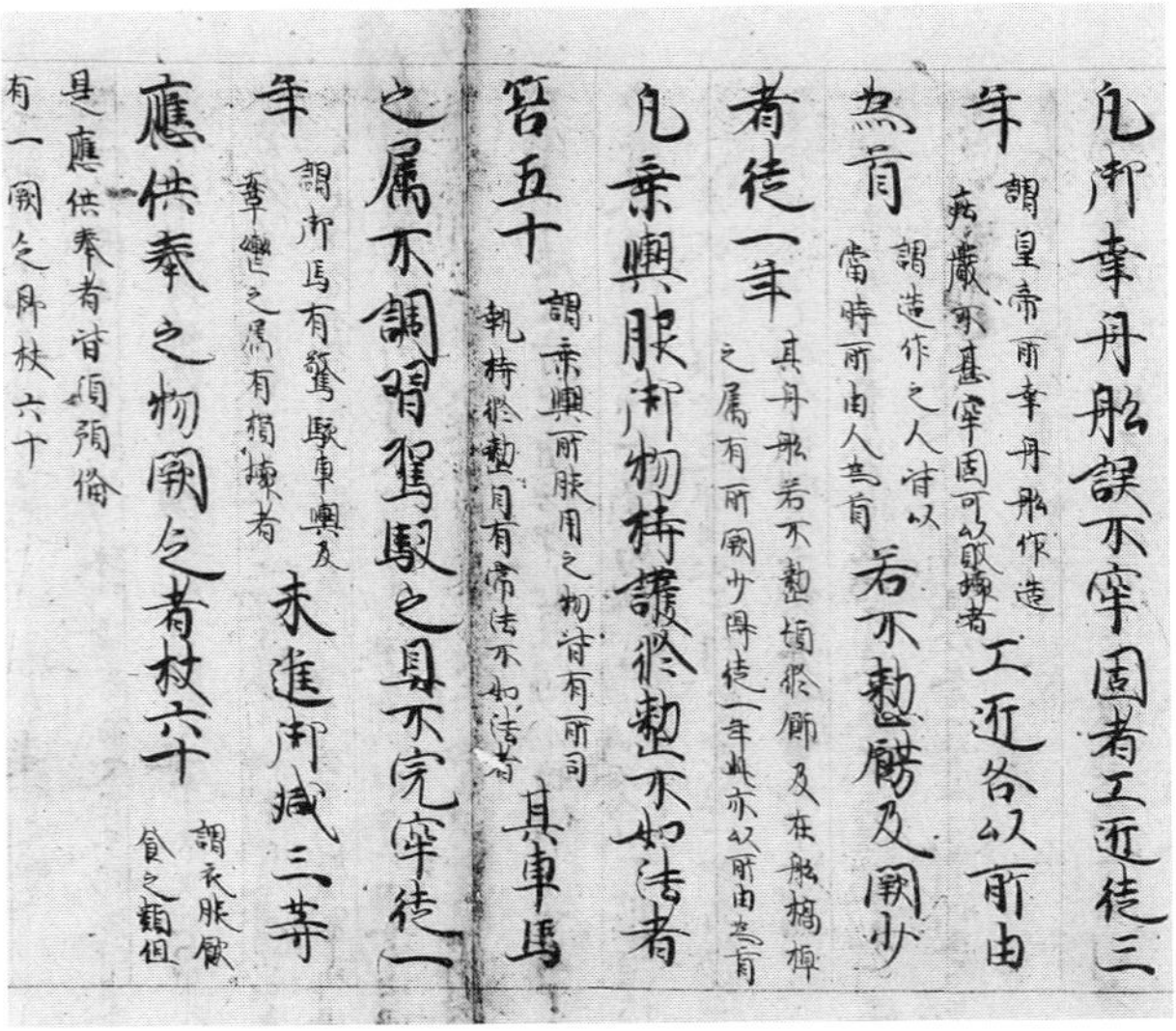
凡御幸舟船誤不牢固者工匠徒三
年　工匠各以所由
為首　若不整脩及闕少
者徒一年
凡乗輿服御物持護修整不如法者
笞五十　其車馬
之属不調習駕馭之具不完牢徒一
年　未進御減三等
應供奉之物闕乏者杖六十

図6　広橋家本職制律写本（国立歴史民俗博物館蔵）

を藍本とする養老律では、本文と本注はどのように扱われていたのだろうか。養老令で本文・本注・疏（子注）が区別されていたことは、『令集解』の穴記に「賊盗律云、凡造二妖書及妖言一遠流、注云、造謂自造二休咎及鬼神之言一、妄説二吉凶一渉二於不順一者、子注云、休謂妄説三他人及己身有二休徴一者」（僧尼令集解1観玄象条）とあることなどからほぼ間違いないが、それはどのようにして区別されていたのだろうか。残存する養老律の写本（次頁別表）のうち、訓点を附した写本では、本注の部分の文字の中央上部に大きな朱点が附されているので（例、図2・図3の名例律議条参照。なお、この朱点は、後掲の紅葉山文庫本令義解の傍書では「注点」と呼ばれているので〈前掲『律令』八三五頁参照〉、本稿でも「注点」と呼ぶことにしたい）、それによって注文であることが知られる。

ただこの方式では、注点の打ち方が間違えばどの部分が注文であるかも変動することになり、事実、訓点を附した写本の間でも、後掲表の（乙）の(イ)と(ロ)とでは、注点に食い違いがみられ[5]、また紅葉山文庫本『令義解』の戸令23条の「若夫兄弟皆亡、各同二一子之分一」の部分には注点が附されているが、その墨傍書には「若以下分字以上、如二坂本一者、無二注点一如何」「分以上、如二坂本一者非二注文一、無二其点一」とあり、注点による方式の不安定さを如実に示している。そしてこのような不安定な方式であっても、訓点の附された写本では一応、本文と本注を区別することができるが、訓点の附されていない別表（甲）の(イ)・(ロ)の写本では、写本自体から本注の部分を識別することは全くできない。とくに(イ)と(ロ)は異系統の写本と推定されるので、本文と本注を区別しない写本も広く存在していたことが推測される。[6]

では朱点によって注文の部分を示す方式はどこまで遡るのだろうか。注点をもつ写本の上限は、表(乙)(イ)の田中本名例律上であり、その奥書には、大治四年(一一二九)に明法博士となった小野有隣が書写した旨が記されているが(一節参照)、有隣が書写した際に注点が附されていたという確証はない。しかし朱訓点が院政期のものとして矛盾がないこと、注点は朱訓点と同時に附された可能性が強いことを考慮すると、有隣が書写した際には注点が附されていたと推測される。したがって注点によって注文を表示する方式は少くとも院政期まで遡ると想定されるが、それ以上のことは残存写本からは解らない。そもそも朱点によって注文を表示するという方式自体は、中国から学んだものと推測される。例えば早稲田大学所蔵の『礼記子本疏議』と『礼記』の正経と注語と疏とを同じ大きさで一行に書くが、経と注と疏とを区別するために、正経には朱線を、注語には朱点を施している。この写本は字体書風からみて唐初を下らぬころの書写と認められ、「内家私印」の朱方印が押されていることから奈良時代には日本に伝来していたと推定されている(毎日新聞社『原色版国宝』2、一九六八年)。したがって日本に伝来した永徽律疏の写本にも注文であることを示す朱点が附されていた可能性はあり、また伝来した永徽律疏には注点がなくても、日本律の編纂者が永徽「律」を参照して注点を附した可能性もある。ただ日本律の編纂者が注文の表示を不安定な注点だけに依存したかどうかは、やはり疑問として残される。唐の「律」のような本文と本注とだけからなる写本が残存する律と並行して作られていた可能性も一応は検討してみる必要があろう。たしかに本文と本注のみからなる律の写本は残存しないが、その点だけならば実は「令」も同じなのである。令そのものの写本は——若干の習書の木

(甲) 訓点が附されていない写本
- (イ) 九条家本『延喜式』紙背闘訟律断簡(東京国立博物館)
- (ロ) 『吉部秘訓抄』紙背
  - (i) 名例律断簡(宮内庁書陵部、旧谷森本)
  - (ii) 衛禁律後半・職制律(東洋文庫、旧広橋家本)

(乙) 訓点が附されている写本
- (イ) 田中光顕旧蔵名例律上(東大史料編纂所影写本)
- (ロ) 紅葉山文庫旧蔵名例律上・賊盗律(国立公文書館、内閣文庫)

簡を除き——残存していないのであり、残存するのは令の注釈書である『令義解』や『令集解』の写本だけである。ただ令が律と決定的に異なるのは、『令義解』や『令集解』の編纂以前に「令」が存在していたことは明白であり、『延暦交替式』などに「令」そのものの条文が引用されていることである。また残存する律の写本の奥題に附された呼称をみても(一節参照)、養老律写本では「律巻第一」(田中光顕旧蔵本)、「律巻第一名例」(紅葉山文庫旧蔵本)、「律巻第三禁衛職制」(同上)というように、いずれも「律」とだけ称して「律疏」というような呼び方をしていない。これに対して残存する唐の「律疏」の写本では「律疏巻第二名例」(北京図書館文書河字一七号)というようにはっきり「律疏」と称している。したがって疏を含む養老律の写本がいずれも「律」と題されていたことは、疏を含む律こそが『続日本紀』や『弘仁格式』序のいう「律」として正式に編纂されたことを示すと推定され、たとえ——その存否は確認されていないが——本文と(小字二行割の)本注とだけからなる律の写本が作られていたとしても、それは疏を含む正規の「律」の普及版的なものであったと推測される。もっとも、『令義解』の写本のなかには、「注義解」と附さず、単に「令」とだけ題しているものもあるので、律の場合にも、題名だけから断定はできないが、『令集解』の諸説が律として疏の部分まで引用していることや、正史等に律の公定注釈書の作成についての記録が全く残されていないことは、残存写本が養老「律」そのものであったとする通説の傍証となろう。

以上の推論によってほぼ明らかとなった養老律令の書式をまとめると次のようになる。㈠「令」は、本文を大字とし、本注を小字二行割とする。㈡「律」は、本文・本注を大字とし、疏を小字二行割とする。本注の部分に注点を附した可能性もあるが、注点を附さない写本も広範に存在したらしい。なお『令集解』に引く明法家の注釈が疏の部分を「注云」として引用する例が多いのも、養老律の写本の書式と深い関連があったと推定されている(瀧川政次郎『律令の研究』刀江書院、一九三一年、四一〇頁)。

三　大宝名例律の書式

前節に考察した養老律令の書式のうち、㈠の令の書式は大宝令でも同じであり（前述）、㈡の律の書式も一般的にはおそらく同じであったと推測される。というのは、大宝律令の注釈書である古記が引用する律文を見ると、例えば、

賊盗律云、凡部内有三一人為レ盗及容二止盗者一、里長笞五十、三人加一等。界内有二盗発及レ殺人者、一処以二一人一論。注云、一処盗発、同二部内一人行盗一、一処殺人、仍従二一人強盗之法一。（考課令集解46国司之最条古記）

のうち、傍線（——）の部分は、紅葉山文庫本賊盗律が注点を附した部分であり、唐律でも本注とされているが、古記はこの部分を本文と全く区別していない。また「注云」として引用された傍波線（〜〜）の部分は、紅葉山文庫本が小字二行割とする部分で、『故唐律疏議』（以下『唐律疏議』と略称）が疏とする部分に相当する。同じような例は、

案二職制律一、即役二使非レ供レ己者一、計レ庸坐贓論、罪止杖一百。其応レ供二己駈使一、而収二庸直一者、罪亦如レ之、供レ己求レ輸二庸直一者不レ坐、注云、事力侍人之類。（戸令集解11給侍条古記）

にもみられ、傍線（——）の部分は『唐律疏議』が本注とする部分であるが、古記はこの部分を本文と区別せず、また「注云」として引用された傍波線（〜〜）の部分は『唐律疏議』が疏とする部分に相当している。即ち古記は、本文・本注を区別せず、疏に相当する部分を「注云」として引用しているのである。このほかにも古記が「注云」として引用する例は沢山あるが——名例律49本条別有制条[7]（戸令43奴奸主条古記）、衛禁律25私度関条（職員令58弾正台条古記）、職制律34駅使無故以書寄人条（公式令49駅使在路条古記）、職制律40在外長官使人有犯条（儀制令23内外官人条古記）、賊盗律5謀殺詔使条（公式令49駅使在路条古記）、闘訟律60監臨知有犯条（職員令58弾正台条古記）——後述する唯一の例外を除き、全て『唐律疏議』及び養老律写本の疏に相当するものである。即ち古記は、大宝律の写本の大字で書かれた部分を本文として引用し、小字二行割で書かれた部分を「注云」として引用したと推測されるのである[8]。それは古記が大宝

「令」の写本の大字の部分を本文として、小字二行割の部分を注として引用したのと同じ方式である。古記のみた大宝律の写本の本注部分に注点があったかどうかははっきりしないが、たとえ注点があったとしても、古記は律文引用の際にはそれを無視していた可能性が強いのである。ただ先程「唯一の例外を除き」とことわったのは、喪葬令集解2服錫紵条の古記に引かれた

案二名例律議親条一、注云、太皇太后本服七日以上親、皇后本服一月以上親。

である。この古記は大宝律と養老律の異同をめぐる三浦周行・瀧川政次郎両氏の論争においても焦点となった史料であるが(論争の経緯については利光三津夫『律の研究』第一部第二章〈明治書院、一九六一年〉参照)、両氏ともに、「注云」として引かれた「太皇太后本服七日以上親、皇后本服一月以上親」が、大宝律の本注部分であったことは疑っておられない。というのは、唐律該当条でも、この部分に相当するところは本注となっており、養老律の写本においても、該当部分——養老律は「太皇太后(・皇太后)四等以上親、皇后三等以上親」と書き替えたが——には本注であることを示す朱点があるからである(田中光顕本も紅葉山文庫本も同じ)。たしかにこの部分は「議親」の範囲を定めた重要な部分なので、大宝律においても本文ないし本注に相当する部分であったことは間違いないであろう。しかし大宝律が——養老律と同じように——この部分を大字で書いていたとは限らないのではなかろうか。何故なら古記は一般に大宝律写本の小字二行割の部分を「注云」として引用したと推定されるので、「注云」として引用されたこの部分も小字二行割で書かれていた可能性が十分存するからである。もちろん一般には小字二行割で書かれるのは疏の部分なので、この条の本注に相当する部分が小字二行割で書かれたとすれば、大宝律・養老律の一般的書式に反することになる。しかしこのような違例は、実は五罪の規定にも存在するのである。一節で説明したように、律の冒頭にある五罪・八虐・六議の部分は、名例律の条文数から除かれた特殊な規定であり、とくに五罪の規定においては、「笞十贖銅一斤」「絞斬二死贖銅二百斤」というような唐律では本文・本注とされた重要な内容が、小字二行割で記されており、日本律の一般的な書式とは著しく異なっていた。したがって、いま問題にしている六議条においても、本注に相当す

る部分を小字二行割にしていた可能性は十分に存在するのである。しかし本注部分を小字二行割にしたと仮定しただけでは疏の部分がどのように書かれたのか、説明がつかなくなってしまう。ところがここにもう一つの重要な史料がある。公式令集解49駅使在路条の古記に引かれた

賊盗律謀殺詔使条注云、奉レ勅定レ名及令二所司差遣一者。

という律文がそれで、この史料の賊盗律謀殺詔使条が、唐律及び養老律の賊盗律第5条(謀殺詔使条)を指すことは疑いない。ところが、『唐律疏議』にも養老律にも、賊盗律5謀殺詔使条には「奉勅定名及令所司差遣」という語句は存在せず、かえって律の冒頭の八虐条の大不敬の疏の部分に全く同一の語句を見出すことができる(『唐律疏議』も養老律も同文)。したがって利光三津夫氏のように、古記は名例律八虐条を賊盗律謀殺詔使条と勘違いしたと解することも勿論可能であり(『律の研究』八一頁)、私も最初は利光説に従ってそう考えていた。ところが『唐律疏議』の該当部分をみると、「諸謀レ殺二制使(永徽律は詔使か。以下同じ)若本属府主刺史県令一、及吏卒謀レ殺二本部五品以上官長一者、流二千里」という律文の疏に「制(詔)使・本属府主・国官邑官、已従二名例一解訖。(下略)」とある。ここに「已従二名例一解訖」というのは、『唐律疏議』の名例律6十悪条大不敬の疏に「制(詔)使者、謂、奉レ勅定レ名、及令二所司差遣一是也」とあるのや、同条不義の疏に「府主者、依レ令、職事官五品以上、帯勲官三品以上、得二親事帳内一、於レ所レ事之主、名為二府主一、国官邑官、於二其所レ属之主一、亦与二府主一同」とあるのを指すと考えられる。養老律の対応箇所をみると、八虐条大不敬の疏に「詔使者、奉レ勅定レ名、及令二所司差遣一者是」とあり、同条不義の疏に「本主者、依レ令、親王及五位以上、得二帳内資人一、於レ所レ事之主、名為二本主一」とあり、永徽律疏を、前者はそのまま、後者は若干書き替えて、継承していることが知られる。したがって、もし大宝律のこれらの箇所に養老律と同じような疏が存在していたとすれば、大宝律の編者は、賊盗律5謀殺詔使条においても、唐律疏にならって「詔使・本主、已従二名例一解訖」としてもよかったであろう。ところが、もし大宝律の八虐条にこれらの疏がなかったと仮定すると、大宝律編者は「已従二名例一解訖」とは当然書けないわけで、むしろ永徽律疏の解にならった疏をこの箇所に附したと考えるのが自

然であろう（憶測をたくましくすれば、「本主者、依レ令、親王及五位以上、得二帳内・資人一、於二所レ事之主一、名為二本主一」という疏も、大宝律ではこの賊盗律5条にあったのかも知れない）。養老律編者は八虐条の疏を唐律疏にならって附したので、賊盗律5条のこれらの疏を削除したと解すれば、一応矛盾なく残存史料を解釈することができるのである。勿論これは、大宝律の八虐条には疏がなかったという仮定に立った一つの解釈にすぎず、古記は名例律八虐条を賊盗律謀殺詔使条と勘違いしたと解する可能性も依然として残されている。しかし大宝律八虐条には疏がなかったという仮説に有利な傍証が、まだ他にもある（青木和夫氏の御教示による）。

『唐律疏議』の賊盗律4条には「諸謀叛者絞。已上道者皆斬」とあり、養老律の賊盗律4謀叛条も全く同文で、「凡謀叛者絞。已上道者皆斬」とある。ところが唐律の疏に「謀叛者、謂、欲二背レ国投レ偽」とあるのを、養老律の疏は「謂、欲レ背二本朝一、将レ投二蕃国一」と書き替えている。勿論主旨は同じで、養老律編者が単に言葉を補って解り易く説明しただけのことかも知れない。しかしこの賊盗律の疏は、『唐律疏議』の名例律十悪条謀叛の疏「謂、有レ人謀レ背二本朝一、将レ投二蕃国一」と殆んど同文である（養老名例律の疏も唐律の疏をそのまま継承している）。したがってこの場合にも、もし大宝律の八虐条には疏がなかったと仮定すると、大宝律制定者は、賊盗律4謀叛条の疏をより明確にするために、換言すれば、謀叛についての本条である賊盗律謀叛条の構成要件を正確にするために、永徽律疏の十悪条謀叛の疏によって補ったと解することも可能である。勿論これも所詮一つの解釈にすぎないが、大宝律の八虐条には疏がなかったとする仮説のささやかな傍証にはなるだろう。そもそも八虐条の犯罪については、それに対する刑罰を定めた本条が職制律以下に存在するので（先掲の賊盗律5条・4条もその例）、八虐条自体には必ずしも詳細な疏を必要としないはずである。唐律の五刑・十悪・八議の疏をみても、その重点は、これらの規定を支える思想的な拠り所を古典によって説明したり、その沿革を説明することに置かれている。ところが日本律制定者にとっては、このような疏はおそらく理解し難い、馴染みの薄いものであったと想定され、事実養老律においてもこのような部分は殆んど削除されている。中国の天子は、形式的には律令を自己の意のままに制定することができたはずである。しかし実質的には、天子は自然法的な理念に則った法を制定することを要請されており、個々の法は自然法的な理念の源泉である古典によってその正当性が説明されなければならなかった。唐律の疏には、このような課題も課せられていたのである。ところが日本の律令制定者にとっては、このような古典による裏付けや沿革の説明よりも、唐や新羅に対抗できる国家を形成するには、唐律令の諸規定をどのように継受したらよいか、という技術的な関心の方がはるかに強かったと想定される。五罪・八虐・六議の諸条においても、唐律疏の大部分を占める古典による裏付けや沿革の説明にはあまり関心がなかったか、あるいはそこまで考える余裕はなかったのではなかろうか。したがって大宝律の五罪・八虐・六議の部分に疏がなかったとする先の仮説も、日本の律令法の性格からみると、それほど不自然なことではないのである。ただ唐律の五刑・十悪・八議の疏のなかには、犯罪の構成要件を説明した部分もあるので、大宝律制定者は、それらの部分については、それぞれ職制律以下の本条の疏を作成する際に、利用することもあったと想定される。先の賊盗律4・5条の疏は、その例と考えることができよう。また唐律の十悪・八議の疏のなかには、日本律の解釈（特に八虐の適用の仕方）について参考となる点も多いので、おそらく養老律制定者はその点に着目して、八虐・六議の疏を附加したと想定される。しかし五罪の部分には、養老律もついに疏を加えなかった。

以上、大宝律の五罪・八虐・六議の部分には疏が附されていなかったとする仮説の根拠を説明したが、次節ではこれまでの通説の根拠を検討してみたい。

四　大宝律八虐条疏の存在説について

大宝律の八虐条に疏が存在した例として、利光三津夫『律の研究』（三一頁）は、『令集解』僧尼令1観玄象条の古記を、また律令研究会編『訳註日本律令二・律本文篇上巻』（東京堂出版、一九七五年、四九頁以下）は『政事要略』巻八二（国史大系本六五六頁）の古答を、それぞれあげている（なお律集解所引の古答が大宝律の注釈書であることは、利光三津夫『律の研究』参照)。したがって、これらの史料が、もし大宝律八虐条疏の存在を確証するものであれば、前節の仮説は簡単に崩壊してしまう。そこでまず両書にあげられた史料を検討してみたい。

僧尼令1観玄象条「凡僧尼、上観二玄象一、仮説二災祥一、語及二国家一、妖二惑百姓一、……並依二法律一付二官司一科レ罪」の古記には「国家謂二大八州之内諸国一也。名例謀反条国家、少義異也」という注釈がみえる。ここで古記が名例謀反条というのは、もちろん八虐条の「一曰謀レ反。謂、謀レ危二国家一」をさし、古記は、観玄象条の「国家」は謀反条の「国家」とは異なるとする。ところが『令集解』の諸説は、観玄象条の国家も謀反条と同じく天皇をさすとし、義解も「語及二国家一、不三敢指二斥尊号一、故託曰二国家一」というように養老律八虐条の疏を引用して説明している。古記と義解等の説のいずれが令の本意であったかはここでは論じないが、少くとも古記が名例律謀反条の「国家」は天皇をさすと考えていたことは間違いない。しかしそのことから直ちに大宝律の謀反条の疏にも「不三敢指二斥尊号一、故託云二国家一」という意味の疏が存在していたとは断言できないと思う。

次に、『政事要略』巻八二に引用された古答とは、名例律11贖条に附された次のような問答である。

古答云。問。八虐何色得レ贖。何色不レ得レ贖。答。案。文云。有レ官者除名而已。唯有レ蔭者即有二聴レ贖者。不レ聴レ贖者一。(A)某謀大逆。謀叛。及偽二造内印一。若殺二本主及見受業師本国守本部五位以上官長一。(此カ)式等従坐。本条言(不脱カ)レ皆。仍位者合(従カ)二遠流一云。(B)若厭二魅凡人一。或求二愛媚一。指二斥乗輿一(渉於カ)。合二和御薬一。誤不レ如二本方一。及封題誤者。若造二御膳一誤犯二食禁一。御幸舟船誤不二牢固一。即被二子孫蔭一者。詛二(謂、呪求二愛媚一者。厭魅求レ愛者亦是。)詈祖父母父母一。及祖父母父母在。別レ籍異レ財。居二父母喪一身自嫁娶。若作レ楽。釈レ服従レ吉。聞二[祖父母]父母喪一。匿不レ挙レ哀。詐称二祖父母父母死一。奸二父「母」祖妾一。及聞二夫喪一。匿不レ挙レ哀。若作レ楽。釈レ服従レ吉。及改嫁。此等合レ贖。(下略)

この問答は、八虐のなかで、贖することができる場合と、できない場合とを説明したものである。名例律18除名条によって有位者は八虐を犯せばみな除名されるので、贖が適用されるのは無位者が蔭を利用する場合であるが、その場合にも贖することができる場合と、できない場合があるとして、まず贖することができる場合を列挙したのが前掲の部分である。そして贖することができる場合にも、(A)死罪にあたるが本条に「皆」(主従を問わず、の意)とは書いてないので、従者が(一等減の)遠流となる場合と、(B)本条の刑量が流罪以下の場合とがある。(A)・(B)はいずれも流罪以下なので、蔭によって贖することができるのである(名例律11贖条)。ところで『訳註日本律令』は、この(B)のなかの「厭魅凡人」と「詛(謂、呪求二愛媚一者 厭魅求レ愛者亦是)」との傍点部分が、大宝律八虐条不孝の疏によったものと推定している。即ち前者の「厭魅凡人」は、養老律八虐条不孝の疏「厭呪雖二復同文一、理乃詛軽厭重。但厭魅凡人、則入二不道一、若呪詛者、不レ入二八虐一」(滋賀前掲訳註によれば「厭魅と呪詛とは、つまりは同じ言葉であるが、分析すれば呪詛は軽く厭魅は重い。(何となれば)凡そ厭魅は相手が凡人であっても不道となるけれども、凡人を呪詛しても八虐にならない」)によって書かれたと推定したのである。しかし古答が不道条の「厭魅」そのものをあげないで「厭魅凡人」と限定したのは、祖父母父母等に病苦を加え、またはこれを死に致そうとして厭魅した場合には、賊盗律17厭魅条の「以二謀殺一論」という規定によって斬となるので、贖は適用されないと考えたためであろう。したがって内容的には先掲の厭魅と呪詛との別を説いた養老律八虐条と直接には結びつかないのである。ただ「厭魅凡人」という語句自体は八虐条疏によった可能性もある。

ついでに附言すると、国史大系本『政事要略』は、(B)の部分を「若厭二魅凡人一、或求二愛媚一、指二斥乗輿一……」とするが、「指斥乗輿」は底本の「淫於乗輿」を佐藤誠実博士校本傍注によって改めたものである。おそらく佐藤博士が「淫於乗輿」では意味が不明確であるとして注記されたものであろうが、この意改には疑問がある。というのは、(A)・(B)の各項は、それぞれ八虐条内の配列にそのまま従って書かれているので、もし「指斥乗輿」だとすると当然「御幸舟船誤不二牢固一」の次にくるべきものだからである。そこでたまたま閲覧できた東京大学総合図書館蔵『政事要略』写本(貴重書A006073)をみると、「淫」字にあたる部分は「[illegible]」とあり、「渉」の草書の誤写ではないかと考えられる。とすると、この部分は「若厭二魅凡人一、或求二愛媚一渉二於乗輿一」となり、養老賊盗律17厭魅条の「即於二祖父母父母及主一、直求二愛媚一而厭呪者、徒二年。若渉二乗輿一者、皆絞」をさすのではないかと思われる。同条疏には「雖三直求二愛媚一、便得レ罪、重三於盗二服御之物一。准レ例亦入二八虐一」とあるので、八虐という条件にも合う。ただこう解したときに障害となるのは――養老律ではあるが――刑量を「皆絞」とするので、流罪以下という贖適用の条件からはずれることである。もっともこの点は「指斥乗輿」でも同じで、八虐となるのは「指斥乗輿、情理切害」の場合であり、養老職制律32指斥乗輿条によれば、「凡指二斥乗輿一、情理切害者斬」であり、刑量「斬」は大宝律も同じと推定される(『続紀』養老六年正月壬戌条、利光前掲書参照)。このように「渉於乗輿」「指斥乗輿」のいずれも刑量に難点があるが、前者の刑量が大宝律では不明であることを考慮すると、やはり(A)・(B)各項の配列順や写本の字体を重視して「渉於乗輿」とする方が相対的にはより妥当であろうと思われる。「渉於乗輿」とすれば、古答の(B)は、八虐の六番目の不道にあたる「厭魅」について、凡人を厭魅した場合と乗輿(天皇)に対して愛媚を求めて厭魅した場合を、八虐ではあるが贖しうる例としてあげたものと解される(なお「求愛媚渉於乗輿」は八虐の六番目の大不敬にあたるかとも思われるが〈前掲賊盗律17厭魅条疏参照〉、その場合でも比較の対象とされた「盗乗輿服御物」は「合和御薬誤不如本方」等よりも前にあるので、やはり八虐条内の配列とは矛盾しない)。なお愛媚を求めて祖父母父母を厭呪した場合も贖の対象となるが、それは八虐の七番目の不孝にあたるので、古答も六番目の大不敬の該当項の次にあげている。このように古答は、八虐条の配列にしたがって贖の対象となる項目をあげているが、古答は単に八虐条だけでなく、広く賊盗律等を参照してこの問答を書いているので古答の用いた語句と同じ語句が養老律の八虐条の疏にあったとしても、古答が八虐条疏の語句を用いたと即断することはできないように思われる。

ところが大宝律八虐条疏によって書かれたとされるもう一つの史料、「詛（謂、呪求二愛媚一者厭魅求レ愛者亦是）詈祖父母父母」はやはり八虐条の疏によって書かれた可能性が強いように思われる。この部分は、八虐条不孝にあたる「詛詈祖父母父母」の「詛」の意味を明確にするために附された割注であるが、この割注が、養老律八虐条不孝の疏「詛猶レ呪也。……依二本条一、詛欲レ令二死及疾苦一、皆以二謀殺一論。自当二悪逆一。唯詛求二愛媚一、始入二此条一」、「例云、其応レ入レ罪者、則挙レ軽以明レ重。然呪詛是軽、尚入二不孝一。厭魅是重、亦入二此条一」に相当する疏文によって書かれた可能性は非常に強いと考えられる。したがってその疏文が大宝律の疏文であったとすれば、大宝律八虐条にも疏があったとする強力な証拠となる。私もその可能性は十分に考慮したいが、その疏文が果して大宝律の疏であったかどうかは、古答の史料的性格を考えると、なお検討の余地があるように思われる。

律集解の古答の逸文は、『政事要略』や律写本の書込みなどに引用されたものが残存するが〔利光三津夫『律の研究』〔附録〕参照〕、そのなかには、唐の律疏を利用して書かれたと推定されるものが沢山ある。例えば、

名者五刑之罪名、笞杖徒流死是。例者五刑之体例也。体者即行二五刑一也。〔名例律裏書〕

の傍線部分は、『唐律疏議』の名例律篇目疏と同文であり、

五刑之中八虐(十悪)尤切、虧二損名教一、毀二裂冠冕一、特標二篇首一、以為二物議(明誡)一。其数八者甚虐(悪)者、事類有レ八(十)、故称二八虐(十悪)一。

〔『政事要略』巻八二、六四七頁〕

の右傍線の部分は『唐律疏議』の十悪条疏と同文、カッコ内は『唐律疏議』と異なる部分で、古答が唐律の疏を巧みに修正しながら八虐の注釈をしている様子がよく窺える。同様の例は六議条の古答にもみえる。もっともこれらの唐律疏に該当する部分は養老律にもないので、古答は日本律にない「名例」「八虐」「六議」等の語句の説明を、唐律疏を利用して行ったにすぎないとも解しうる。その点で、もっと直接的に大宝律八虐条の疏の存否とかかわるのは次の史料であろう。

厭魅事

古答云、二也。邪俗陰行二不軌一、或作二人形一、刺レ心釘レ眼、繋レ手縛レ足、欲レ令二前人疾苦及死一者。〔名例律裏書〕

傍実線(――)の部分は、養老律の八虐条不道の疏と同文であり、傍波線(〰〰)の部分は、養老律の賊盗律17厭魅条の疏とほぼ同文である。したがって大宝律の該当条に同文の疏があったと考えることも勿論可能である。しかし右の史料をよく調べると、傍点の部分「刺心釘眼」は、『唐律疏議』の賊盗律17条疏にはあるが、養老律写本にはない。もちろん養老律写本の脱落であって大宝律の疏には、「刺心釘眼」の部分もあり、古答はそれを引用したと考えることもできる。しかし古答が唐律の疏によってこの部分を書いた可能性も十分存するのではなかろうか。とすると、傍実

線の「邪俗陰行不軌、欲令前人疾苦及死者」の部分も——唐律疏と同文であるから——古答は、大宝律八虐条の疏ではなく、唐律十悪条の疏によって書いた可能性が存するのである。そういう眼で、先に掲げた八虐条不孝の疏（古答の文のなかで八虐条の疏によったのではないかと疑われる部分）をみると、いずれも関係箇所は唐律の疏と全く同文であることが注目される。古答が大宝律八虐条の疏によって書いたのではないかと疑われる史料は、古答が唐律疏によって書いたと仮定しても矛盾しないものばかりである。

次に古答の文が大宝律六議条の疏によって書かれたのではないかと疑いうる史料をあげると、

議賢事

経家所レ論、子貢子夏等、皆賢人君子。但徳行有二優劣一。論語曰、徳行顔淵閔子騫冉伯牛仲弓、是也。自余雖二賢人君子一、不レ足二大徳行一也。問、賢人君子言行可レ為二法則一。与レ師二範人倫一其別何。古答云、賢人君子者、身所レ得也。師二範人倫一者、学所レ得也。故大律云、謂、大才。〔名例律裏書〕

の「賢人君子」「師範人倫」は養老律六議条の三曰議賢・四曰議能の疏のなかの語句であるから、この古答の文は大宝律六議条の疏についての説明であるようにもみえる。しかしこの古答は、古答以後の明法家が、その問答のなかに古答を利用したものなので、古答の文が六議条の疏の説明を目的としたものかどうかは明確でない。むしろ問答を含む名例律裏書の議賢事の項全体（前掲）をみると、この注釈は——古答を含めて——唐律の注釈書を参照した可能性が非常に強いように思われる。日本の律学の集大成ともいうべき律集解にしても、そのなかに日本の明法家の説と並べて引用されている「律疏」は唐の永徽律疏そのものであり、「律附釈」は唐律の注釈書であろうと推定されている。(9) また「律疏」や「律附釈」と並べて引用されている日本の明法家の注釈のなかにも、唐律の注釈書を下敷きにして書かれたものが多かったと推測され、とくに古答の逸文を読むと、唐律の注釈書の影響が強く感じられる。

このような古答の特色は、古答・古記の作者を入唐請益生、秦大麻呂に比定する青木和夫氏の説とも適合する（「古記の作者」『新訂増補国史大系月報』五二、一九六八年、同氏著『日本古代の政治と人物』吉川弘文館、一九七七年、に収録）。即ち青木氏は、『続日本紀』天平七年(七三五)五月壬戌条「入唐使献二請益秦大麻呂問答六巻一」にみえる秦大麻呂こそが、古記の作者にふさわしいことを的確に考証されたが、そのなかで「問答六巻とは、大宝律の巻数と同じである」と指摘されている。青木氏は「問答六巻」が律集解に引く「古答」であるとは断定されていないが、「あるいは在唐中、もっぱら律の研究を充実させ、帰国後、令の注釈に移ったのであろうか」と述べられているので、おそらく秦大麻呂が在唐中に律を研究した成果が「問答六巻」(=律集解に引く「古答」)で、帰国後数年にして著したのが令の注釈書「古記」であったと考えられたのであろう。請益秦大麻呂が渡唐した時期は不明だが、請益生は一般に、日頃研究している専門の分野について疑義を請問したりするために派遣される短期間の留学生だったので、あるいは二年前の天平五年に出発した遣唐使に随行したのかも知れない。帰国したのはおそらく天平六年末であろう。『続日本紀』によれば、天平六年十一月二十日に入唐大使多治比真人広成等は、多禰島に着いており、翌七年三月十日に大使多治比広成等は朝廷に出頭して天皇に節刀を返している。翌四月二十六日には、入唐留学生の下道真備が唐礼百三十巻、大衍暦経一巻など沢山の将来品を天皇に献じ、そして五月七日に入唐使が請益秦大麻呂の著した「問答六巻」を献上したのである。したがって大麻呂が平城京に帰ってから問答六巻を献上するまでの期間は二～三箇月しかなかったはずで、せいぜい文章を練って浄書する余裕があったかどうかという程度であろう。とすると、問答六巻の中心となる部分は在唐中に書かれた可能性が強いことになる。もちろん大麻呂は請益生として入唐する以前に、すでに律を詳しく研究していたであろうから、問答六巻の草案はある程度入唐前にできていたのかも知れない。しかし請益生として入唐してきた彼が誇りとしたのは、唐律の精緻な注釈学を直接に学んできたことであったに違いない。彼が「問答六巻」のなかに唐律の注釈書を縦横に利用したことは、十分推測されるのである。

以上の推論は、秦大麻呂の「問答六巻」が律集解所引の「古答」であるという仮定の上に立っているが、もしこの仮定があたっているとすれば、古答が唐律の疏や唐律の注釈書を広範に利用しているのは、むしろ当然のことといえよう。またたとえ「古答」が秦大麻呂の「問答六巻」ではないとしても、古答が唐律の注釈書を広範に利用したことは疑いない。したがって、古答の注釈のなかに、八虐・六議条の疏によったのではないかと疑われる部分があったとしても、そのことから直ちに大宝律の八虐・六議条に疏が附されていたことにはならないのである。

とはいえ、本稿が大宝律の八虐・六議条に疏がなかった根拠としてあげた史料も、それほど確かなものではない。所詮一つの仮説にすぎないのである。また、大宝律が永徽律疏を手本として名例律の冒頭から編纂していったとすると、何故五罪条・八虐条・六議条にだけ疏を附さなかったのか、何故そのような不自然なことをしたのか、という素朴な疑問が、本稿の仮説にとっては大きな障害になる。しかし、大宝名例律が永徽律疏を手本として白紙の状態から編纂されたという前提は、果して正しいのだろうか。本稿の一節の五罪の書式の特殊性の問題にもう一度立ち帰って、この問題を検討してみよう。

五　五罪条の書式の性格

養老律写本の名例律五罪条は、一節で説明したように、他の部分とは異なった形式で書かれているが、細かく調べると写本によって若干の違いがある。即ち、『吉部秘訓抄』紙背の谷森本では、小字二行割の部分を

笞罪五　笞十贖銅一斤　笞廿贖銅二斤　笞卅贖銅三斤
　　　　笞卌贖銅四斤　笞五十贖銅五斤

というように、タテの列が終ってからヨコの列に移って書いているのに対して、紅葉山文庫本では、

笞罪五　笞十贖銅一斤　笞卅贖銅三斤　笞五十贖銅五斤
　　　　笞廿贖銅二斤　笞卌贖銅四斤

というように、タテ↓ヨコ↓タテ↓ヨコと配列している(図1・図2参照)。便宜上、本稿では前者を縦列式、後者を千鳥式と呼ぶことにしたい。このような配列方式の違いは、笞罪だけでなく、杖・徒・流・死罪の部分にも共通するが、さらに「律目録」と題された、冒頭の篇目名を列記した部分にも共通している。では縦列式と千鳥式のどちらが養老律写本の本来の形式であったのだろうか。この問題を解く手懸りとしては、『令集解』神祇令4孟夏条の

穴云。孟夏仲冬等注。先読二上二件一了。乃至二下注一為レ長。一云。神衣。次大忌。次三枝。仲冬注。相嘗。次大嘗。次鎮魂也。但先読二寅日祭一。乃可レ読二下卯祭一。而先読二大嘗一者。依二職員令所レ次先後一耳。又季夏。季冬。道饗祭是晦。故云。是説為レ長也。新令問答篇所レ次。又律目録篇所レ次。並亦如レ之。

という注釈がまず注目される。この注釈が問題としている養老神祇令仲春条～季冬条の部分は、養老「令」写本では次のように書かれていたと推定される（前掲『律令』神祇令補注４ａ参照）。

仲春 祈年祭
季春 鎮花祭
孟夏 神衣祭 大忌祭／三枝祭 風神祭
季夏 月次祭 鎮火祭／道饗祭
孟秋 大忌祭／風神祭
季秋 神衣祭／神嘗祭
仲冬 上卯相嘗祭 下卯大嘗祭／寅日鎮魂祭
季冬 月次祭 鎮火祭／道饗祭

先掲の穴記の注釈は、右の小字二行割の本注部分の読み順に関する『令集解』の諸説の一部である。仲春～季冬のうち、仲春・季春・孟秋・季秋については読み順の問題はないが、残りの四条については、㈠千鳥式（孟夏ならば、神衣・三枝・大忌・風神の順）に読むか（令釈・義解）、㈡縦列式（孟夏ならば、神衣・大忌・三枝・風神の順）に読むか（穴記一云）、という問題が生ずる。ところが㈠の千鳥式に読むと季夏条・季冬条では読み順と祭日の順とが食違うことになり（道饗祭は晦日）、㈡の縦列式に読むと仲冬条で読み順と祭日の順とが食違うことになる（大嘗祭は鎮魂祭の翌日）。そこで㈢孟夏・仲冬条は千鳥式に、季夏・季冬条は縦列式に読むとする説（穴記）や、㈣一般には縦列式に、仲冬条のみは千鳥式に読むとする説（跡記）などが『集解』諸説にみえる。ところで前掲の穴記一云は、㈡の縦列式に読む根拠として、

（イ）大嘗祭・鎮魂祭の前後は、祭日の順によるものではなく、職員令1神祇官条にみえる神祇伯の職掌の内訳の順による（祭祀の重要度による配列か）。（ロ）季夏条・季冬条で晦日に行う道饗祭が最後となる。（ハ）「新令問答篇」と「律目録篇」の配列も縦列式である、という三点をあげている。（ハ）の新令問答篇は不明だが、律目録篇とは、養老律写本の冒頭にある律目録を指すと推定され、『吉部秘訓抄』紙背の谷森本名例律の「律目録」の配列が縦列式であるのと一致する（図1）。したがって九世紀前半の穴記一云がみた養老律写本は、小字二行割の部分が縦列式であったと推定される。また『政事要略』巻八二に引く五罪の小字二行割の配列も縦列式である。

ところが、正倉院文書をみると、小字二行割の部分を、大宝二年美濃国戸籍のように千鳥式に書く例（「正丁二 兵士二 少丁三 小子二 緑児一」）と、天平十年周防国正税帳のように縦列式に書く例（「五張別五束 二張別三束 七張別四束 一張別二束」）との両様がある。また『令集解』賦役令3調庸物条の古記に引く民部省式は、近国・中国・遠国の別に国名を列記したものだが、「中国十四、遠江・伊豆・相模・信野・越中・駿河・甲斐・々太・越前・伯耆・出雲・備中・伊予・備後国也」というように国名の配列の規準がはっきりしない。しかし本来の民部省式には

中国 遠江伊豆相模信野越中 駿河甲斐斐太越前伯耆 （改行） 出雲備中 伊予備後

というように七道諸国の順に千鳥式の小字二行割で書かれていたと仮定すると、千鳥式の割注を縦列式に読んで書写したために生じた混乱として説明できる。このように古代には縦列式と千鳥式の二様の書き方が混存していたので、五罪条の書式も、どちらが養老律写本の本来の形式であったかは確定できない。ただ穴記一云の筆者がみた律目録や『政事要略』所引の五罪の条が、谷森本と同じく縦列式であったこと、『令義解』序の篇目も縦列式であったことを勘案すると、養老律令の本来の書式は、小字二行割の部分を縦列式に書いた可能性が強いように思われる（神祇令仲春条〜季冬条も本来は先掲㈡の縦列式か）。しかし本稿にとっては、縦列式か千鳥式かを確定する必要はなく、ただ五罪の条の「笞十贖銅一斤」以下の部分が小字二行割で書かれていたことを確認できればよい。本論から少しそれて縦列式か千鳥式かを論じたのも、実はその傍証としたかったからである。

さて養老名例律写本の五罪の条が

笞罪五　笞十贖銅一斤　笞廿贖銅二斤　笞卅贖銅三斤／笞卌贖銅四斤　笞五十贖銅五斤

という書式で書かれていたことは、以上の検討によってほぼ確認されたと思うが、これを唐の「律」や「律疏」の書式ともう少し詳しく比べてみたい。『宋刑統』や『故唐律疏議』は、開元二十五年の「律」と「律疏」とを利用して編纂されているが[10]、いま『宋刑統』と『故唐律疏議』とによって開元二十五年の「律」の笞刑の条を推定してみると

笞刑五

笞一十贖銅一斤　笞廿贖銅二斤　笞卅贖銅三斤　笞卌贖銅四斤　笞五十贖銅五斤

と書かれており、おそらく永徽「律」も同様であったと推測される。また日本に舶載され、日本律編纂の際に手本となった永徽「律疏」の写本には

笞刑五

笞一十贖銅一斤　笞廿贖銅二斤　笞卅贖銅三斤　笞卌贖銅四斤　笞五十贖銅五斤　議曰、笞者撃也、又訓為レ恥。言人有二小愆一法須二懲誡一。故加二捶撻一以恥レ之。漢時笞則用レ竹。今時則用レ楚。故書云。朴作二教刑一。即其義也。漢文帝十三年。太倉令淳于意女緹縈上書。願下没入為二官婢一以贖中父刑上。帝悲二其意一。遂改二肉刑一。当レ黥者髠鉗。為二城旦一令レ舂。当レ劓者。笞三百。此即笞杖之目。未レ有二区分一。笞撃之刑。刑之薄者也。随時沿革。軽重不レ同。俱期レ無レ刑。義唯必措。孝経援神契云。聖人制二五刑一。以法二五行一。礼云。刑者侀也。成也。一成而不レ可レ変。故君子尽レ心焉。孝経鉤命決云。刑者侀也。質レ罪示レ終。然殺レ人者死。傷レ人者刑。百王之所レ同。其所二由来一尚矣。従二笞十一至二五十一。其数有レ五。故曰二笞刑五一。徒杖之数亦準レ此。

という書式で書かれていた可能性が強い。養老律五罪条の書式は、どちらかといえば永徽「律」に近いが、しかし「笞十」「笞廿」とか「絞斬」という基本的な規定を小字二行割としている点は永徽「律」とも異なっていることが注目される。二節で詳説したように、養老律写本の一般的書式では、小字二行割の部分は疏にあたるので、この通則をそのまま適用すると、「笞十贖銅一斤」とか「絞斬二死各贖銅二百斤」という重要な規定が疏文でしかないという不自然なことになってしまう。したがって養老律写本の書式の通則は、この部分には適用されないと考えざるを得ない。五罪条の部分は、養老律よりもむしろ養老令の一般的書式(令の本文を大字とし、本注を小字二行割とする)に近いと

考えられるが、それにしても、笞・杖・徒・流・死の段階という基本的な規定を、令の本注に相当する小字二行割としたのは、いささか不自然な感じがする。

ところが養老令のなかには、この五罪条と類似した書式で書かれた条文がある。それは他でもない、先掲の神祇令仲春条〜季冬条である。これらの条は、月ごとの公的祭祀を列挙した重要な規定であるが、大字で書かれた本文は仲春・季春等の月名だけで、肝心な祭祀の名称が小字二行割の本注とされている点は、名例律の五罪の諸条と一脈相通ずるものがある。神祇令の第二条以下に公的な祭祀の名を月ごとに列挙したのは、おそらく唐の祠令の影響もあるかと思われるが、残念ながら唐祠令の写本は発見されていない。しかし『唐令拾遺』や『大唐開元礼』を参照すると、唐の祠令ではやはり祀祭享の名は本文とされていたと考えられ、養老令仲春条以下の書式とは異なっていた可能性が強いと思われる。仲春条以下が、日本律令のなかで最も日本的色彩の強い部分であることは申すまでもなく、また律令的祭祀制度が天智朝から天武・持統朝に整備されてきたことを考慮すると、仲春条〜季冬条の原形は、浄御原令には存在していたのではないかと憶測される。とすると、仲春条〜季冬条と類似した形式で書かれている五罪条も、あるいは大宝以前に既に成文化されていたのではなかろうか。

六　一つの仮説

養老律写本の五罪の諸条が、他の条とは異なる特異な書式で書かれ、どちらといえば唐の「律」や日本の「令」の書式に近いが、それらとも異なっていること、この五罪条と近似する書式の神祇令仲春条〜季冬条は、律令の諸条のなかでもきわめて日本的な規定であり、その原形は浄御原令まで遡る可能性も想定されること、前節で考証した以上の二点から、五罪条は、永徽律疏を手本とした大宝律の全面的な編纂が行われる以前に、何らかの形で既に制定・施行されていた可能性が強いように思われる。五罪のうち流罪の贖銅の額だけが唐律と異なるのも、あるいはそのような沿革と関連があるのかも知れない。

また一節で説明したように、五罪・八虐・六議の部分は養老名例律の条数から除かれていたが、大宝名例律においてもおそらく同様で、大宝律では名例律の条文数に入っていたのが養老律編纂の際に除かれたと考えうる徴証は全くない。ところで、もし大宝律編纂の際に、永徽律疏を手本として笞罪条から順次大宝律を編纂していったとすれば、何故五罪・八虐・六議の条が名例律の条文数から除かれてしまったのかが、理解できなくなってしまう（一節参照）。ところが、五罪条だけでなく、八虐条・六議条も何らかの形で制定・施行されていたと仮定すると、五罪・八虐・六議の部分が名例律の条文数から除かれていた理由も、何とか説明がつくように思われる。即ち大宝律編纂者は、既に制定・施行されていた五罪・八虐・六議の部分の後に、永徽律疏を手本として名例律諸条を附加したとも考えられるのである。もしそうだとすると五罪・八虐・六議の部分は、どのような形で制定されていたのだろうか。青木和夫氏は、浄御原令二十二巻の中の一条として「十悪」の規定が採用されたと推定されたが（「浄御原令と古代官僚制」『古代学』三巻二号、一九五四年〔『日本律令国家論攷』岩波書店、一九九二年〕）、もし浄御原令のなかに律の一部分が採用されていたとすれば、十悪だけでなく、五罪・八虐（十悪かも知れない。後述）・六議（七議・八議かも知れない）の三つの部分が一括されていた可能性もあるように思われ、また三者が同時でなく、まず五罪の規定が、次いで八虐・六議の規定が施行された可能性もあろうし、単行法令として出されていた五罪・八虐・六議の規定を浄御原令編纂の際に採用した可能性もありうると思われる。想像すれば様々なケースが考えられるが、ここでは五罪・八虐・六議の規定が大宝以前に、既に何らかの形で制定・施行されていた可能性だけを指摘しておきたい。勿論、五罪・八虐・六議の内容が大宝・養老律とは異なっていた可能性も念頭においておきたい。

五罪・八虐・六議は、刑罰の種類・等級を定めるという刑法の最も基本的な規定（五罪）、天皇の殺害を謀る謀反以下、特に赦し難い重大な犯罪の種類を明記した規定（八虐）、律をそのまま自動的には適用しない特権的身分を定めた規定（六議）であり、まさに国家秩序の根幹をなす諸規定であった。したがって、日本で律法典が編纂される以前に、この部分がまず制定・施行されたとしても、決して不自然なことではない。井上光貞氏は、日本における中国律の継受の段階を、㈠中国律の部分的継受、㈡中国律の体系的継受、㈢日本律の編纂、の三つに区分し、㈠は推古朝前後、㈡は天武・持統朝、㈢は大宝律の編纂以後、と考えられた(「隋書倭国伝と古代刑罰」『季刊日本思想史』一号、一九七六年〔『日本古代思想史の研究』岩波書店、一九八二年〕)。例えばいま問題としている五罪についてみると、『隋書』倭国伝の「其俗殺人強盗及姦皆死、盗者計レ贓酬レ物、無レ財者没レ身為レ奴。自余軽重、或流或杖、」の「死」「流」「杖」には中国北朝の五刑の影響が想定されるが、「徒」がみえないのは、未だ日本では労役刑としての「徒」が成立していなかったためと考えられた。これに対して『日本書紀』天武五年八月詔には「死刑・没官・三流、並降二一等一、徒罪以下、已発覚・未発覚、悉赦。……」、天武十一年十一月詔には「……当二杖色一、乃杖一百以下、節級決之、……」とみえ、天武朝には唐の五刑がほぼ全面的に継受されたとみられている。もっとも井上氏も指摘されているように、先の天武五年詔は、死刑と三流との間に固有法的な色彩の強い没官をおいているので、あるいは死刑・没官・三流・徒罪・杖一百以下の段階で五刑(あるいは六刑)が構成されていた可能性もあり、唐の五刑がそのまま継受されたとはいえないかも知れない。『隋書』倭国伝の「無レ財者没レ身為レ奴」という固有法的色彩の強い習俗が、持統五年三月詔「……若准二貸倍一没レ賤者、従レ良、……」によって法的には廃止されていることをみると、唐の五刑が全面的に採用されるのは持統朝の浄御原令施行の頃からかも知れない。ところで、中国律の継受、特に井上氏の㈠の部分的継受の段階では、朝鮮諸国を媒介とした可能性が強いが、㈡の全面的・体系的継受の段階以降になると、むしろ新羅よりも唐制をストレートに継受した可能性が強い。例えば、死刑にしても、日本では「絞・斬」のほかは「格殺」(宝亀四年格)の例が僅かにみえるが、新羅では「誅九族」等の族刑(例、『三国史記』新羅本紀、恵恭王四年条)や、車裂(同、景文王十四年条)のような刑も行われていた(田鳳徳『李朝法制史』北望社、一九七一年)。

次に八虐については、唐律の「十悪」を新羅では「五逆」(『三国史記』新羅本紀、文武王九年条)に、日本では八虐に変えたことが注目されるが(田鳳徳前掲書)、浄御原令施行期の持統六年七月紀、文武三年十月紀、文武四年八月紀の赦文には、「十悪」の語がみえるので、天武・持統朝には十悪であった可能性もある（青木前掲論文）。しかし養老令施行期の天平神護元年閏十月紀の赦文にも十悪の語が用いられているので、唐の赦文を手本としたために十悪の語がそのまま用いられた可能性もある（利光前掲書）。いまそのいずれとも断定できないが、八虐ないし十悪の大不敬にあたる「対捍詔使」「指斥乗輿」に坐して罰せられた例が、天武四年四月紀と天武六年四月紀にみえることに注目しておきたい。最後に、六議については大宝以前に関連史料がみられないのでよく解らないが、大宝律の議親条が、養老律のような五等親制によらず、唐律的な服紀制によって書かれているのは（三節参照）、あるいは唐の八議に近い規定が大宝以前に制定されていた痕跡かも知れないことにだけ留意しておきたい。

浄御原令の存否については、体系的な法典としての浄御原律は施行されておらず（青木前掲論文）、天武・持統朝には、唐律が準用されていた（石尾芳久『日本古代法の研究』法律文化社、一九五九年、井上光貞「日本律令の成立とその注釈書」前掲『日本思想大系・律令』〈前掲『日本古代思想史の研究』〉）とする説に私も従いたいが、問題はその準用の仕方にある。たしかに天武朝から唐律の体系的な継受が行われたと想定されるが（井上前掲論文）、その実体は「採二唐律一、参二酌時宜一、而用レ之」（『高麗史』刑法志序）に近く、必要に応じて律条に相当する規定を単行法令として施行することもあったと想定される（長山泰孝「浄御原律の存否についての一史料」『続日本紀研究』一五一号、一九七〇年）。したがって、律のなかでも特に重要な五罪・八虐・六議（あるいは五刑・十悪・八議）の規定が、何らかの形で制定・施行されていた可能性は十分に存すると考えられる。そしてその場合——浄御原令の一部であれ、単行法令であれ——八虐・六議の規定も、五罪条や浄御原令の書式に近似していた可能性が強いと思われる。浄御原令がどのような書式であったかは不明だが、唐の律令と日本の大宝・養老令が同じ書式であったことから推測すると、大宝・養老令と同じように、本文を大字で、本注を小字二行割で書いていた可能性が強い。五罪条がその書式に近いことは前述したが、もし本稿の三〜四節で考証したように、大宝律の八虐・六議条も本文を大字で、本注を小字二行割で書かれていたとすれば、八虐・六議条も浄御原令の書式に近いことになり、八虐・六議条も大宝律以前に制定されていたとする仮説を傍証することになる。

もしこれらの仮説が全て正しいとすれば、(イ)大宝律は既に制定・施行されていた五罪・八虐・六議の規定をほぼそのまま律の冒頭におき、その後に「名例律第一某拾某条」と題して、議条以下の諸条を永徽律疏を若干修正しつつ作成・附加した、(ロ)養老律は八虐・六議の部分も永徽律疏の書式に――即ち「名例律第一」以下と同じ書式に――統一したが、五罪の部分は旧のまま残し、「名例律第一某拾某条」の位置と条文の数え方にも変更を加えなかった、ということになる。

ただ繰返し述べるように、大宝名例律の八虐・六議の条に疏がなかったというのは、あくまでも一つの憶測であって、疏があった可能性も完全には否定できないのである。したがって大宝名例律が、養老律写本とほぼ同じであった可能性も十分残っている。しかしその場合でも、(一)五罪条が特殊な書式をもっていることと、(二)五罪・八虐・六議の諸条が名例律の条文数から除かれていたこととは、大宝律においてもおそらく間違いないと思われるので、その二点から、やはり五罪・八虐・六議の部分が大宝以前に制定・施行されていた可能性は強いと思う。

（1）『令集解』に引かれた明法家の注釈は、疏にあたる部分を「注」とか「子注」と呼ぶ場合が多いので、「疏」は日本律の固定した統一的呼称ではなかったと推定される（瀧川政次郎『律令の研究』刀江書院、一九三一年）。しかし本稿では便宜上、唐律疏の疏に相当する部分を「疏」と呼ぶことにしたい。

（2）五罪・八虐・六議の部分は、名例律の条文数に含まれなかっただけでなく、名例律そのものにも含まれなかったのではないか、という疑いもある。例えば『令集解』神祇令4穴記一云には「律目録篇」という語がみえ、名例律裏書の物記は「目録者如言名録。何者、断獄律以上十二篇是。便次明五刑八虐六議等数耳」という微妙な説明をしている。しかし「名例謀反条」とか「検名例律六議条云……」というように八虐・六議を名例律に含ませた例もあるので（『令集解』僧尼令1古記。『三代実録』貞観十三年十月五日条）、本稿では、五罪・八虐・六議が名例律に含まれたかどうかは断定をさし控え、ただ名例律の条文数に含まれなかったことだけを問題としたい。

（3）唐律の条文数の数え方については、滋賀前掲論文、第一条注（1）参照。

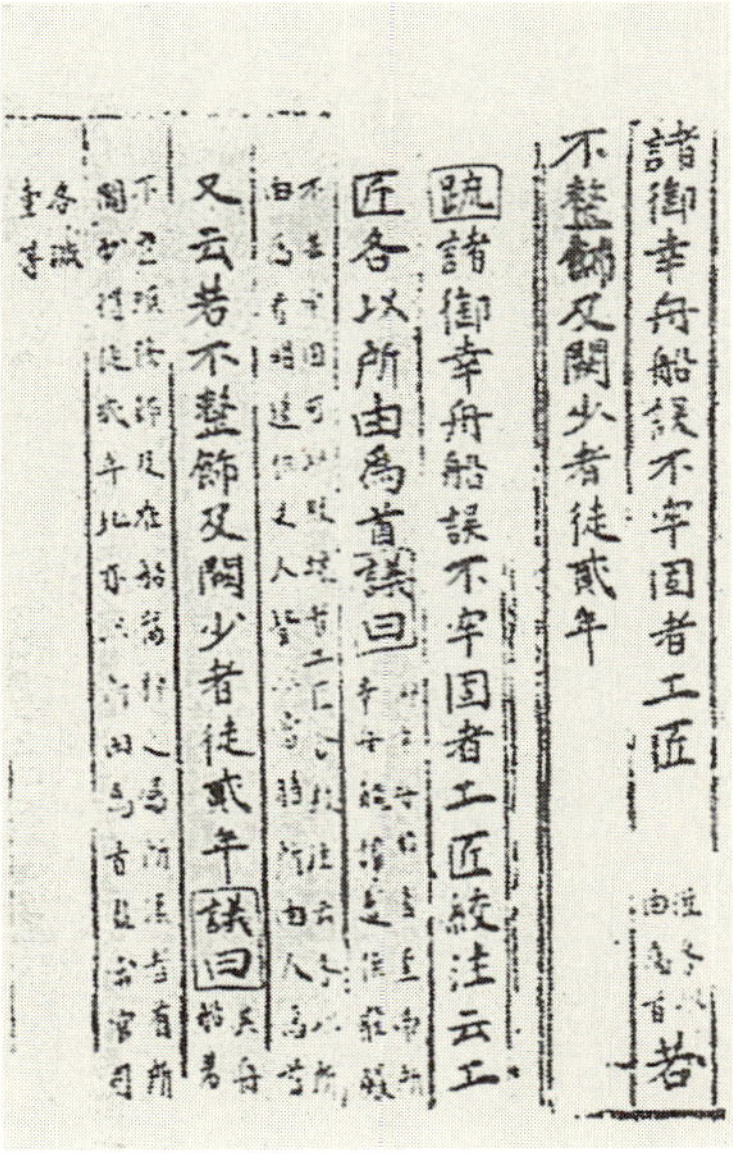

図７　宋刑統(天一閣本)

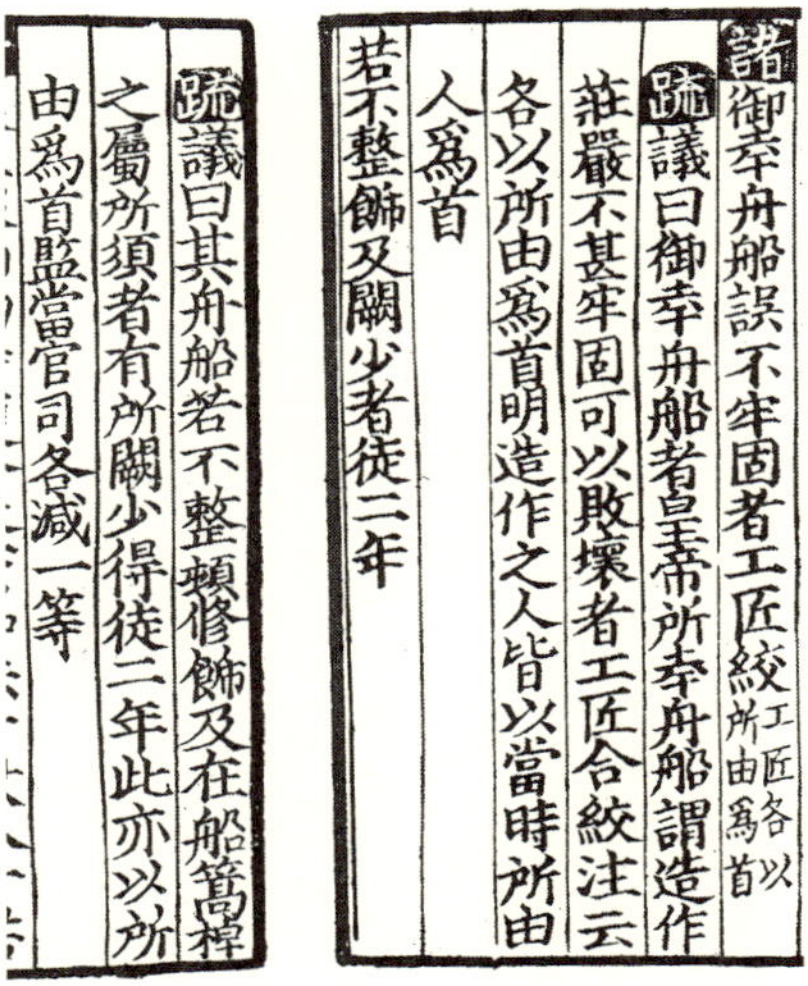

図８　故唐律疏議(四部叢刊本)

(4)　「倉庫令。凡倉貯積者、稲穀粟支二九年一。雑種支二二年一。糒支二廿年一。貯経二三年以上一。一斛聴二耗一升一。五年以上二升」。なお小字二行割の部分が注であったことは、次行の明法曹司解に「倉庫令云。……注云、貯経二三年以上一、一斛聴二耗一升一。五年以上二升」と明記されている。

(5)　例えば(イ)は名例律23条の「若所枉重、自従重」、名例律28条の「造畜蠱毒応流者、配流如法」の部分にいずれも注点を附すが、(ロ)にはない。おそらく(ロ)の脱落であろう。

(6)　なお国史大系本の『政事要略』に引用された養老律は、本注の部分の活字を小さく組んでいるが、管見した『政事要略』の写本では本文と本注を区別していない。

(7)　本稿に引用する律の条文番号・条文呼称は、便宜上、律令研究会編『訳註日本律令・律本文篇』による。同書の律の条文番号は『唐律疏議』の番号であり、日本律の条文の数え方を示すものではない。なお令については、日本思想大系『律令』による。

(8)　なお古記が「注云」を冠しないで疏文を引用した例もあるが――例、戸婚律5私入道条(僧尼令16方便条古記)、雑律33売買不和条(考課令43市廛不擾条古記)――文脈上「注云」を省略しても意味が通じたり、直接疏文だけを引用した場合などであるから、「注云」を省略したものと考えられ、本稿の論旨とは抵触しない。

(9) 小林宏・高塩博「律集解の構成と唐律疏議の原文について」(一)・(二)(『国学院法学』一三巻四号・一四巻三号、一九七六・一九七七年〔国学院大学日本文化研究所編『日本律復原の研究』国書刊行会、一九八四年〕)。なお両氏は、律集解に引く「律疏」を永徽律疏そのものと推定されているが、あるいは永徽律疏だけでなく、その注釈をも含めて「律疏」と呼ばれた可能性も残しておきたい。

(10) 『宋刑統』と『故唐律疏議』が共に唐の開元二十五年の「律」「律疏」を素材として編纂されたことは、仁井田陞・牧野巽の両氏が詳細に論証されたところであるが(「故唐律疏議製作年代考」『東方学報・東京』一・二、一九三一年)、『宋刑統』と『故唐律疏議』では若干編纂方針が異なる。即ち『宋刑統』は、各条ごとに、まず開元二十五年の「律」を掲げ(図7を前掲図4の「律」の該当条と対照されたい)、その後に「律疏」(律疏には律の本文・本注も含む)を全文引用するのを原則とした(ただし「律疏」の一条が、まず律の本文・本注を一括して掲げ、その後に疏を一括して掲げている場合には、「律疏」の方の本文・本注を割愛している)。これに対して『故唐律疏議』は、「律」「律疏」の一条をいくつかの部分に分割して「律」と「律疏」を交互に掲げ、両者が重複する部分を適宜割愛するという方式を一般にはとっている(図8を図7と対照されたい)。なお図8には滂憙斎本の写真を掲げる方が適切であるが、ここでは書式だけを問題としているので、同じ書式の四部叢刊本で代用した。

〔追記〕 校正の段階で、岡野誠氏から種々の貴重な御教示をいただき、拙稿の誤りをいくつも正すことができた。ここに記して感謝の微意を表したい。

書評　律令研究会編『訳註日本律令　二・三　律本文篇上巻・下巻』

瀧川政次郎氏を代表者とする律令研究会では、かねてから日本律令の総合的研究が進められてきたが、その最初の成果が『訳註日本律令　律本文篇』上下巻（東京堂出版、一九七五年三月、八月）として刊行された。本巻の監修者は瀧川政次郎・森鹿三の両氏であり、執筆者は小林宏・嵐義人の両氏である。私どもは別に日本思想大系の一巻として、四、五年来、『律令』の編輯をすすめており、また、瀧川氏らによる『訳註日本律令』に全く関与していない。このためであろう、瀧川氏からこの企画の最初の刊行成果としての右二巻の書評を井上（光貞）に求めてこられた。以下はこの二巻が律のテキスト作成を目的とする性質にかんがみ、私どもの『律令』の編輯上、同じ仕事を分担する吉田が作成し、井上が補筆したものである。

一

『訳註日本律令』は、日本律令全体の逐条註釈書を編纂しようという雄大な企てであり、その構成は次のような予定になっている。

首巻篇　第一巻　（日本律令編纂の沿革など）
律本文篇　第二～三巻
　別冊　第四巻　（「故唐律疏議製作年代考」の再録など）
律疏訳註篇　第五～七巻　（唐律疏議の訳註）

比較研究篇　第八巻（日唐律の比較研究）
令訳註篇　第九～十一巻（令義解の訳註）

右の企画のなかで『律本文篇』がまず刊行されたのは――本書の「序」によれば――日本律の訳註作業の前提となる律のテキストが既刊の書では不十分なためであった。日本律の研究は日本令の研究よりもはるかに遅れているので、律の研究がまず最初の課題とされたのである。日本律の写本は、応仁・文明の乱によって散逸し、名例律の前半、衛禁律の後半、職制律、賊盗律と、闘訟律の断簡が残存するにすぎず、他の部分は諸書に引用された逸文しか残されていない。これらの逸文は、幕末の石原正明の書と伝える「律逸」(『続々群書類従』所収)と瀧川政次郎氏の「律逸々」(『律令の研究』刀江書院、一九三一年に収録)によって主要なものは大部分が蒐集され、両書をもとにした『新訂増補国史大系』の「律」にまとめられている。国史大系本の「律」は、写本残存部分に詳細な校訂を加え、それに逸文を整理してまとめたもので、残存する日本律の全体を通覧できるようにした画期的な編纂書であり、律令の研究者に大きな便益を与えてきた。しかし刊行から三十数年を経た現在の律の研究の水準からみると、逸文の部分には不便なところや不正確な点が眼につくようになった。例えば、国史大系本「律」の逸文は、――「律逸」を補訂する形で編纂されたために、「律逸」の形式を踏襲して――日本律の逸文が一条全体にわたらず一部分だけが知られる場合には、唐律疏議によって残りの部分を補うという方式をとっている。もちろんそれは参考までに唐律(及び疏)を付加したにすぎないが、ともすると読者は唐律に該当する日本律がそのまま存在していたかの如き錯覚にとらわれ易く、なかには日本律にはおそらく存在しなかったと推定される部分まで唐律が掲示されている場合もある。また国史大系本は大宝律と養老律を区別しなかったために、その逸文が大宝律であるか養老律であるかを区別できないという基本的な欠点をもっていた。また国史大系本の刊行後、蒐集漏れの逸文が、太田晶二郎・竹内理三・佐藤進一の諸氏をはじめとする多くの研究者によって、とくに利光三津夫氏の精緻な研究によって、多数発見されたので、それらの成果を私達は各自の国史大系本に書き込んだりして、国史大系本を補わねばならなかった。とくに近年発表される逸文は、疏の一部分であったり、唐律疏のある部分に該当する日本律の存否だけが推定される例が多いので、これらの成果を漏れなく国史大系本に書き加えることは非常に難しくなってきた。このような研究状況では、国史大系本「律」の逸文の部分は、もはや逐条的な訳註のテキストとしては不便なものとなり、新しいテキストの作成が必要となっているのである。

二

新しいテキストの作成方針については、律令研究会の律の部会で種々の方式が詳しく検討された結果、次のような方式が採られている。即ち、『故唐律疏議』(以下一般には『唐律疏議』と略称し、とくに元代の書であることを強調したいときにだけ『故唐律疏議』という正式名称で呼ぶ)の全文を上欄に掲げ、下欄にはそれに該当する日本律(逸文も含めて)を掲げるという方式である。この方式はおそらく現在考えうる最も理想的な方式であろう。国史大系本の逸文は、唐律で補われている場合にも、唐律(及び疏)の全体が引用されていないので、結局読者は『唐律疏議』の該当条全体を先ず読まないと、日本律逸文の意味が理解できない場合が多かった。また唐律は名例律という刑法総則をもつ刑法典であり、したがってそれを藍本として編纂された日本律も、一つの体系を備えた刑法典であったから、全体の仕組みを把握していなければ、個々の条文を理解することはできない。ところが日本律は欠巻が多くて全巻をみることができないので、日本律を理解するには、先ず唐律によってその全体の体系を把握しておく必要がある。本書が故唐律疏議の全文を上欄に掲げたのは、その意味でも適切な処置であった。

ただ唐律を掲げる方式として、『故唐律疏議』をそのまま上欄に載せることが、下欄に載せる日本律の表示にとって最適の方式であったかどうかについては、若干問題が残されている。というのは、日本律は——大宝律も養老律も——本来疏をふくんだ形態で作られ、唐の永徽の「律疏」の形式をほとんどそのまま踏襲していたと推定されるのに対して、『故唐律疏議』は、唐の開元二十五年の「律」と「律疏」とを混成して元代の初め頃に編纂されたものと推定され[1]、両者(日本律と故唐律疏議)の形式が完全には一致していないからである。また『故唐律疏議』と同じように開元二十五年の「律」と「律疏」とを集成した法書として宋の『刑統』があるが、『宋刑統』が各条ごとにまず開元二十五年の「律」を掲げ、その後に「律疏」(律疏には律の本文・本注も含む)を引くのを原則とするのに対して[2]、『故唐律疏議』は「律」・「律疏」の一条が長文である場合には、一条をいくつかの部分に分け、「律」と「律疏」を交互に掲げ、両者が重複する部分(具体的には本文・本注)を「律疏」から適宜割愛するという方式をとっている。したがって、上欄の『故唐律疏議』の語句に対応する場所に、日本律の対応する語句を配置するという本書の方式においては、日本律のある部分は「律」に、ある部分は「律疏」に対応せざるをえないという問題が生ずる。そこで本書は、日本律の本文・本注は、『故唐律疏議』のなかの「律」からの引用部分に対応させるという方式に統一し、「律疏」からの引用部分にある本文・本注には対応させないことにしている。そのために日本律の本文・本注の間に配置されていた疏の部分が後にまわされる場合が非常に多くなり、日本律の本来の形式(具体的にわかるのは養老律の形式)から大きく乖離することとなっているのである。これは、律と律疏との混成文である『故唐律疏議』と、律疏の形式を襲った日本律とを対比したために生じた混乱であり、この混乱を回避するためには、『宋刑統』と『故唐律疏議』とから「律疏」(具体的には開元二十五年律疏)を復原し、それを上欄に掲げることがもっとも適切な方式であったと考えられる[3]。もちろん以上のことは、本書の担当者にも十分承知されていたことであろう。それにも拘らず『故唐律疏議』をそのまま上欄に掲げたのは、おそらく次のような理由によるものと推察される。まず、『宋刑統』と『故唐律疏議』とから開元二十五年律疏を復原することは、九十九パーセントは可能であっても、やはり完全には難しいことである。もちろん形式だけ律疏に似せて『故唐律疏議』を組み変えることも可能であり、その方式によれば日本律の疏の部分の分散は、はるかに少なくなったはずである。しかし本書の担当者はそのメリットよりも、『故唐律疏議』に綿密な校勘を加えたテキストを作成することの方がはるかに有意義であり、中国の法制史家や西欧のシノロジストにも便益を与えることができると考えたのであろう。そしてそのいずれの方式をとるかは、本書の目的をどこにおくかという選択の問題であって、どの方式が正しいという問題ではなく、私達も本書の担当者の選択に十分な共感をおぼえるのである。ただそのために日本律の表示が本来の形式から大きく乖離した由来を、読者のために説明しておいていただいた方がよかったと思うので、ここに本書の補足の意味で、若干蛇足を加えておくのである。

三

次に本書の内容を上欄と下欄にわけて、逐次紹介していきたい。まず上欄の『故唐律疏議』については、先年、関西の唐律研究会から岱南閣叢書本を底本とした『唐律疏議校勘表』が刊行されている。本書もその成果を継承しており、底本には岱南閣叢書本を選んで同書をほぼそのまま上欄に掲げ、校異についても『唐律疏議校勘表』『同補遺』を利用している。しかし本書はそれにとどまらず敦煌発見の唐律・唐律疏の断簡や、『宋刑統』・宋律との校勘も行なっている。先の『唐律疏議校勘表』が校勘する範囲を『故唐律疏議』の諸本に限っているのは、『故唐律疏議』が形式的には唐の「律」や「律疏」と別箇の編纂書であったことを考えると、それなりに一貫した方式とおもわれる。したがって無原則に敦煌発見の律・律疏や『宋刑統』と『故唐律疏議』とを校勘することには方法的に問題があろう。しかしかつて内藤乾吉氏が「敦煌発見唐職制戸婚廐庫律断簡」(同『中国法制史考証』有斐閣、一九六三年、所収)において指摘し、また本書執筆の中心となった小林宏氏も「唐律疏議の原文について」(『国学院法学』一二巻二号、一九七四年〈国学院大学日本文化研究所編『日本律復原の研究』国書刊行会、一九八四年〉)のなかで詳細に論じているように、敦煌発見の律・律疏のみならず、『宋刑統』や日本の養老律の方が、『故唐律疏議』より唐の律・律疏の字句を正しく伝えている場合が沢山あることは重視すべきである。したがって本書が敦煌文書や『宋刑統』をも校勘の対象に加え、また下欄の該当箇所に養老律を掲示したことは、唐の律・律疏の本来の字句を推定する重要な手懸りを提供したことになる。また下欄の日本律の語句が、敦煌文書や『宋刑統』と一致している場合には、その語句が『故唐律疏議』とは一致していなくても、永徽律疏をそのまま継承していると推定する有力な根拠となるので、日本律の校勘にとっても、本書は貴重な手懸りを提供したことになる。(4)

なお本書上欄の『故唐律疏議』についてあえて望蜀の言を述べれば、底本の岱南閣叢書本と他本との間に字句の異同がある場合には、何れが正しいのか校訂者の判断を示していただきたかったし、また底本には最近中国で刊行されている標点本二十四史のような句読点を加えていただきたかった。もちろんそれは高度な能力と大変な労力を要する作業であろうが、現在の日本の律研究の最高スタッフを結集したこの律令研究会を措いては、そのような作業は非常に難しいとおもわれるからである。あるいは『訳註日本律令』全体の仕事の進行上、まず短期間に律のテキストを刊行する必要があったのかも知れないが、もしそうであれば、第五〜七巻の『律疏訳註篇』は上記のような作業を実質的には含むと推定されるので、『律疏訳註篇』と並行して、本巻の改定を進めていただくわけにはいかないだろうか。第三者の望蜀の言として、万一お聞き入れいただければ幸甚である。

四

次に下欄の日本律は、写本残存部分と逸文の部分とに大別されるが、写本残存部分も原(もと)の形式のまま載せず、上欄の唐律疏議に対応させて配置している。そのために日本律の原形が著しく損われたことは前述したが、あえてそのような方針で一貫した一つの理由は、本書の眼目が、日本律の逸文の部分にあったからと推察される。日本律の逸文の大部分は断片的な語句であり、原文のどの位置にあったか不明なものが殆どなので、やはり本書のように、『唐律疏議』の対応する語句の下に掲示しておくのが、逸文にとっては、もっとも穏当な方式とおもわれるからである。このように本書は逸文の部分に重点をおき、写本残存部分にはあまり重きをおかないで、読者が国史大系本を併用することを前提にして作られている。したがって写本残存部分には校訂も加えず、底本の字句のまま——明らかに誤字と思われる字句もそのまま――掲示する方針をとっている。国史大系本刊行後に学界に紹介された書陵部蔵名例律断簡(吉部秘訓抄紙背)だけが校勘に用いられているのも、国史大系本を補うという本書の一貫した方針によるものであろう。ただ写本残存部分を底本のまま掲げるという本書の方針も、本注の部分については守られていない。即ち、日本律写本は、ペリオ文書三六九〇号の職制律疏断簡と同じように、本文と本注を同じ大きさで書いていて両者を全く区別していないが、[5]本書は――群書類従本や国史大系本と同じように――本注(と推定される)部分を本文より小さい活字で組んでいるのである。もっとも日本律の写本のなかでも訓点の付された紅葉山文庫本(名例律の前半と賊盗律)においては、注文の部分に朱点を付すことによって、本文と本注が区別されているが、本書には底本とした紅葉山文庫本に朱点のない部分まで注文とした箇所がある。[6]また訓点のない広橋家本(衛禁律の後半と職制律)と九条家本(闘訟律断簡)においては、写本だけから本文と本注を区別することは出来ないはずであるが、注文であったと推定される部分は殆ど活字を小さくして注文の形で組まれており、しかもその規準が明確でない部分もある。[7]もし底本をそのまま載せるという方針を貫くのならば、少なくとも訓点のない衛禁律・職制律・闘訟律の部分は、本文と本注とを区別しない方がよかったのではなかろうか。[8]

五

本書の眼目が日本律逸文の集成にあったことは繰返し述べてきたところで、本書の執筆者が心血を注がれたのも、この部分であったことは疑いない。本書の担当者は、まず逸文についてのこれまでの研究成果を漏れなく集成するために、律の各条についての関連論考を全て表示するという基礎的な作業を行なった。その成果は下巻末に「逸律摭論考一覧」(嵐義人氏作成)として掲載されている。この一覧表の作成だけでも大変な労力を要する作業であり、律の研究者に大きな便益を与えることは疑いない。しかも本書の担当者は、これまでの研究成果の集成に止まらないで、さらに新しい逸文の発見に精力的に取り組み、その成果を逐次学界誌などに公表してきた（上巻序参照）。

本書の律条復原の基本的な立場は、律の復原研究の方式に大きな転換をもたらした利光三津夫氏の一連の研究（『律令及び令制の研究』明治書院、一九五九年、『律の研究』明治書院、一九六一年、その他）を、発展的に継承している。利光氏の律研究の成果は多方面に渉るが、本書と関連が深いのは次の三点であろう。第一に、大宝律と養老律とを峻別し、大宝律の逸文の蒐集を本格的に進めたこと、第二に、群籍を旁捜し、たとえ断片的な語句であっても漏れなく拾うという、徹底した蒐集作業を行なったこと。第三には、明確な律文は復原できなくても、裁判例や明法家の注釈などから唐律に相当する規定や語句の存否を推定する方法を開拓したことである。本書もこれらの成果を継承し、まず下欄に掲げる日本律は養老律を主体とし、大宝律はそれに傍書するという方式を貫いている。また復原される逸文を次の三種類、即ち、(1)「復原字句」（確たる典拠を有し、且つ、唐律との比較からも逸文として採択し得るもの）、(2)「参考字句」（前項の復原には至らないが、考証により、ほぼ字句を推定し得るもの）、(3)「存否の推測」（字句の推定にまでは至らないが、ほぼ規定、若しくは語句の存否を推測し得るもの）、の三つに分類して示している。もちろん個々の事例についてみると、三つの分類のいずれに属するかに微妙な問題が残る場合があるが、少なくとも(1)と(2)(3)とを全条にわたって区別したのは画期的な作業であり、本書の生命を長く持続させる基盤となろう。また存否について詳細な説明を加え、〈備考〉の欄にその条をめぐる様々な問題を広く紹介しているのも、きわめて有益である。これらの復原の根拠となった史料は、全て該当箇所が全文引用されており、しかも出典書の通行本の頁数まで明記されている。国史大系本の逸文の出典注が「職員令集解」とか「政事要略五九」というような簡単な注記だけだったので、その逸文がどこに記されているのか、捜すのに大変苦労した経験をお持ちの方も多いとおもうが、本書の刊行によって、そのような労苦は一掃された。また箇々の復原についての先行論文も詳細に引用されているので、復原の仕方について疑問が生じたときには、先行論文について検討することも容易となった。これら一連の作業のなかで、おそらく本書の執筆者が苦労したことの一つは、律の逸文を含む史料の校訂が、史料によって精粗さまざまなことではなかったかいことが、復原作業の大きな障害になっているとおもわれる[9]。と推察される。特に律の逸文を大量に含む『政事要略』の写本や刊本に、『唐律疏議』を参照しての意改が非常に多

六

本書は日本律の復原研究に新しい紀元を画する大著であり、このような大規模な作業を個人の力で短期間に成し遂げることは不可能に近い。そこで本書執筆の中心となった小林宏・嵐義人の両氏は、国学院大学関係の若い律令研究者を結集して「律令講究会」を組織し、律逸文の原稿作成の分担を次のように定められたという。

名例律　川北靖之　　衛禁律　嵐義人　　戸婚律　山本幸子　　厩庫律　高山幸隆
擅興律　中山勝　　闘訟律　高塩博　　詐偽律　亀岡一夫　　雑律　　伊藤勇人
捕亡律　木下勉　　断獄律　小林宏

各分担者が作成した原稿は、律令講究会の例会や合宿における熱心な討議を経て、本書のような形に——小林・嵐両氏の責任において——まとめられたという。おそらくこのような大著の編纂は、有能な指導者の下に若い研究者が結集することによってのみ成しとげられたのであろう。私達は、律令講究会の若い研究者の方々が、情熱を傾けて、この面倒な骨の折れる仕事を完成して下さったことを深く感謝し、深甚なる敬意を表したいとおもう。

もちろん本書も細部については今後多くの修正や補足がなされねばならないだろう。本書の執筆者も、将来の補訂に備える余白を、本書のなかに残しておられるのである(下巻跋参照)。私達は本書を学界の共通の財産とし、本書に漏れた逸文や訂正すべき事項を積極的に学界に発表し、また本書の執筆者の方々にお知らせして、この本をさらに豊かなものに改訂してゆくための助力をしたいと思う。本書は十分それに値する書物であり、そうすることが、本書に対して敬意を表することにもなるとおもう[10]。

（1） 本書上巻の序は、宋刑統・故唐律疏議に載せる律疏を永徽律疏とみなしている。しかし宋刑統・故唐律疏議に載せる律疏が開元二十五年の律疏であることは、仁井田陞・牧野巽両氏の「故唐律疏議製作年代考」（『東方学報・東京』一・二冊、一九三一年、『訳註日本律令 一 首巻』東京堂出版、一九七八年、収録）に綿密に論証されており、それを覆すだけの積極的な論拠を本書の序は示していないので、私達はやはり仁井田・牧野説が正しいと考えている。ただ永徽律疏説は必ずしも律令研究会の諸氏の一致した見解ではないようにみうけられる（例、小林宏「唐律疏議の原文について」〈『国学院法学』一二巻二号〉）。また本書の内容は、永徽説・開元説のいずれとも直接の拘りがないので、たとえ永徽説が成立しなくても、本書の価値はいささかも減ずるものではない。なおこの書評で故唐律疏議の成立を元代の初め頃と記したのは、現存する版本についてのことで、故唐律疏議の祖形が元代より溯る可能性を否定するものではないことを念のため附言しておきたい。

（2） ただし「律疏」の一条が、まず律の本文・本注を一括して掲げ、その後に疏を一括して掲げている場合には、「律疏」の方の本文・本注は割愛している。

（3） ただその場合にも、――日本律は唐律疏よりも疏を細かく分割して本文・本注の間に挿入しているので――下欄の日本律の疏の位置の分散は避けられないが、本書の方式よりもはるかに簡明になることは間違いない。

（4） 例えば国史大系本の職制律35条（以下条文番号は『訳註日本律令』による）は、「……不応遣駅而遣駅者。……」というように前田家本・群書類従本によって「駅」字を補うが、敦煌文書の職制律断簡には「駅」字はないので、前田家本・群書類従本はともに唐律疏議によって意補した可能性が強く、養老律には本来なかった可能性が強い。また同様の例として、職制律52条の「……有乗利者。計利准枉法論。……」があるが、本書の唐律疏議の校勘からは漏れている。

（5） このペリオ文書の断簡が永徽律疏であるという確証はないが、おそらく日本律の藍本となった永徽律疏もほぼ同じ形式であったと推定される。永徽律疏がこのように本文と本注とを全く区別していないのは、「律疏」と同時に「律」が編纂されていたからと推測されるので（永徽「律」の本注は細字双行であって明らかに本文とは区別されている）、日本律も永徽律疏の形式を踏襲した残存写本の形式のものだけであったかどうかが、大きな問題として残るが、ここではその問題にはふれない。

(6)　例えば名例律23条の「若所枉重、自従重」、名例律28条の「造畜蠱毒応流者、配流如法」は、いずれも紅葉山文庫本には注文であることを示す朱点はなく、田中光顕氏旧蔵本(東京大学史料編纂所影写本による)の朱点によって注文であることが確認される。田中氏旧蔵本は、影写本によってしか現在は見られないようであるが、大治四年(一一二九)に明法博士となった小野有隣が外祖父にあたる明法博士菅原有真の律写本を忠実に書写したものである。同書は多くの点で紅葉山文庫本の誤りを正すことができ、またその訓点も紅葉山文庫本と異った部分があるので、紅葉山文庫本とは異系統の写本であったと推定される。本書は写本残存部分の校異を国史大系本にゆずっているので、個々の語句について田中本との異同を注記する必要はなかったであろうが、下巻末の跋の「日本傳存律」の表や「逸律捃摭論考一覧」には田中本も記載した方がよかったとおもう。

(7)　例えば同じ「摂津長門、減一等、餘関、又減二等」の句が、衛禁律25条では本文とされ同26条では注文とされた理由は明確でない。また本書が本文とした衛禁律25条の「諸三(ママ)関者」の部分は、法曹至要抄上巻42条には「注云、謂三関者」と注文であることが明示されている(菊地礼子氏の御教示による)。

(8)　本文と本注の問題は一見些細なことのようにみえるが、なかには重要な問題と関連する場合もある。例えば、国史大系本『令義解』『令集解』は、ともに神祇令17条の「唯伊勢神宮、常祀亦同」の部分を本文とするが、宮内庁書陵部の藤波本『神祇令』には注文であることを示す朱点がある。続日本紀天平二年閏六月甲午条によるとこの部分は大宝令にはなかったと推定されるので、養老令編纂の際に注文として付加されたことが、藤波本の朱点によって知られるのである(早川庄八氏の御教示による)。

なお本書下巻末の跋にも言及されているように、注文であることを示す朱点がどの時期に附されたかは大きな問題であり、訓点(注文の朱点を含む)をどのように利用するかはなお詳細な検討が必要である。国史大系本は底本の傍訓・ヲコト点を適宜収載しているが、句読点・返点は必ずしも底本に依拠していない。例えば、本書上巻の序が指摘するように、底本では「准(ずうん)—盗(たう)—論(ろん)」と音で連読したと推定されるところに、国史大系本は「准(ズウン)レ盗論」と返点を付している。しかしそれは必ずしも底本にとらわれないで、校訂者の考えによって処理した結果である。本書序はそのことから、国史大系本の編者が「以盗」と「准盗」の区別を知らなかったと述べているが、それはおそらく誤解にもとづく推測であろう。

(9) 同じく律逸文を多く含む『法曹至要抄』については、本書は陽明文庫本や神宮文庫本を併用して群書類従本の誤りを正している。

(10) 本書の補訂について、たまたま気づいた二～三の点を左に列挙しておきたい。(一)青木和夫氏の御教示によれば、衛禁律第9条の〈備考〉に古今著聞集の記事が具体例として引かれているが、奈良時代の例としては、続日本紀、宝亀八年九月丙寅条「太師押勝起₂宅於楊梅宮南₁、東西構ㇾ楼、高臨₂内裏₁、南面之門、便以為ㇾ櫓、人士側ㇾ目、稍有₂不臣之譏₁」があげられる。(二)菊地礼子氏の御教示によれば、職制律40条の大宝律復原の根拠史料のうち、cは古記の引用である可能性は少なく、aⅠも古記の引用であるかどうかは確定できない。他にも本書の大宝律復原にはなお検討すべき点があるようにおもわれる。(三)名例律56条の唐律本注「不加至斬」に相当する規定の存在が、養老職制律19条疏「其大事、縦漏泄於蕃使、亦不加至斬」から推測される。(四)名例律37条の養老律逸文のうち「若越度私度関」の「私度」は政事要略所引の逸文には無いので、法曹至要抄(陽明文庫本による)が本注の「私度亦同」から引いた取意文と推定される(政事要略は「私度亦同」の本注を脱落)。したがって私案では「若越度関。及姦。私度□□。姦。謂……」と復原される。(五)名例律35条の〈典拠〉(三)Ⅱ「……律蔽匿及非蔽匿両條……」の「非」は「少」の誤り、名例律36条の〈典拠〉(六)「……故蔽匿条……」の「故」は「小」の誤り(いずれも国史大系本『政事要略』の誤り)。したがって36条〈備考〉の「……養老律本條を『小蔽匿條』『非蔽匿條』等と称していた……」のうち『非蔽匿條』等の五字を削除する。

［あとがき］この書評の執筆に際しては、池田温氏を中心とする律の輪読会の方々から――とくに本書の合評会で報告された菊地礼子氏から――多くの教示を得たことを記し、感謝の意を表したい。

解説

大津　透

一

本書は、戦後の日本古代史研究で大きな成果を上げられた吉田孝氏（二〇一六年十二月逝去）の、著書に収録されていなかった論考を集めた第二論文集である。

吉田氏は、一九三三年五月名古屋市のお生まれで、一九五三年東京大学教養学部に入学、一九五八年東京大学文学部国史学科を卒業、一九六二年に同大学院人文科学研究科国史学専攻修士課程を修了された。日本労働協会調査研究部、中部工業短期大学、中部工業大学をへて、一九六六年に山梨大学教育学部に講師として赴任、翌年助教授、一九八〇年に教授に昇任され二十一年にわたり勤務された。その後一九八七年より二〇〇二年の定年まで青山学院大学文学部教授を務められた。まず吉田氏の研究を簡単に紹介しよう。

卒業論文で取り上げた雑徭の日唐賦役令比較研究が古代史研究の出発点だったが、中国隋唐の均田制との比較を踏まえた田令や戸令、班田収授制や編戸制・行政区画の緻密な分析へと展開し、日本では熟田だけを一定額班給する屯田制的要素だけを取り入れ、人為的行政区画に統一しているなど日本古代の公地公民制の独自な特色を明らかにした。また氏族制について、始祖からの結びつきを中心とするウヂのあり方や神話的な時間が律令制下にも生きていたことを指摘した。古代国語や社会人類学の分析も取り入れ、未開な古代社会像を示し、東アジア世界を視野に入れて、日本の文明化という観点から律令制の意義を論じたのである。さらに『類聚三代格』の史料学的研究を基礎に、天平十五年に出された墾田永年私財法を緻密に分析して、従来の公地公民制＝律令制の崩壊と位置づける通説を批判し、班田制は熟田だけを対象としたが、墾田を含め全国の耕地を政府が把握するようになったとして、八世紀中葉の天平年間に律令国家の基盤が拡大するとする律令国家段階説を提唱したことが画期的である。

唐代史研究会編『隋唐帝国と東アジア世界』（汲古書院、一九七九年）によせられた「隋唐帝国と日本の律令国家」は、日本における律令継受の意義を中国との比較を踏まえ大きなスケールで見通した論文である。先輩の青木和夫氏や山梨大学での同僚で親友だった唐代史の菊池英夫氏、さらに濱口重國氏の影響もあり、日本史・東洋史の境界をこえた律令制研究を進めたことが特筆される。唐代史研究会の科研費組織としての設立当初からのメンバーであり、夏の強羅での合宿シンポジウムにも毎年熱心に参加された。唐代史研究会が、中国史だけでない広がりとスケールの大きさをもつ学会組織となり、大きな成果をあげたのは、吉田氏の存在が大きい。

これらは学位論文『律令国家と古代の社会』（岩波書店、一九八三年）として再構成されてまとめられた。さらにそれをもとに『大系日本の歴史3　古代国家の歩み』（小学館、一九八八年、小学館ライブラリーで再刊、一九九二年）を執筆され、七世紀から十世紀までの日本を国際的な視野から描くすぐれた歴史叙述が出版された。その後、岩波新書で『日本の誕生』（一九九七年）を執筆され、日本という枠組み（「ヤマトの古典的国制」）がどのように成立したのかを論じていて、日本古代史を研究する意味とは何であるかを示した名著といえる。またこれは、列島の歴史や文化の多様性・流動性、外に開かれた海の世界などを強調する、網野史学に代表される中世史の動向に対する、古代史の立場からの反論でもある。同じく岩波新書『歴史のなかの天皇』（二〇〇六年）は、古代の天皇だけにとどまらず、近世・近代まで通して天皇制を論じたもので、歴史家としての意欲作といえる。若い人々のための古代史の通史として、岩波ジュニア新書「日本の歴史」シリーズで『飛鳥・奈良時代』（一九九九年）も書かれた。

しかし、吉田氏は後年は啓蒙書の執筆に情熱を注いだため、『律令国家と古代の社会』以降に書かれた論文を一書にまとめることはなかった。本書では、第Ⅱ部では旧著を補うべく書かれたウヂや古代社会に関する論文を集め、第Ⅲ部に律令研究の群を抜いたレベルを示す論考や基礎的な考証を集め、第Ⅰ部に七世紀から九世紀にいたる通史的な講座論文をまとめて、ここに一書を編んだ。

二

第Ⅰ部では、天武朝が少し重複しているが、著者の七世紀から九世紀初めまでの歴史理解の全体像を、学術的な形で通して読みとることが可能になっている。

「律令国家の形成と東アジア世界」は、推古朝から天武持統朝にいたる、東アジア世界の中で考えた通史であるが、比較のため倭の五王の時代にもふれている。なかでも推古朝の意義を強調していることが注目され、倭王が中国的な「姓」の秩序を脱したこと、中国皇帝から倭国王に冊封を受けなかったこと、その後の朝廷も朝貢はするが冊封を受けないという立場を守ったことが日本の古代国家のあり方を方向付けたとする。大化改新については、石母田正『日本の古代国家』を継承して、国際的緊張のなかで朝鮮諸国が権力集中をめざしており、蘇我入鹿の政治や改新政権もそうした権力集中の一方式だと位置づけている。そのときに新羅に対して「任那の調」納入を放棄したことを、大八州を版図とする国家建設へ転換したとして、大きな意義を認めているのが注目される。白村江の敗戦をへた近江朝廷については、庚午年籍の作成が大きなインパクトを与えたと推測している。なお遣隋使の国書の「東天皇」(推古紀)について、原文では「大王」か「大皇」であり、「天皇」号は天武持統朝に定まった可能性を述べるが、その後著者は、七世紀初頭の推古朝に、倭の君主は「王」でない、つまり隋唐に服属しないことを主張するために、「天皇」号が生み出されたと論じている(「『史記』秦始皇本紀と「天皇」号」『日本歴史』六四三、二〇〇一年、および『歴史のなかの天皇』序章)。とすれば推古朝の意義は一層重いものになるだろう。

「八世紀の日本――律令国家」は、『岩波講座日本通史』古代3の冒頭に置かれた「通史」である。政治史と国際環境だけでなく、国家構造から社会・文化にまでおよぶ目配りのきいた通史となっている。また「九世紀の日本――平安京の新しい世界」は、同講座古代4の通史「九―一〇世紀の日本」の最初の三分の一にあたる。編集委員の早川庄八氏が執筆する企画であったが、病気のため、急遽著者と大隅清陽・佐々木恵介両氏とで分担執筆することになったのである。結果として幸いなことに、九世紀前半の嵯峨天皇までを著者による通史として読むことが可能になった。著者の律令国家論や天皇論のエッセンスという視点から、簡単に紹介しよう。

壬申の乱について、緊迫する東アジア情勢の中でおきたことに留意しつつ、「革命」の時代として大きな意義を認める。大化のクーデターによっては揺るがなかった畿内の大豪族の権力が失墜したことにより官僚制の導入が可能になり、大化改新が、中国の激動をみてきた留学生たちをブレインとして新羅と同じような中国国制を部分的に導入する現実的な改革路線をとってきたのに対して、天武の周辺にはそうしたブレインがなく、理想主義的な中国国制の全面的な導入、つまり律令法典の編纂による帝国の独自性をめざしたとする。稲岡耕二氏の研究をひいて人麻呂歌集の七夕歌が地上の人間の恋歌のような激しさで歌っていることに、日本的な班田制と同様な、中国の古典の理想をそのまま実現しようとする天武朝の志向を読みとっていることが、印象的である。

律令国家の成立について、大宝律令の編纂は、日本が中国に冊封されていなかったことが前提にあり、日本社会から自生的には生まれ得ない統治技術の先取りであると指摘する。「日本」国号の成立は、粟田真人を首席とする大宝遣唐使の努力の成果であることを強調し、唐での憶良の歌をとりあげる(「天皇」号の成立については上述を参照)。チベット(吐蕃)と比較して律令国家成立の意義を論ずるのは、唐代史研究会での活動の成果で著者の面目躍如というところである。律令国家は、ヤマト王権の構造を包摂していて、それは国際的動乱のなかで軍国体制を形成するために現実的だったとし、「律令制」と「氏族制」の二重構造であったとする。和銅年間には、平城京の建設や和同開珎の発行など、大宝律令の体制が一層進められ、条里制施行など国土の大開発が行なわれた。聖武天皇は、東大寺に行幸して「三宝の奴」と宣言する。祥瑞の政治的利用やその後の仲麻呂政権とあわせ、仏教や儒教に正当性を求める天皇への転換が始まる。墾田永年私財法によって未墾地や新墾田を取り込むことが可能になり、浮浪人をそのまま把握する政策とともに、天平年間には律令国家はその基盤を拡大する一方で、基礎にあった国造制の構造を吸収していく。大伴家持の絶唱三首をとりあげ、行基の教えの広まりとともに、個の意識がめばえてきたと指摘する。

称徳が道鏡を皇位に即けることに失敗すると、光仁ついで桓武が皇位に即き、新しい王朝が成立する。桓武は「天神」を祀る郊祀を行ない、皇太子の伊勢参拝も行なわれ、天皇像が変わっていく。辺境では大規模な征夷を中止し、積極的に俘囚を取り込んでいく支配方式に転換し、律令国家は領域を拡大しそのなかを均一的な民に編成していった。平城上皇の変をへて、嵯峨天皇は譲位後は国政に関与しないこととして、王権が一人の王に収斂しないという律令制のあり方が改められる。また嵯峨天皇の子女のウヂや個人名には、抽象的な漢字や中国的な「排行」習慣がみられる。このころ古代国家や社会から未開な要素が減少していくとする。

学位論文の終章「律令国家の諸段階」では、律令国家の展開にその施行段階、天平時代、平安前期の三つの画期をおいて、日本の「古典文化」が形成されていくと論じた。これが第Ⅰ部に収めた通史叙述の基礎となっている。

第Ⅱ部最初の「古代社会における「ウヂ」」は、著者が編集委員を務めた『日本の社会史』シリーズの第六巻「社会的諸集団」のために執筆された。倭の五王は倭姓をもっていたが、六世紀には中国的姓秩序から離脱し、「姓」を与える立場となる。稲荷山鉄剣銘には始祖から血縁でつながる系譜が記され、雄略朝には始祖からの継承を本質とするウヂが成立しているが、ウヂ名はなお未成立で職名的称号がその職を継承する子孫にのみ継承された。遣隋使派遣において小野などの姓が生まれ、職名的称号、地名的称号も中国的姓の導入により血縁集団のウヂ名に変質していく。日本のウヂ名・カバネは本来は朝廷での政治的地位を示しその地位を継承する子孫だけが受け継ぐべきもので、中国的姓と本質的に異なっていたので、律令制では八色の姓をはじめ、天皇が政治的地位の変動に応じて氏上に新たなウヂ名・カバネを賜うことによって機能した。氏・ウヂは天皇を媒介にして成立するので自律的な集団とはいえず、その本質は神話的始祖との系譜関係にあるが、著者はこれを広義の父系出自集団として捉え直した上で、母方のウヂとも関係がある、出自によってウヂへの帰属が自動的に決まらないなどの特徴を指摘する。大宝律令では氏と並んで家の制度も置いた。家の原理は父から子への継承であり、蔭位の制によって官人秩序を形成した。家は官司の一種であり、日本のイエの伝統的モデルの源流は、平安貴族の家ではないかとの仮説を提示する。旧著の氏族制論を補い、包括的で通時的な議論になっていて有益であるだけでなく、民俗学や社会学の成果への言及が多く、関心の広さに圧倒される。

「ウヂとイヘ」は、右の論考の前提となっている研究史整理で、これから研究をめざす人のために記した、著者としてはめずらしい文章である。津田左右吉による日本上代には単系出自集団・部族は存在しないとし家族と村落を重視する議論、それを受けとめて進展してきた研究史をたどり、ウヂを再検討して自説を提示する。また家についてイヘとヤケの二つの意味があることを示し、中田薫の研究に向き合い、継承の対象はヤケだとして古代社会の構造にせまり、さらに日本的なイエの成立を見通している。偉大な先学と著作を通じて対話できる幸せを学生諸君と分かち合いたいと結ぶ。先学と真剣に向き合い、評価しながら超えていくという古代史研究の醍醐味を感じることができる。前半は『律令国家と古代の社会』序章に用いられている。

「祖名について」は、その中田薫への疑問から説きおこされる。中田は古代の相続の中核は祭祀でなく「祖名」であり、それはウヂ名だとした。しかし著者は、「祖名絶たず」と家持が歌ったのは始祖大来目主であり、大化の品部廃止詔にみえる「名」「名名」はウヂ名を含む出自を意味すると論ずる。中田は祭祀の継承でないとしたが、名のもつマギッシュな性質を評価すべきで、祖名を負うことは、始祖の霊威を受け継ぎ、始祖が天皇の祖先に仕えたように永遠に子孫も仕えることであり、神話的・循環的な時間意識が生きている。聖武が「天皇の大御名を受賜り」と宣するのは、天皇の霊威を受け継ぎ、皇位を継承することをさすと推定する。なお石井良助は相続の中心は「わざ」だとしたが、それは朝廷への奉仕を含意する「つかさ」の方がふさわしいとした。

「律令制と庄」は、『講座日本荘園史』第二巻「荘園の成立と領有」のために書かれた。大化前代の田庄は、タトコロ・ナリトコロと読まれ農業経営の拠点であり、宅(ヤケ)と共通するが、そこを拠点として経営される田畠の意味に拡大していった。豪族や寺院が直接経営する田畠は畿内周辺に限られ、その田庄は大化改新で収公されるが、付属する田は収公されたとしても狭義のタトコロが収公されたかは疑問だとし、天平元年班田から位田等の経営拠点としてのタトコロの存在を想定する。万葉集にみえる竹田庄・跡見庄は、大伴坂上郎女が歌ったのは墾田永年私財法より前であることから、古くからの大伴氏の田庄であり、位田や氏人・家人への口分田など大伴氏一族に班給される田に竹田庄等の水田をふり向けたと推定する。庄は農業経営の拠点であり、その出現を律令制の解体によるとする理解は誤りで、そうした理解は東大寺が天平勝宝元年に定めた開墾田に関する史料によって初期荘園像が形成されたために生じたとする。天平時代には国司を媒介とする王臣家による墾田地占定が広く進み、律令制の地域社会への浸透と評価できるが、平安時代になると在地の富豪層が主体的に王臣家に結びついて成立する庄が増加していく。「トコロ覚書」は、このタトコロとして使用されるトコロをとりあげて、古代国家・社会における言葉と文字の展開を考えたもの。トコロとヤケの共通性を述べ、ヤケを吸収して成立してくるイエ、さらにヒト、「御家人」に及んでいる。

律令貴族に与えられた位田・職田などの具体的なあり方は不明である。大化前代の畿内豪族がもっていた田庄・ヤケが継承され、実態として維持されたのではないかという意見は、推定ではあるが蓋然性は高く、律令制下の畿内豪族を考える上で意味がある。各地に置かれた屯倉の田畠も律令制下にどうなったのか、著者の意見を聞きたかった。

三

第Ⅲ部には、律令と格をめぐる論考を集めた。律令制研究の視点からは、一九七二年刊行の『シンポジウム日本歴史4　律令国家論』(学生社)において、青木和夫氏の司会のもと著者と早川庄八氏が報告を担当し、緻密な日中国制の比較、礼制の役割、官僚制と人民支配の特色など、律令制の実態と本質に迫る議論を早い時期に行なったことが画期的であった。「律令と格」は、『古代の日本』の第九巻「研究資料」に収められ、このシンポジウムと同時期に記された律令と格についての優れた概説である。律令成立の中国と日本の背景をのべ、天子は律令に拘束されない中国と異なり、日本では天皇の権力を太政官が律令を利用して拘束したこと、中国では律令が国制の一部しか占めていなかったために固有法的な国制に重層することができたなどと指摘し、墾田永年私財法と『類聚三代格』との関係にも触れている。

「律令における雑徭の規定とその解釈」は、恩師である坂本太郎氏の還暦記念論集に献呈されたもので、修士修了直後に発表された著者二十代の論文である。『令集解』賦役令雑徭条において、天平年間に作成された古記が、他の諸説とは異なる詳細な注釈を付していることに注目し、令条内で雑徭を充てないA類、令条内だが雑徭を充てるB類、臨時の差役で雑徭を充てるC類に分類し考察する。雑徭は大宝令制下では課役に含まれるか微妙な位置づけで、国司の裁量下で六十日以上使役される可能性を古記は考えていたとし、古記の分類の基準と違いを詳細に考察し、A類は、大宝令施行以前に国司管轄下にあった力役であるのに対し、B類は、それ以降に新たに入ってきた力役だとし、浄御原令ではじめて雑徭が制度化されたが、一郡免除が可能なように副次的、臨時的な負担だったと推定した。

本稿は、著者の卒業論文「律令制と雑徭」の第一章にあたり、第二章「日唐律令における雑徭の比較」(『歴史学研究』二六四)、第三章「雑徭の変質過程」(『古代学』一一―四)で構成される大作の一部である。しかしその後の論文とあわせて、『律令国家と古代の社会』においては、Ⅶ章「雑徭制の展開過程」、約六十頁に再構成され、『令集解』古記に関係する「五　天平時代の雑徭」はわずか七頁となっている。古記の分類は令条に力役の主体が記されているかという机上の空論であるとする岸俊男氏の批判をうけ(最初は書評、後に「古記と雑徭」『日本古代籍帳の研究』塙書房、一九七三年)、「結論的に岸説に同意できないが、岸氏の批判によって古記の分類に深入りする誤りに気付き、旧稿の大部分を破棄した」(同上、四〇九頁)。結論としては、古記の分類を国司の裁量権に求めていたのを改め、長山泰孝氏が共同体労働(A類)か否かに求めた説を継承し、雑徭は本来豪族が地方社会の必要に応じて徴発していた労役とは別の系統にあったが、天平時代は、地方豪族の世界が国司に組み込まれていき地方豪族による労役が雑徭のなかに組み込まれていく過程だとし、古記はそうした実態に目をそらさなかったとした。岸氏の批判により論文を撤回したようにみえるが、本書に収録した「雑徭と古記」で反論しているように、著者は古記の分類は具体的なイメージに基づいているとする。古記は力役の内容によって分類し、不安定な注釈だがそれは雑徭の実態が流動的であることによるとする。とすれば本稿の古記説についての考証は現在でも著者のなかで生きていると言える。雑徭研究の出発点として今日なお必読の論文である。

さらに『令集解』の大宝令の注釈書古記の性格を明らかにしたという本論文の意義も、本書に収載した大きな理由である。古記については、戦前に瀧川政次郎が、実際的かつ常識的で、時行事・今行事をあげることが多いことを指摘していたが(『律令の研究』)、著者は古記が社会の実態に対応することを詳細に論証したのである。本稿に付された詳細な注には、「穴記の引用した古私記は古記である」、大宝令の編目順が養老令と異なっていたなど、令集解研究史上重要な指摘が含まれている。著者の律令研究は、日唐の比較だけでなく、令集解解読においても群を抜いていた。一九六二年秋に井上光貞氏が大学院演習で令集解を始めるにあたり、著者と早川氏に出席してほしいとたのみ、二人とも宮仕えの身なので土曜の午後しか出席できないと答えたら、本当に土曜の午後に時間を変えてしまったというエピソードが、著者の研究の水準を物語っている(早川庄八「解説」『井上光貞著作集』二、岩波書店、一九八六年)。

「類聚三代格」は、『国史大系書目解題』上に載せられた解題である。『類聚三代格』は、弘仁格・貞観格・延喜格の三代の格を後世内容によって類聚した書物であるが、現在の新訂増補国史大系本には問題が多い。綿密な諸写本の検討から前田家本の性格を考え本来の構成を復原し、欠失部分の国史大系での復原の問題点を指摘し、三代の格の編纂はその時点の有効法を編纂する一種の立法作業であることを論ずる。『類聚三代格』を扱うために古代史研究者はほぼ必読の論文である。著者はさらに墾田永年私財法の緻密な再解釈から、律令国家段階説の提唱にいたったのである。なお第二刷(二〇〇一年)において著者の補記が付されているので収録した。

井上光貞ほか『日本思想大系　律令』(岩波書店、一九七六年)において、著者が戸令・田令・賦役令を担当し、公民制や班田収授制についての深い分析をもとに詳細な注釈をつけたことは貢献であり、今日まで多大の学恩を蒙っている。ただし同時に職制律の注釈も担当して、「解題」も律に関する部分を執筆していることを忘れてはならない。

「名例律継受の諸段階」は、その著者が日唐律の書式を分析し、律の成立過程を論じたものである。養老名例律冒頭の五罪・八虐・六議の部分に注目し、五罪の部分の書式が大きく異なること、その規定のあとに「名例律第一　凡弐拾伍条」とあり五罪・八虐・六議が条文数から除かれていることを指摘し、その背景を考える。養老律の書式は、本文・本注を大字とし、疏は小字二行書きであり、大宝律も同じだったと考えられるが、公式令集解の古記が引用する賊盗律5条の注の文章が、唐・養老律の賊盗律ではなく名例律八虐条疏に同文が見えることから、大宝律では五罪・八虐・六議に疏がなかったと推定した。その部分の唐律疏は思想的な拠り所や沿革を古典によって説明しているが、大宝律ではそうした関心はなかった。『律集解』の古答が八虐条疏の語句を引用することが反証とされるが、それは大宝律でなく唐律の疏と考えられ、古答とは秦大麻呂が献じた「問答六巻」であり、在唐中に律を研究した成果だとする。さらに五罪条は具体的規定が小字二行書きの特異な書式で、神祇令に共通することから、五罪・八虐・六議の規定が大宝以前に何らかの形で制定されていた可能性を指摘する。養老律の写本の検討という書誌学的考察なのだが、あたかも推理小説のように疑問を解きながら、大宝律以前のあり方に迫るところは圧巻である。従来律は、法学部系で研究されていたが、歴史学の側から広い視野と緻密な考証、写本研究を踏まえ、ダイナミックな結論を提示している。

「書評『訳註日本律令　二・三』」は、律令研究会による『律本文篇』、上段に唐律疏議をおき、下段に伝存する部分は日本養老律、復原できる部分は唐律に対応する部分に逸文を並べた、日本律の復原研究を示す大著に対する書評である。井上光貞氏に依頼されたので井上氏との共著となっているが、実際は著者が専ら執筆した。該書は今日でも日本古代史で律を参照するときの基本文献であるが、著者はこの書について故唐律疏議のもつ問題点(唐律疏との関係)や、日本律の引用の仕方、復原作業のもつ問題点を指摘しており、是非一度読んでもらいたいと思う。著者の律に関する業績としては、ほかに池田温氏との共著の論文評「小林宏・高塩博「律疏考」」(『法制史研究』三〇、一九八一年)があるが、執筆分担が不明なので収録しなかった。著者が書かれた書評は、数少なくかつ短い紹介だけなので、本稿はその点でも貴重である。

四

本書を読んでいくと、広い視野で古代史の全体像を提示する第Ⅰ部の熟達した叙述、ウヂを中心に古代の社会のあり方を探求し、『律令国家と古代の社会』への補充や修正を行なう第Ⅱ部もそれぞれ有益であるが、第Ⅲ部に収めた、二十代から四十代の脂ののりきった時期に書かれた綿密な考証による律令制の探求に圧倒的な力を感ずる。さいごに著者の律令制への見方について触れておこう。

第Ⅰ部で明らかにされているように、著者は壬申の乱に大きな意義を認め、天武持統朝に理想的な形をめざして律令国家が建設されたとする。いわば今日の通説とも言える見方である。これに対して、今世紀になって新発見の北宋天聖令が公開されて、唐令と日本令の比較研究が進展したことを背景に、大宝令が唐の律令の全面的な導入の画期であり、天武持統朝は朝鮮三国の影響を受けた国制であり、大宝令から中国的国制になったと位置づける見方も唱えられている。しかし著者がお元気だったら、「大津君、どうしてそう言えるの?」と問い詰められたと思う。著者は、晩年にいただいたお手紙でしばしば「律令国家という言葉を使うのがはたして良かったか」と仰っていたのだが、中国的な国家になったというのは表面的な事象であって、実際の律令制はもっと土俗的で固有なものであり、そのことがわかりにくくなるという反省だったと思う。律令制を研究すればするほど律令制は唐の律令と異質だという感じが深まっていくと筆者も思う。本書に含めた論文では、雑徭と律の継受をとりあげて天武持統朝、浄御原令に迫っているのが特筆される。雑徭という税制が、浄御原令で特異な税制として成立し、大宝令に継承されることを述べ、天武持統朝で律令制が形成されることを明らかにした。また律の五罪・八虐などが大宝律の編纂に先立って継受されたことを論じた。おおまかにいえば青木和夫説(「浄御原令と古代官僚制」)に沿った流れだが、浄御原令に迫れる材料は実際には少なく、浄御原令と大宝律令との関係を明らかにした数少ないアプローチなのである。

雑徭については、著者は、唐の雑徭は四十日でも十日でもよく、年に何日労役しなければいけないという義務ではないとして、日本のそれとの違いを主張していた。二〇〇〇年に発表された北宋天聖令の賦役令によって、唐賦役令には雑徭条が存在しなかったことが明らかになった。唐令に雑徭条はあったと想定していたことを除けば、唐では雑徭が独立した一定日数の負担ではないという著者の説が正しかったことが証明されたのである。そもそも唐では雑徭は戸等に基づく差科の一環であり、日本では差科制を導入しなかったのである(拙稿「唐日律令制下の雑徭について」『日唐律令制の財政構造』岩波書店、二〇〇六年)。その結果、雑徭が正丁年六十日の労役として課役に含まれる制度は、日本で独自に考案されたことがわかる。したがって大宝令で成立する国制が中国的とも、浄御原令が朝鮮的国制ともいえないだろう。大宝令には唐令を忠実に模倣する条文が多いと分かったことが上述の説の論拠の一つであるが(わかりきっていたことのようにも思う)、だからといって中国的な国制が機能したわけではないし、あるべき理想として条文が作られたというのが吉田説である。もっとも編目によって意味は違うので、著者が明らかにした戸令・田令・賦役令とは別の、官僚制や文書行政、宗教、儀礼などの分野についてはなお検討が必要だろう。

吉田孝先生には、筆者は山梨大学での後任ということもあって、さまざまな場面で励ましやご叱正をいただいた。なかでも一九九二年三月、池田温先生主催の最終班研究会(東洋文化研究所)で、筆者が「唐代の地方財政について」と題して講演したとき、吉田先生が菊池英夫先生とともに出席してくださり、コメントをいただき心の支えとなった。唐代史研究会の夏の合宿時に強羅静雲荘でお話を聞けるのも楽しみだったが、日本古代史の枠を超えたところでご指導いただいた気がする。晩年は、古代史はやめたと仰り、『日本歴史』「研究余録」欄や著作集の月報(西嶋定生・石井進・網野善彦ほか)に小文を書かれているが、紙幅の関係で収録できなかった。著者の思いのこもった文章として、親友早川庄八氏を評した「付記」(早川庄八『日本古代の財政制度』名著刊行会、二〇〇〇年)をあげておく。

本書の刊行にあたっては、奥様の吉田朝子さまにご承諾をいただき、岩波書店新書編集部の古川義子さんの全面的ご協力をえた。学界の財産として多くの人に読んでいただければと思う。

吉田　孝(よしだ たかし)

1933年5月-2016年12月．1958年東京大学文学部国史学科卒業．山梨大学教育学部教授，青山学院大学文学部教授などを歴任．専攻は日本古代史．

著書―『律令国家と古代の社会』岩波書店，1983年
『大系日本の歴史3　古代国家の歩み』小学館，1988年
『日本の誕生』岩波新書，1997年
『飛鳥・奈良時代　日本の歴史〈2〉』岩波ジュニア新書，1999年
『歴史のなかの天皇』岩波新書，2006年
ほか多数

［編集，校閲，解説］
大津　透(おおつ とおる)

1960年生．東京大学大学院人文社会系研究科教授．専攻は日本古代史．

著書―『律令国家支配構造の研究』岩波書店，1993年
『古代の天皇制』岩波書店，1999年
『日唐律令制の財政構造』岩波書店，2006年
『天皇の歴史1　神話から歴史へ』講談社，2010［講談社学術文庫，2017年］
ほか多数

続 律令国家と古代の社会

2018年5月25日　第1刷発行

著　者　吉田孝(よしだ たかし)

発行者　岡本　厚

発行所　株式会社 岩波書店
〒101-8002 東京都千代田区一ツ橋2-5-5
電話案内 03-5210-4000
http://www.iwanami.co.jp/

印刷・三秀舎　製本・牧製本　函・加藤製函所

ISBN 978-4-00-023735-2　　Printed in Japan

【岩波オンデマンドブックス】
律令国家と古代の社会　吉田　孝　A5判四八八頁　本体七四〇〇円

飛鳥・奈良時代 ―日本の歴史2―　吉田　孝　岩波ジュニア新書　本体　八〇〇円

日本古代史を学ぶ　大津　透　四六判二五四頁　本体二四〇〇円

日本の古代国家　石母田　正　岩波文庫　本体一三八〇円

日本史年表 第5版　歴史学研究会編　四六判四四〇頁　本体三一〇〇円

―――岩波書店刊―――
定価は表示価格に消費税が加算されます
2018年5月現在